THE THEORY AND
PRACTICE OF NOTARIZATION

公证理论与实务

中国公证协会／组编

熊选国／主　编

法律出版社
LAW PRESS·CHINA
北京

前　言

为了加强对全国公证行业培训工作的指导，为各地提供公证基础培训教材，2015 年中国公证协会启动了《公证理论与实务》一书的编撰工作，组织一批公证业内专家进行本书的写作。曾先后在昆明、上海召开书籍创意会、统稿会，历经三载，数易其稿，终付梓成书。

本书兼顾公证理论与公证实务，对当前的一些新公证思想进行了吸收和阐述，对成熟的公证实务做法予以肯定和借鉴，希望通过公证理念更新和公证实践技术提升来推动我国公证事业的发展。本书采纳了“公证非讼程序论”“公证综合法律服务”等目前行业已经取得共识的新公证思想，也写入了我国公证实践中已经成熟的公证经验和技巧。

本书的观点严格遵循准确性、权威性、统一性的标准。就准确性而言，注意考证各种观点的出处，对于拿不准的知识点舍弃不用。就权威性而言，注重总结归纳学术界和公证行业的通说，以行业已形成的共识作为教材基础，尽量不采用有较大争议的观点。就统一性而言，虽系多位作者共同写作，但注重体例、注释、内容行文逻辑、表达方式等方面的统一性。

本书注重内容的完整性。本书将《公证法》实施以来，司法部和中国公证协会颁布的重要公证制度、政策、业务规范进行了详细解读，有利于公证员能够更准确、全面地了解其含义。本书对与公证有关的我国最新法律和司法解释以及司法判决进行了梳理，将其在公证实务中的适用进行了详细讲解，有利于公证员准确掌握我国法律的新发展动向并准确进行适用。特别是在各业务章节，对各公证事项领域所涉及的最新法律和司法解释进行了整理和归纳，同时就许多新法律规定对公证的影响和应对处理措施作了详细分析。

本书注重对公证员的公证思维培育的指引。本书的内容，基本上构建了较为完整的我国公证员工作职责体系。本书并不是公证法律知识的简单堆积，而是注重向公证员介绍公证疑难法律问题的“解题思路”，从而提高公证员的思维能力和今后解决新问题的能力。本教材既给结论，又给解决公证问题的思维，而后者才是更为重要的。本书还介绍了许多较为前沿的公证法律问题，将丰富我国公证员的法律知识储备。

本书的写作、统稿、出版，凝聚了许多同志的心血和劳动。司法部副部长熊选国多次对本书的创作作出批示，使本书的创作受益良多。张红光（山东省青岛市市中公证处）、王海宁（云南省昆明市明信公证处）、李全息（云南省昆明市明信公证处）、汤庆发（福建省厦门市鹭江公证处）、张朝晖（江苏省南京市南京公证处）、陈勇（安徽省司法厅）、林群（云南省昆明市真元公证处）、吴逶（黑龙江省哈尔滨市北方公证处）、郝伟盛（上海市东方公证处）、李清（北京市方圆公证处）、杨和平（北京市方正公证处）、米婷（上海市公证协会）等 12 人作为作者分工参与了本书各章节的写作。本书由云南省昆明市明信公证处的段伟、李全息同志共同负责统稿工作。司法部律师公证工作指导司周院生司长、施汉生副司长、王勇处长、张为处长、刘华春处长、原中国公证协会副会长刘疆同志进行了审稿工作，并提出了诸多完善意见。

本书可以作为公证员岗前培训和涉外业务培训的教材，也可以作为公证员办理公证的研习资料。

目 录
Contents

第一章 公证制度发展情况

第一节 拉丁公证制度

一、概述

(1)达比伦和诺达里

拉丁公证制度已有上千年历史,是大陆法系国家重要的司法制度。①

拉丁公证制度起源于古罗马,历史悠久。公元前6世纪的古罗马共和国时代,就有一种专门为家中主人处理法律文书事务的奴隶,当时称为诺达里(notarii),其意为“记事迅速的人”。罗马政治家西塞罗的奴隶提诺就是担任“诺达里”的职务,并被后世认为是速记的发明人,他用提诺式系统地记下了西塞罗在罗马议会的发言。有人认为“诺达里”不是公证的始祖,法国有专家指出:“有些人把代书人与公证人混为一谈,因此,把公证的历史追溯到古代。”②杨兆龙教授认为:“公证人名词,如英文 Notary,法文中之 Notaire,皆脱胎于此(指速记一词:Notae)。故今之所谓公证人者,在昔无非以速记术登载事件于备忘录或簿册者流,其职务相去殆远甚也。”③

到了罗马共和国末期,受到罗马法和其司法诉讼程序形式主义的影响,罗马一般平民百姓产生了对法律知识和法律服务的需求,达比伦

① 本部分的写作参考了我国台湾地区的公证人周家寅所著:《拉丁公证制度之起源》,载我国台湾地区公证学会《公证法学》(内刊)第2期。

② [法]让·里乌福尔、[法]弗朗索瓦·里科:《法国公证》,王立宪、徐德瑛译,法律出版社1989年版,第1页。

③ 杨兆龙:《公证制度之探源》,载杨兆龙:《杨兆龙法学文集》,法律出版社2005年版,第223页。

(Tabellion)这种专业法律代书人士应运而生。达比伦具有法律知识,善于运用拉丁文书写契约、遗嘱及其他法律文书,并且见证法律行为的执行。通说认为,“达比伦”代书人制度才是现代拉丁公证的起源。达比伦最初代书的法律文书与私证书基本相同,但随着时间的推移,达比伦的地位日渐重要,遂产生新的规定,达比伦作成的文书向政府登记作为国家档案保管后,即取得公文书效力。[①] 在西罗马帝国晚期,达比伦所制作的文书并有两位证人盖章者虽然有证据资格,但要获得相当于推定真正的真实性效力,该文书尚须经由法院的录事或抄写员缮写在其所掌握的登记簿上。有学者指出,从那时起,不管是官方的还是民间的达比伦都有某种行使公权力的角色,应受国家之合法性监督,其制作之文书不得违反法令。

有学者认为,“(达比伦)这些人可以说是公证人的老祖宗,他们的主要职责是赋予协议安全、可靠的形式,使其不会由于在口述协议制度中常常出现的记忆模糊或由于当事人的恶意而受到歪曲或篡改”。[②]

(2)欧洲中世纪时期的公证制度

随着基督教统治地位的确立,在罗马帝国内普遍实行了宗教公证制度。约在530年,拜占庭帝国查士丁尼一世所颁布的法律规章中规定:“仅在证人面前签署所作成之私证书的书证司法审查,不适用于有达比伦之公文书”。该规定确定了达比伦签署证明之文书与一般私署文书效力之不同。因为教会和教廷与国王之间的往来需要,也由于教会商务活动的需要,公证人的活动范围传播到了欧洲多数国家,在欧洲出现了伯爵公证人、宫廷公证人和王室公证人等形式。这些公证人享有特殊的权力,如御用公证人的主要职责就是准备皇室文件,如法令、公文、特许状或文告等。在803年和805年,查理曼大帝发布敕令,要求其在各地的“巡按使”在王国境内设置公证人行使公证职权,公证人的权力到达其顶峰——司法官员。9世纪,随着王权的加强,皇帝和王宫任命的公

① 参见[英]N. P. Ready:《公证制度在欧洲的起源与形成》,马玉娥译,载《中国司法》2014年第9期。

② [法]让·里乌福尔、[法]弗朗索瓦·里科:《法国公证》,王立宪、徐德瑛译,法律出版社1989年版,第1页。

证人逐渐地取代了宗教公证,并出现了专门的公证规章。随着中世纪的发展,罗马法的法律惯例被适用在绝大部分的民事制度中,而公证人事务所保存公证文书的传统,约出现在11世纪时的意大利。

从那时候起,为当事人谋划法律方案就已经成为公证人的主要职责。"公证人专门代表那些能够缴纳费用的人,将他们所解释的法律写到契约中去,如债务契约要由公证人草拟,这位法律文据的代笔人可能会被召到放债者家里,或者就坐在城门口。他先随手记下协商的要点,然后用拉丁文拟制一份正式约据,交由双方立誓签字。放小债给信用不佳的人无疑要勒索很高的利息,但利息要以某种方式掩藏而不写明。最简单的做法是让借债人签署一份文据,承认收到若干款额,实际上所收到的要少得多。公证人会小心谨慎地在约据中加上一笔,申明决不以未收到约定数额为由提出异议。"①韦伯说:"在西方,随着罗马帝国的衰亡,法律落到意大利公证人的手里。这些公证人,其次是大学,都以恢复罗马法为心愿。公证人默守罗马帝国旧有的契约形式,但会根据时代的需要予以新的解释。"②1228年,在意大利的波伦亚出现了"公证学派",并影响了整个欧洲,其创始人 Rainerius Perusiusyus 首先于1234年出版了《公证法学汇编》一书,将一些公证程序与案件类型予以归整,如各种契约与遗嘱。公证人 Rolandinuspassagerii 在1255年出版了与上述著作同名的《公证法学汇编》一书,书中已经有公证法总论,该书直到中世纪末都享有高度的权威性。这些公证书籍具有公证专业教育的特点,其目的在于指导公证人能在其职务上多加充实。当时波伦亚已经出现公证学院。到了1273年,意大利波伦亚大学将当时的公证法令和各类公证文书汇编成《公证大全》一书。N. P. Ready 指出,使公证文书具有公信力与真实性特征主要应归功于波伦亚公证学派的法学家,他们使公证人这一概念作为一个合格的法学家得到承认。公证人在13世纪还使公证文书获得了执行力。13世纪以来,公证制度在西欧出现了繁荣的景象,

① [英]N. P. Ready:《公证制度在欧洲的起源与形成》,马玉娥译,载《中国司法》2014年第9期。

② [德]马克斯·韦伯:《经济通史》,姚曾廙译,上海三联书店2006年版,第212页。

"自1326年起,位于法国香槟地区的集市合同必须采用公证形式。13世纪中叶,公证合同在意大利普遍出现。据记载,马赛的一个公证人仅在1245年这一年就办理了上千件商事单证的公证。有一个公证人一天内就起草了近60件公证文据。其中许多公证合同显然就是我们今天所说的标准合同,采用诸如租船合同这样的标准形式"。①

在1534年,英皇亨利八世与罗马教皇决裂,自此英国公证制度即与欧陆分道而驰,形成了与欧陆大异其趣的发展路径和表现形态,并借助后世英帝国主义的扩张深刻影响了采英美法系制度的国家和地区,我们今天通常所谓的公证制度系指与古代欧陆公证一脉相承并由波拿巴·拿破仑立法确立的现代"拉丁公证制度"。

法国公证在中世纪也经历了曲折的发展过程。② 公证制度在法国南方和北方的发展不同,法国南部地区适用直接起源于罗马法的成文法,北部地区则适用习惯法。法国南部地区很早就有了公证制度。1207年,圣路易在夏特莱宫设立了60个以法官名义出具公证书的公证人。法国公证人同法官一样,成为国家印玺的执掌人。随着公证职业发展,公证人被科以更多职责:必须亲自起草文书、必须将公证文书在公文汇编中登记、必须将契约全文念给当事人听、公证文书必须有当事人签字、公证人有责任保管文书原件。1539年的公证敕令要求公证人在公证文书中停止使用拉丁文而改用法文,该敕令促使公证人这种法律人才的专业水准下降。法国公证人的业务种类繁多。1789年的法国革命者本想取消公证制度,然而公证经受住了考验,因为资产阶级取得胜利后,更加需要好的契约制度,而这种好的契约制度是依靠公证制度来保障的。

(3)近现代拉丁公证制度

1803年3月法国颁布的《风月法令》(法国公证法)和1804年颁布的有着大量公证条款的《拿破仑法典》(《法国民法典》)为现代公证制度

---

① [英]施米托夫:《国际贸易法文选》,赵秀文译,中国大百科全书出版社1993年版,第7页。

② 本部分写作参考了[法]让·里乌福尔、[法]弗朗索瓦·里科:《法国公证》,王立宪、徐德瑛译,法律出版社1989年版。

奠定了基础。《风月法令》在公证发展史上具有划时代意义,它“实可与次年颁布的民法典媲美”。[①]《风月法令》的下述立法说明阐明了公证制度的原意:“除了调解和裁决纠纷的官员外,公众的安定还需要有其他的公务人员,这些公务人员对于当事人既是无私的顾问,也是他们意志的公正的表述人;他们使当事人明了对契约应当承担的全部义务,明白地表明了这些义务,并赋予契约以公证性质和终审裁决的效力;他们使当事人保持对契约的记忆,并且完整地保管契约文本,防止善意人之间产生分歧,同时,满怀信心地使那些贪婪的人放弃提起不正当要求的念头。这些无私的顾问,这些公正的文书起草人,这些作为使契约当事人恪守义务的一种自愿的法官,就是公证人,这种制度就是公证制度。”以此为标志,现代公证制度走上了历史舞台,此后欧陆及移植大陆法系法律制度的其他国家和地区几乎均以此为蓝本构建自己的公证制度。其后,德国、西班牙、意大利、奥地利、比利时、葡萄牙、日本等国家逐步建立了现代公证制度。值得一提的是,《德国公证人法》和《德国证书法》对现代拉丁公证制度的发展影响较甚。1948 年召开的第一次拉丁公证联盟国际大会宣告了拉丁公证制度作为一项世界性法律制度的雄心,拉丁公证制度以团体形象走向世界。有学者认为,拉丁公证制度的发展呈现出四个趋势:[②]国际拉丁公证联盟的组织不断扩大、公证服务国际化、公证范围扩大化、公证服务社会化。

二、法国公证制度

法国公证制度亦源于罗马法系的公证人制度。法国自 16 世纪中叶即以法令规定公证书须以法文制作,且须归档保存。16 世纪末,法王亨利四世更进一步授予公证人国玺,使公证人成为国玺的持有者,公证人所制作并盖有此国玺之文书即具有公文书之地位,不但具有证据力,而且还有执行力。1803 年 3 月,拿破仑颁布的《风月法令》对公证人的组

① 蓝瀛芳:《国家拉丁公证协会及拉丁公证书之国家效力》,我国台湾地区公证内部刊物资料 1982 年版,第 15 页。

② 参见王公义等:《中国公证制度改革研究及国际比较》,法律出版社 2006 年版,第 208 页。

织和地位作了规定,原则上规定公证人有独立办理公证文书的法律地位。该法后来经过多次修改,沿用至今。1945 年法国政府颁布了《公证机关条例》,该条例明确了公证人的性质和执业方式:公证人是完成辅助性司法活动的公务助理人员。该条例明确了公证人具有双重特点:自由职业者和公务人员的双重属性。

法国公证人具有自由职业者的属性,同时又具有作为一种公共职务的特性。它具有自由职业者的属性,具体表现在:①当事人有选择公证人的自由。在法国,当事人选择公证人就如同选择自己的律师或医生一样自由。②公证人有独立执业的自由。公证人事务所系由公证人出资建立,并且公证人事务所属于私人财产。按照私有财产神圣不可侵犯原则和法国有关法律的规定,公证人可以指定自己的继承人,只要这些人具备法律要求的资质和品德条件即可。③自由的组织结构。公证人事务所分为两种,一是个人事务所,系由一个正式取得公证人资格的人雇佣其他人员组成;二是合伙事务所。④结社自由。公证行业可以充分利用宪法赋予的结社自由,组织公证人公会,对其他协会不存在任何依附性,它的宗旨是协调各个公证人事务所的行动,维护本行业的权益。

公证人作为一种公共职务的特性是指法国的公证人还是为从事辅助性司法活动而设立的公务助理,即公证人不仅是自由职业,还是一种公共职务。公证人作为一种公共职务的特性表现为:①公证人必须同时具有法学学位、经过公证人资格专门考试、良好的职业道德修养等条件,才能由司法部发布命令而任命为公证人。②公证人必须接受国家的监督,并应履行法律规定的义务。公证人须在指定地点办公,除针对不合法行为外,公证人不得随意拒绝当事人办理公证的申请;公证人必须按国家规定的标准收费;公证人不得兼任其他与公证职业相抵触的营利性职业。③公证文书具有诉讼法上的证据力和执行法上的执行力。《法国公证法》第 19 条规定,公证证书不仅具有裁判上的证明力,而且在法兰西共和国全部领域内具有执行力。④国家法律规定强制公证的事项,公证人必须办理。法国法律有关强制公证事项的规定,见于《法国民法典》等诸多民商立法中,特别是不动产事务、公司事务、婚约、遗嘱等。这些规定既确保了国家对某些重要的民商事法律行为的有效监督,又保证了公证人具有稳定可靠的优厚收入。此外,法国公证人还部分履行国家税收官员的职责,即负责代征不动产税。

公证人身份的双重特性源于公证人职业的特殊性要求。一方面,公证人要站在国家法律和社会公共利益的立场,从预防纠纷和稳定社会的崇高目的出发,凭借国家赋予公证人特殊的信誉和权威,不偏不倚,使当事人的利益得以平衡。在当事人一方为国家机关的情况下,公证人同样必须站在第三方的位置,使国家机关与对方当事人的利益得到平衡。只有达到公正性的要求,才能完成可以信赖的公证行为。另一方面,公证人不同于政府官员,政府官员是对社会进行宏观管理,公证人则是直接为当事人服务的。公证人的工作要满足当事人对法律的需求,具有法律服务特性。

公证制度在法国具有悠久的历史传统和民族习惯,公证人在法国社会中享有崇高地位和权威性。在法国的历次司法改革中,公证制度是变动最小的一个制度。但近年来,其遭遇了越来越大的挑战:欧洲理事会曾指责法国的公证制度过于保守;法国前总统萨科齐成立了一个由著名律师 Jean-Michel Darrois 领导的委员会,专门研究要创设一个业务范围宽泛的法律新职业,以终结公证人的特殊地位;2015 年通过的《促进经济活动和经济增长法案》(又称“马克龙法案”)则在公证收费、公证人准入等诸方面对法国公证进行了有史以来最大的变革,法国公证人的罢工抗争也未能改变这一点。

三、德国公证制度

大陆法以本身内在逻辑性和整体性以及易于理解的条文,使其成为大多数国家实施法律现代化时最为推崇的模式。德国是大陆法系的龙头,并以其法典“精密的逻辑性与智慧的稠密性”而著称。德国公证制度是德国法律制度的重要组成部分,现代德国公证制度基本上沿袭了拿破仑统治德国时代公证制度的模式,承继了法国式的公证制度,至今已有 200 多年的历史。德国公证制度因其历史悠久、规制完善、效用充分、佳誉卓著,为社会和公民所信赖,成为德国的国家司法预防制度(德国公证人和遗产法院、登记法院以及民事登记局等构成德国司法预防体系),并为许多实行不同公证体制国家进行公证改革所参照和仿效,逐渐成为一种有影响力的国际法律制度。

德国公证制度具有下列特点:

(1)公证定位的双重性。德国法律制度将公证人定位为国家授权的自由职业者。一方面,公证人是履行国家公务的人员,利用国家赋予的权力为国家、社会和当事人服务;另一方面,公证人又是自由从业人员,有自己的公证人事务所,自己决定内部机构设置和管理方式,独立开展业务,经济上自负盈亏。

(2)法律体系的完备性。首先,这种完备性体现在德国实体法对必须公证内容规定的宽泛上,以《德国民法典》和《德国商法典》中的相关规定为代表;其次,还体现在德国程序法对公证效力的强化和保障上,以《民事诉讼法》和《非讼事件法》的相关规定为代表;最后,还体现在成熟的公证部门法和行业规则上,以《德国公证人法》和《德国证书法》为代表。

(3)业务的稳定性和开放性。以德国民法典为核心的各种法律规范为保障,德国公证业务十分广泛,几乎涉及民商法领域的各个方面。而不动产事务、公司事务、继承事务、家庭事务四大领域则是德国公证人的传统业务,在这四大领域,德国公证人真正做到了全方位、深层次的参与。此外,德国公证人还可以办理各种认证、办理有价物的保管和支付;可以为当事人起草法律文书和提供咨询服务,代办有关纳税、登记等法律事务,参与商业谈判,以及担任法律顾问;公证人还参与国家法律的制定和修改,使公证人的业务领域涉及国家政治、经济和社会生活的各个方面,公证业务具有极大的开放性。

(4)体制的多元性。德国公证机构的设置实行多轨制,实行的是专职公证人、律师公证人、法院公证人和官员公证人并行的公证制度,其中以专职公证人和律师公证人为主。就其性质而言,专职公证人和律师公证人属于独立的公职承担者,公证人的资格由国家任命,依法行使国家公证权,但实行自己开业,行业管理,直接向当事人收取公证费,自负盈亏。法院公证人和官员公证人属于国家公职人员,他们在法院或政府机关内办理公证事务,其办公费用及公证人与辅助人员的收入等均由国家负担。

(5)公证人选拔和任命的严格性。德国公证人是其法律职业群体中的一员,且具有崇高的地位。在经过严格的法学教育取得法学学位且两度通过严苛的国家司法考试之后,法律人才有资格成为法官、检察官、公证人、辩护人。如果该人选择担任公证人,则要到公证人事务所担任3年的见习公证人,见习期满后,提出担任公证人的申请,州司法行政机关根据需要以及申请人的人品和业绩任命公证人,一旦获得任命,公证人便为终身职业。在德国,公证人崇高的经济地位和社会地位使公证人职业成为最受法律学校毕业学生热爱的一门职业,因其自由执业的灵活性,其受欢迎的程度甚至超过法官职业。

(6)国家监督的强力性。在德国对公证人的管理是由司法行政机关、公证行业协会和法院共同完成,形成三位一体的管理监督体制。司法行政机关主要负责任免公证人,代表政府管理公证行业,还负责有关公证法律政策的制定。公证人协会代表着全体公证人的利益,是公证人的自我约束、自我保护性组织。如果公证人被投诉,受法院审查,公证人协会要在最短的时间内向公证人提供最权威的相关法律依据。法院负责公证人的执业纪律监督。除训诫可以由司法行政机关实施外,对公证人的其他纪律处分只能由法院来执行。

四、拉丁公证制度的功能

拉丁公证制度是一种预防性的法律制度,能够达到疏减讼源的效果,具有重要的法律价值和社会价值。通过对公证制度的探源可以看出,公证与司法权存在深厚的历史渊源。早在古典罗马法时期,根据司法权管辖的规定就将案件分为了诉讼事件和非讼事件,司法权的行使因诉讼事件和非讼事件而不同:法院处理不具有纷争性质或纷争性质不明显的民事案件所适用的程序称为“非讼程序”,不具有纷争或纷争性质不明显的民事案件则叫作“非讼案件”(或称非讼事件),[①]这种区分延续至今,非讼裁判权不仅被认为“是民事裁判权的组成部分,也是民事裁

① 参见周枏:《罗马法原论》(下),商务印书馆2001年版,第928~929页。

判权项下一种相对独立的权力”。[①] 公证案件在历史上就属于法院处理的非讼案件，公证案件的处理被称为“自愿裁判”，以与法院依诉讼程序进行的“争讼裁判”相区别。随着历史的演进，法国逐渐切断了“自愿裁判”和“争讼裁判”的联系，将“自愿裁判”职能从法院独立出来，赋予了公证人非讼法官的地位，赋予了公证文书以裁判文书的效力。拉丁公证制度区别于英美公证制度的根本所在，正是公证制度是作为非讼程序处理非讼案件存在的。自1803年以来，拉丁公证制度被视为一项在现代国家确保自由、安全和公正的重要法律制度，其基本原则是：公证人是一种特殊的法律职业，他们被特别授权，使当事人的行为及合同获得法律上的认可；以法定的形式起草法律文件并使之有效；向那些寻求其职业帮助的人提供法律咨询。拉丁公证制度对于公证文书的作成有特殊的程序和形式要求，赋予了公证文书特殊的法律效力，实现了国家、社会和私人利益三位一体的保护。

拉丁公证制度的功能有：

(1)基本功能。顾问和规划功能是其基本功能。那些有着各自不同利益，甚至是相反利益的人来到公证人面前时，公证人有义务中立、不带任何偏见地为他们提供咨询，协助当事人创设新的法律关系或法律状态，面对未来拟定顾虑周全的生活蓝图或行为计划。通过阐明权之行使，探求当事人之真意，说明法律上之效果，使当事人相互折中，寻求利益之平衡，这就是《风月法令》说公证人是当事人“无私的法律顾问”的缘故。

(2)必要功能。①信用保障与增强功能。诚实信用被视为民法的基本原则和帝王条款。一方面，由公证人对于文书之成立予以特殊效力之保障，使文书之证据力更为加强，交易内容更为明确。当事人在事前，因为已经有作成公证书面的事实存在，往往能督促债务人不为无益之争执或进而自动履行债务，此又称为心理压力之效应。另一方面，公证人

① [日]伊東乾、[日]三井哲夫编：《注解非訟事件手统法》，青林書院1986年版，第20页。转引自赵蕾：《诉讼与非讼的再区分——以诉讼与非讼基本模式的差异为研究进路》，载《比较法研究》2012年第4期。

作为法律专家和国民法律生活的规划者，利用自己掌握的法律、社会、经济、经营或生活管理等多方面的知识，通过咨询义务的履行和阐明权的行使，矫正当事人之间的信息不对称状况、促进重复博弈，从而构建了一种信用保障体系，这一体系是一个预警器、疏导器、过滤器。②秩序建立与救济功能。公证主要是为保障私权而设立的。公证人通过顾问与规划、信用与疏导，对民事法律关系的创设、存续与消灭予以确认，对当事人的权利义务予以确认，拒绝贪婪的当事人"提起不正当要求的念头"，督促当事人正当履行义务，满足了民事法律主体对于个体秩序的需求，并在个体秩序满足的基础上满足整体民法秩序的需求，且会有"整体大于部分之和"的功效。由于公证能够存立证据，纵使发生纷争，事前作成之公证文书亦可发挥促进程序而助益节省劳费之作用。更且，在作成有执行力之公证书场合，债权人即可迅速实现其权利，避免因必须透过诉讼程序所可能造成之时间、金钱、劳力等浪费。

(3)辅助功能。①拉丁公证人是法院的助手。拉丁公证和司法权力深深的历史渊源和现实关系、拉丁公证具有的存立证据和强制执行许可的功能、拉丁公证和司法机关在非讼事件领域的协同等，决定了其具有法院助手的功能。②拉丁公证人是行政机关的助手。公证人成为行政部门与公众联系的窗口，为国家征收赋税，提供国家治理需要的认证信息，协助行政机关实现地产改革和市政规划等。③拉丁公证人是当事人的助手。公证人应当事人申请，可以代替或协助其起草和修改法律文书；当公证人事务所成为行政机关与公众联系的窗口的时候，其一方面是行政机关的助手，另一方面就是当事人的助手。如在法国，公证人还要协助私人管理放贷，而在德国，"只要法律没有限制性规定，公证人可以在法院和行政机关代理当事人进行活动"。④其他助手角色。公证人可以管理不动产、私人信贷资产、遗产，是国家、社会与民众实现财产保值增值、"传递财富传递爱"的助手。

(4)衍生功能。①记录历史。法国人认为"我们国家的历史，它的社会史、经济史、日常生活史、各省和首都的历史都包括在由公证人所描述的事实和由他们所撰写的文书中，正是公证人书写了历史，或者是至少是公证人记载了构成全部历史的所有事实。”[①]由于公证介入私人及公共生活是如此之广、之深，而且公证书是被固定和存立的证据，其记载的内容被推定为真实，所以它也必然部分记录了国家的历史。②金融工具。公证人是现代银行业成熟之前欧洲最早的放贷人，甚至曾经在组织信贷中占据首要位置；即便在现代，由于公证人提供资金寄存和私人间借贷等服务，公证行业占有和支配着大量的资金，在向银行提供储蓄、向国库提供资金、向当事人提供贷款等方面具有重要的作用，因此具有了金融工具的功能。正因如此，2001 年 FATF 类型报告关注到公证人职业的洗钱风险；2001 年 12 月，欧洲议会和欧盟理事会在布鲁塞尔通过了《关于修订理事会〈关于防止利用金融系统洗钱的指令〉的指令》(2001/97/EC)，将履行必要义务的对象扩展至公证人；FATF 2003 年版反洗钱《四十项建议》明确规定了承担反洗钱义务的特定非金融机构的范围包括公证人在内。③信息供给。在公证行业介入的领域，尤其是公证行业垄断或更为擅长的各领域，公证人收集、掌握了大量的真实可靠的信息，在保护商业秘密和个人隐私的前提下，这些信息按照一定的方式经过整合、分析，就会形成一个庞大的数据库，经提交、公布后，就会成为个人选择、政府决策和社会评价的权威依据甚至是唯一的依据，从而为实现数字化科学管理发挥助力，增强国家治理能力。④发展法律。国际公证联盟的座右铭就是“我们书写的是法律”(拉丁原文：lEX EST QUODCUMQUE NOTAMUS)。由于公证人每天都要与公众的需求打交道，因此非常清楚法律与社会实际相适应的水平。公证人不只是简单地适用法律和法规，他们还要在进行日常业务活动的同时开展研究工作，而这些研究往往引领法律的改革。

五、国际公证联盟

国际公证联盟(Unión Internacional del Notariado, UINL)成立于 1948 年 10 月 2 日，联盟总部设于阿根廷首都布宜诺斯艾利斯，行政管

① [法]让·里乌福尔、[法]弗朗索瓦·里科：《法国公证》，王立宪、徐德瑛译，法律出版社 1989 年版，第 32～33 页。

理办公室设于罗马，是一个国际性的公证人组织，也是在联合国登记了的非政府性国际组织，世界上绝大多数采拉丁公证体系的国家都已成为其成员国。根据章程规定，建立国际公证联盟的目的是在国际范围内推动公证制度的发展，促进公证合作。

国际公证联盟认为，需要应对21世纪来自各方面的挑战：①在经济领域，提供法律安全服务（法律安全有利于信任、信用、投资的发展，即促进经济发展）。②在社会领域，充当着公民、企业和公共团体的顾问角色，预防纠纷，以公正的服务寻求合同各方的平衡。③在政治领域，履行公证人在现代国家中的使命。国家需要对某些领域进行直接或间接的监管，公证是一个有效的监管手段，代表着公共部门与私立部门的合作。

为此，国际公证联盟应采取积极的行动有：①在对内方面。通过一系列的建议和指示向各联盟成员传递强有力的信息，与尚处于发展阶段的各国公证行业合作，尤其是通过培训等手段帮助其服务于国家建设和发展，继续贯彻吸纳新成员加入联盟的政策，壮大大陆法系力量，促进国际交流。②在对外方面。证明公证的社会作用，特别是在产权领域内，量体裁衣，根据实际情况制定相应的机制。致力于构建更好的公证书流通机制，促进国际贸易发展。努力使公证书成为一种法律“护照”，简化人们的生活，推动电子公证书的应用。由发证国的公证人证明文书效力，在使用国直接应用。加强与其他国际组织的合作，扩大公证宣传。联盟应该成为其他国际组织名副其实的专家合作者，而不是一个简单的顾问。

2003年3月14日，在法国巴黎召开的国际公证联盟会议上，到会的49个成员国表决一致通过了中国公证协会入盟议案。2003年10月10日，国际公证联盟在加拿大魁北克市召开年会，为中国公证协会举行入盟仪式。中国成为该联盟的第71个成员国，这不仅意味着中国公证制度作为一个完整的法律制度被联盟的各成员国所认可，也标志着中国的公证制度已成为世界公证体系的一个重要组成部分。入盟后，中国公证协会通过参加国际会议、与其他成员国进行交流互访、参与联盟的规划和培训等方式，迅速扩大了中国公证的影响力。

第二节　英美公证制度

一、概述

普通法系司法制度设计和大陆法系不同，因此公证制度在司法中扮演的角色，起到的作用也不尽相同。

大陆法系中，公证制度作为司法预防体系而被赋予了事前适度干预和避免讼争的功能，同时在司法制度的各个环节也发挥了相对重要的作用，如证据效力、执行效力等，通过履行中立、公正的法律职责来间接管理和参与国家的经济、民事活动，确保法律秩序。

英美法系中，更加提倡的是私权自治，着重于当事人的意志自由，政府在经济和社会生活中也采取消极被动的不干预政策，因此没有法定公证项目的规定。同时，公证人也可以由律师兼职，对公证文书只采取形式审查，一般对被证明文书内容的真实性不负责，所以在诉讼中其作为证据的效力也不及拉丁公证制度。其司法制度更多的是注重于事后追索及救济，因此律师制度比较发达。

公证制度在欧陆国家被视为一种独立的司法制度，公证人是独立的法律职业家群体，但在英美法系国家和地区，并不存在这样一个独立的司法制度和法律职业家群体。但需要清晰地认识到，美国掌控下的世界银行对拉丁公证制度进行了猛烈的抨击，英美法系和自由经济的冲击已经让欧盟法院、欧盟议会和欧盟理事会作出了一系列不利于拉丁公证的裁决或决定，美国民法公证人①的出现，包括在次贷危机发生之后对公证作用的重新审视，是基于功能主义和实用主义的考虑，而不是要引入

---

① 美国某些州出现了一种新的公证人，其地位和作用与罗马—日耳曼法国家的公证员相接近。例如，佛罗里达州政府于 2002 年 3 月 12 日颁布的文件指出：佛罗里达州民法公证人为执业法律人士，与美国常见的公证人不同，而且尤其是，他们是拉丁公证的组成部分，必须遵守拉丁公证联盟制定的规则，其出具的文件应该被成文法国家法院视为传统意义上的真正的公证文件。民法公证人从律师中选聘。

拉丁公证规范和拉丁公证人这一职业。

二、英国公证制度

英国由于长期受习惯法的影响，公证制度建立得比较晚，并且其公证制度与拉丁公证制度存在很大的区别。

英国的公证是舶来品。由意大利引入的公证人出现在13世纪下半叶的英国。据罗马教皇使节奥托(Otto)的记载，英国在1237年还没有公证人。在英国最早发现使用公证文书是在1257年，是关于代理起草婚信。英国早期使用公证文书的大部分内容是涉及涉外婚姻关系的。1277年，约翰·皮切姆(John Pecham)被邀请参观坎特伯雷市(Canterbury)，他从意大利给英国带来了一个意大利的公证人和一个教皇的特许——他可以任命三名公证人。之后，公证才开始变得普遍，并在北欧和中欧传播开来。

13世纪的英国有国王和教皇授权的两种公证人。国王授权的英国公证人活动时期非常短暂。1320年，爱德华二世(Edward Ⅱ)时禁止了国王授权的公证人执业。国王的行为毫无疑问地反映了他统治的时代欧洲的状况，是最大化"自己王国的皇帝"的缩影。法国国王菲利普四世(Philip Ⅳ)也采取了相似的政策。

在公证人改革前，教皇授权的公证人一直是主导。他们要么是直接由教皇任命，要么是由从教皇那里获得代表权限的人授权。这些获得教皇代表的人包括教皇的使节和派去英国的全权公使(也派往别的国家)。比如，卡迪那·尼古拉斯·卡普器(Cardinal Nicholas Cappocci)在1375年被授权可以在英国任命10个公证人。最经常被授予权限的是主教。

公证人应该被培训为arsnotarie(公证的艺术)。但是英国的公证人如何获得arsnotarie(公证的艺术)的知识却无从考究。然而，公证人最少需要具有基本的法律知识。当时也确实存在一些在大学学习法律的公证人，如威廉·德·杜恩(William de Doune)在1340年被任命为公证人，同时于1343年在牛津大学莫顿学院学习。而希望被任命为公证人的，也需要通过考试。

英国大部分的公证文书都是司法行为的副本、财产转让证书等文件。偶尔会有世俗法院接受公证文书作为证据,是因为这个案子涉及了教堂。皇家政府利用公证人为自己做事,首先就是当这些事务涉及教堂或者外国人事务时。在外交上,使用公证人出具的副本和其他文书显然有很多优越性,可以得到更广泛的承认和接受。

英国自 1973 年加入欧洲联盟(European Union,EU),根据欧盟法律,英国于 1982 年制定的民事管辖及裁判法承认欧洲大陆国家公证人作成之公证书,在英国境内有坚强之证明力及执行力,然而英国并未如欧陆国家一样承认其本国的公证书具有坚强之证据力及执行力,也因此陷入承认他国公证书有执行力而其本国公证书却无执行力之困境。

三、美国公证制度

美国作为一个年轻的国家,其公证制度既没有受到欧洲传统公证影响,也没有完全继受英国公证制度。美国公证立法权在州立法权限范围内,因此没有统一的公证法。公证人的任命也是由各州州长或州秘书长进行。

虽然每个州对公证人的任职资格条件的要求不同,但总体而言,各州基本对公证人的年龄、居住地、提交申请等有相关要求。在申请公证人资格的时候,也需要一些类似拉丁公证制度国家的公证人材料,如良好品德品质的声明,缴纳身份保证金(500 美元到 15,000 美元)等。但美国公证人任职条件比较宽松,其定义是处理不具有裁量权的事务性工作,并不是专门的法律职业者,所以美国公证人基本都是兼职公证人,甚至于外国人也可以申请成为美国一些州的公证人。

美国公证人与拉丁公证人显著的不同是,拉丁公证人为非营利性职业,而美国公证人则是营利性职业,除了限制不能同时担任取得薪酬的国家职务外,对其他公司业务的任职没有限制。在美国,除了公证人外,还有最高法院、民事和刑事上诉法院、巡回法院和地区法院的法官、书记官、巡回法院登记官等,在确认、接受财产转让证据时可以行使公证权力。

在美国,很多州的公证人都有任期限制,如在新墨西哥州和俄勒冈州,公证人的一个任期为4年,在任期内凭借委任状执业,委任状失效后不得再继续执业,除非在任期届满前30天内重新申请。因此,美国公证人在履行职责时应当对当事人说明自己委任书的失效日期。和拉丁公证比较统一的是,美国公证人也要求有一枚印有自己姓名的印章,印章上还需要有州的官方印章或者公证人身份的图章。

美国公证人的事务所设立,只要在本州内即可,没有类似于拉丁公证国家严格的地点限制,其完全由市场竞争所决定。

美国公证人的业务范围也比较有限,基本是一些认证业务,如确认和证明宣誓所作的证言,确认和证明书面文件,见证签名,发表声明,复本证明,事实证明,票据拒绝证书等。同时各州对公证人的权力也有限制,如公证人不合格的情形,不得进行公证的情形,不适当公证文书的情形,未授权实施法律等。

美国公证收费是州立法规定的,以德克萨斯州为例,宣誓或确认为6美元,复制认证为6美元,法庭上宣誓做证词每100字50美分,未经认证的公证记录副本为50美元。

美国有众多的公证协会,除了各个州自己的协会,全国性的协会中最著名的是全美公证人协会(National Notary Association, NNA)。其主要工作是为全美国范围内的公证人提供培训和其他服务,呼吁立法者、政府加强公证立法,也为公众提供公证信息。

美国一直是电子产品研发及使用大国,其法律方面的电子化成果同样引人瞩目。1995年美国颁布了世界上第一部电子签名法。2002年9月1日颁布的《美国模范公证法》中对电子公证也有规定,如电子公证人的登记、电子公证行为要求、电子公证行为记录、电子签名和盖章、电子公证人身份的变更、电子公证行为的责任及赔偿等。德克萨斯州也实现了网上申请公证人资格,只需要简单的几步,注册、申请、打印和付费即能完成公证人的申请。

需要指出的是,路易斯安那州之居民大部分来自法国及西班牙,该州制定之公证法即带有浓厚的拉丁公证的色彩。

第三节　中国公证制度

一、概述

(1)我国古代证明制度和文化

据金鼎铭文记载，周王朝专门设立了一个官方证明机构，土地交易不仅需要经过官方首肯，还必须有代表国家的官吏到现场监督交易的整个过程，由此才发生法律效力。西周时期国家不仅要派驻官员现场监督井田交易，而且还要将契约作为档案严加保管，所谓“书于丹图、铭于宝器、执左藏官”，将整个交易活动铭刻在青铜器具上。这种对土地交易的监督证明活动，部分起到了契约公证人的作用。西周的民事诉讼特别注重证据，出现了民法史学者所称的保管证据的官吏，《周礼·地官·小司徒》中记载“地讼，以图正之”，明确表明经过官方认可的地图界可以作为诉讼的可靠依据，类似于现在的公证书按照民事诉讼法的要求可作为认定事实的依据。

在秦朝交易中，国家强制干预较少，故而官方证明逐渐让位于私人证明。秦朝的买卖契约称为“券”，“券”是证明交易成立的契约文书。债权人持右券，债务人持左券，债权人之右券丢失会造成契约失效的后果。秦代的民间借贷中已经有物的担保与人的担保并存的现象，而人的担保中的担保人实际上起到从中担保证明的作用。

汉代民事法律关系较为繁荣，民间中见人随之兴起。汉代遗嘱继承要有遗嘱文书，史称“遗令”，立遗嘱时必须有民间中见人参与才具有法律效力。民间中见人为了保证作证的真实性，创造了中国古代最具信用的契约形式——画指券，又叫下手书，由证人在契约木简上刻上自己的一节手指痕迹，画指为信，相当于现在的捺指印。

唐代将“文券”改为“市券”，市券不仅盖有官印，还要有官府批示。官府统一规定了市券的格式和文字。官府检验市券，不仅收税，而且还要依法审查监督，具有国家公证的意义。《唐六典·京都诸市令》规定：

"凡卖买奴婢、牛马,用本司本部公验以立券。"所谓"公验以立券",就是指政府机构要对重要的契约进行审查证明。

宋代实行"红契"制度。"红契"是指经过官府验讫并加盖了红印的交易契约。与"红契"相对应的是"白契",是指私下交易的契约。买卖双方,特别是受让方,将手上的白契交由官府,向官署缴纳了契税以后,即可由官府在文契上盖上大红的官印,白契就变成了红契,这时买方始可办理过户手续,成为合法的、受到法律保护的田宅所有人。日本学者滋贺秀三的《明清时期的民事审判与民间契约》一书认为:土地交易地契上盖有官印,则"表明此契已经报官并缴纳契税,是得到官府盖印公证的所谓红契""契税手续具有为契约文书提供公证的作用"。宋代民间证明兴盛的一个重要标志,就是在北宋时出现了专门书写法律文书的书铺,作为民间的法律服务机构。

元代统治者对土地的管理力度有所加强,在包括土地典卖在内的重要资产交易中,增加了一道"经官给据"的手续,即请示官府审查民事行为,确认合法后,发给证明文书"公据"。

在民事法律上,明代承袭了宋不抑兼并的政策,私田比例大为增加,为田宅典卖等交易活动的再次活跃创造了条件。在田宅典卖过程中,典契需要有保人担保或有中见人在场见证。而民间借贷则依然沿袭元代做法,借据一般须有人的担保和中见人签押。

清代一系列政策的推出,削弱了农民对国家的人身依附关系,民间田宅等重要财产的典卖与交易活动异常兴盛。国家对田地的租赁、买卖交易活动不加严格管控,"一般仅由见证人见证签押即可"。

(2)国民政府时期

1904年公布实施的《钦定大清商律》第131条规定了公司章程公证,但在1914年修订时予以取消,取消的理由是"凡公司之合同契约,须审判厅或公证人当场承认,谓之公正证书。公正证书,事必经官,手续太繁,本条不采"。

虽然钦定大清商律对公证即有规定,但是我国真正意义上的公证制度却是发端于民国时期。在民国时期,我国制定了较为完善的公证法规并建立了较为完善的公证组织。1913年,北洋政府发布的《登记条例》

最早引入“公证”概念，其规定，民商事法律行为或事实，经登记后具有完全的公证力。但登记组织毕竟不是公证机关，鉴于此，当时司法总长姚震在其《整顿司法概要》（1928 年）一书中认为：“改定登记条例，使为公证性质，藉以减息讼争。……讼争之事，苟有确切证明，难以翻覆，则无谓之争，自可减少”。1920 年起，“北洋政府”在“东北九省”特区法院试行公证制度。

1935 年 7 月，经司法院拟定，由司法行政部颁布《公证暂行规则》，随后颁布《公证暂行规则实施细则》。《公证暂行规则》全文共 47 条，分为“总则”“公证书之作成”“私证书之认证”三个章节，该规则大部分均译自日本 1804 年颁布的《公证人法》。1943 年 3 月，国民政府颁布《公证法》（以下简称《民国公证法》），随后颁布《公证法实施细则》。《民国公证法》分为“总则”“公证书之作成”“私证书之认证”“附则”四章，总计 52 条。以《公证暂行规则》为蓝本制定的《民国公证法》依然深受日本《公证人法》影响，许多条款则是直接援引其规定。日本公证制度系主要借鉴德国公证而建立，因此可以说，民国时期的公证制度是经日本公证制度而借鉴德国公证制度的。

国民政府当局认识到公证具有保护私权及澄清讼源的功效，《民国公证法》颁行后进行了一定的推广活动，到 1947 年 7 月，全国共设立公证处 536 家。

（3）新中国成立后第一个公证发展期（1949～1959 年）

1946 年，已经解放的哈尔滨，其法院设立了非讼科，开始办理公证事务，其出具的第一份公证书内容为继承权确认。1950 年前后，北京、上海、沈阳、天津等地的法院设立了办理公证的部门，主要公证内容是证明婚姻、收养、契约、委托书等。1951 年 9 月，国家颁布《人民法院组织暂行条例》，根据其规定，公证事项作为非讼事件，由人民法院管辖办理。根据 1954 年颁布的《法院组织法》，公证由法院移交给司法行政机关，各地正式筹建公证处。1956 年国务院同意司法部《关于请示开展公证工作的报告》，决定在直辖市和 30 万以上人口的市设立公证处，在其他市和侨眷较多的县人民法院附设公证室。在这个时期，虽然国家没有制定统一的公证法规，但各地陆续制定了地方性公证法规，如《北京市中级人民法院公证暂行办法》《中南区公证试行办法》《天津市人民法院公证暂行章程》《云南省公证暂行办法》等。

在这个时期，我国公证事业得到了较快发展，取得了令人瞩目的成绩。据1957年年底统计，全国已有57个市设立了公证处，553个市、县设立了法院附设公证室，652个县法院兼办公证工作，专职公证干部达967人，全面办理公证事项29万件。[①] 根据中共中央1953年6月发布的《关于利用、限制、改造资本主义工商业的意见》，公私间经济合同的公证成为当时各地最主要的公证类型。1955年4月25日至5月6日，司法部召开了第一次全国性的公证工作会议，进一步明确公证工作的任务是以公私合同公证为重点。[②] 董必武同志在中共八大上发言指出："公证制度是认证机关、团体和公民法律行为的一种良好制度，应该加速推行。"1956年司法部在《关于请示公证工作中几个问题的综合批复》中要求，凡是经公证证明的工商经济合同，如果一方发生违约，公证机关的公证人应该以公证人身份，从办理这一公证行为所接触到的全部事实（包括经过公证证明的文件、对文件内容的解释、谈话或者调查笔录、变更合同的协议等内容）出发，根据违约的严重程度与复杂程度，邀集双方当事人协商解决，或者向有关部门提出建议，供他们办理时参考。

1958年，受"左倾"错误思潮的影响，公证制度受到了极大削弱，各地公证处多被撤销。1959年，随着司法行政机关的撤销，剩余的个别公证处转归人民法院领导，仅根据国际惯例办理少量的发往域外使用的公证文书。"文化大革命"期间，公证工作实际上停止了，这种状况一直持续到20世纪70年代末期。随着中美关系解冻和我国公民对外交往的需要，各地法院的公证机关开始办理涉外遗产继承、涉外收养、出国探亲、定居、领取养老金所需的公证事务。自新中国成立至20世纪80年代国家大面积进行民商事立法之前，公证机构办理公证的依据是国家政策、国家法令和司法解释。

---

① 以上数据转引自陈六书：《我国国家公证制度》，经济科学出版社1987年版，第1页。

② 据不完全统计，1953年全国共办理公证57, 222件，1954年共办理123, 949件，1955年共办理196, 168件。除了少部分公民权利类公证外，这些公证基本属于公私间经济合同公证。以上数据来源于1956年国务院同意的司法部《关于请示开展公证工作的报告》。

(4)改革开放以来我国公证制度兴盛发展

1980年3月,司法部发布了《关于公证处的设置和管理体制问题的通知》,确立公证处归属于司法行政机关领导,公证制度在全国得到恢复。鉴于我国当时民事方面立法基本空白,1982年3月1日,司法部发布《关于办理几项主要公证行为的试行办法》,用于指导遗嘱、继承、收养、委托、房屋买卖、经济合同等法律行为的公证。1982年4月,国务院正式颁布了《公证暂行条例》,成为这一时期我国办理公证的主要法律依据。《公证暂行条例》所确定的许多原则和规则也成为我国《公证法》制定的主要参考依据。司法部于1986年12月4日颁布了《办理公证程序试行细则》。

该时期在民事立法中屡屡有公证条款。在《收养法》颁布之前,我国收养行为公证是确认收养行为有效的方式。《继承法》第20条第3款规定,经公证的遗嘱具有优先于其他遗嘱形式的效力。《合同法》第186条规定,经公证的赠与合同,赠与人不得单方撤销。《民事诉讼法》也规定了公证具有证据效力。《公证暂行条例》实施以来,全国各地纷纷制定地方公证法规,规定了诸多法定公证事项,成为公证制度介入这些法律行为的契机。在这期间,司法部陆续颁布了赡养协议、遗赠扶养协议、企业租赁经营和承包经营合同、赠与、民间借贷合同、城市房屋拆迁及安置协议、招标投标、抵押贷款合同、遗嘱等法律行为公证办证规则。

1993年以后,根据党的十四届三中全会关于建立社会主义市场经济体制的要求,公证体制改革开始启动。为改变行政公证机构的弊端,激发公证制度的活力,国务院于2000年7月31日批复同意了司法部《关于深化公证工作改革的方案》,规定现有行政体制的公证处要尽快改为事业体制公证处,成为执行国家公证职能、自主开展业务、独立承担责任、按市场规律和自律机制运行的公益性、非营利性的公证机构。此后司法部进行了合作制公证处试点,这期间形成了行政、事业、合作三种公证体制并存的状况。《关于深化公证工作改革的方案》指出:"公证机构要改变单一的证明工作方式,努力拓展公证业务领域,积极提供综合性、全方位的非诉讼法律服务。"2005年10月28日,《公证法》正式颁布,从法律上确立了中国公证制度的基本框架和公证职业的正当性,标志着我国公证事业的法制化建设进入了一个全新的阶段。随后，司法部发布了与《公证法》配套的《公证程序规则》《公证机构执业管理办法》《公证员执业管理办法》。2012年国务院发布的《服务业发展“十二五”规划》指出：“要大力发展以律师和公证为主体的法律服务业，稳步扩大从业人员数量，全面提高从业人员素质。”

截至2017年年底，我国公证机构共2942家，公证员共13,218名，全国年办证量共1450万件。

二、我国台湾地区公证制度

我国台湾地区的现行公证制度是国民党统治大陆时期所采用的公证制度的延续，但在执行过程中又受到了日据时期公证法制的影响。1945年收复台湾后，“民国公证法”即施行于我国台湾地区。该“法”主要特色是将公证人置于法院，为纯粹公务员，执行台湾地区证明权力，公证事项包括作成公证书及认证私证书两项。之所以将公证人置于法院，是因为早在20世纪30年代初期，国民党政府在组织起草《公证暂行规则》时，对法国、德国、日本、比利时和土耳其等公证制度比较发达国家的公证组织体系进行研讨后，认为中国教育十分落后，大多数人知识水准不高，如准许公证人自设事务所，恐流弊丛生，故规定地方法院内设公证处，办理公证事务。

我国台湾地区现行“公证法”分别于1974年、1980年、1999年进行了三次修订，当下施行的“公证法施行细则”和民间公证人遴选、研习及任免办法、公证文书簿册保存及销毁规则、民间公证人交接规则、民间公证人监督办法、民间公证人惩戒程序规则等配套规则于2011年3月16日由司法机关公布，施行细则又于同年4月19日再次修正确定。

目前，我国台湾地区公证机构有两种设置，一是法院公证处，在地方法院或其分院下属的公证处或在其辖区内适当处所设立公证分处；二是民间公证人事务所，在地方法院或其分院管辖区域内设立民间公证人事务所，名称为“某某地方法院所属民间公证人某某事务所”。公证人由此分为法院公证人和民间公证人。

我国台湾地区的公证以自愿公证为主，其“民法典”第166－1条虽规定,“契约以负担不动产物权之移转、设定、变更之义务为标的者,应由公证人作成公证书”,但上述规定被冻结施行,不过以“民法典”“公证法”“强制执行法”为核心的法典族群,仍然通过设立“倡导性条款”“赋予特殊效力”的途径,构建了一个柔性的不动产公证法律体系,为该地区公证业务的开展与办理及未来的升级与发展提供了制度支撑。如根据“民法典”第408条第2款之规定,经公证之赠与,赠与人不得任意撤回;根据“民法典”第425条第2款之规定,公证对于“买卖不破租赁”至关重要,根据“公证法”第13条之规定,不动产租赁合同可以公证书载执行许可,执行标的物包括租赁物本身;根据“民法典”第513条第2款之规定,承揽契约经公证,承揽人可以单独去申请承揽人抵押权登记;根据“民法典”第1008条、“非讼事件法”第45条第1款和“法人及夫妻财产制契约登记规则”之规定,婚姻财产协议经公证,可单方申请登记。

在我国台湾地区的“公证法”中,公证和认证有严格的区分,二者有各自的办证规则。其“公证法施行细则”第2条规定,“本法所称公证事务,系指公证及认证事务”。第4条规定,公证文书系指公证书及认证书。在这里,公证被定义为公证人对当事人的真实身份、其意思表示的时间、地点及内容赋予公证之效力。认证被定义为公证人对签名人或签名承认人的真实身份、签字属实性或签字已为该人所承认,赋予公证的证明力。公证与认证最大的区别就在于是否审查当事人意思表示的真实性、合法性。据有关资料介绍,我国台湾地区目前最重要的公证业务就是不动产租赁合同公证,包括商业地产租赁和住宅租赁合同的强制执行,曾占了整个台湾地区40%以上的公证业务量。我国台湾地区“公证法”第13条之所以可将强制执行标的物扩展至不动产,是“因借贷与租赁法律关系明确,债务人之给付义务多不发生疑义,且在公证实务上所占比例最多,故应赋予强制执行之执行力,扩大公证疏减讼源之功能”。[①]

① 赖来焜:《最新公证法论》,台北,三民书局2004年版,第520~521页。

三、我国香港地区公证制度

我国香港地区的公证制度承袭英国的公证制度。我国香港地区从1871 年开始实施公证人资格注册制度,由律师行的法律公证人作出公证,因此公证人只能由律师担任。以前,我国香港地区的公证人是由坎特伯雷大主教审批,报英国女王决定的。1997 年香港回归后改由香港终审法院首席法官批准,其他如通过考试、30 名以上社会人士推荐等条件不变。香港公证人在取得特权证书后,应在法院备份他的签名和图章,并列入公证人名册。

1981 年,为了更好地保障香港同胞回内地办理有关民事法律事宜,进一步沟通内地与香港的法律事务联系,经中央有关领导指示,司法部首次委托香港地区的阮北耀等 8 位律师负责为香港居民办理回内地处理民事法律事务的公证文书,从而建立了委托公证人制度。

1987 年 12 月 15 日,经司法部批准,中国法律服务(香港)有限公司在香港注册设立。公司的宗旨是积极为内地和香港居民、机构提供跨境法律服务;促进两地司法机构、法律服务机构的联系与合作;研究不同法律制度产生的冲突及解决机制。

1988 年 9 月 28 日,中国委托公证人协会依据《香港从业人员条例》于香港登记注册成立,是委托公证人的自治性组织,主要负责对会员进行执业道德和纪律教育,维护会员的合法权益,组织会员与内地公证组织进行交流等工作。司法部委托在港执业 10 年以上的律师担任公证人,为发往内地的文件中涉及在港的法律行为、法律事实作出公证。

1992 年,根据中国委托公证业务发展的需要,中国法律服务(香港)公司设立公证文书审核转递办公室,对司法部委托的香港律师出具的发往内地使用的公证文书进行审核加章转递。

中国委托公证人所办理的公证文书大致可分为五类:声明书、证明单方签署的法律文书、证明法律事实、证明文件的原本及复印本、证明双方或多方签署的法律文书。1992 年至 2017 年 7 月,共办理委托公证近140 万件。

内地使用涉港文书公证的程序为:中国委托公证人审查公证申请材

料后，拟定公证文书，公证文书分为正本、副本、复印本。之后由中国法律服务(香港)有限公司审核，登记，分别在正本和副本上加章后，将副本转递给内地有关部门，正本交给申请人在内地使用，复印本在中国法律服务(香港)有限公司存档。最高人民法院、司法部《关于涉港公证文书效力问题的通知》规定：在办理涉港案件中，对于发生在香港地区的有法律意义的事实和文书，均应要求当事人提交委托公证人出具并经司法部中国法律服务(香港)有限公司审核加章转递的公证证明；对委托公证人以外的其他机构、人员出具的或未经审核加章程序的证明文书，应视为不具有《民事诉讼法》中规定的公证书的证明效力和执行效力，也不具有《担保法》第43条规定的对抗第三人的效力，所涉及的行为不受法律保护。

我国在"一国两制"的制度下，形成了以中国委托公证人为核心的公证文书转递和审核制度，保证了香港地区和内地在两种不同的法律制度下，公证文书的真实性和合法性。中国委托公证人制度是制度创新、理论创新和实践创新的重要成果，较好地解决了不同的社会制度和法律体系下文书公证方面的区际法律冲突问题。通过沟通、衔接、协调不同法域的法律制度，借鉴吸纳内地公证制度的内容和程序，坚持在真实、合法的原则下，根据内地用证部门对香港各类法律证明文件的不同要求，为香港居民回内地处理民事、经济事务提供公证法律服务，不仅有效地减少了双重认证文书的时间和费用，方便了香港居民和法人，而且保证了证明文书的真实性和合法性，确保了内地与香港之间的司法协助活动顺利进行，同时，对团结香港法律界广大爱国爱港人士起到积极的作用，促进了两地法律界的和谐发展和共同进步。

四、我国澳门地区公证制度

同大多数大陆法系的国家(地区)一样，澳门的公证工作是由一专门的公证部门——公共公证署来完成的。目前澳门共有三间公共公证署。每间公证署由一位法律学士担任公共公证员，并领导公证署的工作。

鉴于澳门各公证署长期以来工作量巨大，市民在办理公证事务尤其是签署买卖楼宇公证书时须等待很长时间，澳葡政府于1991年汲取了拉丁公证制度上独一无二的经验,准许另一类人士行使公证职能,这些人称作私人公证员。根据第66/99/M号法令而核准的新《私人公证员通则》规定,凡在澳门注册并在澳门设有事务所并执业的律师,只要修读及通过一个特别课程,就可以被委任为私人公证员。

1999年10月25日,根据第62/99/M号法令而核准的新《公证法典》对旧法典中规定的公证模式以及程序基本予以了保留,在这种制度下,由公证员制订签署的档案,具有公共当局档案的充分证明力。根据新公证法典,无论是公共公证员还是私人公证员,均是具有公证职能之专职机关,但法律规定在几种情况中,如公证遗嘱、公证确认继承资格、婚姻协定等,私人公证员不具公证权限。除此之外,私人公证员与公共公证员具有完全相同的权限,这些权限包括签署各种公证书,发出证明书等。

对于法律行为,虽然民法典原则上规定有关当事人可以自由选取所采取的方式,但为了有效和严肃起见,民法典和公证法典都列明了某些行为必须采用公证书的形式才具有法定效力。这些行为主要包括所有涉及不动产的交易(如买卖、抵押楼宇)、公证确认继承资格、婚姻协议、放弃遗产等(《公证法典》第94条)。

目前在澳门办理各项公证事务,既可以以口头方式申请,也可以采用书面方式申请,而根据不同的事项,所需时间长短不一。

值得指出的是,我国澳门地区公证制度在拉丁公证体系内虽不显耀,但是澳门《公证法典》的立法技术高,具有非常强的系统性,充分反映了拉丁公证的实质特点,是拉丁公证制度中非常难得的好法典。

根据司法部1986年6月25日《关于澳门同胞回内地处理民事法律事务办理证明事的通知》,我国内地驻澳机构的职工由其机构出具证明;澳门工会联合总会、中华教育会、中华总商会、街坊联合总会等4个社会团体可以为本社团成员和会员出具有关证明。1996年5月,中国法律服务(澳门)有限公司成立后,对于发生在澳门地区的有法律意义的事件和文书的证明,经中国法律服务(澳门)有限公司和澳门司法事务室下属的4个民事登记局出具公证证明,即具有证明效力。根据中央政府与澳门特区政府之间签署的《内地与澳门关于建立更为紧密贸易关系的安排》的规定，澳门服务提供者为享受该安排中规定的待遇需提供的相关“声明、自然人身份证明的复印件以及经济局认为需要作出核实证明的文件资料，应经澳门特别行政区政府公证部门或内地认可的公证人核证”。澳门委托公证人制度的建立正是落实这一安排的重要举措。2005 年，司法部首次委托林笑云等 5 位澳门律师为中国委托公证人，标志着中国委托公证人制度在澳门正式建立。委托公证人制度，较好地解决了不同的社会制度和法律体系下文书公证方面的区际法律冲突问题，确保投资安全、维护两地当事人合法权益，促进内地和澳门经济社会繁荣发展。委托公证人制度有效解决了工商登记机关对澳门投资者真实合法身份和登记文书效力的确认问题，为工商登记机关提高登记质量和准入效率，优化外商投资环境，服务澳门同胞在内地投资经商发挥了积极的促进作用。

第二章　公证基本制度

第一节　公证概念

《公证法》第2条规定，公证是公证机构根据自然人、法人或者其他组织的申请，依照法定程序对民事法律行为、有法律意义的事实和文书的真实性、合法性予以证明的活动。

应当从下列方面理解我国《公证法》对公证的定义：

(1)公证的主体是公证机构。公证具有专属性，它的职能由我国公证机构行使，其他任何机关和个人不得行使(我国驻外使领馆除外)。故公证区别于合同鉴证、律师见证、中人作证等证明形式。我国公证立法采取的是机构本位，各类性质的公证机构，其活动主体均为公证处，公证员不可单独执业。

(2)公证活动必须依申请而进行。申请的主体是自然人、法人或者其他组织，没有他们的申请，公证无从启动，公证机构和公证员不能依职权自行启动公证活动，这与民事诉讼"不告不理"的原则是类似的。

(3)公证活动必须依照法定程序进行。公证活动具有严格的程式，公证机构和公证员必须按照《公证法》《公证程序规则》和司法部颁布的有关规章所确定的法定程序办理公证。严重违反公证程序的，所出具的公证书将面临着被撤销的可能，同时公证机构和公证员也可能因此构成公证过错。

(4)公证对象是民事法律行为、有法律意义的事实和文书。

(5)公证的内容是确认公证对象的真实性与合法性。公证活动围绕着确认公证对象的真实性、合法性展开。

第二节　公证客体

一、概述

公证客体(也称公证对象)是指公证活动指向的对象、标的或内容。综观世界各国公证立法,对公证客体的规定主要有概括式、列举式和概括加列举式三种立法例。

概括式的优点在于简明扼要,缺点是普通民众难以直观感知公证。例如,法国1803年《风月法令》第1条规定公证的客体是“受理当事人必须或自愿取得公权文书公式效力的文书和契约”。我国台湾地区“公证法”在修改之前采取的是列举式立法,修改后采取的是概括式立法,新的立法将公证客体分为:法律行为、其他关于私权的事实、私文书。据台湾地区的公证学者解释,从列举式立法到概括式立法主要目的是法律的简明性。

列举式的优点在于能够让普通民众直接感知公证,其缺点是难以详细列明具体公证业务种类,缺乏概括性。例如,德国《公证人法》第20条对公证客体进行了详细列举。

综合上述两种立法例的优点,许多国家和地区采用概括加列举式方式规定公证客体。例如,我国澳门特别行政区的《公证法典》在第1条概括地归纳了公证职能,同时在第6条又用列举的方式详细规定了公证人的特别权限。我国《公证法》采取的也是该方式。

总体来说,无论采取概括式、列举式还是概括加列举式,世界各国公证立法都对公证客体采取了较为开放的态度,其目的在于鼓励公证人通过公证手段来协助国家加强社会管理、保护公民权利,通过多元化的公证实践来丰富公证人的职能、权限和业务领域。我国《公证法》第2条、第11条、第12条在总结世界各国和我国公证发展经验基础上对公证业务和事务的范围作了详细规定。第2条、第11条规定的是公证事项范围,第13条规定的是公证事务范围。《公证法》第2条将公证业务对象高度概括为民事法律行为、有法律意义的事实、有法律意义的文书三个类别。《公证法》第 11 条采用列举加兜底的方式对上述三个类别进行了细分,以加强民众对公证业务的直观感知。虽然《公证法》第 2 条、第 11 条、第 12 条对公证客体作了明确规定,但这并不意味着公证机构不能从事上述法条规定之外的法律服务,上述业务范围属于法律对公证机构的赋权性规范,表明公证机构从事这些业务具有正当性和合法性,并不是禁止从事规定之外的法律服务。公证机构作为法律服务机构,在履行上述法条规定的公证职责外,可以根据自身发展和各地情况合法、自主地开展公证法律服务。

二、我国公证客体的类型

结合拉丁公证国家的立法和经验,根据我国公证法的规定和公证实践,我们将我国公证客体分为下列类型:

(1)法律行为。法律行为是以意思表示为要素,依照意思表示内容发生法律效果为目的的行为。法律行为是私法自治的工具,法律行为制度由德国《民法典》创立,是大陆法系民商事法律制度的基石。公证与法律行为相生相伴,公证是法律行为的优越表达形式和有效实施手段,通过公证可以加强当事人的意思自治能力。有公证员将法律行为与公证的关系概括为五个方面:[①]①基于公证人的咨询义务,对当事人就法律规定、行为后果包括风险进行充分阐释。②客观记录当事人的意思表示、表示的过程及相关事项。③依据当事人意思表示,根据现行法律进行修正,以促成其行为的适法性与可行性。④撰写并达成契约,并征询当事人的肯定。⑤作成文书,完成当事人意思向外传达和表征的过程。

根据参与当事人的人数,法律行为公证可以分为单方法律行为公证、双方法律行为公证、多方法律行为公证。该分类的意义在于各类型公证在适用的办证规则上存在一定的差别。单方法律行为公证更多侧重于关注当事人是否有权限作出该法律行为(例如,有效作出一项单方

① 廖丽:《表达缺失与要式行为》,载段伟主编:《公证原理与实务(昆明市明信公证处拉丁鹰公证文集)》,法律出版社 2014 年版,第 126 页。

法律行为的前提是表意人是否具有一项形成权),双方法律行为公证更多侧重于关注当事人意思是否合致及公证员在其中所能发挥的撮合、居间平衡功能,多方法律行为公证侧重于关注当事各方是否遵守了事先制定的各项约束规则。

根据公证介入领域不同,法律行为公证可以分为家庭事务公证、不动产事务公证、商事公证、现场监督类公证。该分类的意义在于公证机构根据不同领域的需求,制定适合当事人需求的公证方案,从而促进公证在特定领域的专业化和职业化。对家庭事务而言,在于为当事人量身定做符合其需求的法律方案;对不动产事务而言,在于担保交易各方面的安全;对商事公证而言,在于帮助当事人设计交易法律结构和把控法律风险及部分商业风险。

(2)有法律意义的事实。有法律意义的事实是指具有一定实体法或程序法意义的事实。通过公证,可以固定有关客观事实,为其增加可信度,促进该信息在不同主体间无障碍使用。有法律意义的事实公证包括保全证据公证、事实收养公证、抚养事实公证和出生、生存、死亡、身份、经历、学位、职务、职称、有无违法犯罪记录公证等类型。值得注意的是,有法律意义的事实可以分为可变事实和不可变事实。可变事实是指经公证的事实在经过一段时间后可能会存在变化,如某人的婚姻状况。不可变事实是指事实已经发生今后也不会发生变化,如人的出生事实。

(3)有法律意义的文书。有法律意义的文书是指具有一定实体法和程序法意义的文书。《公证法》第11条规定,公证机构可以对文书上的签名、印签、日期,文书的副本、影印本与原本相符进行公证。

(4)非讼事务。在许多国家,具体公证事项属于非讼事件,在法律没有特别规定的情况下,公证适用非讼程序,公证人在非讼事件中行使法律赋予的审查权、确认权等。从世界各国的立法来看,公证被赋予广泛的非讼权利。2015年,德国颁布《部分非讼管辖权移交公证人法》,赋予公证人在非讼事件中更广泛的权限。我国《公证法》虽然没有明确公证具有非讼属性,但是《公证法》第12条规定的许多公证事务就具有非讼的性质。另外,许多公证事项虽然被定性为法律行为公证或有法律意义的事实公证,但细究起来,也有非讼的性质,如事实收养公证、抚养事实公证、事实婚姻判断等。这类非讼事务有：继承公证、提存、法律或行政法规规定由公证机构登记的事务、签发执行证书等。

2017年7月3日，最高人民法院、司法部印发的《关于开展公证参与人民法院司法辅助事务试点工作的通知》指出，公证制度具有服务、沟通、证明、监督等功能，是社会纠纷多元化解决的基础性司法资源，可以成为人民法院司法辅助事务的重要承接力量。根据该通知，公证机构参与司法辅助事务的主要内容有：参与调解、参与取证、参与送达、参与保全、参与执行。这些司法辅助事务具有非讼事务的属性，该通知赋予了公证机构参与这些非讼事务的资格和特定效力。

(5)其他公证事务。根据法律规定和公证实践，公证机构还可以办理如下公证事务：提存、保管、代书、翻译、代办认证、公证调解、资金监管、出具法律意见书、代办法律事务等。

第三节 公证法律规范

公证法律规范是指对公证活动进行规制的法律渊源体系。

民法学者徐国栋教授曾指出："一个大陆法系国家的公证立法并非仅仅由该国的《公证法》或《公证人法》组成，而是由这一立法和民法典中关于公证的规定共同组成，甚至外加商法典、民事诉讼法典和证据法典中关于公证的规定组成。"①目前，我国公证法律规范体系由下列法律法规构成：

(1)宪法。宪法是根本法，公证活动应当遵循我国宪法的规定和精神。例如，办理保全证据公证时，应当注意保护当事人的通信自由权和住宅不可侵犯权。当事人这些宪法上的权利应当得到保护，公证机构和公证员不得侵犯。

(2)公证法。2003年9月，司法部向国务院报送了《公证法(送审稿)》。此前，司法部曾于1990年、1995年、2002年三次向国务院报送公

① 徐国栋：《公证制度与民法典》，载《中国司法》2005年第7期。

证法草案。经过各方努力,《公证法》于2005年8月28日第十届全国人大第十七次常委会审议通过,2006年3月1日起施行,历经2015年、2017年两次修正。

《公证法》是新中国的第一部公证法典,确立了中国特色社会主义公证制度的基本框架,系统总结了《公证暂行条例》颁布实施20多年来我国公证工作的实践,借鉴了国外的有益做法,在制度设计、内容选择、体例结构等方面,都体现了进步和发展。

(3)民事实体法关于公证的条款。大陆法系一个显而易见的常识是:公证制度是民法实施的重要法律制度,公证条款是民法典的重要组成部分。我国《收养法》第15条对收养公证、《合同法》第186条对赠与公证、《继承法》第17条和第20条对遗嘱公证优先效力作出了规定。

(4)民事诉讼法关于公证的条款。公证与民事诉讼存在无法割舍的关系。民法学者孙宪忠教授指出:"公证书在民事诉讼中发挥着越来越重要的作用,它的公文书证据效力促进了司法的公正与效率提升,它搭起了民法典与民事诉讼法有效衔接的桥梁,提供了一条人民的权利从民事实体法进入民事诉讼法来寻求救济的管道。"①

《民事诉讼法》第69条规定了公证书的证据效力、第238条规定了赋予强制执行效力的公证债权文书的执行名义地位。最高人民法院《关于适用〈中华人民共和国民事诉讼法〉的解释》第93条规定了公证书的公文书效力、第480条对公证债权文书"确有错误"作了解释。

(5)最高人民法院和最高人民检察院关于公证的司法解释。最高人民法院颁布涉公证的司法解释有《关于审理涉及公证活动相关民事案件的若干规定》《关于公证机关赋予强制执行效力的债权文书执行有关问题的通知》《关于含担保的公证债权文书强制执行的批复》《关于当事人对具有强制执行效力的公证债权文书的内容有争议提起诉讼人民法院是否受理问题的批复》《关于人民法院办理执行异议和复议案件若干问题的规定》等。2009年1月6日,最高人民检察院颁布《关于公证

---

① 孙宪忠:《公证是法律行为的优越表达形式》,载段伟、李全息:《公证人职责研究》,法律出版社2016年版,第2页。

员出具公证书有重大失实行为如何适用法律问题的批复》。

(6)行政法规和有关部委规章涉公证的规定。我国许多行政机关引入公证制度对社会事务进行科学管理。例如,公安部《机动车登记规定》第64条关于机动车继承公证、赠与公证等事项的规定,国土资源部《不动产登记暂行条例实施细则》第11条关于监护公证的规定、第12条关于委托公证的规定、第14条关于继承公证的规定。

(7)地方公证条例。1982年国务院《公证暂行条例》颁布以后,各省、自治区、直辖市人大纷纷制定了各地公证条例,目前,这些地方公证条例中有许多仍然为有效法律文件,一些地区根据《公证法》对地方公证条例进行了修订,如《江苏省公证条例》《贵州省公证条例》。

(8)司法部制定的公证规章和有关公证业务规范。《公证法》颁布后,司法部颁布了《公证程序规则》《公证机构执业管理办法》《公证员执业管理办法》,形成了"一法三规章"的公证基本法规体系。1982年国务院颁布《公证暂行条例》以来,司法部颁布了《赡养协议公证细则》《遗赠扶养协议公证细则》《招标投标公证细则》《抵押贷款合同公证程序细则》《赠与公证细则》《开奖公证细则》《遗嘱公证细则》等公证规章和业务规范。公证机构在办理公证时仍然需要遵守这些公证规范,但适用时需要注意当前的立法状况,这些公证规范与现行法律相抵触的,根据新法优于旧法的法律适用原则,应按新法律执行。

(9)中国公证协会颁布的办证规范和指导意见。《公证法》第28条确立了办证规则的法律地位和效力,中国公证协会颁布的办证规范具有办证规则的地位,也属于公证法律规范的构成部分。根据中国公证协会规定,其制定的业务意见包括规范意见和指导意见,前者具有办证规则意义,后者仅供公证机构参考。近年来,中国公证协会颁布的规范意见和指导意见有:《办理房屋委托书公证的指导意见》《办理夫妻财产约定公证指导意见》《办理保全证据公证的指导意见(修订)》《办理继承公证的指导意见》《公证机构审查自然人身份的指导意见》《办理保全互联网电子公证的指导意见》《办理保全送达文书证据公证的指导意见》《办理遗嘱保管事务的指导意见》《办理小额遗产继承公证的指导意见》《公证质量评价标准(试行)》等。

第四节　公证基本原则

公证基本原则是体现公证制度基本价值并指导公证机构和公证员办理公证的基本准则。公证机构和公证员在办理公证时，在没有法律规定的时候，应当遵循公证的基本原则进行处理。公证基本原则也是人民法院在审判活动中认定公证机构是否存在过错的标尺之一。《公证法》第 3 条规定，公证机构办理公证，应当遵守法律，坚持客观、公正的原则。一般认为，我国公证的基本原则包括真实客观原则、合法原则、公正中立原则。

（1）真实客观原则。真实客观原则是指公证书中所证明的法律行为和有法律意义的事实、文书的各项内容，都是真切、实在、客观存在的或曾确实发生过的事实，并通过直观或客观人证、物证能为公证人员确认的，而且事实的内容与公证证明的内容是完全相符的。真实客观是公证活动的逻辑起点。对于虚假的、伪造的“事实”，公证机构应当拒绝给予公证。真实客观原则体现了公证员作为专家证人的角色。

（2）合法原则。合法原则是指公证证明的事实、内容、形式及取得方式不违背国家法律、法规，不违反国家政策和公序良俗。公证的合法性包括内容合法和形式合法两个方面，内容违法不予公证，形式违法也不能予以公证。合法原则反映了公证的法律服务属性，体现了公证员作为法律专家的角色。

（3）公正中立原则。公正中立原则是指公证人不是一方当事人的代理人，而是双方当事人的公正的办事人。这是公证人区别于律师的重要特征。“律师仅仅是一方代理人。两者之间是一种提供服务与付费契约的关系，实现客户利益最大化是律师所追求的目标，因此无法满足各方的利益均衡，也不能站在对方的角度去考虑其权益是否得到同等的保证。”[①]相反，公证人必须以公正和中立的态度，不偏不倚地为当事人

① 马宏俊、牛维、宋芳：《律师与公证人的职能定位》，载《中国律师》2009 年第 10 期。

各方利益考虑。公证人在其中起的是衡平的作用。

第五节 公证效力

公证效力是指公证书依据法律能够产生的实体法效力和程序法效力。我国《公证法》第36条规定了公证书的公文书证据效力、第37条规定了强制执行效力、第38条规定了法律行为形式要件效力。根据《公证法》,结合我国民事法律规定和国外立法例,现就公证效力阐述如下。

一、公证书在民法上的效力

(1)要式效力。基于法律规定或者当事人约定,法律行为必须采取公证方式,否则其无效。这种要式效力是基于法律规定或者当事人约定。公证作为法律行为方式具有证据功能、警告功能、区隔功能、资讯透明化功能和说明功能。[①] 拉丁公证制度的国家在法律上直接规定某项法律行为必须作成公证文书,否则该法律行为无效。例如,《瑞士债务法》第216条规定,以不动产为标的物的买卖合同,须为公证始为有效。但遗憾的是,我国法律基本没有这方面的规定。

公证作为"最佳书面"的法律行为方式,其具有包含书面方式的特别意义。也就是说,如果法律规定或者当事人约定某项法律行为必须采取书面方式的,如果当事人采用了公证方式,也当然视为采用了书面形式。

如果法律规定某项法律行为必须采取公证的方式,那么该要式法律行为发生变更的,原则上也应采用法定形式,否则变更行为无效。之所

① 证据功能是指公证文书具有公文书证据效力,能够证明法律行为的存在;警告功能是指通过严苛的公证程序得以警示当事人慎重作出法律行为的决定,使之三思而后行;区隔功能是指公证具有将当事人磋商阶段与正式立约阶段区隔开来,以保障作出法律行为之严肃性;资讯透明化功能是指通过当事人的充分举证和公证机构调查取证,使当事人在作出法律行为之前获得交易的充分信息;说明功能是指公证人行使阐明权,向当事人说明法律行为的法律意义和后果,说明法律行为可能存在的风险和规避措施。

以如此,其意义在于避免当事人通过变更约定变相规避法律关于法定形式的强制要求。

(2)优先效力(对抗效力)。许多法律规定经公证的法律行为能够产生对抗他人的效力,未经公证,则不产生此对抗效力。例如,我国《继承法》规定,公证遗嘱具有优先于其他遗嘱形式的效力。再如,我国《合同法》规定,经公证的赠与合同,赠与人不得单方撤销。在公证书具有对抗效力的立法中,当事人是否进行公证,取决于他的自由意志,法律并不强制要求当事人必须办理公证,法律起指引作用。

(3)证明行为之方式。法律规定某项法律行为必须以公证的方式证明其存在,或者某项法律行为虽然规定必须公证但是未规定其具体效力的(要式效力或对抗效力),则推定公证形式为证明行为之方式。

(4)申请登记行为之方式。即经过公证的法律行为,依据法律的规定,可以由一方申请即可。例如,依据我国台湾地区"非讼事件法"第103条第3项规定,经公证的夫妻财产制契约的登记,由一方当事人申请进行即可。

(5)受领当事人意思表示的效力。法律规定,法律行为作成公证书即意味着公证人受领了当事人的意思表示,产生相应的受领效果。典型立法如《德国民法典》第925条之规定。①

(6)公证人起草的合同免于格式条款审查的效力。许多国家和地区的判例都认为,公证人是当事人双方的利益代表者,因此公证人起草的合同并不属于格式合同(格式条款),我国司法实践也承认公证员起草的合同有该种效力。

综上,根据立法目的的不同,经公证的法律行为被赋予不同效力。立法者可以根据某类法律行为的规制需要,通过赋予公证特定的法律效果来达到引导和规制该类法律行为的目的。有时候,不一定要求某类法律行为必须公证,可以通过赋予其对抗效力、证据效力或者其他特定效力

---

① 该条第(1)项规定,依第873条归于转让土地所有权为必要的让与人和取得人之间的合意,必须在双方当事人同时在场的情况下,在有管辖权的机构面前表示。尽管存在其他机构的管辖权,公证人有接受关于土地所有权转移的合意的管辖权。关于土地所有权转移的合意,也可以在裁判上的和解或在被有既判力地认可的支付不能方案中表示。

的方式来进行恰当引导。

二、公证书在民事诉讼法上的效力

《公证法》第36条规定,经公证的民事法律行为、有法律意义的事实和文书,应当作为认定事实的根据,但有相反证据足以推翻该项公证的除外。对公证书的证据效力可以作如下解读:

(1)公证书属于书证,且属于公文书。以文书制作人区分,文书可分为公文书与私文书。由机构或公务员基于其权限在职务上所制作的文书,称为公文书。公证文书系公证人依据其公证权限制作的。通说认为,公证文书属于书证,具体而言属于与私文书相对的公文书。公文书具有被推定为真正的效力,同理,公证书也具有被推定为真正的效力。值得注意的是,如果公证并非法律行为生效的必备方式,则可能存在瑕疵的公证文书向私文书转化的情况。《法国民法典》第1318条规定:"因制作文书官员无权限或无资格,或者因制作的文书不符合规定的形式,不能认为是公证文书时,如双方当事人均已在其上签字,仍然产生私文书的效力。"土耳其《公证法》第73条规定,公证书之作成不符合公证法之规定者,成为普通文书而不视为公文书。需要指出的是,公证过程是公文书形成的过程,而不是对私文书再证明的活动。

(2)公证书属于处分性文书。所谓处分性文书,是指该文书制作完成之时即为法律行为发生之时,文书制作的行为就是法律行为本身,如法院判决书、合同、支票、遗书等。所谓报告性文书,是指仅记载文书制作人关于某一事项的见闻、判断和感想。划分处分性文书与报告性文书的法律意义在于,不同性质的文书其证明力以及证明力的判断方法不同,按照大陆法系的证据理论,文书的证据力分为形式证明力和实质证明力,如果文书是基于制作者的意思制作的,该文书就具有形式上的证明力,文书记载的内容对待证事实有证明作用的,则有实质上的证明力。处分性文书一旦具有形式上的证明力,就当然具有实质上的证明力;而报告性文书虽然具有形式上的证明力,但不一定具有实质上的证明力,文书的内容未必能够证明待证事实。对于报告文书实质证明力的判断,一般情形下由法官根据经验法则以自由心证为原则作出。目前倾向性意见认为，公证书属于处分性文书。

(3)公证书具有形式证据力和实质证据力。所谓文书的形式证据力，系指文书真正成立时所存之证据力，亦即足以证明其作成人确实曾为文书内记载之陈述或报告。公证书作为公文书即具有推定为真正的形式证据力。公证书的实质证据力，则系指文书记载之内容对于待证事实所能产生之效果。文书的实质证据力实际上由法官进行心证判断。由于公证具有高度的公信力，目前倾向性的意见认为公证书也具有实质证据力。

三、公证书在强制执行法上的效力

《公证法》第37条规定，对经公证的以给付为内容并载明债务人愿意接受强制执行承诺的债权文书，债务人不履行或者履行不适当的，债权人可以依法向有管辖权的人民法院申请执行。从该规定来看，载明债务人愿意接受强制执行承诺的公证债权文书是执行名义。实施拉丁公证制度的国家和地区都赋予特定条件下的公证文书以执行名义的效力。

公证强执效力的产生在于当事人选择放弃了诉权。值得注意的是，在人民法院裁定不予执行的情况下，应当恢复当事人的诉权。因为在裁定不予执行情况下，债权人本身失去的并非给付请求权，而是一种相对快捷、安全的司法救济方式。

第六节 “两结合”公证管理体制

“两结合”公证管理体制是指实行司法行政机关行政管理与公证协会行业管理相结合的公证管理体制。“两结合”公证管理体制，是我国公证工作的特色和优势，对于推动公证工作改革发展具有十分重要的作用。公证工作能否取得成功，某种意义上就要看能否将“两结合”公证管理体制落实到位。司法行政机关的主要职责是依法加强对公证的监督、指导，主要是通过制定政策法规、行业规划、标准规范等加强执业监管；公证协会则主要是通过行业自律，依法、依章程履行指导业务、规范执业、维护权益、行业惩戒等职责，重在自律管理、行业规则、行业惩戒、信息化建设、文化建设等方面发挥更大的作用。行政管理和行业管理同样重要，不可顾此失彼。

《公证法》第5条规定，司法行政部门依照本法规定对公证机构、公证员和公证协会进行监督、指导。第4条规定，公证协会是公证业的自律性组织，依据章程开展活动，对公证机构、公证员的执业活动进行监督。这是"两结合"管理体制的基本法律依据。司法部颁布的《公证机构执业管理办法》和《公证员执业管理办法》是"两结合"管理体制的重要法律依据，司法行政部门和公证协会据此开展工作。

根据《公证法》《公证机构执业管理办法》《公证员执业管理办法》，各级司法行政部门行使下列管理职权：公证机构设立审批权、公证员任命权、拟定公证机构设置方案权、核定和变更公证机构执业区域权、公证机构名称核准权、公证机构变更办公场所或分立(合并)核准权、公证机构负责人核准权、执业监督检查权、调查权、行政处罚权、公证机构和公证员年度考核权等。上述管理职权依据《公证法》《公证机构执业管理办法》《公证员执业管理办法》的规定由相应级别的司法行政部门分别行使。

公证协会的职权主要依据司法行政部门授权或依据自己章程设定。根据章程，中国公证协会和地方公证协会的职权主要有：①依照章程对公证机构和公证员的执业活动进行监督。②协助政府主管部门管理、指导全国或地方的公证工作，指导地方公证协会工作。③制定行业规范。④维护会员的合法权益，保障会员依法履行职责。⑤举办会员福利事业。⑥对会员进行职业道德、执业纪律教育，协助司法行政机关查处会员的违纪行为。⑦负责会员的培训，组织会员开展学术研讨和工作经验交流。⑧中国公证协会负责全国公证赔偿基金的使用管理工作，对地方公证协会管理使用的公证赔偿基金进行指导和监督。⑨负责公证宣传工作。⑩负责海峡两岸公证书的查证工作和公证书副本寄送工作。

司法部制定的《公证程序规则》规定，当事人和利害关系人对公证机构的复查决定不服的，可向地方公证协会投诉。根据《公证机构执业管理办法》的规定，司法行政机关可以委托公证协会对公证机构的违法行为进行调查、核实。

“两结合”管理体制要在实质上落实,关键是要保证公证协会的独立性,许多地方公证协会与司法行政管理部门合署办公,是“两块牌子,一套人马”。司法部副部长熊选国在2017年全国公证工作会上的讲话中强调:完善“两结合”公证管理体制,首要解决的就是“行政管理行业管理不分、职责不明”的现状,要督促各地协会按照社团法人的要求,完善规章制度,健全办事机构,设立独立账户,充实人力物力。在2017年12月召开的全国公证工作座谈会上,中国公证协会提出:地方公证协会要加快推进协会组织建设,重点是加强协会领导班子建设,要选好会长,配置专职秘书长,保证司法厅(局)党委对公协党建工作的直接领导,完善工作制度,严格财务管理,加强工作保障,为协会秘书处配置必要的工作人员和办公场所,真正把协会建成“会员之家”。中国公证协会要求,地方公证协会要适应新形势的要求,因地制宜,抓紧制定和完善各项工作制度,形成行业自律管理工作规范体系,建立健全协会党建、常务理事会工作、会长办公会、工作委员会、行业规范和标准等制度。同时,各地公证协会要与司法行政部门共同研究“两结合”公证管理体制下的职责划分,以明确行政管理和行业管理的权限,要建立信息通报制度、工作会商制度、工作协作制度。

第七节　公证机构和公证员

一、公证机构

公证机构是依法设立,不以营利为目的,依法独立行使公证职能、承担民事责任的证明机构。同时兼顾统筹规划、合理布局的原则,对公证处的总量进行控制。公证机构可以在县、不设区的市、设区的市、直辖市或者市辖区设立;在设区的市、直辖市可以设立一个或者若干个公证机构。公证机构不按行政区划层层设立。省、自治区、直辖市司法行政机关应当按照公证机构设立原则,综合考虑当地经济社会发展程度、人口数量、交通状况和对公证业务的实际需求等情况，拟定本行政区域公证机构设置方案，并可以根据当地情况和公证需求的变化对设置方案进行调整。由省、自治区、直辖市司法行政机关审核批准公证机构的设立。公证机构的开办资金数额，由省、自治区、直辖市司法行政机关确定。

设立公证机构，应当具备下列条件：①有自己的名称。②有固定的场所。③有2名以上公证员。④有开展公证业务所必需的资金。设立公证机构，应当符合经司法部核定的公证机构设置方案的要求。

根据《公证机构执业管理办法》规定，公证机构统称公证处。根据公证机构设置的不同情况，分别采取以下三种方式冠名：①在县、不设区的市设立公证机构的，冠名方式为：省（自治区、直辖市）名称+本县、市名称+公证处。②在设区的市或其市辖区设立公证机构的，冠名方式为：省（自治区）名称+本市名称+字号+公证处。③在直辖市或其市辖区设立公证机构的，冠名方式为：直辖市名称+字号+公证处。公证机构的名称，由省、自治区、直辖市司法行政机关在办理该公证机构设立或者变更审批时予以核定。公证机构对经核定的名称享有专用权。

公证执业区域是指由省、自治区、直辖市司法行政机关，根据《公证法》第25条和《公证机构执业管理办法》第10条规定以及当地公证机构设置方案，划定的公证机构可以受理公证业务的地域范围。公证执业区域一方面明确了公机构受理公证的地域范围；另一方面明确了当事人应向哪一个公证机构提出公证申请。公证机构的执业区域，由省、自治区、直辖市司法行政机关在办理该公证机构设立或者变更审批时予以核定。公证执业区域可以下列区域为单位划分：①县、不设区的市、市辖区的辖区。②设区的市、直辖市的辖区或者所辖城区的全部市辖区。公证机构应当在核定的执业区域内受理公证业务。2018年2月2日，司法部办公厅发布了《关于调整公证机构执业区域的通知》，决定调整公证机构执业区域。调整后，公证机构的执业区域为所在设区的市的辖区，即受理公证业务的地域范围扩大为设区的市的辖区。

公证机构应当建立完备的业务、财务、资产等管理制度，对公证员的执业行为进行监督，建立执业过错责任追究制度，并为公证员办理职业责任保险。公证机构的负责人应当在有3年以上执业经历的公证员中推选产生，由所在地司法行政机关核准，并逐级报省、自治区、直辖市司法行政机关备案。

目前，我国公证机构的性质有事业、合作两种体制。2000 年 7 月 31 日，国务院批准同意的《关于深化公证工作改革的方案》提出，现有行政体制的公证处要尽快改为事业体制，改制的公证处应成为执行国家公证职能、自主开展业务、独立承担责任、按市场规律和自律机制运行的公益性、非营利性的事业法人。2017 年 7 月 13 日，司法部、中央编办、财政部、人力资源和社会保障部印发的《关于推进公证体制改革机制创新工作的意见》要求，2017 年年底前现有行政体制公证机构全部改为事业体制，[①]事业体制公证机构划入从事公益服务的事业单位，坚持公益性、非营利性事业法人的属性，坚持高标准、高起点，在具备条件的地区，可以设立合作制公证机构。该意见指出，事业体制公证机构落实主任负责制，明确公证机构的用人自主权，公证员和其他辅助人员由公证机构根据业务需要自主聘用，对划入公益二类的事业体制公证机构实行编制备案制，建立体现按劳分配、多劳多得要求的公证机构绩效工资分配激励机制，具备条件的公证机构实行企业化财务管理制度。2017 年 9 月 5 日，司法部发布《关于推进合作制公证机构试点工作的意见》，提出了新试点合作制公证机构的设立条件、程序、组织形式、议事规则、权利义务和管理等内容，继续推进我国公证机构合作制试点工作。

根据《公证法》第 13 条的规定，公证机构应当依法开展执业活动，不得有下列行为：为不真实、不合法的事项出具公证书；毁损、篡改公证文书或者公证档案；以诋毁其他公证机构、公证员或者支付回扣、佣金等不正当手段争揽公证业务；泄露在执业活动中知悉的国家秘密、商业秘密或者个人隐私；违反规定的收费标准收取公证费；法律、法规、国务院司法行政部门规定禁止的其他行为。

---

① 根据司法部 2017 年 11 月 15 日官方微信公众号消息，截至 2017 年 11 月 14 日，全国 889 家行政体制公证机构已提前全部完成改制任务。

二、公证员

公证员，国际上一般称为公证人，相较而言，英美法系国家和地区的公证人的任职条件和程序都比较简单，而大陆法系国家和地区的公证人的任职条件和程序都极为严苛。

在我国，公证员是符合《公证法》规定的条件，经法定任职程序，取得公证员执业证书，在公证机构从事公证业务的执业人员。所谓执业人员，是指取得职业资格并在特定的行业、机构从事与该职业资格相符合的工作的专业人员。我国目前已逐步在一些特定行业和领域实行职业资格制度，它是政府对某些责任较大、社会通用性强、关系公共利益的行业实行的准入制度，是依法独立开业或从事某一特定专业活动的学识、技术和能力的必备标准。我国《公证法》确立了从通过国家统一法律职业资格考试人员中选任公证员的制度，并规定了公证执业准入的条件。《公证员执业管理方法》对公证员任职条件、任职程序、执业证书管理、执业监督检查和相关的法律责任等都作出了明确、具体的规定。

根据《公证法》和《公证员执业管理办法》的规定，担任公证员，应当具备下列条件：具有中华人民共和国国籍；年龄 25 周岁以上 65 周岁以下；公道正派，遵纪守法，品行良好；通过国家统一法律职业资格考试取得法律职业资格；在公证机构实习 2 年以上或者具有 3 年以上其他法律职业经历并在公证机构实习 1 年以上，经考核合格。此外，符合上述前 3 项条件，并具备下列条件之一，已经离开原工作岗位，经考核合格的，可以担任公证员：①从事法学教学、研究工作，具有高级职称的人员。②具有本科以上学历，从事审判、检察、法制工作、法律服务满 10 年的公务员、律师。司法部对于如何经考核任职公证员，制定有《公证员考核任职工作实施办法》。

根据《公证法》第 20 条的规定，有下列情形之一的，不得担任公证员：无民事行为能力或者限制民事行为能力的；因故意犯罪或者职务过失犯罪受过刑事处罚的；被开除公职的；被吊销公证员、律师执业证书的。

根据《公证法》第 21 条的规定，担任公证员，应当由符合公证员条件的人员提出申请,经公证机构推荐,由所在地的司法行政部门报省、自治区、直辖市人民政府司法行政部门审核同意后,报请国务院司法行政部门任命,并由省、自治区、直辖市人民政府司法行政部门颁发公证员执业证书。

根据《公证员执业管理办法》的规定,公证员变更执业机构的,经省、自治区、直辖市司法行政机关核准,予以换发公证员执业证书。

根据《公证法》第23条的规定,公证员在执业活动中不得有下列行为:同时在两个以上公证机构执业;从事有报酬的其他职业;为本人及近亲属办理公证或者办理与本人及近亲属有利害关系的公证;私自出具公证书;为不真实、不合法的事项出具公证书;侵占、挪用公证费或者侵占、盗窃公证专用物品;毁损、篡改公证文书。

根据《公证法》和《公证员执业管理办法》的规定,公证员依法执业,受法律保护,任何单位和个人不得非法干预。公证员有权获得劳动报酬,享受保险和福利待遇;有权提出辞职、申诉或者控告;非因法定事由和非经法定程序,不被免职或者处罚。司法行政机关和公证协会应当依法维护公证员的执业权利;公证机构也应当为公证员依法执业提供便利和条件,保障其在任职期间依法享有的合法权益。

第八节 公证员职业道德和执业纪律

遵守职业道德和执业纪律是每一个公证员应尽的职责和义务,也是确保公证行业实现社会价值、发挥职能作用的基本条件。公证员职业道德,是公证员在履行公证职责、开展公证执业活动中应当遵循的行为准则。《公证法》第22条第1款规定:"公证员应当遵纪守法,恪守职业道德,依法履行公证职责,保守执业秘密。"中国公证协会于2002年制定了《公证员职业道德基本准则》(2010年修订),包括忠于事实忠于法律、爱岗敬业规范服务、加强修养提高素质、清正廉洁同业互助四个部分,涵盖了公证员与公证行业、公证员与公证服务对象、公证员与公证同行之间的关系,是公证职业道德准则的核心内容。

公证员执业纪律,是指公证员在执业过程中应当遵守的由各级司法行政部门、其他国家机关、公证协会以及公证机构为保障公证执业行为的正当性而制定的各项行为规范、守则。

现摘录《公证员职业道德基本准则》(2010 年修订)的一些规定:①公证员应当自觉履行保密义务,不得泄露在执业中知悉的国家秘密、商业秘密或个人隐私,更不得利用知悉的秘密为自己或他人谋取利益。②公证员在履行职责时,应当告知当事人、代理人和参与人的权利和义务并就权利和义务的真实意思和可能产生的法律后果作出明确的解释,避免形式上的简单告知。③公证员在执行职务时,应当平等、热情地对待当事人、代理人和参与人,并要注重其民族、种族、国籍、宗教信仰、性别、年龄、健康状况、职业的差别,避免言行不慎使对方产生歧义。④公证员现场宣读公证词时,应当语言规范、吐字清晰,避免使用可能引起他人反感的语言表达方式。⑤公证员不得利用媒体或采用其他方式,对正在办理或已办结的公证事项发表不当评论,更不得发表有损公证严肃性和权威性的言论。⑥公证员应当妥善处理个人事务,不得利用公证员的身份和职务为自己、亲属或他人谋取利益。⑦公证员不得索取或接受当事人及其代理人、利害关系人的答谢款待、馈赠财物或其他利益。⑧公证员不得以不正当方式或途径对其他公证员正在办理的公证事项进行干预或施加影响。

我国已经加入国际公证联盟,该联盟颁布的《公证人道德准则》也有参考意义,现摘录其中一些规定:①公证人在执业活动中,包括履行其解答咨询之基本职责,解释和适用法律,获取公证事务之专业知识以及遵守行业标准等方面,应完全履行其职业义务,并为履行这些义务做好充足的准备。②公证人应确保其掌握专业领域的最新情况,关注和响应公证行业组织的各项动议。③除了适当运用其专业资源外,公证人不得以其他方式吸引客户。尤其禁止公证人通过减少收费、依赖外部代理服务,或者以损害行业尊严、降低行业地位为手段招揽客户。④公证人在提供公证服务的过程中以及在此之后,都应严格履行执业上的保密义务。⑤公证人在执行职务过程中,应保持公正、独立,避免一切个人影响或者以任何形式歧视客户;公证人在执业过程中,应平衡各方当事人的利益,努力寻求以平等保护各方当事人利益为唯一目标之适当方案。⑥公证人应适当地、建设性地履行其职责。公证人应告知当事人公证活动可能产生的后果。告知的内容应包括与其按照常规所需要履行的所有法律程序的各个方面。公证人应选择适用最适合实现当事人意图的公证方式,并确保其合法性、相关性。

根据国家和司法部的有关规定,公证员必须遵守下列执业纪律:①不得反党反社会主义,不得参加非法政治组织。②不得贪污、行贿、索贿、受贿、玩忽职守,不得接受当事人请客送礼。③严格执行公证法律、法规、规章和规范性文件,不得出具虚假的公证文书,不得违反法律法规办理公证事项。④不得经商办企业,不得搞不正当竞争,不得兼职取酬。⑤不得泄露因执行职务掌握的国家秘密、商业秘密、当事人的秘密。⑥不得赌博、嫖娼、吸毒。⑦不得利用工作之便,以权谋私,不得私自收案、收费、办证。⑧不得打骂、侮辱当事人。⑨不得以虚报、谎报等手段骗取荣誉、职称或者其他利益。⑩不得进行其他损害国家、集体利益和非法侵害当事人合法权益的行为。

2017 年 8 月 14 日,司法部发布《关于公证执业"五不准"的通知》,这是比较重要的公证执业纪律。根据该通知要求,公证机构不准为未查核真实身份的公证申请人办理公证、不准办理非金融机构融资合同公证、不准办理涉及不动产处分的全项委托公证、不准办理具有担保性质的委托公证、不准未经实质审查出具公证书。

第九节　涉外公证与涉港澳台公证

一、涉外公证

涉外公证是指在公证的当事人、所证明的对象或公证书使用地等诸因素中至少有一个或一个以上有涉外因素的公证证明活动。

涉外公证具有以下特点:①办理涉外公证业务的公证机构须经地方公证协会考核通过,报司法部、中国公证协会备案。办理涉外公证业务的公证员须经地方公证协会考核通过，报司法部、中国公证协会备案，其签名章连同所在公证机构印章要在司法部、外交部备案。②涉外公证书通常要根据使用国或当事人的要求，附相应的外文译文，并办理外交认证手续。③涉外公证书要使用公证专用水印纸。④涉外公证书通常要发往域外使用，并在域外发生法律效力。所以，在适用法律上，既要符合我国法律的有关规定，又要遵守国际条约和国际惯例，还要考虑到公证书使用国的有关规定。⑤发往域外使用的涉外公证文书往往有使用时效。根据不同国家的不同规定和要求，超过时效的公证书不能使用。

涉外公证书的域外效力是指公证书在域外具有与在国内相同的法律证明力。根据《维也纳领事关系公约》以及有关国际条约的规定，一国公证机构出具的公证书经过使用国外交机构确认或认可后，在该国具有与其本国公证书同等的法律效力。

办理涉外公证业务的机构有两种：一是国内公证机构办理涉外公证业务；二是依照国际惯例，我国驻外使、领馆办理一些特殊的涉外公证业务。例如，《维也纳领事关系公约》中规定：领事可以“担任公证人、民事登记员以及类似之职司”。我国《公证法》第 45 条规定，中华人民共和国驻外使（领）馆可以依照本法的规定或者中华人民共和国缔结或者参加的国际条约的规定，办理公证。

根据国际条约和国际惯例，发往域外使用的涉外公证书要按照公证书使用国的有关规定和要求，将涉外公证书送有关机构办理认证。《公证法》第 33 条规定：“公证书需要在国外使用，使用国要求先认证的，应当经中华人民共和国外交部或者外交部授权的机构和有关国家驻中华人民共和国使（领）馆认证。”涉外公证书的认证机构一般是一国的外交领事机构和公证书使用国驻该国使（领）馆。2015 年 11 月 19 日，外交部颁布了《领事认证办法》。根据该办法，领事认证是指领事认证机构根据自然人、法人或者其他组织的申请，对国内涉外公证书、其他证明文书或者国外有关文书上的最后一个的印鉴、签名的真实性予以确认的活动。领事认证不对公证书或者其他证明文书证明的事项行使证明职能，不对文书内容本身的真实性、合法性负责，文书内容由文书出具机构负责。《领事认证办法》第 23 条规定,有下列情形之一的,领事认证机构不予办理领事认证:①文书的印鉴、签名不属实的;②文书的印鉴、签名未进行备案,或者与备案不相符的;③文书的印鉴、签名、装订、时效等不符合文书出具机构、文书使用机构规定和要求的;④可能损害国家利益和社会公共利益的;⑤不予办理领事认证的其他情形。

根据司法部文件规定,公证处对 1992 年 4 月 1 日以前出具的公证书不再制发公证书副本。1992 年 4 月 1 日以后出具的婚姻状况、未受刑事处分、存款、生存、居住、职务等证明对象具有可变性的公证书,自公证之日起超过 6 个月的,公证机构不再制发公证书副本。当事人请求制发副本的,一律按规定程序重新办理。

二、涉港澳公证

(1)在适用法律上,既要遵守全国性法律、法规的规定,也要考虑香港、澳门特别行政区的法律。

(2)涉港澳公证文书须使用公证专用水印纸。

(3)内地发往香港和澳门特别行政区使用的公证文书可根据当事人的要求附英文或葡萄牙文译文。

三、涉台公证

(1)在法律适用上,要坚持适用中华人民共和国法律的原则,同时也要考虑台湾地区的有关规定和历史的因素。

(2)公证机构对有分裂祖国、鼓吹"台独"等反动内容的文件或证明材料,应当不予办理公证或拒绝采证。

(3)发往台湾地区使用的公证书要根据使用目的选定公证书格式,并注意公证书的行文用语。

(4)办理涉台公证的公证机构及公证员由省、自治区、直辖市司法厅(局)公证管理处根据本身(区、市)的具体情况指定。涉台公证文书须使用公证专用水印纸。

(5)发往台湾地区使用的公证书要按规定由地方公证协会向台湾海基会寄送副本。根据汪辜会谈于 1993 年达成的《两岸公证书使用查证协议》和司法部颁布的《海峡两岸公证书使用查证协议实施办法》等规定,两岸出具的涉及继承、收养、婚姻、出生、死亡、委托、学历、定居、扶养亲属以及财产权益证明、病历、税务、经历、专业证书等公证书,需要办理副本审核寄送手续。公证书有下列情形之一的,双方应相互协助查证:①违反公证机关有关受理范围规定的。②同一事项在不同公证机关公证。③公证书内容与户籍资料或其他档案资料记载不符。④公证书内容自相矛盾的。⑤公证书文字、印鉴模糊不清,或有涂改、擦拭等可疑痕迹。⑥有其他不同证据资料。⑦其他需要查明的事项。

截至 2013 年,台湾海基会寄往大陆使用的公证书、认证书副本有 109 万件,大陆寄往台湾地区使用的公证书副本有 176 万件,两岸公证人携手破解了两岸民间交往的障碍,并比肩齐力维护了两岸同胞权益和福祉,为两岸关系和平发展作出了贡献。

(6)要处理好公证机构独立办证与有关部门密切配合的关系。公证机构在办理涉台公证业务时,要坚持独立办证的原则。同时,由于涉台公证工作政策性强,涉及法律复杂,在实际工作中必须取得公安、民政、统战等部门的配合,在对台有关政策上,更需要主动取得主管台湾事务工作部门的支持。

(7)公证机构办理涉台继承、收养、婚姻状况、亲属关系公证书要特别注意法律适用问题。

第三章　公 证 程 序

第一节　公证程序的意义

法律程序，通常是指人们按照法律设定的时限和次序并按照法定的方式和关系从事法律行为或作出具有法律意义的决定。

法律程序的特点有：①针对特定的行为而作出要求的，并非所有的行为都是法律程序评判和规制的对象。②时间和空间是法律程序的基本要素，法律程序的时间要素和空间要素由时序（行为的先后顺序）和时限（行为所占时间的长短）两部分组成。③程序具有仪式性。程序是法律的形式，具有仪式性和象征性，程序和权利与义务等法律的内容相结合，成为法律区别于其他规则的存在的表征。①

现代法律程序的意义在于其是实现权利和义务等实质内容的手段和方法，法律程序的功能主要有四种：①对于恣意行为的限制。法律程序实际规范事实的认定过程，法律程序中活动的主导者主要是法律职业群体，所以法律程序天然地要求遵循特定的模式，遵循理性规则，排除恣意行为。②分化与"角色"之间的对等沟通。现代法律程序一般都有两个以上区分功能的"角色"参与，正当的法律程序的一个重要功能即是保障程序各参与主体之间有平等的参与机会，能够充分地沟通和拥有足够的"话语权"。③理性选择的保证。保障程序参与者能够有足够的机会了解与自己利益切身相关的法律规定，并作出最利于自己的选择，而不是使程序的参与者的选择是任意的、无序的。④形式正义的最优体现。

一般来说，公证程序具有法律程序的上述特点和功能，具体来说，公

① 参见孙笑侠：《程序的法理》，商务印书馆2005年版，第1～3页。

证程序的意义包括以下三个方面:①通过公证所特有的“仪式”“符号”来宣示法律职业的庄严性及理性:如公证员向遗嘱人宣读遗嘱,公证员在其所作成的公证书上加盖特定的公证员印章。这些特有的“仪式”“符号”均在外表上宣示法律职业的庄严性及理性。②保证当事人能够获得足够的对话机会:公证员为完成其职责和义务,需要与当事人充分对话,公证程序的存在即保证当事人意思表示的充分性。③保证公证表达方式的统一性:公证的一个重要环节是,表达、转达必须具备固定、统一、可区别的样式,如公证文书及公证印章的样式及使用规则。[①]

如果违背公证程序,将会产生相应的法律后果。《公证程序规则》第63条规定:公证书的内容合法、正确,但在办理过程中有违反程序规定、缺乏必要手续的情形,应当补办缺漏的程序和手续,无法补办或者严重违反公证程序的,应当撤销公证书。

第二节　公证申请与受理

一、概述

公证申请,是指自然人、法人或者其他组织向公证机构提出办理公证的请求。根据《公证法》的规定,办理公证,当事人必须提出申请。申请是启动公证程序的第一道环节。没有申请,便无公证。公证机构只能根据申请人的申请进行公证,不能主动进行公证,跟民事诉讼“不告不理”原则相似。

公证受理,是指公证机构接受自然人、法人或者其他组织的申请,同意给予办理公证的行为。申请与受理,类似于签署合同的“要约”与“承诺”程序。受理意味着公证机构与当事人的权利义务关系正式产生,公证行为正式开始。公证机构受理公证申请后,应当向申请人发送受理通

① 参见段伟、王海宁、李全息、廖丽:《公证程序的意义》,载段伟主编:《公证原理与实务(昆明市明信公证处拉丁鹰文集)》,法律出版社2014年版,第188~189页。

知单,申请人或其代理人应当在回执上签收。

当事人向公证机构申请办理公证,应当填写公证申请表。公证申请表应当载明下列内容:①申请人及其代理人的基本情况。②申请公证的事项及公证书的用途。③申请公证的文书的名称。④提交证明材料的名称、份数及有关证人的姓名、住址、联系方式。⑤申请的日期。⑥其他需要说明的情况。申请人应当在申请表上签名或者盖章,不能签名、盖章的由本人捺指印。

当事人可以委托他人代理申办公证,但申办遗嘱、遗赠扶养协议、赠与、认领亲子、收养关系、解除收养关系、生存状况、委托、声明、保证及其他与自然人人身有密切关系的公证事项,应当由其本人亲自申办。

二、公证执业区域制度

公证执业区域是指由省、自治区、直辖市司法行政机关,根据《公证法》第25条和《公证机构执业管理办法》第10条的规定以及当地公证机构设置方案,划定的公证机构受理公证业务的地域范围。公证机构应当在核定的执业区域内受理公证业务。

公证事项由当事人住所地、经常居住地、行为地或者事实发生地的公证机构受理。涉及不动产的公证事项,由不动产所在地的公证机构受理;涉及不动产的委托、声明、赠与、遗嘱的公证事项,可以适用前款规定。

两个以上当事人共同申办同一公证事项的,可以共同到行为地、事实发生地或者其中一名当事人住所地、经常居住地的公证机构申办。当事人向二个以上可以受理该公证事项的公证机构提出申请的,由最先受理申请的公证机构办理。

公证执业区域制度应当以《公证法》和《公证程序规则》规定为准。在《公证法》颁布之前,司法部和中国公证协会颁布的具体公证事项办证规则,这些规则规定了公证事项受理公证机构的条款,[①]这些条款符

---

① 例如,司法部《赠与公证细则》规定,赠与书公证应由赠与人的住所地或不动产所在地公证处受理,受赠书、赠与合同公证由不动产所在地公证处受理。司法部《招投标公证程序细则》规定,招标投标公证由招标方所在地的公证处管辖。委托招标的,由委托招标方所在地的公证处管辖。司法部《遗嘱公证细则》规定,遗嘱公证由遗嘱人住所地或者遗嘱行为发生地公证处管辖。

合《公证法》和《公证程序规则》规定的则继续有效，与《公证法》和《公证程序规则》规定相抵触的，则按照新法优于旧法的法律适用原则，以《公证法》和《公证程序规则》规定为准。

目前有关法院司法判例认为，公证执业区域制度属于公证行业内部管理规范，并非效力性强制性规范，故超越公证执业区域制度所出具的公证书仍然有效。但司法部《公证机构执业管理办法》第36条第2款明确规定，公证机构违反《公证法》第25条规定，跨执业区域受理公证业务的，由所在地或者设区的市司法行政机关予以制止，并责令改正。目前人民法院的有关判决主要是为了保护当事人的利益，就公证机构而言，还是应当在公证机构核定的执业区域范围内受理公证业务，避免受到行政处罚。

涉及不动产的公证事项，由不动产所在地的公证机构受理，有其制度合理性，但目前也碰到了一些障碍。例如，夫妻财产约定协议公证涉及在各个城市的多处房屋，是否可以仅由其中一家公证机构受理即可？又如，借款主合同在A地公证处公证，对于抵押合同（抵押房屋在B地）是否可以一并公证？目前对于这个问题尚存争议。

三、利害关系

公证当事人是指与公证事项有利害关系并以自己的名义向公证机构提出公证申请，在公证活动中享有权利和承担义务的自然人、法人或者其他组织。是否存在利害关系，是当事人是否具备公证适格主体的先置条件。

《公证法》和《公证程序规则》虽然都使用了“利害关系”这一用词，但没有对利害关系进行明确的定义。我国台湾地区公证学者郑云鹏认为“所谓关系人，就请求人之资格不作严格限制，凡法律上、经济上、亲属上或事实上之关系人，均得请求公证或认证”。[①] 这是对利害关系比较宽泛的定义，其意义在于将更多的当事人事务纳入公证的规制轨道中

① 郑云鹏：《台湾公证新制下的公证人权限——兼论公证权力的扩张》，载《中国公证》2004年第2期。

来，是比较可取的态度。鉴于《公证法》和《公证程序规则》对“利害关系”都没有明确限定，故事实上赋予了公证员较大的自由裁量余地。

我们认为，利害关系是指公证申请人与公证事项具有实体法或程序法上的权利义务关系。也就是说，公证申请人与公证事项是否具有利害关系，要根据公证事项所涉及的实体法律关系或程序法律关系来判断申请人是否在其中有权利义务关系。在具体公证事项所涉及的实体法律关系和程序法律关系中，公证申请人享有一定权利或负担一定义务，则是适格的公证当事人。反之，公证申请人既不享有相应权利，又不负担相应义务的，则公证申请人与公证事项之间无利害关系。例如，判断某人与某继承公证是否存在利害关系，必须要从继承法律关系中来寻找答案。利害关系是公证客体与实体法及程序法相连接的桥梁。

公证当事人必定是公证事项的利害关系人，但公证事项的利害关系人不一定都成为公证当事人。利害关系人是否成为公证当事人，需要根据不同公证事项的办证规则而定。有时候，利害关系人可以作为公证当事人，也可以不作为公证当事人。例如，丈夫出售登记在自己名下的房屋（夫妻存续期间取得的共有财产），丈夫和妻子可以一起作为公证当事人，也可以由丈夫作为公证当事人，由妻子作为利害关系人签署同意出售的文件。

公证实务中，可以从下列方面把握公证当事人与利害关系人的关系：①根据办证规则，不能遗漏应当成为公证当事人的利害关系人。利害关系人是否成为具体公证事项的当事人，根据具体公证事项所涉及的实体法律关系或程序法律关系和办证规则确定。公证员应认真排查潜在的利害关系人，识别是否遗漏适格的当事人。公证事项遗漏适格当事人的，该公证事项存在内容违法或与事实不符，属于错证。例如，在继承公证中遗漏法定继承人的，则该公证书属于错证。②有时候需要全体利害关系人作为公证当事人，有时候仅需要部分或单个利害关系人作为公证当事人。公证员应该认真识别某一利害关系人依据公证事项所涉及的实体法律关系或程序法律关系和办证规则是否必须被列为当事人。在公证实务中，某一事务涉及多方法律关系，当事人只就某一法律关系申请公证的，于此情况下，该事务所涉及各方均为公证事项的利害关系人。在办理此类公证时,基于利害关系的牵连,公证机构对外围法律关系的真实性和合法性也负有一定的关注和审查义务。③有些利害关系人不作为公证当事人,但应当以利害关系人的身份签署相关同意的文件。例如,处于抵押状态的房屋出售,出卖人应当事先获得抵押权人的同意,在这种情况下,抵押权人虽非公证事项的当事人,但却属于需要签署同意意见的利害关系人。需要第三人同意的公证事项,第三人的法律地位为公证事项的利害关系人。公证事项需要征得第三人同意而实际上没有征得第三人同意,将产生不利的法律后果,其具体法律后果根据实体法的规定来判断。例如,需要征得出租人同意的转租合同,则为无效的转租合同。在实务中,可以列为公证事项当事人的利害关系人,公证机构将其列为需要征求其同意的第三人。例如,在房屋买卖公证中将隐性共有人作为需要征求其同意的第三人。这种操作方式没有违背法律规定,也是可行的。④公证事项的利害关系人也可以以"协助人"的身份参与到公证事项中来。例如,《公证程序规则》第 27 条规定:公证机构可以通过询问公证事项的利害关系人核实公证事项的有关情况以及证明材料。

当事人具有从事该法律行为的资格,实际上阐述的也是当事人与公证事项之间的利害关系。为加深读者理解,我们将这些资格分为:①当事人为处分行为的,当事人应当享有相应的处分权。例如,转让商标的,转让方应享有商标权。②当事人为单方法律行为的,当事人应当享有实体法上的"形成权"。例如,放弃继承权声明的,应当本身享有"继承权"(根据通说,此时的继承权处于形成权阶段)。③当事人从事商事法律行为的,当事人应当相应地享有从事商行为的资格。例如,从事经营性放贷的,应当有相应的金融牌照。④当事人从事国家限制经营、特许经营的,当事人应当获得相应的资质。⑤法人或其他组织从事法律行为,其应获得内部权力机关的授权。例如,公司为第三人提供担保,应依据公司章程由股东会或董事会决议通过。⑥当事人从事特定法律行为需要获得事先行政审批等手续的,已经获得相应审批。

四、不予受理

根据《公证程序规则》第19条规定，符合下列条件的申请，公证机构可以受理：①申请人与申请的公证事项有利害关系。②申请人之间对申请公证事项无争议。③申请公证的事项符合《公证法》第11条规定的范围。④申请公证的事项符合《公证法》第25条的规定和该公证机构在其执业区域内可以受理公证业务的范围。法律、行政法规规定应当公证的事项，符合前款第一项、第二项、第四项规定条件的，公证机构必须受理。

无正当理由不得拒绝当事人的公证请求，这是拉丁公证的重要传统。“正当理由”是确定公证机构与当事人理性交往和平等对话的基础。《公证程序规则》第19条明确规定了公证机构对法定公证事项必须受理的义务。结合《公证法》和公证实务，属于具有“正当理由”不予受理的情形主要有：①申请公证的事项本身没有法律意义的。例如，当事人欲在公证处发表声明，将月球上的部分土地转让给他人。②申请公证事项的动机、目的、内容、手段等违反法律规定的。③违背公序良俗的。④公证事项需要依赖较强技术，而公证机构无法提供的。⑤公证事项存在较大的风险，而这些风险又难以评估的。现代社会有些公证事项越来越复杂，其日后的各方面风险难以把握，公证机构应当秉持理性态度进行处理，可以不予受理。⑥公证机构认为业务能力难以胜任的。有些公证事项涉及的交易结构和法律问题越来越复杂，需要非常强的专业知识和经验，公证机构对此难以胜任的，可以不予受理。如强制要求公证机构受理的，因其能力有限反而可能会损害当事人利益。

五、申请与受理中需要注意的问题

(1)提请当事人在公证申请中明确要求公证的范围。许多公证事项存在多个环节或多个法律关系，依据当事人自由意愿，其可以决定申请公证的范围，可以部分或全部申请公证。故为限定当事人与公证机构之间的责任，应要求当事人在公证申请表或询问笔录中明确要求公证的范围。

(2)合理确定"与自然人人身有密切关系的公证事项"。除《公证程序规则》第 11 条明确的不得代理的公证事项外,公证员要认真判断还有哪些公证事项不得代理。例如,夫妻财产协议、离婚协议公证,当事人也不得委托他人代理。

《公证程序规则》第 11 条所说的不得代理是指就该法律行为不得代理,但如果该法律行为已经签署,则可以委托他人代为处理后续法律事务。例如,赠与人签署房屋赠与合同后,则可以委托他人代为办理房屋过户手续。

(3)可以建立证据目录单。《公证程序规则》第 18 条规定了当事人需要提交的证据材料。许多证据材料一般采取复印方式保存在公证卷宗中,有些公证机构为了保证复印件与原件相符,采取证据材料逐一盖核对章的方式。随着系统集成办证的普及,可以采用由当事人签署证据目录单的形式来解决上述重复签字的问题。

(4)建议对"利害关系"的认定采取较为宽泛的态度。我国《公证法》和《公证程序规则》没有对利害关系进行限定,这实际上是赋予公证机构一定的自由裁量的余地。实务中,有许多关于申请人与公证事项是否具有利害关系的争论。例如,律师事务所是否可以以自己的名义申请办理保全证据公证。从实体法律关系分析,律所可以依据合同法进行间接代理,从程序法律关系分析,律师具有调查取证权。所以宜认定律师事务所可以以自己名义申请办理保全证据公证。

(5)委托他人申办公证的代理权限问题。当事人授权代理人办理公证,其授权的内容可能有 3 种表述方式,以委托售房为例,第一种表述为"授权办理房屋买卖公证";第二种表述为"授权签署房屋买卖合同并办理公证";第三种表述为"授权签署房屋买卖合同"。上述三种表述方式是否意味着代理人都获取办理公证和实施法律行为的完全权限?第二种表述既授权签署买卖合同又授权办理公证,代理人有充分授权,自无异议。公证乃法律行为的方式,国外立法所采用的"法律行为作成公证文书"的表述体现了公证与法律行为合一的特性。因此法律行为与公证并不是可以进行分割的,故当事人授权代理人实施法律行为,则意味着代理人可以自由选择法律行为的方式,当事人选择公证方式自然是其权限。另外,当事人授权办理法律行为公证,因公证乃是法律行为的方式之一,当事人的本项授权可以理解为授权代理人以公证的形式实施该法律行为,故代理人肯定有签署法律行为文书的权限。总之,因公证是法律行为的方式,当事人授权时采用上述三种表述,虽然语言表达不同但实质内涵都是相同的,都意味着当事人有权代为申请公证并签署该法律行为文本。

(6)办理公证的授权委托书形式。《公证程序规则》第12条规定:"居住在香港、澳门、台湾地区的当事人,委托他人代理申办涉及继承、财产权益处分、人身关系变更等重要公证事项的,其授权委托书应当经其居住地的公证人(机构)公证,或者经司法部指定的机构、人员证明。居住在国外的当事人,委托他人代理申办前款规定的重要公证事项的,其授权委托书应当经其居住地的公证人(机构)、我驻外使(领)馆公证。"相反,我国法律对域内授权办理公证的委托书形式没有作出明确规定。我们认为,原则上,授权委托书可以采书面或公证形式。书面形式应有迹可查,[①]无法核查的,公证员有权要求提供经公证的授权委托书。对于财产权益的处分、放弃法定权利、承担重要义务、人身关系变更等重要公证事项的,原则上应当提供经公证的授权委托书。

(7)正确理解和适用"申请人之间对申请公证的事项无争议"的条款。公证主要通过参与者的合意与同意的参加方式来达成民事行为的意思效果。合意是公证的基础条件,申请人之间对申请公证的事项有争议的,不得申请公证。申请人之间对申请公证事项有争议,属于正常现象,公证员应当详细了解有关情况,掌握双方的分歧点,尽量提供有效建议,使双方达成一致意见。须知,咨询义务是公证重要职能,只有在最终达不成一致意见的情况下才选择不予受理公证的处理方式。另外该争议系属于申请人之间的争议,如果系第三人提出争议的,则不属于本情形的适用范围。但从理性和妥当性出发,对于第三人针对正在办理的公

① 授权委托书应当可以核查,其方式有:当事人的签字(印章)在公证机构有备案、授权委托书由具有公信力的政府部门或其他单位证实、授权委托书在公证员面前当面签署、经律师见证等。

证事项提出的异议,公证机构应当依据法律认真审查,判断第三人的主张和理由是否成立,从而相机采取处理措施。

第三节 公证回避

为保证公证机构客观、中立、公正地办理公证,《公证法》第 23 条第 3 项规定了回避制度。根据规定,公证员不得为本人及近亲属办理公证,或者办理与本人及近亲属有利害关系的公证。另外,根据《公证程序规则》第 11 条第 2 款规定,公证员、公证机构的其他工作人员不得代理当事人在本公证机构申办公证。

《公证程序规则》第 23 条规定,公证机构受理公证申请后,应当指派承办公证员,并通知当事人。当事人要求该公证员回避,经查属于《公证法》第 23 条第 3 项规定应当回避情形的,公证机构应当改派其他公证员承办。实务中,公证机构负责人的回避也应遵循该程序。

《公证法》规定了公证员的回避义务,但没有规定公证机构的回避义务,因此公证员可以在本公证机构提出公证申请,但从尊重其他当事人的意愿出发,在此情况下公证员宜披露自己属于该公证机构公证员的事实。

公证法律法规对“近亲属”的范围没有进行界定,我们认为“近亲属”的认定可以参照最高人民法院《关于贯彻执行〈中华人民共和国民法通则〉若干问题的意见(试行)》(以下简称《民通意见》)第 12 条的界定,即包括配偶、父母、子女、兄弟姐妹、祖父母、外祖父母、孙子女、外孙子女。

第四节 公证审查

一、概述

审查义务是公证机构的基础性义务,公证机构通过履行审查义务,确保公证事项的真实性、合法性。公证员是法律的适用者和解释者,这个角色是通过其审查义务得到实现的。

公证机构没有尽到审查义务的,将构成公证过错,要承担赔偿责任。公证审查的标准和边界到底该如何把握呢?目前,对于一些公证事项是该采取实质审查还是形式审查,我国公证行业存在一定争议,但就我国公证制度属于拉丁公证而言,公证的审查标准应该是实质审查标准,要有法国公证人打破砂锅问到底的精神。[①] 我国台湾地区的公证学者近年来提出"公证审查密度"概念,其意思是说,对于每个公证事项公证人要尽量审查全,公证人应认真研究在具体公证事项中影响"审查密度"的各种因素(如当事人的需求、效率价值、公证人能力问题、现实客观条件支持和限制问题等),根据现实中的各种因素和公证人的能力来决定公证人在每个公证事项中的"审查密度"内容。"公证审查密度"概念为确定公证审查边界提供了一个可以借鉴的分析框架。

《公证法》第28条是公证机构进行公证审查的依据,其规定:公证机构办理公证,应当根据不同公证事项的办证规则,分别审查下列事项:①当事人的身份、申请办理该项公证的资格以及相应的权利。②提供的文书内容是否完备,含义是否清晰,签名、印鉴是否齐全。③提供的证明材料是否真实、合法、充分。④申请公证的事项是否真实、合法。

《公证程序规则》第24条对《公证法》第28条进行了援引和扩充,增加了"当事人的人数""当事人的意思表示是否真实"两项审查内容。

---

① 留学法国的私法博士唐觉在翻译《公证人之民事责任》(法国)一书序言中指出:"就法国公证制度而言,不存在中国公证制度恢复之初经常讨论的问题:形式公证还是实质公证?只要公证人介入,就必须打破砂锅问到底。"

二、公证审查的内容和方式

法律行为是典型的公证事项，现以其为例，详加说明公证审查的内容和方式。

(1)法律行为内容的真实性和完备性审查。通过亲身体验和核实，公证员对法律行为的主体、内容条款、形成时间、地点、签名等法律行为要素进行真实性和完备性审查。所谓真实性审查，系指确认这些法律行为要素客观存在并无虚假。所谓完备性审查，系指这些法律行为要素已经齐全，没有疏漏之处。就法律行为的完备性审查而言，乃指法律行为具备基本的成立要件，换言之，法律行为公证完备性审查职责在于确认法律行为的成立要件已经具备。法律行为成立要件，为法律行为成立所必要之事实，可分为一般成立要件和特别成立要件，前者系一切法律行为所共同要件，即当事人、标的、意思表示。

法律行为内容的真实性和完备性审查的工作主要有：

①当事人身份真实性审查。确认当事人的身份是一切法律行为公证的起点，识别当事人身份是公证员的基本能力和职责要求。《公证法》第 28 条即规定要审查当事人的身份。中国公证协会颁布的《公证机构审查自然人身份的指导意见》第 2 条规定："公证机构在办理公证过程中应当对当事人的身份进行审查，审查的内容包括核查当事人提交的身份证件是否真实、有效，辨认当事人与其提交的身份证件是否同一。"第 8 条第 2 款规定："公证人员通过辨认认定当事人的相貌特征与其提交的身份证件上的相貌特征是否相符。"对身份证件真实性和人证同一的识别，对公证机构和公证员来说是比较大的挑战，我国发生的许多公证错证都是因为识别人错误导致的，特别是出现了许多"双胞胎顶替冒名"的公证案件，这就要求公证人员必须要提高自己的识别能力。

为有效识别当事人假冒情形，公证机构和公证员可以采取这些审查技巧：用二代身份证识别仪对身份证据进行机读，提高识别正确率；有疑问时，可以登录"全国公民身份证号码查询服务中心"进行查询；引进并使用人脸识别系统来辅助公证员进行判断。鉴于目前人脸识别系统技术还不完善，有关识别结果仅能作为参考依据；认真核查身份证件与当事人提供的其他证明材料是否存在矛盾之处；有疑问时，可以要求当事人提供其他身份证件，用以佐证；有疑问时，还可以借鉴拉丁国家的普遍做法，要求提供证人进行证实；有疑问时，可以询问另一方当事人是否与其认识，并在询问笔录中予以载明；有疑问时，可以通过询问技巧对当事人本人的信息进行询问确认；在办公场所，安装监控探头和贴警示标志，起到威慑作用。必要时，现场对人员进行拍照存档，或到公安部门进行有关信息核查。

②当事人的意思表示是否完备。意思表示是法律行为的核心要素，当事人的意思表示是否完备是公证员必须关注的。《公证法》第 28 条要求审查“提供的文书内容是否完备”即属于意思表示完备范畴。

③意思表示形成的时间、地点及确认。公证员应当客观如实记录意思表示形成的时间和地点，任何时候都不能倒签或迟签时间。此外，当事人应当在公证员面前签署法律行为文书，公证员依据《公证法》第 28 条审查文书上的“签名、印签是否齐全”。

当事人确认法律行为文本的方式有签名、盖章、捺印等方式，这些方式都具有法律效力，特别是经公证证明后更具有固定作用。实务中，当事人以画十字或其他符号代签名者，公证员应提醒其纠正。如果当事人由于身体原因不能进行签字、盖章和捺印的，当事人可以口头委托，由公证员或当事人的亲属在法律行为文本上代为签名，但该情形应该载入公证工作记录中。法定代表人具有代表公司的资格，同时公司印章具有象征公司权限的作用，故可以由法定代表人签字或使用公司印章或两者兼有。鉴于笔迹鉴定效果存在问题，建议在办理重大公证事项时，最好要求当事人同时捺印。

④证据材料是否真实、合法、充分。当事人具有举证的责任。《公证法》第 27 条明确规定，申请办理公证的当事人应当向公证机构如实说明申请公证事项的有关情况，提供真实、合法、充分的证明材料；提供的证明材料不充分的，公证机构可以要求补充。公证机构对证据材料的审查一般依据证据原理和参照我国民事诉讼法的相关规定进行，但也需要注意其特殊性。因公证属于非讼程序，故当事人提供证据材料的形式原

则上应采自由主义原则，公证机构不宜强制要求当事人必须提供特定类型的证据，在当事人提供的证据材料不足时，公证员可以要求当事人进行补充提供。

中国公证协会《公证质量评价标准（试行）》第20条规定，下列证明材料经核实后可以单独采信：人民法院的生效判决书、裁定书、调解书；仲裁委员会的裁决书、调解书；公证书；党政机关、事业单位、国有企业人事（组织、政工、劳资）部门出具的证明材料；户籍等登记机关及档案管理机构出具的证明材料；有法定资质的专业鉴定机构出具的证明材料；通过政府部门官方网站查询的证明材料。

中国公证协会《公证质量评价标准（试行）》第21条规定，公证员采信下列证明材料的，公证案卷中应当附有其他辅助性证明材料且证明材料之间能够互相印证：社区居民委员会（社区工作站）出具的证明材料；村民委员会及其他村集体经济组织出具的证明材料；党政机关、事业单位、国有企业以外的法人或者其他组织出具的证明材料；当事人、公证事项的利害关系人的陈述和有关证人的证言。

（2）法律行为内容的有效性审查。审查法律行为是否具备生效要件，无效的法律行为不得制作成公证文书。通说认为，法律行为共同的生效要件包括：当事人须有行为能力；标的须可能、确定、适法、妥当；意思表示须健全。《民法总则》第143～157条和《合同法》第52条规定了法律行为无效的情形，这是公证机构对法律行为进行有效性审查的主要法律依据。法律行为有效与否，系属法律判断和法律推定，公证机构的职责是在自己的法律知识和经验范畴内，排除法律行为所面临的效力性障碍事由。

法律行为内容的有效性审查的主要工作：

①审查当事人是否具有民事行为能力。当事人属于限制民事行为能力或无民事行为能力的，应当由法定代理人代理。公证员应该根据《民法总则》的有关规定，对当事人的民事行为能力作出判断。判断成年的当事人是否具备完全的民事行为能力主要通过承办公证员跟当事人进行交谈后判断。通过交流，公证员对当事人具备完全的行为能力有怀疑的，可以要求其到医院进行有关精神状态是否正常的检查或者进行

行为能力的司法鉴定。

公证机构无权直接认定成年的当事人为限制民事行为能力人或完全无民事行为能力人,应当要求其近亲属依据《民事诉讼法》第187条的规定向人民法院提请认定该当事人为无民事能力人或限制民事行为能力人。

当事人持有的《残疾证》所记载的精神残疾级别的结论对公证机构办理公证并没有拘束力。但当事人通过《残疾证》所披露的精神残疾信息则必须引起公证员的高度重视,公证员疏于作出响应和处理可能会被认定为具有过失。

对于下列人员办理公证,建议进行专门的行为能力谈话并记录或进行录音录像:曾经有间歇性精神病史的当事人、《残疾证》记载有精神残疾但交谈中发现神志清晰的当事人、表达能力存在一定问题的老年人、患有脑血管病的当事人。

《民法总则》第18条第2款规定,16周岁以上的未成年人,以自己的劳动收入为主要生活来源的,视为完全民事行为能力人。如果当事人能够提供相关证据证明"以自己的劳动收入为主要生活来源的",公证机构可以将其视为完全民事行为能力人。

②审查当事人的意思表示是否真实。意思表示瑕疵有戏谑行为、真意保留、虚假意思表示、表示错误、受诈欺的意思表示、危难被乘的意思表示等情形。公证员应当通过审核证据材料和与当事人交流来探求当事人的真意。公证机构对当事人的意思表示是否属于自愿、是否真实的审核,是比较困难的,公证员应当通过与当事人深度交流和从有关证据材料中发现端倪、线索等方式来辅助确认当事人的意愿。一般地,在询问笔录中宜记载当事人自认该意思表示为其自愿、真实的意思的字句。

听力、语言等存在障碍的特殊人群,他们表达上的缺陷往往会影响其内心意思的充分表达,从而可能导致意思表示瑕疵。公证员在探求他们的真意时,往往需要采取一些必要的辅助措施。根据特殊人群的障碍特性,可以通过采取捺印、笔谈、收集十指指纹、亲属或见证人在场、向其宣读相关公证文件、安排手语或语言翻译、录音录像等形式补强其意思表达能力。公证卷内材料应能反映特殊人群存在障碍特性的事实及采取补强的形式、过程、结果。

③审查法律行为是否违反效力性、强制性规定。《民法总则》第143条规定，民事法律行为有效的条件之一是不违反法律、行政法规的强制性规定。1999年《合同法》第52条第5项规定："违反法律、行政法规的强行规定无效。"本条款又被称为转介条款，大量的公法规范通过该条规定的管道进入私法自治领域，划定意思自治的内容界限。最高人民法院《关于适用〈中华人民共和国合同法〉若干问题的解释（一）》第4条规定：《合同法》实施以后，人民法院确认合同无效，应当以全国人大及其常务委员会制定的法律和国务院制定的行政法规为依据，不得以地方性法规、行政规章为依据。最高人民法院《关于适用〈中华人民共和国合同法〉若干问题的解释（二）》第14条对"强制性规定"作了目的限缩解释：《合同法》第52条第5项规定的"强制性规定"，是指效力性、强制性规定。

比较困难的是，公证员如何认定某一规范是否属于"效力性、强制性规定"？最高人民法院在有关讲话中指出："只有违反法律和行政法规的强制性规定才能确认合同无效。而强制性规定又包括管理性规范和效力性规范。管理性规范是指法律及行政法规未明确规定违反此类规范将导致合同无效的规范。此类规范旨在管理和处罚违反规定的行为，但并不否认该行为在民商法上的效力。效力性规范是指法律及行政法规明确规定违反该类规定将导致合同无效的规范，或者虽未明确规定违反之后将导致合同无效，但若使合同继续有效将损害国家利益和社会公共利益规范。此类规范不仅旨在处罚违反之行为，而且意在否定其在民商法上的效力。"①

公证员在判断某项规范是否属于"效力性、强制性规定"时，除了根据法律、行政法规的条款文义进行研判外，还应当参照最高人民法院的有关司法解释和当前主流的审判观点。最高人民法院的司法解释对诸

① 《最高人民法院副院长在全国民商事审判工作会议上的讲话——进一步充分发挥民商事审判职能作用为构建社会主义和谐社会提供司法保障》（2007年5月30日）。

多法律规范是否属于“效力性、强制性规定”都作了较为明确的规定。另外，虽然我国不是判例法国家，但是对最高人民法院颁布的指导性案例应当参考，而且公证书要接受后续司法裁判的检验，公证员采用主流的审判观点也是妥适和安全的做法。

④审查法律行为目的、动机及内容是否违背公序良俗原则。公序良俗系“公共秩序”与“善良风俗”的统称。公共秩序是社会存在及其发展所必要的秩序，善良风俗为社会的存在及其发展所必要的一般道德。对善良风俗的理解是，“主导性的法律道德和社会道德”“与所有具有公平合理思维方式的人的体面感和正义感相符合的东西”。[①] 我国《公证法》第 31 条明确规定：申请公证的事项违背社会公德的，不得办理公证。《民法总则》第 143 条规定，民事法律行为有效的条件之一是不违背公序良俗。陈华彬教授将违背公序良俗原则的类型分为：第一，违背人伦的行为。指违背性道德、违背家庭的秩序行为，违背涉及犯罪等基本的伦理观念的行为，违背人权和人格尊重的行为。第二，违背经济、交易秩序的行为（经济的公序）。包括对经济、交易秩序本身的侵害行为和伴随经济活动的进行而引起的违背公序良俗的行为。第三，违背宪法的价值或公法政策的行为。包括与宪法的价值抵触的行为和违背取缔规定的行为。

公证员的职责是排除法律行为违背善良风俗的情形。“包小三协议”“断绝父子关系声明”“净身出户协议”“借腹生育协议”等行为都因违背公序良俗原则而不能公证。司法部曾经进行公证业务指导，规定了许多公证机构不能公证的事情，这些事情很多是存在违背公序良俗原则的可能。例如，司法部文件规定，不能办理“安乐死请求书”“夫妻关系未破裂”“借腹生育协议”等公证。

比较困难的是，公证员如何认定某种情形确实违背了公序良俗原则？虽然大陆法系的国家大多都规定了公序良俗原则，但是并没有在立法上明确其内涵和适用情形，公序良俗原则的适用情形都是通过各国法院的判决堆砌起来的。换句话说，公序良俗原则无疑是一项法官裁量性

① ［德］迪特尔·施瓦布：《民法导论》，郑冲译，法律出版社 2006 年版，第 475 页。

规则,法官的事后裁决总是容易的,但公证员却难以知道某行为是否已经符合了法官心中的违背公序良俗的标准。公证员对某情形符合公序良俗的认定,并不会影响事后法官的裁决,故在认定是否违背公序良俗原则上,无疑要研究有关判例和主流的审判观点。同时,从理性和谨慎考量,在没有先例和主流的审判观点时,对于新情形是否违背公序良俗原则,公证员还应当参考法学界的通常认识。对于学术理论和裁判实践中存在争议分歧的案件,公证员宜采取保守和理性态度,待有关事态明朗以后再决定是否可以公证。

⑤审查代理人是否具有相应的代理权限。当事人可以由其代理人申办公证并代为签署法律行为文本。公证员应审查代理人是否具有相应的代理权限。无权代理行为将导致签署的法律行为无效。

⑥审查当事人是否具有处分权。《合同法》第 51 条规定:“无处分权的人处分他人财产,经权利人追认或者无处分权的人订立合同后取得处分权的,该合同有效。”但是,最高人民法院《关于审理买卖合同纠纷案件适用法律问题的解释》第 3 条规定:“当事人一方以出卖人在缔约时对标的物没有所有权或者处分权为由主张合同无效时的,人民法院不予支持。出卖人因未取得所有权或者处分权致使标的物所有权不能转移,买受人要求出卖人承担承担违约责任或者要求解除合同并主张损害赔偿的,人民法院应予支持。”该司法解释旨在防止大量买卖合同被认定为无效,更周到保护买受人利益。该司法解释使无权处分变成履约问题,无权处分不再影响法律行为效力。我们认为,公证员还必须对无权处分行为进行审查,并排除无权处分情形。其理由是:第一,无权处分行为转化为履约问题,意味着法律行为存在可行性问题,完全不具备可行性的法律行为,公证员可以不予公证;第二,司法裁决采取的是尽量使合同有效的原则,无权处分行为不影响合同效力乃是司法裁决规则,公证作为预防性制度,有必要对无权处分行为进行排除。公证预防纠纷、减少诉讼的作用使公证的职责和思维有别于司法裁决职责和思维。无权处分作为法律行为潜藏的隐患,公证员有职责将其排除,尽量不将其带入诉讼中。

(3)法律行为内容的合法性审查。有效性是合法性的构成部分,但不是全部。此处的合法性审查大于有效性中的“法律、行政法规规定的强制性规定”范围。公证员还必须对法律行为进行更广范围的合法性审查。《公证法》对“合法性”中“法”的范围没有进行定义,因此从公证避免纠纷的角度来说,此处“法”的范围宜采取广义概念,它包括《立法法》第2条所指称的法律、行政法规、地方性法规、自治条例和单行条例、国务院部门规章和地方政府规章。在公证实务中,公证员不仅应遵守上述法律法规要求,而且还应遵循有关司法解释、判例的指引与有关国家政策和地方政策的要求。

对我国《公证法》所规定的“合法性”的理解,需要注意的问题:

①我国《公证法》规定的合法性标准是指公证事项不得违反法律,并不是说公证事项内容都必须要有现行法律依据。私法自治原则鼓励当事人在法秩序范围内依凭自由意愿为自己创设新的法律关系。只要这些新的法律关系没有违反法律,就应认可其具有合法性,这是公证员在办证时需要遵守的理念。当然,对于新的法律关系和内容,公证员可以向当事人提出理性的咨询意见,以保证其具有合理性和妥当性。

②自然债务内容可以公证。除了不具有强制执行力外,自然债务有请求力和受领保持力,并非完全没有法律意义。不具有强制执行力的自然债务条款没有违反法律,根据目前通说,公证员可以在告知当事人自然债务的法律效力后对其进行公证,但不能赋予其强制执行效力。

③法律规定不明确时的公证处理方法。在法律规定不明确时,法律行为是否违反既定法律规范难以判断的,公证员在告知当事人可能会面临的有关法律后果后,可以进行公证。因为这个时候并不能认定法律行为违法。从拉丁公证制度的国家和地区立法来看,可以进行公证是通常做法。①

① 德国《证书法》第17条规定,对事实是否符合法律或对当事人真实意愿有怀疑时,公证人应与当事人交换意见。公证人若怀疑事实,而当事人坚持要求公证时,则公证人应在笔录中加以说明并注明当事人对此所作的陈述。我国台湾地区“公证法”第72条明确规定,公证人对于请求公证之内容是否符合法令或对请求人之真意有疑义时,应就其疑义向请求人说明;如请求人仍坚持该项内容时,公证人依其请求作成公证书。但应于公证书上记载其说明及请求人就此所为之请示。

(4)法律行为内容的可行性审查。可行性审查不是我国《公证法》规定的公证机构的法定义务,但从增进公证制度的价值而言,我国公证机构和公证员可以尝试扩充公证作用,进行可行性审查的尝试。拉丁公证制度的代表德国和法国公证通过司法判例扩充了公证人的可行性职责,法国确立了"公证效用性原则",德国确立了"双重晓谕义务"规则。①

公证人可行性职能的内容是丰富多样的,它体现在:在设计法律行为具体内容的时候,多考虑日后履行可能性问题;对法律行为所涉及的税务、金融等问题,多提供税务规划和金融服务引导等指导服务;多从法律行为履行中可能面临的风险(不仅仅是法律风险)出发,为当事人提示风险并告知规避风险的办法;根据当事人的授权,公证机构直接替当事人代理部分法律事务以促成法律行为的履行;为当事人提供法律工具促进法律行为的履行。

(5)法律行为内容是否具有可变更和可撤销的法定事由的审查。可撤销的法律行为,一般是仅涉及不当侵害私人利益,而不涉及社会利益的法律行为。撤销权人行使撤销权后,将使法律行为溯及既往地无效。我国民法上可变更、可撤销的类型有:①显失公平的法律行为。②因重大误解所为的法律行为。③因欺诈、胁迫而订立的合同。

公证员经审查发现法律行为存在可变更、可撤销事由的,应当要求当事人更正,当事人不进行更正而坚持要求公证的,建议按下列办法处理:

①经公证员劝诫后,对公平性存在问题的法律行为,可以进行公证。因公证机构并没有显失公平的认定权,公证员不应将自己的怀疑意见强加于法律行为之上,公证员进行劝诫后,当事人对是否公平又有了重新审视的机会,是否采纳公证员建议由当事人基于自由意愿决定。可变更或可撤销法律行为制度的本意就是赋予当事人自由选择权。我国台湾地区"公证立法"即明确规定不公平的法律行为经公证人提醒后也可以

---

① 公证效用性原则是指公证人作为公证文书的拟制人,必须采取全部有效措施来保证文书的效用,公证人必须保证他所制作的公证文书在所有环节上的效用性,公证人以法律形式表现在公证文书中的当事人之所有意愿,都应产生效力。双重晓谕义务是指公证人在某些公证事项中,不仅要提示当事人风险之所在,而且要告知其规避风险的方法。

公证。其“公证法”第71条规定:“对于请求公证之内容有不明了、不完足或依当时情形显失公平者,应向请求人发问或晓谕,使其叙明、补充或修正之。”

②受欺诈、胁迫而所实施的法律行为不能公证。虽然我国《合同法》将欺诈、胁迫列为可撤销事由而不是无效事由,但受欺诈、胁迫而所实施的法律行为不能公证。受欺诈和受胁迫属于意思表示不真实的情形,而“意思表示应当真实”是我国法律行为公证的一条准则。

第五节 公证核实

一、概述

在公证审查过程中,总是伴随着核实义务,本质上审查与核实是一项工作的两个面向。有公证专家正确地指出,“最主要无疑是公证人的两项基本法定职能:真实性证明的职能和咨询的义务。这两个紧密联系的主题,把其他各种相互补充的零碎职责汇集到一起,比如各种调查、提供和搜集信息的工作等”。这说明调查核实义务总是伴随着公证的基本职能展开的。核实义务具有重要的法律意义,是否履行核实义务是判断公证机构及公证员有无职业过错的重要标准。[①] 根据我国《公证法》第29条规定,公证机构的核实义务产生于两种途径:第一,基于有关办证规则需要进行核实;第二,基于公证机构审查后对其有疑义。

根据《公证程序规则》第27条的规定,核实的方式主要有:①通过询问当事人、公证事项的利害关系人核实。②通过询问证人核实。③向有关单位或者个人了解相关情况或者核实、收集有关书证、物证、视听资料等证明材料。④通过现场勘验核实。⑤委托专业机构或者专业人员

---

① 最高人民法院《关于审理涉及公证活动相关民事案件的若干规定》第4条将“公证机构在公证过程中未尽到充分的审查、核实义务,致使公证书错误或者不真实的”视为公证过错情形。同时第5条规定,当事人提供虚假证明材料申请公证致使公证书错误造成他人损失的,当事人应当承担赔偿责任。公证机构依法尽到审查、核实义务的,不承担赔偿责任。

鉴定、检测、翻译等。公证机构采取上述核实方式进行核实，应当遵守《公证程序规则》第28～33条的规定。

公证机构进行核实，应当遵守有关法律、法规和有关办证规则的规定。公证机构派员外出核实的，应当由二人进行，但核实、收集书证的除外。特殊情况下只有一人外出核实的，应当有一名见证人在场。

公证机构委托异地公证机构核实公证事项及其有关证明材料的，应当出具委托核实函，对需要核实的事项及内容提出明确的要求。受委托的公证机构收到委托函后，应当在1个月内完成核实。因故不能完成或者无法核实的，应当在上述期限内函告委托核实的公证机构。

二、公证核实方式

(1)询问核实。采用询问方式向当事人、公证事项的利害关系人或者有关证人了解、核实公证事项的有关情况以及证明材料的，应当告知被询问人享有的权利、承担的义务及其法律责任。询问的内容应当制作笔录。询问笔录应当载明：询问日期、地点、询问人、记录人，询问事由，被询问人的基本情况，告知内容、询问谈话内容等。询问笔录应当交由被询问人核对后签名或者盖章、捺指印。笔录中修改处应当由被询问人盖章或者捺指印认可。

(2)调阅材料核实。在向当事人、公证事项的利害关系人、证人或者有关单位、个人核实或者收集有关公证事项的证明材料时，需要摘抄、复印(复制)有关资料、证明原件、档案材料或者对实物证据照相并作文字描述记载的，摘抄、复印(复制)的材料或者物证照片及文字描述记载应当与原件或者物证相符，并由资料、原件、物证所有人或者档案保管人对摘抄、复印(复制)的材料或者物证照片及文字描述记载核对后签名或者盖章。

(3)现场勘验核实。采用现场勘验方式核实公证事项及其有关证明材料的，应当制作勘验笔录，由核实人员及见证人签名或者盖章。根据需要，可以采用绘图、照相、录像或者录音等方式对勘验情况或者实物证据予以记载。

(4)委托专业机构或者专业人员鉴定、检验检测、翻译。需要委托专业机构或者专业人员对申请公证的文书或者公证事项的证明材料进行鉴定、检验检测、翻译的,应当告知当事人由其委托办理,或者征得当事人的同意代为办理。鉴定意见、检验检测结论、翻译材料,应当由相关专业机构及承办鉴定、检验检测、翻译的人员盖章和签名。委托鉴定、检验检测、翻译所需的费用,由当事人支付。

三、一些建议

(1)公证机构应尽量主动进行尽职调查。当事人承担的举证责任较重,公证程序繁琐往往成为当事人抱怨的理由。诉讼遵循辩论主义,公证作为非讼程序则遵循职权探知主义。对公证事项进行尽职调查一直以来都是拉丁公证人的核心职责。当事人虽然负有举证责任,但积极主动为当事人收集和调阅有关证据材料已经逐步成为我国公证行业的共识。

(2)正确理解协助核实义务。《公证法》第 29 条规定,公证机构进行核实时,有关单位或者个人应当依法予以协助。这是有关单位和个人协助义务的法律依据。但公证实务中,存在核实难的问题,许多被调查单位以该条文中“依法”两字做文章,认为还必须要有其他明确的法律规定才能进行核实。这是对《公证法》第 29 条的曲解,该法条并非转引之意。不过值得肯定的是,许多法律法规正在细化协助义务。例如,2012 年 1 月 1 日起施行的《江苏省公证条例》第 38 条明确规定,公证机构及其公证员在办理继承、有无违法犯罪记录、婚姻状况、学历学位、职务职称等涉及证明当事人身份、确定财产关系等公证事项时,按照办证规则需要核实有关情况的,公安、民政、教育、人力资源和社会保障等部门和金融机构等组织应当依法予以协助。又如,2013 年 3 月 19 日印发的司法部、银监会《关于在办理继承公证中查询被继承人名下存款等事宜的通知》第 3 条规定,公证机构在办理继承公证中需要核实被继承人银行存款情况的,各银行业金融机构应当予以协助。

(3)核实公证书时尽量核对全文内容。近年来,当事人伪造、变造公证书的现象日趋严重,实践中也发生了一些公证机构怠于或者草率核实公证书而发生的公证赔偿案件。因此,建议各公证机构在采纳公证书时,应当尽量采取各种方式进行核实。核实公证书时应尽量通过传真、微信、邮箱等方式核对公证书全文内容(包括附件)。

(4)充分利用各种信息化方式进行核实。信息化时代,许多信息实现了共享。例如,通过"全国公民身份证号码查询服务中心"核实公民身份、通过"中国高等教育学生信息网(学信网)"核实学历证书、通过"全国企业信用信息公示系统"查询企业信息、通过"全国法院被执行人信息查询系统"查询对方当事人是否被列入"老赖"名单、通过个人征信系统查询个人信用状况等。

(5)有条件的地区公证协会、公证机构应与当地部门联系,建立信息共享机制。随着我国对证明制度进行改革,许多单位不再出具相关证明材料。在这种背景下,各地公证协会、公证机构应积极与有关单位进行协商,建立信息共享机制。例如,我国有些地区公证协会通过与民政部门沟通,实现了在公证机构即可查询当事人的婚姻状况信息。

(6)各地公证机构之间应当发挥同业互助的精神,协助异地公证机构进行核实。我国《公证法》第 29 条确定了委托异地机构代为核实的制度,但实践中该制度存在诸多阻碍因素。

第六节 公证告知

一、概述

告知义务的本质是公证员在行使阐明权。告知义务来源于拉丁公证传统中的公证人所负的"咨询义务"("顾问义务"),它反映了公证人作为法律专家辅佐当事人的角色。《公证法》第 27 条第 2 款规定:"公证机构受理公证申请后,应当告知当事人申请公证事项的法律意义和可能产生的法律后果,并将告知内容记录存档。"《公证程序规则》第 21 条的规定增加了"办理公证过程中享有的权利、承担的义务"的告知内容。《公证员职业道德基本准则》第 8 条规定:公证员在履行职责时,应当告知当事人、代理人和参与人的权利和义务,并就权利和义务的真实意思和可能产生的法律后果作出明确解释,避免形式上的简单告知。

中国公证协会《公证质量评估标准(试行)》第8条规定,公证案卷中,应当有告知记录。告知方式可以采用告知书或者采用询问笔录以及申请表、受理通知单、发送公证书回执等书面材料中的格式条款。实务中,录音录像也是一种通用的告知方式。

为加强公证员了解和实操,本书将公证告知内容类型整理为以下情形。

二、公证告知的内容

(1)当事人在办理公证过程中享有的权利、承担的义务。本项内容主要是指《公证法》《公证程序规则》规定的程序性权利和义务,而不是指当事人在具体公证事项中的实体性权利和义务。例如,当事人有申请回避的权利,有承担举证责任的义务等。

(2)公证事项的法律意义和可能产生的法律后果。公证机构对当事人负有释法的责任,这是公证员作为法律专家的基础性要求和必然义务。可以将释法责任的范围分为:①法律方式的选择建议。公证员应当事先就为实现当事人目的可以采取的法律方式向当事人进行阐明并提出客观、中肯建议,供当事人决策参考使用。②公证事项的法律性质及经公证后的公证事项所具有的特定的法律意义和后果(法律效力)。公证员应当明白无误地向当事人解释公证事项(特别是法律行为)的法律性质,应当向当事人解释经公证的公证事项可能产生的特定法律效力。③当事人在具体公证事项中的主要权利和义务,特殊权利和义务。由于当事人的知识和能力有限,理想的意思自治原则的实现还有赖于公证员的指导和帮助。公证员要为当事人的法律事务的具体内容进行谋划,特别提醒当事人在法律行为中需要履行的主要和特殊的义务。

(3)公证事项在可行性(可履行性)方面的内容。该内容并非我国《公证法》规定的必须告知内容,但从增进公证制度价值来看,我国公证机构和公证员可以进行这方面的尝试。

(4)提示公证事项风险之所在并指出规避风险的方法。公证是预防纠纷的学问,发现并提示风险是公证员的专长,公证员应当将公证事项可能存在的风险和规避风险的方法告知当事人,由当事人自由决策。

(5)澄清误解内容。当事人可能基于一些错误理解产生一些对公证对象本身(性质认识错误、内容认识错误等)或公证行为本身(如公证效力等)等的误解。公证员应当特别予以澄清,避免误导当事人。例如,告知公证的法律文书中存在的瑕疵以及法律可能不予保护的内容。

第七节 公证审批

一、概述

《公证程序规则》第41条规定了审批人的审批职责。根据该规定,审批公证事项及拟出具的公证书应当审核以下内容:①申请公证的事项及其文书是否真实、合法。②公证事项的证明材料是否真实、合法、充分。③办证程序是否符合《公证法》、本规则及有关办证的规定。④拟出具的公证书的内容、表述和格式是否符合相关规定。审批重大、复杂的公证事项,应当在审批前提交公证机构集体讨论,讨论的情况和形成的意见,应当记录存档。

审批是出证的必须条件,但按照规定不需要审批的公证事项除外。此处免批,主要是指实行主办公证员制的公证处所受理的公证事项。根据规定,公证机构的负责人或者被指定负责审批的公证员不得审批自己承办的公证事项。实行公证审批制,其目的在于督促公证员依法依规承办公证,及时发现并纠正公证事项可能潜在的风险。

公证审批具有特定法律效力。《公证法》第32条规定:公证书自出具之日起生效。《公证程序规则》第44条则明确规定:需要审批的公证事项,审批人的批准日期为公证书的出具日期;不需要审批的公证事项,承办公证员的签发日期为公证书的出具日期;现场监督类公证需要现场宣读公证证词的,宣读日期为公证书的出具日期。由此可见,对于需要审批的公证事项,审批是公证书生效的标志,经审批后即使尚未制作成公证书,公证书本身已经生效。

二、主办公证员制

为充分发挥承办公证员积极性，尊重承办公证员的自主办证权，明确责任，提高公证效率，司法部于2000年3月11日颁布了《关于进行主办公证员负责制试点的通知》，正式确定了我国主办公证员制。主办公证员制是指经公证机构任命的主办公证员，在公证机构授权范围内，免除审批环节，由主办公证员独立办理公证事务，并承担相应的责任。鉴于主办公证员被赋予免于审批的权限，责任重大，因此实行主办公证员制的公证机构应当从严把握，对主办公证员进行遴选。

主办公证员应当从具备以下条件的公证员中选拔：①品行端正，3年内未受过党纪、政纪和执业纪律处分。②办证质量良好，最近3年内无错、假证。③具备良好的法律知识、社会知识和丰富的办证经验。④具有高等院校本科以上学历，担任公证员职务3年以上，或者具有大专以上学历，担任公证员职务5年以上；或者担任公证员职务10年以上。公证机构可根据本处实际情况适当增加条件限制，但不得放开上述条件限制。

许多公证机构进一步发展了主办公证员制：根据不同公证事项的难易程度、风险大小、标的大小等因素，结合公证员的能力和资质，实行部分授权式的主办公证员制。

主办公证员制度已经试点了18年，对其功能和作用要客观地进行评价。一方面，主办公证员制度提高了公证员的自主办证权，强化了承办公证员的责任心和责任意识，符合公证承办者自负其责的法律职业责任机制，促进了公证思维和方法的多元化发展，也进一步提高了公证质量。但另一方面，主办公证员制度使主办公证员失去了必要的审批监控约束，不利于公证业务的规范化和标准统一，缺乏约束的主办公证员又容易放松自我约束标准而踩踏法律底线，从而导致一些公证质量问题和公证质量事件发生。

当前，在公证质量面临严峻形势下，必须要对试点工作进一步加强指导、适时进行总结评估，进一步完善我国主办公证员制度，对其扬长避短。同时，根据司法部的政策要求，对于重大、疑难、风险点多的公证事项，主办公证员必须向公证机构领导进行报告。

第八节　终止办理公证

一、概述

终止办理公证是指在办理公证过程中，在出具公证书之前，因出现法定事由致使公证机构无法继续办理或继续办理已无意义的，公证机构作出决定停止办理该公证事项。《公证程序规则》第 51 条第 1 款规定："终止公证的，由承办公证员写出书面报告，报公证机构负责人审批。终止公证的决定应当书面通知当事人或其代理人。"终止公证制度的意义在于，使公证机构与当事人在公证程序中所形成的权利义务状态尽快消灭，避免久拖不决。

不予办理公证是指在办理公证过程中，公证对象存在法律规定的特定事由，公证机构拒绝进行公证的行为。《公证法》第 31 条规定的 9 种情形，公证机构应当不予办理公证。《公证程序规则》第 49 条第 1 款规定："不予办理公证的，由承办公证员写出书面报告，报公证机构负责人审批。不予办理公证的决定应当书面通知当事人或其代理人。"不予办理公证的制度意义在于，剔除违法因素，保护权利人的合法权益，维护正当的法律秩序。

不予办理公证与终止公证的不同点：①事由内容不同。不予办理涉及的事由主要是公证对象本身权利义务方面的错误和瑕疵，即主要是实体内容和实体法问题。终止办理涉及的事由主要是公证程序方面的原因。②法律效力不同。终止公证后，有关情况消除后，当事人可以重新申办公证。但不予办理则不同，如违反法律规定的事项，是自始不能公证。

二、终止事由

(1)因当事人原因致使公证事项在 6 个月内不能办结的。本条是关于办证期限制度的规定。办证期限届满时该公证事项仍未办结完毕的应当终止办理。办证期限为6个月,其起算点是公证受理之日,而不是公证申请之日,因为公证机构决定受理才意味着公证事项进入办理程序。

超过办证期限终止公证后,当事人在完善相关手续后提出按原卷宗出具公证书的,因终止公证意味着形成的原公证权利义务关系的终结,公证机构不宜按原卷宗出具公证书,当事人应当重新提出公证申请,原卷内有关材料根据其性质可以继续使用或重新制作。

(2)公证书出具前当事人撤回公证申请的。公证基于当事人的自愿意思而启动,也可基于当事人的自愿意思而撤回。

当事人撤回申请后又要求进行公证的,因公证不像民事诉讼那样遵循"一事不再理"的规定,公证机构可以就同一公证事项基于当事人的申请进行公证。当事人撤回申请后又要求进行公证的,可以视为对原撤回公证申请意思的再撤回,因而可以继续使用原公证卷宗内的材料。

(3)因申请公证的自然人死亡、法人或者其他组织终止,不能继续办理或继续办理已无意义的。本条是关于当事人在公证过程中死亡或终止的该如何处理的规定。根据本条规定,申请人死亡或终止的并不必然发生终止公证的情形,如果公证事项的性质允许并且申请人的继承人愿意继续办理公证的,则公证机构可以继续办理,有关权利义务转由申请人的继承人承继。另外,如果申请人死亡或终止,但已经履行完前置程序并签署完相关法律文件,只等待审批出证,这种情况可以视为"可以继续办理"情形而出具公证书。

值得注意的是,《遗嘱公证细则》第19条规定:公证处审批人批准遗嘱公证书之前,遗嘱人死亡或者丧失行为能力的,公证处应当终止办理遗嘱公证。……公证处审批人批准之后,遗嘱人死亡或者丧失行为能力的,公证处应当完成公证遗嘱的制作。

(4)当事人阻挠、妨碍公证机构及承办公证员按规定的程序、期限办理公证的。当事人有给予公证员行使职务行为以便利条件的义务。当事人阻挠、妨碍行为违背了其配合义务要求,客观上也导致公证员无法正常履行职务。

(5)其他应当终止的情形。本条属于兜底性规定。

第九节　出具公证书

公证机构经审查,认为申请公证的事项符合《公证法》、公证程序规则及有关办证规则规定的,应当自受理之日起15个工作日内向当事人出具公证书。因不可抗力、补充证明材料或者需要核实有关情况的,所需时间不计算在前款规定的期限内,并应当及时告知当事人。

《公证程序规则》第36条规定,民事法律行为的公证,应当符合下列条件:①当事人具有从事该行为的资格和相应民事行为能力。②当事人的意思表示真实。③该行为的内容和形式合法,不违背社会公德。④《公证法》规定的其他条件。不同的民事法律行为公证的办证规则有特殊要求的,从其规定。

《公证程序规则》第37条规定,有法律意义的事实或者文书的公证,应当符合下列条件:①该事实或者文书与当事人有利害关系。②事实或者文书真实无误。③事实或者文书的内容和形式合法,不违背社会公德。④《公证法》规定的其他条件。不同的有法律意义的事实或者文书公证的办证规则有特殊要求的,从其规定。

《公证程序规则》第38条规定,文书上的签名、印鉴、日期的公证,其签名、印鉴、日期应当准确、属实;文书的副本、影印本等文本的公证,其文本内容应当与原本相符。

《公证程序规则》第39条规定,具有强制执行效力的债权文书的公证,应当符合下列条件:①债权文书以给付货币、物品或者有价证券为内容。②债权债务关系明确,债权人和债务人对债权文书有关给付内容无疑义。③债权文书中载明当债务人不履行或者不适当履行义务时,债务人愿意接受强制执行的承诺。④《公证法》规定的其他条件。

第十节　特别公证程序

《公证程序规则》第52条规定，公证机构办理招标投标、拍卖、开奖等现场监督类公证，应当由二人共同办理。承办公证员应当依照有关规定，通过事前审查、现场监督，对其真实性、合法性予以证明，现场宣读公证证词，并在宣读后7日内将公证书发送当事人。该公证书自宣读公证证词之日起生效。办理现场监督类公证，承办公证员发现当事人有弄虚作假、徇私舞弊、违反活动规则、违反国家法律和有关规定行为的，应当即时要求当事人改正；当事人拒不改正的，应当不予办理公证。

《公证程序规则》第53条规定，公证机构办理遗嘱公证，应当由二人共同办理，承办公证员应当全程亲自办理，特殊情况下只能由一名公证员办理时，应当请一名见证人在场，见证人应当在询问笔录上签名或者盖章。

《公证程序规则》第54条规定，公证机构派员外出办理保全证据的，由二人共同办理，承办公证员应当亲自外出办理。办理保全证据公证，承办公证员发现当事人是采用法律、法规禁止的方式取得证据的，应当不予办理公证。

《公证程序规则》第55条规定，债务人不履行或者不适当履行经公证的具有强制执行效力的债权文书的，公证机构可以根据债权人的申请，依照有关规定出具执行证书。执行证书应当在法律规定的执行期限内出具。执行证书应当载明申请人、被申请执行人、申请执行标的和申请执行的期限。债务人已经履行的部分，应当在申请执行标的中予以扣除。因债务人不履行或者不适当履行而发生的违约金、滞纳金、利息等，可以应债权人的要求列入申请执行标的。

《公证程序规则》第56条规定，经公证的事项在履行过程中发生争议的，出具公证书的公证机构可以应当事人的请求进行调解。经调解后当事人达成新的协议并申请公证的，公证机构可以办理公证；调解不成的，公证机构应当告知当事人就该争议依法向人民法院提起民事诉讼或者向仲裁机构申请仲裁。

第十一节 公证收费

一、公证收费制度沿革和意义

1982年颁布的《公证暂行条例》第22条规定：公证处办理公证事务，应当按规定收费。后司法部、财政部颁布《关于检发（公证费收费暂行规定）的联合通知》和司法部、财政部《关于补充、修改（公证收收费暂行规定）的通知》。

1986年颁布的《办理公证程序试行细则》第41条规定：公证处办理公证事项应按规定收取公证费。后司法部颁布（1988）司法公字第047号文件和1988年司法部关于《公证费收费规定》的补充说明。

1991年颁布了国家计委、司法部制定的《公证服务收费管理办法》，随后颁布了《公证费收费标准》。

1997年颁布国家计委、司法部关于印发《公证服务收费管理办法》，1998年颁布国家发展计划委员会、司法部《关于调整公证服务收费标准的通知》。各省份根据上述规定，因地制宜地制定了本地的公证收费标准，成为目前公证行业执行的有效收费标准。2005年8月28日颁布的《公证法》第46条规定：公证费的收费标准由国务院财政部门、价格主管部门会同司法行政部门制定。2013年，国家发展改革委、财政部作出《关于降低部分行政事业性收费标准的通知》决定，降低继承公证和赠与公证的收费标准。2015年全国人大常委会通过修改公证法的决定，修改后的《公证法》第46条规定：公证费的收费标准由省、自治区、直辖市人民政府价格主管部门会同同级司法行政部门制定。

公证机构是不以营利为目的的证明机构，不能像企业一样以追求效益为根本目的，但为维护公证机构的健康发展，积累公证事业发展的资本，办理公证收取一定的费用是合理和必要的。

二、公证收费制度存在的问题

公证收费制度该如何进行改革,存在较大争议。目前公证收费标准存在几个问题:①收费结构不合理,存在偏高偏低的现象。有些公证事项收费标准偏高引起社会不满,有些公证事项收费标准又偏低导致许多公证机构和公证员推诿办理此类公证。对公证收费结构进行合理化调整成为必要。②整齐划一的公证收费标准难以反映差异化的公证服务水平。由于公证收费标准统一,难以实现公证服务优质优价,难以实现公证的专业化分工,不能反映不同公证员素质对公证服务质量的不同影响。③整齐划一的收费标准难以体现同类公证事项的差异。这种弊端在证据保全、现场监督等公证事项中的表现最明显,有些证据保全、现场监督公证只需要一两个小时就能完成,有些则需要一两天才能完成,如此却按统一价格收取,实在难以反映不同公证事项的差异性。④难以反映公证机构目前开拓许多市场化公证产品的现状。许多公证机构敢为人先,开创了许多新的业务,这种业务反映了市场化的需求,其公证收费也宜实行市场定价原则。

各地应当考虑上述问题,制定比较科学和合理的公证收费标准。2016 年 4 月 29 日,北京市发改委和司法局联合发布的《北京市公证服务收费管理办法》规定,公证服务收费实行政府定价和市场指导价管理,市价格主管部门会同市司法行政部门制定公布实行政府定价的收费项目目录,目录以外的公证服务收费实行市场调节价。黑龙江省物价监督管理局会同省司法厅发布的《黑龙江省公证服务收费管理办法》确定了计时收费方式,该方式主要用于招标投标、拍卖、开奖、财产清点、公司会议、抽签、订立公司章程等现场监督类公证服务和保全证据公证服务。湖南省发改委和司法厅制定的《湖南省公证服务收费管理办法》确定了协商收费方式,该方式主要用于公证机构依法提供的该办法规定的公证事项和公证事务之外的其他服务。山西省发改委和司法厅颁布的《关于规范公证服务收费管理的通知》规定,公证机构依法办理公证事项以外的服务,收费标准实行市场调节价,由双方协商确定。

第十二节　公证档案

公证档案是国家档案，是公证书能够产生法律效力的坚强后盾。公证档案保留着当事人对自己实施的法律行为的记忆。公证机构是公共记录资源的保留者。公证档案对公证机构的意义是不言而喻的。我国公证行业已经基本告别手工办证而进入信息化办证，公证机构使用信息集成系统办证已经成为常态。公证办证系统的功能主要是用于承办公证、完成特定公证程序、保存电子介质证据材料和公证文书。公证机构应当注意电子公证档案的安全性，采取必要的网络安全防护措施。具备条件的公证机构应当尽量实现公证档案的电子化，有利于节省公证档案的保管空间、减轻保管费用负担，同时又有利于公证档案的再利用，促进公证档案在公证行业之间、公证机构与其他政府部门之间的信息共享。公证档案的电子化将使公证档案"活"起来，而不是沉睡在档案馆。

公证机构在出具公证书后或者作出不予办理公证、终止公证的决定后，应当依照司法部、国家档案局制定的有关公证文书立卷归档和公证档案管理的规定，由承办公证员将公证文书和相关材料，在 3 个月内完成汇总整理、分类立卷、移交归档。公证机构受理公证申请后，承办公证员即应当着手立卷的准备工作，开始收集有关的证明材料，整理询问笔录和核实情况的有关材料等。对不能附卷的证明原件或者实物证据，应当按照规定将其原件复印件（复制件）、物证照片及文字描述记载留存附卷。

公证案卷应当根据公证事项的类别、内容，划分为普通卷、密卷，分类归档保存。公证案卷应当根据公证事项的类别、用途及其证据价值确定保管期限。保管期限分短期、长期、永久三种。涉及国家秘密、遗嘱的公证事项，列为密卷。立遗嘱人死亡后，遗嘱公证案卷转为普通卷保存。公证机构内部对公证事项的讨论意见和有关请示、批复等材料，应当装订成副卷，与正卷一起保存。

公证处设置变更时，应对公证档案进行清理，如撤销的公证处的档案,应向同级地方档案馆移交或由同级或上级司法行政机关代管;一个公证处划分为几个公证处的,其公证档案由一个公证处代管或向同级地方档案馆移交;几个公证处合并为一个公证处的,各个公证处的档案应移交给合并的公证处,或分别向同级地方档案馆移交;公证处撤销或合并时,没有办理完毕的公证事项,可移交给新的公证处继续办理,并作为新的档案加以保存;一个公证处的部分业务划给另一个公证处的,其档案不得移交。接受业务的公证处因工作需要,可以借阅或复制。

第四章　公证文书的撰写和制作

第一节　代书法律文书

一、代书法律文书的意义

我国公证行业重视法律文书的审查，却轻视亲自撰写法律文书。公证是“最佳书面”的法律行为方式，“公证人书写的就是法律”的拉丁谚语诠释了公证人代书职责的重要性，欧洲拉丁公证文书即是公证人撰写的契约。《德国民法典》的译者陈卫佐先生在请教一位作为公证人助理的法学博士之后认为：公证证书的作成是《德国民法典》所规定的最为严格的形式，指的是合同的全部条文由公证人作成证书。有关作成公证证书的细节，规定在《公证证书作成法》(《德国证书法》)里。概括来说，就是双方当事人经咨询公证人的意见后，在公证人面前作出意思表示，由公证人记录，并当着双方的面逐条朗读，得到双方的首肯后，由双方签名，最后由公证人签名并加上特制的公证印记。[①] 起草一份优秀的法律文书，需要撰写者具有较为深厚的法律知识、较好的法律思维方式、较为丰富的经验和良好的语言表达能力，这不是一般当事人能够胜任的工作。有作者指出，“如果文书由当事人起草，而他们对法律原则和术语并不熟悉，则文书可能出现瑕疵或偏差，不能真正反映合同各方的意思。起草文书不是可以临时凑合的事情，而公证人正是这方面的专业人员”。[②] 当事人来到公证人面前，只是将他的大概想法和愿望告知公证人，公证人通过代书使协议得以诞生，起到协议助产士作用。

---

① 《德国民法典》，陈卫佐译，法律出版社 2015 年版，第 46 页。

② ［法］让·叶戈、［法］让－弗朗索瓦·皮伊布：《公证执业法》，唐党译，法律出版社 2008 年版，第 8 页。

我国公证员应该改变传统观念,从注重对当事人提供的法律文书的审查向注重亲自为当事人撰写高质量的法律文书转变。公证员撰写契约,就如同在创作一幅艺术品,应以谨慎的态度对待。合同属于法律文书的典型形式,本书以起草合同为例,说明撰写法律文书需要遵循的范式和标准。

二、代书法律文书的标准

(1)完备性标准。合同文本应覆盖合同的主要内容和关键内容,具备完备性。缺乏完整性的合同恰恰是危险的,难以达到当事人的公证目的。《公证法》第 28 条规定,公证机构要审查提供的文书内容是否完备。一般而言,合同的主要条款有:陈述与保证、定义、标的物、数量、质量标准、质量责任、税费负担、所有权保留、违约金、逾期付款违约金、定金、约定解除权、赔偿范围、免责条款与责任限制、不可抗力、通知、保密、归并、法律适用、仲裁、约定管辖、合同转让、合同生效条件、合同有效期限、文本等。

为保证合同的完备性,需要注意以下问题:①尽可能将已知或潜在的风险考虑进去,撰写相关条款做好风险防范。公证员应当在工作中认真梳理各类法律文书可能面临的风险,研究可以采取的风险规避措施,并将其转化成合同条款。例如,中国人比较忌讳“凶宅”,可以在合同中约定出卖人保证出卖房屋并非凶宅的条款和违约责任条款,提供事后救济办法。②应当尽量约定违约责任。违约责任是合同履行的重要保障机制,任何合同都应当约定违约责任。不建议对合同约定笼统的违约责任,应根据合同各个履约行为和环节要求分别约定违约责任。③应当尽量约定解决争议的方法,约定合同终止和解除的条件。合同的履行本身是一个动态的管控过程,要考虑合同今后可能面临的情况变化。④应当尽量约定保护性的条款。合同中除约定违约责任外,还应当约定其他保护性条款。特别是合同标的额比较大,履行周期比较长的,可以考虑约定定金条款、履约保证金条款、抵押、质押、账户监督条款等,从而减少风险。⑤尽量约定合同生效条件的条款。

完备性标准是要求撰写有实际法律意义的合同条款,而不是为了追求完备性而堆砌一些冗余与空洞的条款。有的合同中规定："任何一方没有充分、及时履行义务的，应当承担违约责任；给其他方造成损失的，应赔偿其他方由此所遭受的直接或间接损失。"这样的条款虽然规定了违约责任，但却是空洞条款，并无实质内容，并不符合完备性要求。公证员要尽量避免冗余与空洞条款。

(2)严谨性标准。合同的结构应当合理，措辞和用字应当严谨，避免歧义。《公证法》第28条规定，公证机构要审查提供的文书内容的含义是否清晰。虽然法律行为制度中有"意思表示解释"的制度，但是一旦有适用"意思表示解释"制度的可能，则意味着当事人之间的纠纷已经产生。故公证员代书的最高标准应是使代书的合同无适用"意思表示解释"制度的余地。

为保证合同的严谨性，需要注意以下问题：①核校合同表述信息与有关证明材料的内容是否一致。例如，合同描述的房屋坐落地址和证书编号、面积等信息应当与不动产权证书上记载的信息完全一致。公证员应该形成良好的信息校对习惯。②注意合同结构的合理性。合同结构是指合同各个部分的排列、组合和搭配形式。合同内容繁杂，并无固定合同结构模式，如何编排，取决于公证员个人习惯、经验和对合同所涉事项的精湛理解。追求合同结构合理性就是要让合同整体框架协调、各条款功能互补，从而避免和减少合同条款之间的矛盾和歧义。③注意合同法律用词的准确性。合同是正式和严肃的法律文件，公证员应当尽可能地使用大家共同认可的一些规范性法律用语，避免产生不应有的歧义。如不要混淆"定金"与"订金"。④注意合同内容的一致性。合同内容必须讲求逻辑严谨、前后一致，不能前后内容相互矛盾不一、主合同内容与附件内容相互抵触冲突。⑤注意合同人称的一致性。在合同整体行文中，应当始终保持人称的一致性。⑥要严谨表述仲裁方式。不要出现"由法院管辖或者仲裁机构仲裁"的自我矛盾条款。应写明具体仲裁机构名称(例如，"北京仲裁委员会"是正确写法，不要写成"北京市仲裁委员会")。另外，仲裁条款最好使用该仲裁委的示范条款。例如，中国国际经济贸易仲裁委员会的示范仲裁条款为："凡因本合同引起的或与本合同有关的任何争议，均应提交中国国际经济贸易仲裁委员会，按照申请仲裁时该会现行有效的仲裁规则进行仲裁。仲裁裁决是终局的,对双方均有约束力"。

(3)合法可行和平衡标准。公证员应反复考虑具体合同条款的合法性和可操作性,同时要平衡当事人之间的权利义务。

公证员撰写的合同整体和具体条款都应具有合法性。在公证实践中,比较常见的违法条款有:放弃诉权条款、放弃赔偿追偿条款、约定期限超过法定期限条款、人身损害免责条款等。这些条款并不合法,故应进行修正。

公证员撰写的合同整体和具体条款都应具有可操作性,否则,即使合同用词再精美,也是无益的。可行性标准,要求公证员要面向未来合同的履行进行思考和规划安排。实践中,大量合同缺乏可操作性,具体表现在:对合同各方权利的约定过于抽象,对合同各方的义务约定不明确、不具体,或虽对各方的义务作了详细约定却没有违约责任条款或对此约定不清,合同虽约定了损失赔偿却没有计算依据,整个交易程序不清晰等。公证员应当详细了解合同的目的和整个交易程序,为当事人规划和设计方案,配给有效的法律工具,从而提高合同的可行性。

合同的平衡性是指合同一方权利与义务要相对平衡,合同双方之间权利义务要相对平衡。公证员作为合同双方的共同委托人,其客观、中立的地位更要求其要注意合同内容的衡平性,合同内容要充分兼顾合同双方利益,要不偏不倚。合同中有对一方重大不利条款的,应提示当事人,征求其意见。

(4)形式规范标准。合同必须符合形式规范要求,避免随意性。形式不规范的合同,将可能给未来的合同履行带来不必要的争执。合同文本应当整洁、美观、规范。

这些形式规范要求有:①合同体例。体例通常是指合同简繁及合同各条内容排列形式。体例基本结构为:章、条、款、项。应注意根据不同的合同采取合适的体例,所适用的体例应符合基本语文规范。其中,对序号的使用应当有准确的层次。②合同结构。合同结构通常由首部、内容、结尾三部分构成。首部一般包括标题、双方当事人名称、公民身份号码或统一社会信用代码、通讯地址等。尾部一般包括签约单位盖章及授权代表签字、签约时间、签约地点等。合同应满足上述基本的合同结构。③编辑规范。整体来说，打印出来的合同应当美观。合同的字体和间距应统一，应连续编码。合同禁止出现空白条款，如果该空白在签字时没有使用，则必须画线删去。④修改规范。发现合同有文字错误之处进行修改的，应当请双方当事人在修改之处签名或捺指纹确认。当事人已经离开公证处，对修改之处无法进行签名确认，可以由公证机构在核对卷内材料信息后直接在修改之处盖单位校对章。禁止用涂改液对合同进行修改。在打印的合同条款之外，又在合同尾部用书写方式增加合同内容的，应在书写处由各方当事人签字确认。⑤交易金额表达规范。交易金额的描述，应采用大小写同时表示的方式。⑥引用法律。引用法律条文时，应表述该法律的全称，引用最新修改的法律。因使用固定模板合同缘故，有些法律已经修改，相应条款和序号已经变化，要避免援引旧法条的情况。

三、代书法律文书需要注意的问题

(1)公证人员尽量亲自起草法律文书，用代书职责代替审查职责。法律文书是公证人员各项辛苦工作的结晶，由公证人员亲自起草法律文书，可以提高法律文书的质量和可操作性，也是公证机构全面介入当事人事务的契机。公证人员亲自起草的合同还可以避免接受格式条款的审查。由公证人员亲自起草法律文书，才能对公证事项做到心中有数。当然，并不是说每份法律文书都要临时起草，公证机构也完全可以使用事先准备的定型化契约，这也是公证人员亲自起草法律文书之范畴。

(2)原则上使用法言法语，必要时也可以使用生活化语言。公证人员起草的法律文书本身是一份法律文件，使用法言法语进行表述是应有之意，能够避免理解上的歧义。但有时候法言法语具有比较刻板的形象，在一些特殊的公证事项中，公证员也可以采用生活化的语言进行表达。例如，有些遗嘱可以采用具有感情化的生活语言来进行表达，以满足立遗嘱人的情感需求，实现情与法的结合。

(3)遵循繁简得当的原则。法律文书厚一些好还是薄一些好？我们认为，应当遵循繁简得当的原则，既不要刻意地追求简单，也不要刻意地追求繁杂，而是应该根据具体公证事项的特征和当事人的需求进行处理。例如，家事类协议一般以追求简洁为主，使当事人能够明晰相互之间的权利义务并便于履约，这也符合家事类协议注重情法融合的特点。相反，商事类协议一般以追求内容完备为主，使协议内容确定此类交易的整体框架，囊括各种可能情形，这也符合商事交易注重安全性的原则。

(4)注重对法律文书的可行性考量。法律文书的目的不是创设它，而是为了实施其内容，没有可行性的法律文书是没有实际意义的。《公证法》虽然只规定了真实性、合法性的底线审查标准，但公证员在实务工作中完全可以以高于《公证法》要求的标准进行工作，这不是对《公证法》的违反，而恰恰是对《公证法》的发扬。

(5)注意法律文书条款的创新，从而形成先例引导社会。许多新的法律问题并不是先来到法官面前，而往往是先来到公证员面前。法国公证人利用这样的机会，由公证行业创设了许多具有创法性质的“合同条款”，这些条款成为社会的先例和标准。我国公证员在代书法律文书的时候，也要有这样的创新意识。

(6)与当事人进行充分沟通，从而为起草符合当事人需求的法律文书奠定基础。公证员撰写法律文书不是闭门造车，而是要充分听取当事人的意见和需求，为其寻找合适的法律方案和法律工具。一般来说，公证员负有受当事人特别指示拘束的义务，公证员在法律文书中应当体现当事人的特别指示，否则会为自己的疏忽而承担过错赔偿责任。只有通过跟当事人深入交流，才能了解制作法律文书的目的、背景和各方诉求，才能为起草一份优秀法律文书奠定基础。

(7)要考虑公证文书使用者的需求。有时候，公证书的使用者是第三方，如不动产登记中心。公证员在起草法律文书时，应尽可能地考虑文书使用者的需求。例如，许多登记部门并不会对法律文书的所有条款内容都进行详细阅读，其关注的主要是与其登记相关的关键信息。为了满足这些要求，公证机构可以同时制作“简约版的法律文书”：交易信息摘要表、抵押信息表等。这些法律文书的摘要信息，可以促进公证机构与公证文书使用者的衔接。

(8)准备好高质量的定型化契约。从安全和效率考虑，事实上公证员不可能对每个公证事项都临时起草法律文本。公证员往往需要准备一些常见的定型化契约。提前制定比较优秀的定型化契约，早就成为公证人的工作习惯，对拉丁公证发展具有重要影响的1273年的意大利《公证大全》一书，记载的主要就是各类公证文书样式，我国翻译但未公开出版的《法国公证文书范例》其实就是各种定型化契约的范例。定型化契约具有类似于法律推定规范的效果。定型化契约对公证实践具有重要意义，“它的优点是给公证人制作文书提供框架——长期实践的结晶；另外可以避免临时起草，因为往往会遗漏重要条款而产生危险”。[①]

当然定型化契约也有其缺点，可能导致模板化办证，公证人的代书能力难以提高。但通过合理使用定型化契约是能够克服这些缺点的。①定型化契约作为公证实践智慧的结晶，它应当由公证机构组织公证人员进行撰写，而不是从外面照搬过来。每份定型化契约都应该经过公证机构的合理化论证，只有这样的契约才有资格称为定型化契约。②将定型化契约分为固定和变动两部分，合理设置变动部分要素。固定部分反映该类公证事项的共性问题，变动部分反映该具体公证事项的个性问题。③应当注意定型化契约变动部分的适用，使其充分反映当事人需求和个案特征。公证员应当充分了解当事人的不同需求和个案特征，将其反映在定型化契约的变动部分。④应当随时更新定型化契约。定型化契约制定以后不是一成不变的，必须要根据法律法规和各方面因素的变化及时进行调整，以加强定型化契约的适用性。如果不及时更新，定型化契约可能会和新的法律法规存在冲突，从而导致系统性风险。⑤不能将定型化契约设定为必须采用的格式。定型化契约并不具有强制力。在特征很明显的个案中，公证员应有不使用定型化契约，重新给当事人起草契约的意识。“定型”定的是常用的合同条款，而不是公证人思维。

① [法]让·叶戈、[法]让-弗朗索瓦·皮伊布：《公证执业法》，唐觉译，法律出版社2008年版，第8页。

第二节　制作询问笔录

一、询问笔录的意义

询问笔录是基础性的公证法律文件，具有多种法律意义和功能。制作一份具有一定法律水准的询问笔录，是公证员的基本执业技能。公证事项中有多方当事人的，可以单独制作询问笔录，也可以合并制作询问笔录。结合《公证法》《公证程序规则》和中国公证协会有关办证指导意见，询问笔录的法律意义有：

（1）公证机构履行告知义务的方式之一。履行告知义务的方式是多样的，可以采取询问笔录、固定化的专项告知书、录音录像等方式。询问笔录可以作为告知义务的载体，并成为公证机构已经履行告知义务的有力证据。

（2）记录当事人陈述。当事人有责任向公证机构披露办理公证事项的各方面信息，并且为自己所披露的信息的真实性负责。询问笔录是当事人履行披露义务的载体，也是日后公证机构抗辩当事人的有效证据。公证员应熟练运用询问笔录，记录当事人披露的有价值的信息，不要遗漏关键细节信息。从《民事诉讼法》和有关证据规则来看，当事人的陈述也属于证据种类之一，当事人的陈述可以表现为单独声明、确认书、情况说明等书面形式，但总体来说，询问笔录是记载当事人陈述的主要形式。当事人陈述是重要和关键的证据形式，公证员应当熟练掌握询问笔录的制作技巧。

（3）公证机构履行审查和核实义务的方式。《公证程序规则》第29条规定，采用询问方式向当事人、公证事项的利害关系人或者证人了解、核实公证事项的有关情况以及证明材料的，应当告知被询问人享有的权利、承担的义务及其法律责任，询问的内容应当制作笔录。公证机构履行审查和核实义务可以通过询问当事人和有关利害关系人的方式进行。当事人提供的证据有疑点的，公证机构可以要求当事人说明有关情况，当事人的说明可以记载在询问笔录中。

(4)记录当事人的关键意思表示。意思表示是法律行为的核心,当事人的关键意思表示构成法律行为公证的基础,询问笔录应当记载当事人的关键意思表示。记载当事人的关键意思表示,是抗辩当事人日后反悔的有效手段,因为询问笔录明确记载了当事人的关键意思表示,对当事人产生了心理压力效应。这种心理压力效应,在法国有句通俗的话可以表达:lenotaireyapasé(公证人过手了,反悔不可能)。反之,如果公证机构没有在询问笔录中记载当事人的关键意思表示,很可能成为当事人日后纠缠公证机构的口实。故在一定程度上,询问笔录是合同内容的补充,是当事人意思表示解释的素材。

(5)解决特定问题的方式。询问笔录可以用来解决某些特定问题。例如,当事人属于表达能力有缺陷的人时,可以在询问笔录中记载有关情况,存档备查。又如,《公证程序规则》第34条规定,公证机构在审查中,认为申请公证的文书内容不完备、表达不准确的,应当指导当事人补正或者修改。当事人拒绝补正、修改的,应当在工作记录中注明。询问笔录也属于工作记录的一种方式。再如,可以通过询问笔录来记载由谁来领取公证书。

二、询问笔录的记载内容

根据《公证法》《公证程序规则》及相关规定来看,询问笔录的结构由首部、正文、尾部构成。首部主要由询问时间、询问地点、询问人、记录人、被询问人、被询问人基本情况组成,正文由询问和答复内容组成,尾部由"确认内容"(例如,以上笔录共××页,经我审阅无误)、当事人签字落款组成。询问笔录的正文部分,主要记载以下内容:

(1)当事人的基本信息及行为能力、有无特殊缺陷。公证员通过询问当事人的基本信息来对当事人的身份真实性进行核验。公证员应当通过沟通交流来确定当事人是否具备完全行为能力,并在询问笔录中载明有关情况。对于存在听说读写障碍或无法准确进行意思表示的特殊人群,应在询问笔录中记载相关情况。

(2)依据告知义务应当告知当事人的内容。根据《公证法》第27条第 2 款的规定,告知的内容主要是申请公证事项的法律意义和后果。告知内容的范围,请阅读本书第三章的相关内容。

(3)当事人对有关公证事项信息的确认和陈述。①案件信息确认。当事人提供证据材料,对于其真实性和证据材料所反映出来的关键信息应当由当事人在询问笔录中进行相应确认。对于一些特殊证据的来源,也应进行询问并进行记录。对于当事人提供的证据有疑义的,应当请当事人进行解释说明。本项工作具有审核证据和质证的性质。②案件信息陈述。询问笔录应当详细记录当事人所陈述的办证目的、办证要求、案件的主要信息、案件的特殊情况等内容。

(4)当事人的关键意思表示。公证员应当根据不同公证事项的性质和办证规则的要求记载当事人表达的关键意思。例如,赠与人只希望赠与的房产归自己子女所有,不希望儿媳(女婿)所有,对于当事人根据《婚姻法》第 18 条第 3 项规定作出的这项特别意思,不仅要反映在赠与合同中,更应该记载在询问笔录中。

(5)公证书使用需要注意的问题。公证员可以在询问笔录中告知当事人使用公证书需要注意的问题以及不当使用公证书可能带来的不利法律后果。

(6)应当或者酌情记载的其他内容。例如,可以记载谁来领取公证书。

三、制作询问笔录需要注意的问题

(1)询问笔录的形式是多样化的。我国公证法律法规没有规定询问笔录的形式,实务中可以采取打印、手写、填写等形式。

(2)询问笔录内容应根据不同公证事项做到繁简得当。询问笔录不是越短越好,也不是越长越好。对于法律关系比较简单的公证事项,询问笔录内容可以简略一些,对于法律关系较为复杂的公证事项,询问笔录内容可以丰富一些。

(3)合并制作询问笔录是原则,分开制作是例外。只有在确需保密或有其他特定事由的时候,询问笔录才有必要分开制作。合并制作询问笔录,是各方当事人之间信息有效表达、传递、接收的过程,也是意思合致与证据质证的过程,体现了公证程序的公开透明。根据司法部《关于公证执业“五不准”的通知》,办理公证时应当进行单独谈话。单独谈话后,可以进行合并制作询问笔录或分别制作询问笔录。公证实务中存在下列特殊情形的,公证承办人员应当对当事人进行单独重点询问:怀疑当事人表达自由受到限制的(如受到恐吓或威胁)、其他人员主导回答或试图阻碍当事人进行回答或者表情显得极为不耐烦的、怀疑当事人可能受到欺骗的、当事人对公证事项的内容存在重大分歧的、询问内容敏感需要尊重对方当事人的心理感受的、基于保密和保护隐私需要。

(4)询问笔录记载的内容要有针对性。询问笔录是公证人员询问,当事人进行回答的文体形式,故在询问问题时应当具有个案的针对性,不要模板化和格式化。公证人员要重视询问笔录证明公证机构履行法定义务的证据作用,不要将制作询问笔录流于形式。

(5)询问笔录可以采用法言法语,也可以采用生活化的语言。询问笔录并不是一份“庭审笔录”,而是一份经过整理后由公证人员和当事人都认可的法律文件。询问笔录不是对询问过程的简单回放,而是有文字加工。询问笔录可以采用法言法语,也可以采用生活化的语言,也可以两者兼而有之,关键是当事人能够看懂询问笔录的内容。

(6)询问笔录要符合形式规范要求。这些形式规范要求有:①结构规范。要有首部、正文、尾部。其中首部要有询问人、被询问人、询问时间、询问地点等要素。正文询问部分,应当能够明确哪些问题是由谁具体回答的。②签字规范。询问笔录每一页和尾部都应当有当事人签名。在尾部当事人签字前应有“以上笔录我已经审阅,没有异议”字样。③修改规范。询问笔录有修改的,应当请当事人签字或捺印确认。打印的询问笔录后面又增加手写内容的,也应当请当事人签字确认。

(7)正确处理询问笔录记载内容与被证法律文书内容的关系。询问笔录与被证法律文书都会记载当事人的意思表示。原则上,当事人表达的特别意思在记载于询问笔录时,公证员也应当将其反映在被证法律文书中,否则公证员可能会因为这个疏忽而导致过错责任。例如,当事人只是在公证询问笔录上签名批注“同意借款”并不当然承担共同清偿责任。又如,当事人只是在公证询问笔录中表示接受强制执行,并不产生债权文书强制执行效力。

对于被证法律文书中有不明了的地方的，当事人可以在询问笔录中进行澄清，询问笔录可以起到合同内容补充的作用，询问笔录是今后对当事人意思表示进行解释的重要素材。

第三节 撰写和制作公证书

一、公证书的意义和沿革

公证书是公证机构依照法定程序和格式制作的，准确认定事实、适用法律的结果，是具有特殊法律效力的法律文书。作为公文书的公证书应当具备一定的公式性。遵循公证书格式，是法律对公证机构制作公证书的基本要求。《公证法》第 32 条第 1 款规定：公证书应当按照国务院司法行政部门规定的格式制作。

1956 年，司法部制定了统一的公证文书格式，计有公证书格式和公证登记簿格式共 13 种；1981 年，司法部颁行了《公证书试行格式》，计有公证书格式 24 种，并附代书格式 7 种；1992 年 10 月，司法部对《公证书试行格式》进行大幅度修改后，颁布了《公证书格式（试行）》，共计公证书格式 56 式；2000 年 3 月 11 日，司法部印发《关于保全证据等三类公证书试行要素式格式的通知》，对保全证据、现场监督、合同（协议）三类公证书试行要素式公证书格式；2008 年 12 月 30 日，司法部印发了《关于推行继承类强制执行类要素式公证书和法律意见书格式的通知》，规定自 2009 年 7 月 1 日起在全国各公证机构实行上述三种新格式；2011 年 3 月 11 日，司法部印发了《关于推行新的定式公证书格式的通知》，并颁布了《公证书格式》（2011 年版），载有新的定式公证书格式共 35 式 49 种，自 2011 年 10 月 1 日起施行。

经调整后，目前规定公证书格式的有效文件有 3 个：2000 年 3 月 11 日司法部下发的《关于保全证据等三类公证书试行要素式格式的通知》、2008 年 12 月 30 日司法部下发的《关于推行继承类强制执行类要素式公证书和法律意见书格式的通知》、2011 年 3 月 11 日司法部印发的《关于推行新的定式公证书格式的通知》及《公证书格式》(2011 年版)。目前,官方出版的指导公证书写作的书籍有:《要素式公证书试行格式辅导材料》(司法部律师公证工作指导司编写,中国民主法制出版社 2000 年版)、《定式公证书格式使用指南》(司法部律师公证工作指导司编,法律出版社 2011 年版)、《公证文书改革参考》(中国公证协会文书研究委员会编,厦门大学出版社 2012 年版)。

《公证程序规则》第 42 条规定,公证书应当按照司法部规定的格式制作。公证书包括以下主要内容:①公证书编号。②当事人及其代理人的基本情况。③公证证词。④承办公证员的签名(签名章)、公证机构印章。⑤出具日期。公证证词证明的文书是公证书的组成部分。有关办证规则对公证书的格式有特殊要求的,从其规定。

从司法部的规定来看,公证书分为定式公证书和要素式公证书两种类型。值得注意的是,公证文书并不仅仅是证词本身,而是契约与证词合二为一的组合,我们目前起草公证书一般仅指起草证词,这种导向存在不利的方面,实际上,起草公证文书就是起草契约和证词。公证员要树立上述理念,要认识到要素式公证书的过渡式历史使命。

二、国外公证书的格式

世界各国的公证文书主要有下列 5 种形式:①

(1)契约式。法国公证书为典型,其基本为契约式。契约式公证书的特点是,契约即公证书本身。与传统契约唯一不同之处在于,公证人会在契约上签字。《法国公证文书范例》(内部资料),与其说是公证文书范例汇编,还不如说是定型化契约的大汇总。契约式公证书如实地反映了拉丁公证的一句谚语:“我们书写的就是法律。”契约式公证书侧重于从当事人的活动角度来反映公证文书内容。

---

① 参见薛凡:《公证文书改革的理念与方法》,载施汉生等编著:《公证法律理论与实务名家讲座》,中国青年出版社 2012 年版,第 54～59 页。在该书中,公证文书共分为裁判文书格式、公证活动记录、纲要式、认证式四类。本书本部分写作参考、引用了作者的上述部分研究成果。

(2)公证活动记录式。西班牙公证人出具的公证文书是一种十分独特的公证活动记录式文书。西班牙公证文书忠实记录的风格反映了“公证活动的各个阶段和要素：日期、地点、到场者、到场者身份、到场者行为能力、文书标的、文书有关方达成的协议或公证请求人采取的措施、公证人提示、文书有关方对文书内容表示接受、文书有关签名和参与文书公证的证人签名、公证人签名”。[①] 公证活动记录式公证书侧重于从公证人的活动角度来反映公证文书内容。

(3)纲要式。我国台湾地区“公证法”第80条规定：“公证人作成公证书，应记载其所听取之陈述与所见之状况，及其他实际体验之方法与结果。”我国台湾地区公证书是“契约+公证词”的形式，其公证词部分又较有特点。关于台湾地区公证书的格式，可以参见《公、认证书状范例》(五南图书出版有限公司1997年版)。台湾地区“司法院”所颁行的“公证书之格式”中第5项和第6项内容为：“五、公证人实际体验情形：(一)请求人对公证内容之陈述；(二)公证人所见状况及其他实际体验之方法与结果；(三)公证人阐明权行使之情形与请求人所为表示”和“六、公证之本旨及依据法条”。纲要式公证书既从契约角度直接反映当事人的行为，又从“纲要式”证词角度反映公证人的行为。

(4)认证式。《美国模范公证法》第九章“公证文书”列明了6类公证文书的格式，分别为：一般确认，宣誓证明，签字证明，标记签名人或不能签名的人，经证明的复本，事实证明。这属于典型的认证式证明。上述公证书格式可参见《美国2010年公证示范法之合集》(上海市公证协会编)。

(5)准裁判文书式(确认式)。由于公证人依据国家授权在非讼领域行使部分非讼权利，因此有些公证书就呈现出准裁判文书的形式，典型的如继承证明。

---

① [西]约瑟·路易·佩拉勒斯·桑茨：《公证文书与经济发展》，载中国公证员协会编：《“公证与经济发展”国际研讨会论文集》，法律出版社2003年版，第38页。

三、定式公证书

定式公证书，是指按照固定的格式语言，填充其中的变量撰写的公证书格式。目前，定式公证书格式总共有35式，其中民事法律行为类8式，有法律意义的事实类24式，有法律意义的文书类3式。

2011年新的定式公证书修订主要有这些特点：对定式公证书进行了全面清理、补充，实现了公证书格式的全覆盖；完善了定式公证书格式的结构，实现了公证书形式要件的标准化、规范化；增加了证词变量，完善了证词内容，增强了格式的适用性。其中，"证明对象"类别的确定具有重要意义；增加使用说明，便于理解执行，提升了格式的执行力。

定式公证书由首部、正文（证词）、尾部组成。首部由公证书标题、公证书编号、申请人、公证事项组成，尾部由照片、承办公证机构名称、承办公证员的签名或签名章、公证书出具日期和公证机构印章等组成。

四、撰写定式公证书需要注意的问题

（1）合理确定证明对象，根据证明对象选择相应格式。新的定式公证书增加了"公证事项"类别，不同的证明对象将导致办证的要求、出证的条件、适用的格式也不同。依据《公证程序规则》第36~38条的规定，公证机构的公证方式从理论上可以分为直接公证（实体公证）和间接公证（程序公证），公证机构以直接公证方式出具公证书，对公证事项的形式和内容均应当进行审查，而以间接公证方式出具公证书，通常对公证事项仅进行形式审查。延伸来说，适用"民事法律行为类"公证书格式的，应当对当事人的意思表示真实性、适法性进行审查；适用"有法律意义的事实"公证书格式的，由于直接以确认事实为证明内容，因此必须要在确认证明的有法律意义的事实属实后，才能出具公证书；适用"有法律意义的文书类"公证书格式的，由于该类格式基本属于传统的认证事务，其审查标准是进行形式审即可。

（2）遵循一事一证规则。新的定式公证书格式，仍然是以一事一证作为基础的。为使用方便，可以将为同一使用目的的若干公证，按一定顺序合并装订为一册。

(3)根据具体公证事项的特殊情况,可以在公证书中添加有关限定公证书用途、证明范围和使用地等方面的注。为避免当事人不正当使用公证书,同时避免公证书使用者产生不必要的误导,公证机构可以添加上述内容的注。例如,对于一些只证签字属实的法律行为文书公证,可以在公证书证词中附注"本公证书仅对当事人的签字属实进行证明"。

(4)遵守一些技术性要求。这些技术性要求在要素式公证书中也是同样适用的。这些要求包括:使用简化字;公证书的日期一般应当使用汉字数字表述;机关、团体、企事业单位等组织名称,在公证书上第一次出现时应当写全称,其后方可使用简称;所涉及的日期要采用公历,需涉及农历时应采用括号注明;变量的表述要简明扼要等。

(5)关注最新的法律和政策变化,适时调整证词内容。涉外及涉港澳台公证经常会因为境外公证书使用单位的要求发生变化而需要作出相应的调整。

五、要素式公证书

要素式公证书是指公证书内容由规定的要素构成,文字、措辞、语序、结构等则由公证员酌情撰写的公证书。要素式公证书格式如同拟定了一份写作纲要,由公证员在框架内进行创作性发挥。要素式公证书是公证文书的重大改革,对增进公证书的价值具有积极意义,对公证人员素质、分析判断能力、办证程序的严谨性等都提出了更高的要求。有专家正确指出,无论就法理或是公证员所负的法律专家责任和义务而言,要素式公证书格式都是对于同类事项定式公证书的重大创新和超越。[①] 根据司法部文件规定,目前实行要素式公证书的证类为:保全证据类、现场监督类、合同(协议)类、继承类、强制执行类。

要素式公证书由首部、证词内容(要素)、尾部组成。证词内容属于要素式公证书的核心。要素即构成事物的因素,公证书要素即构成公证书的组成内容,根据规定,要素式公证书的证词内容包括:必备要素和选

① 参见薛凡:《公证文书改革的理念与方法》,载施汉生等编著:《公证法律理论与实务名家讲座》,中国青年出版社 2012 年版,第 49 页。

择要素。“必备要素”为公证书证词中必须具备的内容，“选择要素”为根据公证证明的实际需要或当事人要求，酌情在公证书证词中写明的内容。根据五种要素式公证书的格式和参考格式规定的内容来看，要素式公证书的证词内容包括：申请人基本情况、公证证明的对象、范围和内容、证明过程、证明所依据的事实和法律、公证结论等。

从实务来看，要素式公证书记载的内容主要有：公证员对当事人行为能力的判断、合同的关键内容（当事人关键意思表示）、签订合同时当事人的意志自由状态、公证员履行咨询义务的情况、公证书使用的特别说明、法律事务授权情况、有关已经履约情况、适法结论、需特别说明的问题等。

六、撰写要素式公证书需要注意的问题

（1）撰写公证词，应根据要素式公证书格式的要求，结合不同的公证个案特征。“要素式，要的是公证员的素质”，要素式公证书改变了公证员的传统思维方式和办证模式并创新了公证职能。要素式公证书预留了公证员进行个案充分创新的空间，公证员要根据个案的不同情况，有所侧重地选择一些要素进行重点描述，从而增进公证书的价值。要素式公证书格式只有与具体公证个案的特性相结合，才更有生命力，要避免机械、死板地使用要素式公证书格式，避免将要素式公证书演绎成新的“定式公证书”。例如，合同类要素式公证书格式将“当事人对合同内容的重要解释和说明”作为“选择要素”内容，可以结合个案运用该规定。

（2）重视“选择要素”。“选择要素”虽然可选可不选，但是从效果来看，“选择要素”具有的价值甚至是高于“必备要素”的。“选择要素”是公证员施展自己的法律才华的空间，一定要利用好“选择要素”这个武器。确定“选择要素”可以在参酌实体法的规定下作出合理安排。例如，交易合同的范本是由当事人一方提供的，宜在公证词中注明“本交易合同由甲方提供，在本公证员面前，甲方就合同中涉及的有关格式条款向乙方进行了解释和说明”。

（3）要素式公证书也是履行告知义务的重要载体。可以在公证书

中告知公证书使用方相关使用事宜。公证书证词本身就是对这些不特定的受众的告知，通过公证书的告知，履行了公证机构的对世告知义务。

(4)以法律关系和当事人请求权作为要素式公证书的逻辑灵魂。虽然要素式公证书格式规定了许多要素内容，但是这些要素内容都是可以通过"案件法律关系"和"当事人的请求权"作为主线进行表述的。而"案件法律关系"和"当事人的请求权"又必须根据个案不同，回归到具体的实体法体系中去。

七、公证书制作的技术和规范要求

(1)文字。国内使用的公证书应用国务院颁布的汉字简化字制作，民族自治地方可以使用本民族文字制作；发往域外使用的公证书一律使用汉字简化字制作，另纸附译文，译文中的姓名和国内地名必须按照汉语拼音拼写；姓名、地址等需要在公证书正文内用原文表述的，应当在中文译文后用括号注上原文姓名和地名。

(2)版式和字体。公证书封皮：第一行"公证书"为老初黑体字，居中排列，其上沿至页边6厘米。中间留白，最下一行为公证处名称，即"中华人民共和国××省××市××公证处"，使用二号黑体字，居中排列，其下边沿至页边5厘米。封底为空白页，不能印制公证机构名称、标志、地址电话、条形码、二维码等文字图案。公证书证词页(包括译文页)：上边空4.0厘米，下边空3.0厘米，左边空3.5厘米，右边空3.0厘米。标题"公证书"使用二号黑体字，编号、证词正文及落款均为3号仿宋体。公证书英文译文页标题"NOTARIAL CERTIFICATE"使用2号加粗新罗马字体，编号、译文正文及落款均为4号新罗马字体，排版格式参照中央编译出版社的《定式公证书(2011年版)译文本》，其他语种译文页参照英文译文排版格式执行。

(3)编号。公证书编号由年份代码、地区代码、公证处代码、证书类别代码、证书顺序代码组成，表述为"(年份代码)××字第××号"。地区代码为省(自治区、直辖市)简称，可加所在市(地)简称；公证处代码由公证处自定，但不得与同省其他公证处相同；证书类别代码、证书顺序代码由公证处自定，但不得与本处本年度其他公证书相同。每件公证书编一个号，不得几件公证书编同一个号，也不能重复编号；同一申请人同时办理几件公证书的，可以按公证事项之间的逻辑顺序编号。

（4）数字。公证书编号、证件号码、证书号码和地址使用阿拉伯数字，其他数字一般应使用汉字。

（5）照片。公证书根据规定或当事人的要求加贴照片，照片为申请人本人近期二寸免冠照片或夫妇双人合影照片，位置在公证书左下方，并骑缝加盖公证处钢印。第十七式经历公证书、第十五式学历公证书、第二十一式结婚状况定式公证文书格式公证书、发往美国使用的出生公证书按规定需加贴照片。其余可根据公证书使用国或当事人的要求加贴照片。

（6）印鉴。公证书上使用的印鉴为公证处图章、钢印和公证员签名章。

公证处图章和钢印一律为圆形，图章的直径为4.2厘米，钢印的直径为4厘米，中央刊五角星，五角星外刊公证机构名称，名称前段文字在五角形上方自左而右环行，公证处三个字自左而右横排在五角星下方。印章使用汉字简化字刻制，字体为宋体。民族自治地方的公证处可以在同一印章上使用汉字和当地通用的民族文字刻制，由省、自治区、直辖市司法厅（局）根据当地情况确定。公证员签名章宽2厘米，长4.5厘米，形状为长方形，不加边框。签名章应根据公证员本人签名刻写，其姓名自左而右排列，使用国务院公布的汉字简化字书写，字迹应清晰、准确、易于辨认。

涉外公证处的图章、钢印、公证员签名章和签名应报送外交部领事司备案。公证书证词页加盖公证处图章和公证员签名章，公证员可根据公证书使用国的要求在签名章后签名。公证书证词译文、被证明文书或其他文本上均不盖公证处图章和公证员签名章。公证书应当自封面至封底垂直透体加盖钢印于左下方，证词页上加贴照片的，钢印必须加盖至照片相应位置。较厚的公证书可在粘贴好后分页加盖钢印，位置应当保持一致。公证书上除图章、钢印和签名章外，不得设置其他图文标记。公证书内被证明文件上的更改之处可加盖公证处校正章。

第五章　公证法律责任

第一节　公证民事责任

一、公证民事责任的性质

公证民事责任，是指公证机构向公证当事人或利害关系人所需要承担的民事赔偿责任。由于我国公证立法采取公证机构本位主义，故赔偿主体是公证机构而非公证员或其他公证人员。

首先需要明确公证民事责任是属于侵权责任还是契约责任。虽然公证机构与当事人之间可以就有关公证事项的公证范围、公证方法和公证程度等进行磋商，具有契约的协商性特征，但从目前实施拉丁公证制度国家的立法来看，基本上将公证民事责任规定为侵权责任。这是因为公证机构与当事人的权利义务基本上是由法律法规规定的，甚少有公证机构与当事人进行自由协商的余地。

我国《公证法》明确将公证民事责任确定为侵权责任。《公证法》第43条规定，公证机构及其公证员因过错给当事人、公证事项的利害关系人造成损失的，由公证机构承担相应的赔偿责任；公证机构赔偿后，可以向有故意或重大过失的公证员追偿。最高人民法院《关于审理涉及公证活动相关民事案件的若干规定》（以下简称《公证若干规定》）第1条也明确规定，当事人、公证事项的利害关系人依照《公证法》第43条规定向人民法院起诉请求民事赔偿的，应当以公证机构为被告，人民法院应作为侵权责任纠纷案件受理。

公证民事责任的确定主要法律依据是《公证法》《侵权责任法》《公证若干规定》。

二、公证民事责任的构成要件

根据《公证法》第43条的规定，公证机构的侵权责任属于过错责任，需要符合一般侵权责任的构成要件，公证机构才需要承担侵权赔偿责任。公证机构的过错责任构成要件有：

(1)须有公证行为的存在(侵权行为)

公证机构需要承担侵权赔偿责任的前提是有公证行为的存在。无公证行为的存在，公证民事责任则无从谈起。在公证活动中，公证员和其他公证人员代表公证机构从事公证活动，其职务行为即为公证机构的公证行为，其所实施的行为的法律后果由公证机构承担。如果公证员和其他公证人员实施的并非公证职务行为，则公证机构并不需要为其承担公证民事责任，应当由行为人自行承担相应的法律责任。所实施的行为是否属于公证职务行为，主要是根据其实施的行为是否属于《公证法》和《公证程序规则》所规定的公证事项(公证事务)范围、是否行使了相应的公证职权来确定。

(2)须有损失的发生

损失是指公证机构及其公证员侵犯公证事项当事人、利害关系人的权利而带来其财产减少或丧失的后果。仅有公证行为是不够的，还必须因公证行为而造成损害结果，才可以要求公证机构进行赔偿。没有损害结果发生的，公证机构无需为此承担赔偿责任。例如，在房屋继承公证中，虽然遗漏了某继承人，但是房屋仍然登记在实际继承人名下的，该被遗漏的继承人可以通过保全该房屋和提起诉讼使自己免受损失的，公证机构也不负赔偿责任。再如，趁丈夫在监狱服刑之机，妻子找人假冒丈夫将夫妻共有房屋经公证出售的，虽然有公证侵权行为存在，但所售房款仍属于夫妻共同财产，因此不能认定丈夫受有损失。

损失包括直接损失与间接损失。我国公证机构的赔偿范围是否仅限于直接损失，法律法规和司法解释对此没有明确的规定，理论界和司法实务界都存在较大争议。我们认为，公证机构的赔偿范围宜以直接损失为妥。国务院批转的司法部《关于深化公证工作改革的方案》指出，公证赔偿实行有限责任，以公证处的资产为限，赔偿范围为公证机构及其工作人员在履行公证职务中，因公证过错给当事人造成的直接经济损失。在由全国人大法工委所编的《中华人民共和国公证法释义》一书中对此解释道，“赔偿的范围，原则上仅限于直接经济损失，对于间接经济损失，一般不予赔偿”。司法部律师公证工作指导司所编的《公证法讲话》一书中同样明确指出，“损害结果必须是直接的”。上海市高级人民法院制定的《关于涉及公证民事诉讼若干问题的解答》中亦规定“赔偿的范围，原则上仅限于直接经济损失”。

《侵权责任法》第22条规定，侵害他人人身权益，造成他人严重精神损害的，被侵权人可以请求精神损害赔偿。鉴于公证行为主要是侵害他人的财产权，故一般在公证民事责任中无精神损害赔偿的适用余地。但如果公证行为侵害当事人的隐私等人身权益的，也可能被当事人主张精神损害赔偿。

存在其他侵权人的情况下，是否需要权利人向其他侵权人进行权利追索无果后再行向公证机构主张损失？我们认为，这是有必要的，这有助于避免放纵直接侵害人逍遥法外。只有直接侵害人无法赔偿的部分，才应该计入权利人的损失。故当事人、公证事项利害关系人应当要举证已经通过合理救济途径向直接因错误公证受益的利害关系人主张权利，但未能填补损失的事实，由此来确定损失的客观发生。从诉讼安排来看，权利人只起诉公证机构的，公证机构宜将直接侵权人申请追加为第三人。

根据《公证若干规定》第6条的规定，当事人、公证事项的利害关系人明知公证机构所出具的公证书不真实、不合法仍然使用造成自己损失，请求公证机构承担赔偿责任的，人民法院不予支持。

(3)公证行为与损害后果之间存在因果关系①

公证机构或公证员的过错与当事人或利害关系人受到的损失存在因果关系是公证赔偿责任的前提。这就涉及采用何种“因果关系”理论的问题。目前主要有“必然因果关系”“相当因果关系”“直接因果关系”

① 本部分写作参考了中国公证协会理论研究委员会课题组撰写的《损失与过错的因果关系是公证赔偿责任的前提》一文。

三种理论。

"必然因果关系"理论认为，公证机构及其公证员的过错与当事人、公证事项利害关系人的损失有内在、本质、必然的联系。这种观点是全国人大法工委、司法部的观点，认为"不能无限制地扩大公证机构的赔偿范围，也不能把本应由当事人及公证事项的利害关系人承担的风险转嫁给公证机构"。① 这种观点得到了一些省市高级人民法院的支持。如上海市高级人民法院明确提出，"损失应与公证机构的过错有必然的因果关系，避免当事人或利害关系人不适当地将本应该由自己承担的合同风险转嫁给公证机构"。

"相当因果关系"理论认为，"能成为公证损害的相当原因，即在相同公证行为下有发生同种损害的可能性，便已具备了因果关系这一要件。即对因果关系的证明，只要能证明其可能性，而不需要证明其必然性就可以了"。② 他们认为如果采用"必然因果关系"说，公证赔偿将被限制在极小范围内，这与现代法治加强保护受害人利益的发展趋势是背道而驰的，也不利于公证行业建立自己的信誉。这种观点与2002年《美国模范公证法》规定是一致的，该示范法规定"公证人对因其与公证过程相关的过失或者故意违法或不当职务行为，依近因原则而可归责的任何损失都要负责"。"公证人、保证人以及雇主的损害赔偿责任的成立并不要求公证人的过失或者故意违法或不当职务行为为造成损失的单独或主要的近因。"③这一观点得到了有的地方法院如北京市朝阳区人民法院的判决支持。④

"直接因果关系"理论认为，公证人应当对由其行为或者按规定应由其负责的事件所产生的一切直接结果承担责任。如果行为和损害之间是间接的联系，那么就不存在因果关系。这在加拿大魁北克地区司法

---

① 司法部律师公证工作指导司编：《公证法讲话》，中国青年出版社2005年版，第12页；王胜明、段正坤主编：《中华人民共和国公证法释义》，法律出版社2005年版，第166页。

② 唐先锋、赵春兰、王洪宇：《我国专家民事责任制度研究》，法律出版社2005年版，第247页。

③ 司法部律师公证工作指导司：《中外公证法律制度资料汇编》，法律出版社2004年版，第897页。

④ 北京市朝阳区人民法院(2002)朝行初字第28号判决书。

实践中已适用。当事人及利害关系人要证明损失和公证错误之间存在直接的因果关系。我国法院在《公证法》实施前，在公证行政赔偿案件处理中也有类似案例，如在“××经济发展股份有限公司诉××市公证处行政赔偿案”中，广东省××市中级人民法院认为“××公司对损害结果有重大过错，应承担相应责任；其行为与损害结果之间的因果联系比××市公证处违法行为更为直接。××市公证处违法行为与该房被办证出卖有因果关系，但不是直接因果关系。由于××公司的诉请缺乏承担国家赔偿责任的基础，即××市公证处违法行为与该房被办证出卖应有直接因果关系。故此，××市公证处不承担国家赔偿责任”。①

上述三种理论都有一定的合理性，究竟采取何种理论更适合公证职业特性，理论界和司法界都在进行探索。

(4)须公证机构存在过错

公证机构对当事人的期待和公证结果承担合理的保证责任，而不是必然的保证责任，公证机构只为他能力范围内的事情承担保证责任，而不对他无法企及的事由承担保证责任，法律也不会强人所难去要求公证机构做他做不到的事情。故公证机构只为其过错承担责任，公证机构有过错才需要承担责任，没有过错则无需承担公证赔偿责任，过错是公证损害责任的核心要件。另外，虽然我国采取公证过错归责原则，但并没有实行过错推定，故当事人或利害关系人需要就公证机构存在过错进行举证。

过错分为故意与过失两种类型。实务中，对于故意情形比较容易认定，但在具体个案中判断公证机构是否存在过失则比较困难。《公证若干规定》第 4 条虽采取列举加兜底条款的表述，列举了公证机构存在过错的 7 种情形，但对其中第 5 种情形，即“公证机构在公证过程中未尽到充分的审查、核实义务，致使公证书错误或者不真实的”，在实践中却很难判断，尤其对是否达到“充分”的认定，到底是以一般人的注意为标准，还是以专家的高度注意为标准，理论上也存在争议。

《公证若干规定》第 4 条规定，当事人、公证事项的利害关系人提供

① 广东省××市中级人民法院(2002)×中法审监行再字第 01 号行政判决书。

证据证明公证机构及其公证员在公证活动中具有下列情形之一的,人民法院应当认定公证机构有过错:①为不真实、不合法的事项出具公证书的。②毁损、篡改公证书或者公证档案的。③泄露在执业活动中知悉的商业秘密或者个人隐私的。④违反公证程序、办证规则以及国务院司法行政部门制定的行业规范出具公证书的。⑤公证机构在公证过程中未尽到充分的审查、核实义务,致使公证书错误或者不真实的。⑥对存在错误的公证书,经当事人、公证事项的利害关系人申请仍不予纠正或者补正的。⑦其他违反法律、法规、国务院司法行政部门强制性规定的情形。

公证机构为了证明自己在公证活动中不存在过错或者已经尽到充分的审查、核实义务,一般而言,公证机构可以提出下述抗辩事由:①申请公证的业务属于偶发性公证业务。对于经常发生的公证业务,公证员负有更高的注意义务,而对于偶发性公证业务,公证员的注意义务标准应该是一般法律人标准。②存在或不存在特定的公证行业惯例。公证属于专业技术性很强的活动,很多时候法律不可能对每种公证情况都予以详细规定,这需要公证行业惯例填补。在特定事务是否存在特定公证行业惯例,公证员是否遵循了公证惯例,将影响法官对公证员是否存在公证过错的认定。③不利后果的出现属于当事人自主决定的结果。社会是存在风险的,如果某项风险在公证的时候即已经被预见,公证员也进行必要的劝诫,而当事人仍然决定实施的,则该不利后果由当事人自己承担,公证员并不存在过错。④风险系为满足当事人的效率要求而出现的。公证需要兼顾安全与效率,当追求效率的效果乃是由当事人主动要求的时候,当因追求效率而导致不利后果时,则应当由当事人承担责任。"客户由于非常匆忙,要求公证人别花必要的时间去调查,而直接制作公证文书,在此情况下,只要公证人向该顾客指明,这样的匆忙会给他带来风险,以后这种风险变成现实就不能归咎于公证人。"[①]⑤调查核实面临高额成本。调查核实需要投入公证机构的时间和精力,如果某项

① [法]让-吕克·奥贝赫:《公证人之民事责任》,唐党译,上海人民出版社2015年版,第8页。

调查的成本过高，使公证机构办理该项公证业务失去了意义，这种情况下，如果公证人没有实施该项调查，则不宜认定公证机构有过错。当预防风险的成本超过公证本身带来的收益时，则预防工作本身失去了意义。⑥公证时的客观条件不允许。公证总是在一定的客观条件下进行的，公证员不可能脱离他所处的环境。当公证事项出现不利后果的时候，应当考察当时办证的客观条件是否能够避免该错误的发生，如已经努力仍然不能避免，则不宜认定公证机构存在过错。⑦公证介入当事人事务的程度。理想状态下，公证员最好全程介入当事人事务，从谈判磋商到最后法律行为的履行。但是，公证员介入当事人事务的程度遵循当事人的意思。公证员介入当事人事务程度越深时，承担的注意义务也越高。

三、公证民事责任的承担形式

《公证若干规定》将公证民事责任区分为连带赔偿责任和补充赔偿责任两种类型。

（1）连带赔偿责任

连带责任是指各个责任人对外都不分份额，不分先后次序地根据权利人的请求承担责任。《侵权责任法》第 8 条规定，二人以上共同实施侵权行为，造成他人损害的，应当承担连带责任。同时第 13 条规定，法律规定承担连带责任的，被侵权人有权请求部分或者全部连带责任人承担责任。

《公证若干规定》规定，当事人提供虚假证明材料申请公证致使公证书错误造成他人损失的，公证机构明知公证证明的材料虚假或者与当事人恶意串通的，承担连带责任。在这种情况下，公证机构的主观方面是故意，“明知公证证明的材料虚假”的主观心态是放任。公证机构与当事人恶意串通，是共同侵权行为。

如果利害关系人放弃对公证申请人的诉讼请求的，公证机构的连带责任如何承担？我们认为可以参考上海市高级人民法院《关于涉及公证民事诉讼若干问题的解答》所规定的处理方式。该意见认为：“利害关系人在诉讼中明确表示放弃对公证申请人的诉讼请求的，公证机构对公证申请人应当承担的赔偿份额不承担连带责任。公证机构和公证申请人之间的责任份额不明确的,认定为各半承担责任。”

(2)相应的补充赔偿责任

补充赔偿责任,是指多个行为人基于各自不同的发生原因而产生数个责任,造成直接损害的直接责任人按照第一顺序承担全部责任,承担补充责任的责任人在第一顺序的责任人无力赔偿、赔偿不足或者下落不明的情况下,在能够防止或减少损害的范围内承担相应责任,且可以向第一顺序的直接责任人请求追偿的侵权责任形态。在公证损害赔偿诉讼中,一般都存在直接侵害人,公证机构一般都是间接侵害人的身份。

在公证补充赔偿责任中,直接侵害人是第一顺序责任人。《公证若干规定》第 5 条规定,当事人提供虚假证明材料申请公证致使公证书错误造成他人损失的,当事人应当承担赔偿责任。故为了减轻公证机构的赔偿责任,在原告直接起诉公证机构的时候,公证机构应申请法院追加直接侵害人为第三人。另外,权利人不能放弃对直接侵权人的追偿,如果权利人放弃对直接侵权人的追偿的,公证机构应当向法院主张公证机构的补充赔偿责任也应得到豁免。[①]

在公证补充赔偿责任中,公证机构承担的是补充赔偿责任,只有在第一顺序责任人无力赔偿、赔偿不足时,公证机构才需要实际承担赔偿数额,而且以法院判定的数额为限。例如,在某案中,直接侵权人被判决承担 100 万元的赔偿,公证机构在 40 万元以内承担补充赔偿责任。如果直接侵权人实际被执行赔付了 80 万元,则公证机构的补充赔偿额为 20 万元;如果直接侵权人实际被执行赔付了 20 万元,则公证机构的补充赔偿额为 40 万元。

在公证补充赔偿责任中,公证机构承担的补充责任不是全额的赔偿责任,而是与其过错相应的补充赔偿责任。也就是说,公证机构一般是按照第一顺序责任人的赔偿数额的部分比例承担补充赔偿责任,这个比

① 姐姐将妹妹的房屋通过公证后盗卖,在诉讼中妹妹放弃对姐姐进行追偿的,则公证机构的补充赔偿责任也应得到豁免。法院在认可妹妹的放弃追偿后,还判决公证机构承担补充赔偿责任是不公平的。

例的多少主要是根据公证机构的过错程度来判定的。公证机构存在重大过错的，承担的比例就高，只是存在轻微过失的，承担的比例就低。

公证诉讼中，为了减轻公证机构承担的赔偿比例，公证机构可以提出下列抗辩事由：①受害人自己对损失的发生也存在过失。《侵权责任法》第26条规定，被侵权人对损害的发生也有过错的，可以减轻侵权人的责任。②受害人曾得到其他法律专业人士指导和帮助的。受害人既得到律师帮助又得到公证员指导的，基于公证赔偿责任的绝对性，故不能免除公证员的责任，但是受害人曾得到律师帮助的事实可以部分减轻公证机构的补充赔偿责任。例如，在某股权收购协议公证中，受害人请律师事务所进行了交易的尽职调查事实，可以部分减轻公证机构的补充赔偿责任。③受害人依法负有与公证类似职责，自己也存在失职行为的。例如，在银行贷款合同公证中，依据有关法律法规规定，银行对于借款人的身份和资质情况也有审核义务，银行怠于审查的，银行也存在过失，这可以部分减轻公证机构的补充赔偿责任。

在公证补充赔偿责任中，公证机构依法进行补充赔偿后，可以向直接侵权人进行追偿。在实务中，因公证机构赔偿后一般都能够得到保险赔偿，故对直接侵权人再进行追偿的情况较少。但为了避免放纵直接侵权人，建议公证机构对直接侵权人进行追偿，保险公司给予必要的政策支持。[1]

四、公证人员的民事责任

公证机构为民事责任的主体，公证人员也是民事责任的主体。承办公证员、协助公证员办理公证的公证员助理、公证审批人，都需要为自己的执业行为负责，都是民事责任的主体。公证机构对外履行赔偿责任，并不能完全减免公证人员的自身民事责任。只有公证人员切实需要为自己的执业行为负责，强化公证人员主观心态，才可能更加勤勉谨慎地

① 保险公司代偿后，追偿直接侵权人所得应交还保险公司，故公证机构没有追偿的动力。从不放纵直接侵权人的角度出发，建议保险公司挑选一些案例委托当地律师事务所进行风险代理。

履行公证职责避免因保险引致的道德风险，从而减少公证质量事故。

根据《公证法》的规定，公证机构及其公证员因过错给当事人、公证事项的利害关系人造成损失的，公证机构赔偿后，可以向有故意或者重大过失的公证员追偿。

中国公证协会于2017年6月5日发布的《关于加强公证质量管理的意见》指出，要探索建立一系列公证执业责任追究和应用机制，全面贯彻落实公证法关于公证执业责任的规定，加大对"有故意或者重大过失的公证员追偿"的力度，探索建立公证员执业责任终身追究制度，将公证质量与公证执业保险挂钩，探索建立公证执业保险费率浮动机制，实现权利义务的统一，保证公证执业保险的公平性。中国公证协会2018年4月3日印发《关于进一步加强公证执业过错责任追偿工作的意见》。该意见提出，公证机构及其公证员因过错给当事人、公证事项的利害关系人造成损失的，要主动依法承担相应的赔偿责任。公证机构赔偿后，要按照《公证法》和《最高人民法院关于审理涉及公证活动相关民事案件的若干规定》等要求，必须向责任公证员追偿。在履行赔偿责任后10日内，公证机构应根据责任公证员的过错程度、后果影响、出险次数、工作表现等情况，根据从严原则，综合确定相应的追偿比例和数额，并督促其按照决定确定的期限和方式履行偿付责任。公证员逾期不履行的，公证机构要采取必要的方式强制履行，并将此情形载入公证员执业信用记录。

五、公证民事诉讼的有关规定

按照《公证法》的规定，当事人起诉公证机构赔偿之诉属于民事诉讼，不再属于行政诉讼。司法部《关于〈中华人民共和国公证法〉施行后如何办理公证行政申诉问题的批复》(司复[2006]8号)规定，2006年3月1日以前出具的公证书，当事人、公证事项的利害关系人认为公证书有错误或者对公证书的内容有争议的，于3月1日以后提出行政申诉的，司法行政机关不再受理，并告知申诉人按照《公证法》第39条、第40条的规定向公证处提出复查或者向人民法院提起民事诉讼。

《公证法》第40条规定，当事人、公证事项的利害关系人对公证书的复查内容有争议的，可以就该争议向人民法院提起民事诉讼。《公证若干规定》第 2 条规定，当事人、公证事项的利害关系人起诉请求变更、撤销公证书或者确认公证书无效的，人民法院不予受理，告知其依照《公证法》第 39 条规定可以向出具公证书的公证机构提出复查。

关于公证民事诉讼中有关公证机构的诉讼地位安排，《公证若干规定》没有进行明确。上海市高级人民法院《关于涉及公证民事诉讼若干问题的解答》对此作出了较为明确的规定，具有参考意义。该解答意见认为：①在基础法律关系的诉讼中，公证书只是证明当事人权利义务关系的证据之一。法院在审理当事人的争议时，可以依法组织当事人对所有证据（包括公证的事实）进行质证和认证。通过综合判断证明的争议事实（包括公证的事实）是否存在，并对案件事实作出认定。因此，在该类诉讼中，一般不必列公证机构为当事人。②在损害赔偿的诉讼中，当事人以公证机构的错误公证导致其遭受损害为由，将公证机构列为被告或向法院申请通知公证机构作为诉讼第三人的，由于目前法律并未要求当事人在起诉时只能列最终的责任人为当事人，因此，当事人将公证机构列为被告或申请法院通知公证机构作为诉讼第三人的，应当允许；当事人未列且未向法院申请追加的，法院一般也不应主动追加公证机构为当事人。③在涉及公证的诉讼中，当事人未将公证机构列为被告也未申请法院通知公证机构作为诉讼第三人，但公证机构申请作为第三人参加诉讼的，法院经审查，认为诉讼结果可能对公证机构权利义务产生影响的，可以允许。④公证事项的利害关系人仅以公证机构为被告起诉要求承担赔偿责任，但公证机构申请追加公证申请人作为共同被告的，法院可以依法追加公证申请人作为共同被告。

六、一些相关裁判观点

为加深人民法院对于公证过错认定的标准和方法，现梳理一些人民法院关于公证民事责任的裁判和司法观点，供公证机构和公证员参考。

（1）不能仅凭错误的公证结果即当然认定该公证处存在过失。也就是说，不能以结果的发生推定公证机构的过错，而是要考究公证过程中公证机构是否有过错情形，因为公证机构对公证结果只是承担合理保证责任。在“广东××有限责任公司与广东省××公证处错误公证损害赔偿纠纷上诉案”中,法院认为,由于依照《中华人民共和国公证法》及相关规定,公证是依法定程序进行的证明活动,公证机构只是证明机构而非鉴定机构,其职责是对经法定公证程序所能认定的真实性、合法性予以证明,故只要公证机构在履行职责过程中依法定程序、采用合理方式、审慎作出审查,即使最终不能发现当事人提供资料的虚假,也应认为公证机构已依法履行其审查义务而不能认为公证机构存在过错。因此,虽然本案××公证处未能审查出冒用简××身份之人的真实身份导致错误,但不能仅凭错误公证的结果即当然认定该公证处存在过失,评判××公证处对错误公证是否有过失,只能以该公证处是否依法定程序、采用合理方式、审慎地履行其审查义务为标准。

(2)对当事人的身份审查不应采用优势盖然证据认定原则。如果公证机构采用优势盖然证据认定原则履行审查职责,则可能会被认定没有充分履行审查义务。2015 年,媒体曝出某女星的丈夫××先生被司机假冒办理售房委托书公证,然后其别墅被司机盗卖。公证处在办理该售房委托书公证时使用了一种人脸识别系统辅助辨识当事人,但该系统并没有识别出司机假冒情形。在本案审理过程中,北京朝阳法院通过调阅公证卷宗,发现使用人脸验证系统将到场人员与女星丈夫身份证照片进行比对的验证分值超过 0.6 分,遂审核通过。为此,该法院向北京市司法局就此案提出司法建议,其中有一条建议是:“若以计算机等技术性手段进行人脸验证,因查明涉及申请人身份,故不宜采用优势盖然证据认定原则,亦不应将验证结果作为唯一依据,而应充分结合公证具体情况,并划定技术审查的合理相似值作为最低标准”。

(3)最高人民法院研究室的观点认为,目前我国公证机构责任并非是专家责任,不适用过错推定原则。其认为,不宜将公证机构责任列入专家责任的范畴而适用过错推定原则,因为“公证员所从事的工作具有专门性,但难言达到需要或者具备专业知识和技能的高度,而且公证员与会计师存在本质区别,从某种意义上讲,注册会计师可以划归商事主体的范畴,他们对提供的职业行为收取了完全的代价,应当承担更严格的赔偿责任;而《公证法》第 6 条规定,公证机构是不以营利为目的的证明机构，公证机构并非营利机构，当然不宜要求公证机构承担过重的赔偿责任”。[1]

(4)最高人民法院研究室的观点认为，公证机构承担的是合理的保证责任。其认为：“由于公证的局限性，公证员并不能保证公证活动没有任何的错漏。公证员对于公证对象只能起合理的保证作用。合理的保证责任是基于公证的成本效益原则。申请人需要平衡支付的公证成本与取得的公证收益之间的关系。一般来说，公证工作越细，出现错漏的概率越小，但是它同时意味着申请人所要支付的公证费用也越高。……公证本来就是用来降低交易成本的，如果公证不但不能降低交易成本，反而提升交易成本，则公证会变得得不偿失。”[2]

(5)公证行为虽然不是当事人损失的直接原因，却是致使该种损害发生的不可缺少的原因力的，公证行为与损失有因果关系。相当因果关系理论在认定公证行为与损害后果之间的关系时，常被法官所采纳。上海银行福民支行称被告倪××与案外人徐某共同作假在上海××公证处骗取委托倪××出售徐某父亲名下房产的《委托公证书》，后倪××利用该虚假公证书与杨××和徐某合谋作虚假房产买卖骗取银行贷款。法院认为上海市××公证处的公证行为虽然不是导致原告贷款损失的直接原因，却是致使该损害发生的不可缺少的原因力，且具有相当性。损害后果的发生，是徐某、被告倪××、被告杨××直接的致害行为和公证处行为合力作用的结果。因而公证行为与财产损害之间具有因果关系，被告上海市××公证处应承担相应的赔偿责任。

(6)公证机构受当事人的特别指示拘束，公证机构因疏忽没有完成当事人指示的，公证机构存有过错。在某案中，赠与人特别嘱咐房产赠与给儿子而儿媳不能享有，该特别意思记载于公证询问笔录，但公证员因疏忽没有将这个特别意思表述于赠与合同中，法院最终认定公证机构因没有按照当事人的特别指示行事而存在过错。

---

[1] 最高人民法院研究室等编著：《最高人民法院审理涉及公证民事案件司法解释理解与适用》，人民法院出版社2014年版，第36页。

[2] 最高人民法院研究室等编著：《最高人民法院审理涉及公证民事案件司法解释理解与适用》，人民法院出版社2014年版，第11页。

(7)公证机构没有必须运用“全国公民身份证号码查询服务中心”核实有关当事人身份的义务。目前,许多公证机构利用上述中心信息协助公证员对当事人的身份进行核实,但这种核实方式不是必须的公证流程,不能因公证机构没有使用该中心信息核实当事人身份而认定公证机构存在过错。在马××与乌鲁木齐市××公证处公证损害责任纠纷案中,法院认为:“上诉人马××认为公证处应当运用‘全国公民身份证号码查询服务中心’审查借款人胡××的真实身份系蔡×,但马××并未举证证明运用该平台审查当事人身份是公证机构履行职责的法定程序或是公证机构必要的工作流程,故其认为公证处未尽到审查核实的法定义务,应当承担赔偿责任依据不足”。①

(8)法定继承公证中,在遗产未被实际继承人处分前,公证书被依法撤销,相关被遗漏的继承人不能被认定为受有损失。在程××、张×与山东省××公证处公证损害责任纠纷案件中,法院认为:“公证书被依法撤销,只不过是把遗产恢复到法定继承的原始状态,并未造成上诉人程××、张×任何损失,法院判决上诉人程××、张×补偿其他权利人是其不当行为的必然结果,因此上诉人程××、张×要求被上诉人山东省××公证处承担其应向其他权利人补偿的经济损失,没有事实和法律依据”。②

(9)仅凭目测识别公证申请人身份的真实性的,公证机构存有过失。对于公证申请人的身份识别到底该采取什么方式,在公证行业和法院系统都存在不同见解。在上诉人江苏省南京市××公证处与被上诉人中国建设银行股份有限公司××省分行直属支行公证损害责任纠纷中,法院认为:“××公证处为签名虚假的合同出具了公证书属实。××公证处辩称其公证员经目测观察确认申请人的相貌与张××身份证上照片相似后,才出具了公证书,已尽到审查、核实义务。但就申请人相貌与张××身份证上照片相似的主张,××公证处未能举证予以证明。且××公证处作为证明机构,其职责就是依据事实和法律证明事件、文

① 乌鲁木齐市中级人民法院(2015)乌中民一终字第271号判决书。

② 山东省济南市中级人民法院(2015)济民四终字第123号判决书。

书的真实性、合法性，其出具的公证文书具有法律上的效力，故对于文书真实性、合法性的审查，其应当具备必要的识别技术、手段和一定的专业技能。本案中，××公证处仅凭公证员目测去识别申请人身份的真实性，其所采取的审查方式与其公证法律文书所具有的公信力不符，本院对其已尽到审查、核实义务的抗辩不予采信”。①

(10)冒充之人的身份相貌与真实的身份证件上照片相似的，可认为公证机构尽到审查义务而没有过错。双胞胎冒名顶替的，要求辨别出双胞胎的差别显然是超越公证员的能力的，不宜认定公证机构在双胞胎假冒案中存在过错。在杨××、刘××与安徽省合肥市××公证处公证损害责任纠纷案件中，法院认为：“××公证处在办理杨××委托刘××买卖房屋事宜公证时，审查了杨××的身份证、户口簿、结婚证及房产证原件，而个人持有的身份证原件是确认其身份最重要也是最直接的证据，且还有相应的户口簿、结婚证及房产证原件予以佐证冒名人为杨××的身份，同时冒名的杨××是与刘××一起前往公证处办理公证的，冒名的杨××与身份证照片上的相貌和身形并无特别明显的差异，××公证处在办理公证时没有理由对委托人杨××的身份产生合理怀疑。××公证处按照公证规则对公证事项进行了公证，其在整个公证过程中并不存在过错，因而其不应对公证事项可能给杨××造成的损失承担赔偿责任”。②

通过相貌是否相似来判断公证员在审查当事人身份时是否存在过错的方式具有相当的合理性。但这种判断方式需要建立在能够找到假冒之人或者在办公证时即留存了公证申请人影像的基础上，所以这种方式具有一定的适用范围局限性。

(11)基于公证公信力，公证机构应尽到较高的注意义务和谨慎义务。关于公证机构需要尽到一般注意(谨慎)义务还是较高注意(谨慎)义务，学术界和司法界还存在较大争议，但是从法院的判决来看，采用较高注意义务标准逐步成为一种趋势。我国某法院在工商银行诉某公证

① 江苏省南京市中级人民法院民(2015)宁商终字第1072号判决书。

② 安徽省合肥市中级人民法院(2016)皖01民终2431号判决书。

处的判决中认为:“公证处对申请公证事项的各当事人的有效身份进行了核对……同时,按照当时的技术能力和客观现状,公证员对申请人与身份证原件上的影像是否为同一人的审核,只能是以常人的标准通过眼力识别方式来辨别。鉴于技术条件,公证处未能识别出被上诉人身份系伪造,对此公证处并无主观过错。”不过这种观点越来越被法院系统所摒弃。在上海市××公证处与陆××公证损害责任纠纷案件中,法院则认为:“××公证处作为公证机构,出具的公证书对社会具有重要公信力,理应恪尽较高的注意义务,对办理公证手续者的身份进行严格的审查。现××公证处在办理本案所涉公证书的过程中,未能尽到充分注意义务,致使出具了由他人冒充委托人的公证书,且对公证文书条款进行更改时存在程序不规范的过失,对此××公证处存有过错,应当承担与其过错程度相应的侵权责任”。①

第二节　公证行政责任

公证行政责任,是指公证机构或公证员在违反《公证法》和其他公证法律规范时需要承担的行政处罚责任。公证行政处罚既适用《公证法》的规定,同时也适用《行政处罚法》的规定。各级司法行政部门在对公证机构和公证员进行行政处罚时,应当严格遵照《行政处罚法》规定的程序进行,要进行充分调查,并给予公证机构和公证员申辩的机会。

《公证法》第41条规定,公证机构及其公证员有下列行为之一的,由省、自治区、直辖市或者设区的市人民政府司法行政部门给予警告;情节严重的,对公证机构处1万元以上5万元以下罚款,对公证员处1千元以上5千元以下罚款,并可以给予3个月以上6个月以下停止执业的处罚;有违法所得的,没收违法所得:①以诋毁其他公证机构、公证员或者支付回扣、佣金等不正当手段争揽公证业务的。②违反规定的收费标准收取公证费的。③同时在二个以上公证机构执业的。④从事有报酬

① 上海市第二中级人民法院(2015)沪二中民一(民)终字第1280号判决书。

的其他职业的。⑤为本人及近亲属办理公证或者办理与本人及近亲属有利害关系的公证的。⑥依照法律、行政法规的规定,应当给予处罚的其他行为。

《公证法》第42条规定,公证机构及其公证员有下列行为之一的,由省、自治区、直辖市或者设区的市人民政府司法行政部门对公证机构给予警告,并处2万元以上10万元以下罚款,并可以给予1个月以上3个月以下停业整顿的处罚;对公证员给予警告,并处2千元以上1万元以下罚款,并可以给予3个月以上12个月以下停止执业的处罚;有违法所得的,没收违法所得;情节严重的,由省、自治区、直辖市人民政府司法行政部门吊销公证员执业证书;构成犯罪的,依法追究刑事责任:①私自出具公证书的。②为不真实、不合法的事项出具公证书的。③侵占、挪用公证费或者侵占、盗窃公证专用物品的。④毁损、篡改公证文书或者公证档案的。⑤泄露在执业活动中知悉的国家秘密、商业秘密或者个人隐私的。⑥依照法律、行政法规的规定,应当给予处罚的其他行为。因故意犯罪或者职务过失犯罪受刑事处罚的,应当吊销公证员执业证书。

司法部《公证机构执业管理办法》第34条规定,司法行政机关实施监督检查,可以对公证机构进行实地检查,要求公证机构和公证员说明有关情况,调阅公证机构相关材料和公证档案,向相关单位和人员调查、核实有关情况。公证机构和公证员应当接受司法行政机关依法实施的监督检查,如实说明有关情况、提供相关资料,不得谎报、隐匿、伪造、销毁相关证据材料。第37条规定,司法行政机关对公证机构违法行为实施行政处罚,应当根据有关法律、法规和司法部有关行政处罚程序的规定进行。第38条规定,司法行政机关在对公证机构作出行政处罚决定之前,应当告知其查明的违法行为事实、处罚的理由及依据,并告知其依法享有的权利。口头告知的,应当制作笔录。公证机构有权进行陈述和申辩,有权依法申请听证。公证机构对行政处罚不服的,可以依法申请行政复议或者提起行政诉讼。第40条规定,司法行政机关查处公证机构的违法行为,可以委托公证协会对公证机构的违法行为进行调查、核实。接受委托的公证协会应当查明事实、核实证据,并向司法行政机关提出实施行政处罚的建议。

第三节　公证刑事责任

一、出具证明文件重大失实罪

2009年1月6日，最高人民检察院《关于公证员出具公证书有重大失实行为如何适用法律问题的批复》指出，《公证法》施行以后，公证员在履行公证职责过程中，严重不负责任，出具的公证书有重大失实，造成严重后果的，依照《刑法》第229条第3款的规定，以出具证明文件重大失实罪追究刑事责任。

《刑法》第229条第3款规定，承担资产评估、验资、验证、会计、审计、法律服务等职责的中介组织的人员，严重不负责任，出具的证明文件有重大失实，造成严重后果的，处3年以下有期徒刑或者拘役，并处或者单处罚金。

从犯罪构成四个方面来分析本罪的构成要件：

(1)其客体是国家对法律服务市场的管理秩序和社会主义市场经济秩序。公证员触犯本罪，侵害了公证的公信力，对公证制度的价值会带来损害。例如，西安宝马彩票案即因公证员重大疏忽导致公证制度的公信力受到社会质疑。

(2)其主体是公证员。本罪的主体属于特殊主体，即公证员构成本罪。在实务中，公证机构其他公证人员协助公证员履行公证职责，是否构成本罪主体，目前尚存在争议，需要司法解释进一步明确。根据上述司法解释，公证员玩忽职守的行为，按出具证明文件重大失实罪追究刑事责任，而不再按玩忽职守罪追究刑事责任。出具证明文件重大失实罪依据《刑法》第231条规定，属于单位犯罪类型。司法解释只规定了公证员构成本罪，对于公证机构是否构成本罪没有明确。

(3)其主观方面是重大过失。本罪要求公证员主观方面应当是“严重不负责任”。公证员主观方面一般过失不构成本罪。如何判断公证员是一般过失还是重大过失，这是司法审判实践的疑难点。关于公证过错的抗辩主张，可以参考本章公证民事责任部分的内容。

(4)在客观方面本案可以是作为犯罪也可以是不作为犯罪，同时本案属于结果犯。要认定公证员的不作为构成本罪，其前提是公证员依据《公证法》及相关公证法律法规负有特定的职业义务。例如，公证员依据《公证法》负有审查和核实义务。如果公证员存在严重过失，没有尽到审查和核实义务，则可以认定其构成不作为。另外，认定公证员构成不作为，还必须要求公证员具备履行该义务的可能性，如果根据办证时条件公证员根本没有条件履行该义务的，应认定为公证员并没有失职行为，因为法律不能强求公证员做他做不到的事情。

本罪属于结果犯，必须要有相应的损害后果产生，公证员才构成本罪。2010 年 5 月 7 日，最高人民检察院、公安部《关于公安机关管辖的刑事案件立案追诉标准的规定(二)》第 82 条规定：承担资产评估、验资、验证、会计、审计、法律服务等职责的中介组织的人员严重不负责任，出具的证明文件有重大失实，涉嫌下列情形之一的，应予立案追诉：①给国家、公众或者其他投资者造成直接经济损失数额在 100 万元以上的。②其他造成严重后果的情形。

二、提供虚假证明文件罪

《刑法》第 229 条第 1 款规定，承担资产评估、验资、验证、会计、审计、法律服务等职责的中介组织的人员故意提供虚假证明文件，情节严重的，处 5 年以下有期徒刑或者拘役，并处罚金。第 2 款规定，前款规定的人员，索取他人财物或者非法收受他人财物，犯前款罪的，处 5 年以上 10 年以下有期徒刑。最高人民检察院出台上述司法解释后，与出具证明文件重大失实罪相对应，审判实务中，一般以本罪追究公证员故意提供虚假证明文件的行为。

从犯罪构成四个方面来分析本罪的构成要件：

(1)其客体是国家对法律服务市场的管理秩序和社会主义市场经济秩序。公证员触犯本罪，侵害了公证的公信力，对公证制度的价值会带来损害。

(2)其主体是公证员、其他公证人员。只要是公证机构的人员故意实施了本罪行为,即成为本罪主体。这是本罪与出具证明文件重大失实罪的重要区别。从审判案例来看,有公证员助理或其他公证协助人员被判处本罪的。

(3)其主观方面是故意。即公证人员明知自己的行为会发生危害社会的后果,并且希望或者放任这种结果的发生。

(4)在客观方面,本罪是结果犯。提供虚假证明文件的行为,必须情节严重才构成本罪。2010 年 5 月 7 日,最高人民检察院、公安部《关于公安机关管辖的刑事案件立案追诉标准的规定(二)》第 81 条规定:承担资产评估、验资、验证、会计、审计、法律服务等职责的中介组织的人员故意提供虚假证明文件,涉嫌下列情形之一的,应予立案追诉:①给国家、公众或者其他投资者造成直接经济损失数额在 50 万元以上的。②违法所得数额在 10 万元以上的。③虚假证明文件虚构数额在 100 万元且占实际数额 30% 以上的。④虽未达到上述数额标准,但具有下列情形之一的:第一,在提供虚假证明文件过程中索取或者非法接受他人财物的;第二,两年内因提供虚假证明文件,受过行政处罚二次以上,又提供虚假证明文件的。

三、公证人员容易触犯的其他罪名[①]

在我国刑事审判工作中,由于对公证员到底是否属于"国家工作人员"存在不同认识,故在适用有关刑法罪名时存在不同做法。本章通过对中国裁判文书网与无讼案例数据库中的一些裁判文书进行分类、整理、归纳,发现在司法实践中大多数裁判将"公证员"身份属性认定为"国家工作人员"甚至"国家机关工作人员"。现进行有关分析,供公证行业和公证员参考,有关分析结论不作定论。

(1)贪污罪与职务侵占罪

在司法工作实践中,贪污罪与职务侵占罪是比较容易混淆的两种罪名,从我国刑法中职务侵占罪的立法产生及其沿革来看,它是从贪污罪

① 本部分内容参考了阮啸:《裁判文书中的公证员身份属性分析》,载"公证文选"微信公众号,2017 年 12 月 1 日。

中分离出来的一种新罪。《刑法》第382条规定了贪污罪的犯罪主体为“国家工作人员”,而《刑法》第271条规定了职务侵占罪的犯罪主体为“公司、企业或者其他单位的人员”。除了犯罪主体的区别之外,两罪在犯罪客体、立案标准以及法定刑也因主体不同而有所区别。

公证员涉此行为时,下述表格中的八件案件均被认定为贪污罪。这八位公证人员里面既有领导也有普通公证员,既有属于行政体制的也有属于事业体制的,涉案时间跨度为1994~2012年。

案号	罪名	责任主体	涉案时间	机构体制	裁判结果
(2000)琼刑终字第133号	贪污罪	公证员	1994年	行政	有罪实刑
(2009)文刑初字第230号	贪污罪、受贿罪	公证员、主任	2006年	事业	有罪缓刑
(2013)鄂刑二终字第00071号	挪用公款罪、贪污罪	公证员、科长	2011年	不详	有罪实刑
(2014)榕刑终字第703号	贪污罪	局长、翻译	2002年	行政(疑)	无罪
(2014)粤高法刑二终字第63号	贪污罪	公证员	2008年	不详	有罪缓刑
(2014)云中法刑二终字第31号	贪污罪	公证员	2008年	不详	有罪缓刑
(2015)乌刑终字第80号	贪污罪	主任	2009年	事业	有罪实刑
(2016)渝0118刑初736号	贪污罪	公证员、主任	2012年	事业	有罪实刑

(2)受贿罪与非国家工作人员受贿罪

《刑法》第384条规定了受贿罪的犯罪主体为“国家工作人员”,而《刑法》第163条规定了非国家工作人员受贿罪的犯罪主体为“公司、企业或者其他单位的工作人员”。

公证员涉此行为时,大部分也被认定为受贿罪。被认定为受贿罪的三位公证人员里面既有领导也有普通公证员,既有属于行政体制的也有属于事业体制的,涉案时间跨度为2006~2012年。

案号	罪名	责任主体	涉案时间	机构体制	裁判结果
(2014)鹰刑初字第13号	受贿罪	公证员	2010年	事业	有罪缓刑
(2015)饶刑初字第48号	受贿罪	公证员	2012年	行政	有罪缓刑
(2009)文刑初字第230号	贪污罪、受贿罪	公证员、主任	2006年	事业	有罪缓刑
(2015)郑刑一终字第208号	非国家工作人员受贿罪	公证员	2013年	事业	有罪实刑

(3)挪用公款罪与挪用资金罪

挪用公款罪与挪用资金罪的区别也基本和上述罪名类似,分别为《刑法》第384、272条所规定。

案号	罪名	责任主体	涉案时间	机构体制	裁判结果
(2011)驻刑二终字第02号	挪用公款罪	公证员、主任	2007年	事业	有罪实刑
(2013)鄂刑二终字第00071号	挪用公款罪、贪污罪	公证员、科长	2011年	不详	有罪实刑
(2008)豫刑一终字第200号	挪用资金罪	公证员	2001年	行政(疑)	有罪实刑

第四节　公证执业纪律责任

司法部《公证机构执业管理办法》第41条规定,公证协会依据章程和有关行业规范,对公证机构违反执业规范和执业纪律的行为,视其情节轻重,给予相应的行业处分。司法部《公证员执业管理办法》第32条规定,对公证员违反职业道德和执业纪律的行为,视其情节严重程度,给予相应的行业处分。这是公证协会行业处分权的法规依据,也是公证机构和公证员承担职业纪律责任的依据。公证协会在查处公证机构、公证员违反执业规范和执业纪律行为的过程中,发现有依据《公证法》规定的应当给予行政处罚情形的，应当提交有管辖权的司法行政机关处理。

公证机构和公证员承担执业纪律责任与其他法律责任的重要区别在于，公证职业道德也是行业处分的重要依据。应当说，公证职业道德并非法律，其主要依靠公证员的内心自觉和行业处分权维系。中国公证协会2010年12月28日修订的《公证员职业道德基本准则》是我国公证员职业道德的主要来源与依据。

《公证法》第41条和第42条对公证机构和公证员应予处罚的违法行为和处罚种类作出了规定，司法部律公司正在研究制定《公证机构和公证员违法行为处罚办法》，拟对相关内容作进一步细化，为行政机关处罚公证机构和公证员的违法行为提供明确依据。但是，在公证执业实践中，存在公证机构或公证员的行为不构成违法却违反执业纪律或执业道德的情况，这些行为不属于行政处罚范畴，造成了行业监管覆盖的空白，如对上述行为不加以警示和惩处，不仅会对公证行业整体形象和信誉造成负面影响，更将直接破坏正常的公证执业秩序。2017年在哈尔滨召开的全国公证工作会议，对行业自律管理和行业惩戒工作提出了明确要求，出台相关惩戒规定，把行规挺在前面，做到行业惩戒工作依法依规，就成为行业自律管理工作的当务之急。目前，中国公证协会正在制定《公证行业违规行为惩戒规则》，这将是公证执业纪律责任的重要基础性规范。

公证机构和公证员的下列行为，一般来说，将可能构成公证行业的违规行为：无正当理由拒绝受理公证的；服务态度恶劣，造成不良影响的；无正当理由，不按期出具公证书的；违反执业区域管理规定受理公证业务的；在媒体上或者利用其他手段对本机构或本人进行虚假宣传，误导当事人、社会公众或社会舆论的，造成不良影响的；故意诋毁、贬损其他公证机构或公证人员声誉的；故意干扰其他公证机构或者其他公证人员正常办理公证业务的；同时在两个以上公证机构执业的；同时执业有报酬的其他职业的；通过压价、支付佣金、支付回扣等不正当方式争揽公证业务的；利用执业便利为自己或者他人牟取、收受不正当利益的；泄露在执业活动中知悉的国家秘密、商业秘密或者个人隐私的，等等。

对违规行为可以作出的惩戒措施种类通常有：训诫、警告、通报批评、公开谴责、中止会员权利、取消会员资格、责令违规会员接受专门培训或者限期整改。初次违反执业纪律或职业道德并且情节轻微的，主动报告、积极配合协会调查的，及时消除或者减轻危害后果的，可以减轻或者免予惩戒。在调查期间拒不停止违规行为的，逃避、抵制、阻挠调查或者隐匿、伪造、销毁相关证据材料的，对投诉人或相关人员进行威胁和打击报复的，将从重或加重惩戒。

公证协会实施行业惩戒时，应当以事实为依据，以法律为准绳，遵循客观、公正、公开的原则，坚持教育与惩戒相结合，严格执行有关公证管理规范。

第五节 公证质量管理和评价标准

一、司法部关于公证质量管理的要求

据司法部统计数据，2017 年，当事人申请公证复查的公证文书 2071 件，经复查后撤销的 433 件；当事人向公证协会、主管机关投诉的公证文书 915 件，当事人投诉请求被支持的 145 件。公证机构作为被告的公证侵权责任纠纷案件 145 件，被判决赔偿的 21 件，赔偿金额 399.8 万元。2017 年，共对 35 家公证机构和 88 名公证员作出行政处罚，分别是 2016 年的 11.7 倍和 8 倍。这些数据说明，加强公证质量管理迫在眉睫。

公证质量管理是公证机构和公证员提高公证质量，避免法律责任的必要举措。2015 年 4 月 21 日，司法部发布了《关于进一步加强公证质量管理工作的通知》（以下简称《通知》），对公证质量工作提出了新要求。

《通知》指出，公证质量是公证工作的生命线，是公证公信力的重要标志。当前公证质量管理也出现了一些值得重视的问题，特别是当事人反映公证质量问题数量增多，社会舆情也有反映，有的公证机构内部质量管理机制不够健全，工作流程不够规范，审查把关不够严格，少数公证员质量意识和责任意识淡漠，不认真履行公证职责，甚至违反公证程序，

出现瑕疵或者错误公证书；有的公证机构公证效率不高，便民利民的工作措施不到位，出证周期长；有的公证员违规收费，违反职业道德和执业纪律，等等。这些问题影响了公证工作服务为民作用的发挥。

《通知》要求，要健全完善公证执业日常监督管理机制。完善公证质量监管制度，健全公证复查投诉处理机制，建立公证不良执业记录披露制度，健全公证执业信息公开制度，完善公证受理、审查核实、出证审批、立卷归档、质量评价、争议处理、责任追究等工作标准。强化质量监管手段，建立完善公证综合管理信息系统，积极推广应用信息化手段，逐步实现办证信息录入、办证流程控制、办证质量监管等统一操作、规范运行，对办证全过程进行跟踪监督，不断提高公证质量和工作效率。

《通知》指出，健全完善公证机构质量控制机制。健全质量风险预防机制，严格公证受理标准，对存在申请人不具有相应的民事行为能力，当事人虚构、隐瞒事实、提供虚假证明材料等情形的，严格依法不予办理公证。健全质量过程控制机制，严格内部质量监测，严格规范审查核实、出证审批等工作流程，对申请公证的事项以及当事人提供的证明材料，按照有关办证规则需要核实或者对其有疑义的，应当进行认真核实。健全业务质量评查机制，设立公证质量检验员，定期组织人员进行业务质量自查互查，及时发现问题，规范执业行为，消除执业隐患。

《通知》要求，要依法依规惩处公证违法违规执业行为。进一步健全完善公证违法违规执业惩戒制度，坚持教育与惩处并举、行政处罚与行业惩戒相结合，做好对公证违法违规行为的监督和惩处工作。认真做好公证复查和投诉处理工作，对待人民群众来信来访反映的公证质量问题，要及时调查，反馈处理情况。坚持严字当头、敢抓敢管，对违法违规办证、出具错假证以及公证存在严重质量问题，严重损害公证公信力等行为，要坚决追究责任，严肃处理，绝不姑息。

2017年以来，基于公证行业严峻的公证质量状况，司法部和中国公证协会遵循“严管就是厚爱”理念，出台多项措施对公证行业质量实施全面监管，颁布了“公证执业五不准”纪律，从而稳控了全国公证质量紧急态势，为公证行业的健康发展奠定了基础。有关内容请参见本书第六章第三节“全面从严监管公证质量”部分的内容。

二、加强公证质量的一些建议

(1)建立合理、科学的公证审批机制。公证审批是发现公证质量问题的最后一道关卡。合理、科学的审批机制,既要尊重承办公证员的自主办证权,又要尊重审批人对有关公证风险的把控意见。为了避免公证员和审批人的尖锐矛盾,实务中可以引入对争议公证问题的集体会商机制,以法律为共同语言作为处理公证员与审批员关系的沟通准则。要建立合理机制,将审批人的精力能够集中在重大、疑难、风险点多的公证事项上。实行主办公证员制度的公证机构,可以根据公证事项的风险情况采取分别授权机制。有条件的公证机构,可以建立专职审批人制度。

(2)采取相应技术措施控制公证风险。随着科技的发展,拍照、录音、录像、安装监控、指纹识别、人脸识别等技术已经越来越普遍。公证机构可以根据公证事项的特征,要求采取一定的技术措施来管控有关风险。例如,对于当事人比较容易反悔的公证事项,可以进行录音、录像,以加强公证文书的可靠性。针对假冒情况比较多的情况,可以采取指纹识别、人脸识别等技术。公证机构采用先进的科学技术来加强公证质量管理是顺应时代发展,科技助力公证是好事,公证机构不应忌讳。

(3)建立公证人员之间的相互监督机制。公证机构既要防止当事人作假证,又要防止公证人员作假证。公证机构应根据不同公证事项可能会存在的职业道德风险情况,设立比较合适的公证人员之间的相互监督机制。例如,对于一些金额巨大的协议公证,可以要求必须两名公证人员共同办理。我国公证机构发生了一些内部人员作假的案件,其原因主要是缺乏内部监督机制,对公证人员过于信任。公证审批制度虽然也是一种内部监督机制,但由于其事后性,往往难以监控到一些前端职业道德风险,这就需要建立事先的公证人员相互监督机制。

(4)建立公证预警机制。有关的公证风险,往往有一定的苗头和端倪,公证机构应积极关注社会情况,研判有关情状,是否孕育着公证风险,及时提醒公证员。只有提前感知到有关公证风险,才能有的放矢地控制公证风险,避免质量事故。

(5)建立证据调查核实机制。事实真实是一切公证的基础。公证机构应当建立证据调查核实机制，有条件的，应设立专门的调查核实部门。虽然当事人负有举证责任，但基于公证职权探知主义，公证机构和公证员应积极主动进行必要的尽职调查，使公证事项具有可靠基础。

(6)建议大中型公证机构建立专职的质量管理部门。质量管理部门可以统一负责审批、质量监控、质量检查、处理复查和应诉等工作。

三、公证质量评价标准

为保证公证质量，促进公证质量评价工作的制度化、科学化，2012年1月7日，中国公证协会通过了《公证质量评价标准(试行)》。公证质量评价包括受理公证申请，审查、核实证明材料，制作询问笔录，制作、出具公证书等环节。该标准为公证行业内部公证质量评价标准，不作为认定错误公证书和公证赔偿责任的依据。公证质量评价等级分为合格、基本合格和不合格。

根据该标准，公证卷宗材料全部符合下列标准的，公证质量评价为合格：①公证案卷中有公证申请表，表中填写内容规范，表上有申请人的签名(指印)或者印鉴。②公证申请符合受理条件。③公证事项由可以办理相应公证业务的公证员承办。④履行告知义务的内容、方式、时间和记录规范、明确。⑤公证费的收取符合规定。⑥当事人的身份真实，具有从事该行为的资格和相应的民事行为能力。⑦委托他人代为申请的，代理人提交了当事人的授权委托书，法定代理人或者其他代理人提交了有代理权的证明。⑧公证案卷中有当事人的身份(资格)证明及补充证明材料的复印件，复印件清晰可辨。复印件上盖有审查身份证件确认章或者有当事人或其代理人的签名(指印)或者印鉴。⑨证明的民事法律行为、有法律意义的事实或者文书真实、合法，证明材料充分，公证书适用法律正确。⑩证明材料需要核实的，核实的方式和程序符合《公证程序规则》及有关办证规则的规定。⑪有鉴定意见、检验检测结论、翻译材料的，材料上有相关专业机构及承办鉴定、检验检测、翻译人员的印鉴和签名。⑫询问笔录、现场勘验笔录、工作记录中的记录内容详尽、准确、有针对性，笔录(记录)时间、地点、签名等事项齐全，修改之处加盖了印章或者有当事人的签名(指印)或者印鉴。⑬证明材料原件不宜入卷的，其复印件经公证员核对签名或者盖章，并注明与原件相符。⑭摘抄、复印(复制)的有关资料清晰、完整，并有公证员或者相关人员的核对意见和签名。⑮需要审批、不需要审批的程序规范，手续齐全。⑯公证书按照司法部规定的格式制作。

根据该标准，公证案卷材料有下列情形之一的，公证质量评价为基本合格：①公证案卷中有公证申请表，但公证申请表填写不规范或者不全。②公证事项不属于公证执业区域内的证明业务或者相关法律事务。③公证事项由没有相应公证业务资格的公证员承办。④履行告知义务的内容、方式、时间和记录不规范。⑤公证费的收取不规范。⑥当事人及代理人的主体资格以及相关权利证明基本齐全，但有欠缺或者瑕疵。⑦当事人的身份(资格)证明及补充证明材料的复印件不清晰。复印件上没有审查身份证件确认章或者没有当事人或其代理人的签名(指印)或者印鉴。⑧证明材料以及出证所依据的相关材料基本齐全，但有欠缺或者瑕疵。⑨证明材料不充分，但尚不影响公证书的真实性、合法性。⑩公证书引用法律、法规和规章不准确，但尚不影响公证书的使用。⑪核实有关情况以及相关证明材料的方式不规范，但尚不影响核实结论。⑫询问笔录、现场勘验笔录和工作记录中的内容过于简单、针对性不强，或者询问笔录修改之处未有被询问人的签名(指印)或者印鉴。⑬按照有关规定应当照相、录像、录音的，没有照相、录像、录音。⑭公证书出具日期、现场宣读公证证词日期、审批日期、免批签发日期不符合规定，但尚不影响公证书的使用。⑮公证机构的负责人或者被指定负责审批的公证员审自己承办的公证事项。⑯公证书格式不规范，制作不规范，公证证词的文字表述(包括译文)不够严谨，或者有个别错字、繁体字和不规范的简化字，或者有个别多字、漏字，但尚不影响公证书的使用。

根据该标准，公证案卷材料有下列情形之一的，公证质量评价为不合格：①没有公证申请表。②应当由当事人亲自办理的公证事项，不是其亲自申办的。③没有告知记录。④没有当事人的身份(资格)证明材料复印件。⑤应当制作询问笔录的，没有询问笔录。⑥按规定公证事项需要审批的，未经审批。⑦公证书文字表述存在法律上或者逻辑上的明显错误，或者公证书由于错、别字较多，挖补、涂改严重，直接影响到公证书的使用。⑧其他违反法律、法规规定的情形。

第六节　公证责任保险制度

一、公证保险组成

公证保险由一个主险、两个附加险组成，即主险：公证责任保险；附加：公证员健康保险、公证处财产保险。

2004年追加了公证员健康保险。对注册执业公证员特定的重大疾病、死亡予以补偿的保险。保险对象：注册执业公证员，以注册为准。保险责任：一故三病。时限：以诊断或死亡证明开具时间为准（该时间在公证员注册期内）。

2008年追加设立了公证处财产保险，对公证处因自然灾害和意外事故导致的公证处财产损失予以补偿。

为进一步健全完善公证执业责任保险工作机制，建立科学合理的公证执业责任保险费率调整机制，费率和公证执业风险、出险情况挂钩，和公证机构执业情况挂钩，充分发挥公证执业责任保险的保障、预防和惩罚等功能，推动公证执业水平和公证质量的整体提升，为进一步健全完善公证职业责任保险制度，建立科学合理的公证职业责任保险费率调整机制，费率和公证执业风险、出险情况挂钩，和公证机构及公证员执业情况挂钩，实现公证职业责任保险的保障、预防和惩罚等功能，2018年2月6日，中国公证协会发布了《执行公证执业责任保险浮动费率实施意见》。根据该意见，实行差别化费率，根据上一年度保险赔付率区间，处于正常区间或上浮区间或下浮区间，决定该省当年基本费率或上浮费率或下浮费率。根据保险合同约定原则，正常区间指以保险赔付率70%为中线，上下5%为正常区间，保险赔付率超过75%的，为上浮区间，保险赔付率低于65%的，为下浮区间。保险赔付率在正常区间的，次年适用基本费率；保险赔付率在上浮区间的，以75%为基数，每超过10%，次年在基础费率基础上上浮1%（未超过10%的，以10%计）；保险赔付率在下浮区间的，以65%为基数，每低于10%（未超过10%，以10%计），次年费率基础上下浮1%。

二、公证责任保险

《公证法》第15条规定，公证机构应当参加公证执业责任保险。根据中国公证协会《公证赔偿基金管理试行办法》规定，公证机构每年年初应按上一自然年度公证业务收入总额的3%一次性提取公证赔偿基金。公证机构应于每年3月31日以前，将提取的公证赔偿基金的1/2上缴中国公证协会。用于集中缴纳公证责任保险的基本保费；其余的1/2作为公证赔偿后备金，其中：1/3上缴中国公证协会，1/3上缴省级公证协会，1/3留在本公证机构。

公证责任保险是公证机构在依法履行公证职务时，因工作过错给公证当事人或利害关系人造成的直接经济损失，依法应当承担公证赔偿责任的，在属于公证责任保险合同规定的范围内，由保险人对公证机构应当承担的民事赔偿金额及有关费用给予补偿的一种保险制度。公证责任保险实行强制性全行业统一保险，由中国公证协会统一向保险公司投以公证机构为被保险人的全行业公证责任保险。公证责任保险设立的时间为2001年1月1日。

公证责任保险理赔需要满足7个要件：①公证机构依法履行职务时。②工作有过错。③给当事人或利害关系人造成损失。④该损失依法应由公证机构承担民事赔偿责任的。⑤参加了保险并在保险合同责任范围内。⑥保险公司给予补偿。⑦该保险是全国公证行业统一投保的。

公证责任保险的保险责任采取一切险方式，即被保险人因公证职务行为，依法应对公证当事人或利害关系人承担民事赔偿责任，只要不属于本保险合同列明的除外责任，保险人均承担保险赔偿责任。公证机构有按实、按时缴纳保险费，按索赔规定程序如实提交索赔文件的义务。

公证责任保险赔偿的范围指在保险事故中，保险人对哪些损失承担赔偿责任。概括地说，包括以下费用：①人民法院确定或经保险人同意由公证处与公证责任索赔当事人协商确定的因公证责任引起的赔偿金额。②人民法院收取的诉讼费。③其他诉讼费用。如律师费，为进行诉讼支付的差旅费,调查取证的费用等。④法律规定或保险合同约定应由保险人承担的费用。如保险责任事故发生后,被保险人为缩小或减少保险人的赔偿责任所支付的必要的、合理的费用;《保险法》第48条规定的费用等。

确定赔偿额的机构及方式有:①由人民法院以判决书或调解书的方式确定。采用调解书方式时,赔偿数额要事先征得保险人同意。②由被保险人与公证责任索赔人以非诉讼调解(和解)协议方式确定的赔偿数额。该调解方案中有关赔偿数额的内容必须事先经保险人书面同意,当保险人和被保险人就调解方案中赔偿数额意见不一致时,保险人具有决定权。

赔偿限额指保险人对最高赔偿数额的限制。每张保单全年累计最高赔偿限额为该保单项下所交基本保费的200倍,具体数额根据每年保费在当年保险单上载明。单项个案赔偿限额(不包括诉讼费用)为该件公证收费额的1000倍,对于计件收费的公证业务,赔偿限额为该件公证收费额的1200倍。

每个单项个案赔偿,保险人均有5%的免赔额,但该免赔额最高以20万元为限。即每个单项赔案,保险人通常只支付的95%的赔偿额,另5%的赔偿额由被保险人自行承担;该免赔额超过20万元的,超出部分仍由保险人承担。免赔额不适用诉讼费用部分,诉讼费用由保险人100%地赔付。

三、公证赔偿基金

公证赔偿基金是为适应公证工作改革的需要,建立现代风险保障体制,保证公证机构的赔偿能力,维护公证行业的信誉,根据国务院批准的《关于深化公证工作改革的方案》,建立的专门用于偿付公证责任赔偿费用的专项基金。公证赔偿基金实行统一提取,分级管理,集中使用、专款专用的原则。由中国公证协会统一负责公证赔偿基金的管理工作。

公证责任保险与公证赔偿基金共同组成了公证赔偿体系。公证责任保险先行,公证赔偿基金则为补充。

第七节　公证复查处理与应诉工作

一、公证复查处理制度

《公证法》第39条规定，当事人、公证事项的利害关系人认为公证书有错误的，可以向出具该公证书的公证机构提出复查。公证书的内容违法或者与事实不符的，公证机构应当撤销该公证书并予以公告，该公证书自始无效；公证书有其他错误的，公证机构应当予以更正。

根据《公证程序规则》的规定，当事人认为公证书有错误的，可以在收到公证书之日起1年内，向出具该公证书的公证机构提出复查。公证事项的利害关系人认为公证书有错误的，可以自知道或者应当知道该项公证之日起1年内向出具该公证书的公证机构提出复查，但能证明自己不知道的除外。提出复查的期限自公证书出具之日起最长不得超过20年。复查申请应当以书面形式提出，载明申请人认为公证书存在的错误及其理由，提出撤销或者更正公证书的具体要求，并提供相关证明材料。公证机构收到复查申请后，应当指派原承办公证员之外的公证员进行复查。复查结论及处理意见，应当报公证机构的负责人审批。

公证机构应当自收到复查申请之日起30日内完成复查，作出复查处理决定，发给申请人。需要对公证书作撤销或者更正、补正处理的，应当在作出复查处理决定后10日内完成。复查处理决定及处理后的公证书，应当存入原公证案卷。公证机构办理复查，因不可抗力、补充证明材料或者需要核实有关情况的，所需时间不计算在前款规定的期限内，但补充证明材料或者需要核实有关情况的，最长不得超过6个月。

被撤销的公证书应当收回，并予以公告，该公证书自始无效。公证机构撤销公证书的，应当报地方公证协会备案。当事人、公证事项的利害关系人对公证机构作出的撤销或者不予撤销公证书的决定有异议的，可以向地方公证协会投诉。

根据《公证程序规则》第63条的规定，公证机构进行复查，应当对申请人提出的公证书的错误及其理由进行审查、核实，区别不同情况，按照以下规定予以处理：①公证书的内容合法、正确、办理程序无误的，作出维持公证书的处理决定。②公证书的内容合法、正确，仅证词表述或者格式不当的，应当收回公证书，更正后重新发给当事人；不能收回的，另行出具补正公证书。③公证书的基本内容违法或者与事实不符的，应当作出撤销公证书的处理决定。④公证书的部分内容违法或者与事实不符的，可以出具补正公证书，撤销对违法或者与事实不符部分的证明内容；也可以收回公证书，对违法或者与事实不符的部分进行删除、更正后，重新发给当事人。⑤公证书的内容合法、正确，但在办理过程中有违反程序规定、缺乏必要手续的情形，应当补办缺漏的程序和手续；无法补办或者严重违反公证程序的，应当撤销公证书。

根据中国公证协会《公证复查争议投诉处理办法（试行）》的规定，公证复查争议投诉是指公证当事人、公证事项的利害关系人对公证机构作出的撤销或者不予撤销公证书的复查决定有异议，采用投诉方式提请地方公证协会予以处理的行为。地方公证协会负责处理对本行政区域内公证机构的公证复查争议投诉。地方公证协会设立的分会，可以根据地方公证协会的授权处理公证复查争议投诉。

投诉人应当自收到或者知道公证机构作出的撤销或者不予撤销公证书的复查决定之日起 60 日内，向地方公证协会提出公证复查争议投诉。公证复查争议投诉应当以书面形式提出，载明投诉人的诉求及其理由，并提供相关证明材料。

符合下列条件的公证复查争议投诉，地方公证协会应当受理：①投诉人具有投诉资格，代理人具有代理资格。②属于本办法规定的公证复查争议投诉范围。③被投诉人为本地方公证协会会员。④在规定的期限内提出公证复查争议投诉。⑤投诉形式符合本办法规定。⑥投诉事项未向人民法院提起诉讼。

地方公证协会应当根据不同情况，按以下规定处理投诉事项：①认为公证机构撤销或者不予撤销公证书的复查决定正确的，对投诉人的请求不予支持，并告知被投诉人。②认为公证机构撤销或者不予撤销公证书的复查决定错误的，对投诉人的请求予以支持，书面建议被投诉人撤销原复查决定,重新作出复查决定。③认为公证机构撤销或者不予撤销公证书的复查决定不适当或者有疑义的,书面建议被投诉人就原公证争议重新进行复查。

有以下情形之一的,地方公证协会应当终止公证复查争议投诉处理:①公证复查争议投诉受理后,投诉人又就投诉事项向人民法院起诉的,或者发现投诉事项已由人民法院立案审理的。②在投诉处理过程中投诉人撤回投诉的。③在投诉处理过程中被投诉人主动变更原复查决定或者重新进行复查的。④投诉人死亡(终止),继续处理该投诉事项已无意义的。

对于地方公证协会的处理建议,被投诉人(公证机构)应当采纳。被投诉人拒不采纳的,视情节轻重,由地方公证协会给予相应的行业处分。

二、公证复查处理需要注意的问题

(1)认真理解"严重违反公证程序"的含义。根据《公证程序规则》的规定,严重违反公证程序的,应当撤销公证书。在公证复查处理实务中,公证卷宗或多或少会存在一些公证程序方面的瑕疵或错误。有公证瑕疵或错误并不必然导致撤销公证书的后果,而需要达到"严重违反"程度。对于何谓"严重违反",相关公证法律法规和政策并没有明确进行界定,所以实务中还需要公证机构依据个案情形进行认定。一般来说,公证瑕疵或错误并不影响被证明法律文书的法律效力的或者从根本上来损害程序公平、正义价值的,不宜轻易认定为达到"严重违反"的程度。因为公证程序一般而言属于公证机构内部管理规范,对其违反主要是带来内部责任,而应尽量减少对被证法律文书效力的影响。

(2)正确把握因公证程序瑕疵导致公证书被撤销后被证法律行为的效力问题。从法院的有关判例和目前通说来看,如果被证法律行为仍符合法律行为的成立和生效要件的,则该法律行为应当仍然有效,但如果当事人明确约定法律行为经公证后才能生效的除外。另外,如果法律行为内容自身存在问题而被撤销的,一般而言,因其已经不再符合法律行为生效要件,故该法律行为也应归于无效。

(3)正确运用“先刑后民”规则。许多当事人或他人的行为已经事先触犯了刑法,如可能构成诈骗罪等。在这类案件中,公证机构应当向当事人和他人阐明利害关系,促进问题的积极解决。同时,为了明确有关案件事实,便于确认各方责任,公证机构应对触犯刑法的行为向公安机关进行报案,等待公安的处理意见后再恢复公证复查程序。

(4)认真贯彻“兼听则明、偏信则暗”的工作方式,充分向各方当事人调查了解案情。每一个公证复查案件的背后,都有一个“精彩”的故事,公证机构往往是最后才知道这个故事的。公证机构应当充分听取各方当事人的陈述,不要偏信一方当事人。公证机构只有在充分掌握案件各方面信息后,才能明确案件事实,厘清法律关系,作出正确的公证处理意见。

(5)做好证据收集工作。公证复查处理是了解整个案情的过程,收集和固定好有关证据,对于今后将发生的公证索赔案件提供有效证据。故公证机构应当充分对案件进行调查,收集各方面证据,同时做好当事人或利害关系人的接谈笔录。接谈笔录是公证员进行询问,由当事人或利害关系人进行回答的类似于当事人陈述的证据。在接谈中,应有的放矢地进行询问,深度挖掘案件信息。

(6)认真做好外围调查工作。公证复查处理切忌衙门作风,公证机构应当根据案件情况,到相关部门或者社区对案件进行充分的外围调查,从而全面了解案情,固定有关证据,为下一步进行调解和诉讼做好准备。

(7)投诉处理人应当树立正确的心态。公证复查制度是公证制度的组成部分,错误或瑕疵公证书也是公证制度的附属品,任何公证机构都不可能做到百分之百的无错误,所以一旦发生公证复查案件,投诉处理人应当保持平和的心态,不要操之过急,要将公证复查案件作为一个“项目”一样逐步解决,在解决过程中遵循基本的程序和步骤要求,注意有关处理技术和防范产生有关新的风险点。

(8)做好安全工作。公证复查申请人的情绪往往比较急躁,在自己的利益诉求得不到满足的时候,还容易走极端和发生争执。为了确保公证机构工作人员的安全,建议设置专门的投诉处理室,安装监控设备,对于重特大案件尽量安排两名工作人员一同接待当事人。在处理技巧上，工作人员应当掌握安抚当事人的方法,不要激化矛盾导致事态升级。同时,要做好公证卷宗安全工作。实务中曾发生当事人撕毁卷宗或卷内材料的情形,故投诉处理人要树立公证卷宗安全意识。当事人查阅公证卷宗,应当在复查处理人的视线内,卷宗任何时候都不能脱离复查处理人的视线范围。

(9)及时做好涉案财产的冻结工作。对涉案财产进行及时冻结,有利于避免当事人的损失,也能够避免公证机构日后承担赔偿损失的责任。只要涉案财产还在,即使公证机构存在过错,也存在回转的可能。例如,可以请求当事人对涉案房屋申请异议登记或者由公证机构给不动产登记中心发函说明有关情况。

(10)建立两级应对机制。为了向公证申请人阐述有关法律和事务道理,有时候需要投诉处理人和公证机构领导进行配合,建立两级应对机制,避免将矛盾焦点集中在投诉处理人上。实践证明,通过两级工作人员对当事人进行劝说,往往能够取得较好效果,避免当事人产生投诉处理人故意为难他的认识。

(11)鼓励律师介入到公证复查处理中。因公证复查处理属于法律专业性活动,有许多当事人往往难以理解公证机构的做法和处理建议,存在沟通难问题。可以鼓励当事人请律师介入公证复查处理,法律职业共同体成员之间更容易进行沟通,也更有利于促进事态的解决。

(12)要求无关人员退场。在公证复查处理中,复查申请人往往邀约很多人到公证机构。公证机构在接谈时,应当请无关人员退场,保证复查申请人能够自由表达自己的意愿。

(13)认真组织调解工作。对公证复查案件,公证机构应当尽量组织当事人进行调解。特别是对于亲属之间争议的案件,尤其要注重运用调解手段化解纠纷。调解的时候,复查处理人应当注意运用调解的技巧和方式,提出合理的调解方案。调解是建立在充分了解案情和各方诉求的基础上,公证机构在调解之前要做好充分的尽职调查,不宜匆忙组织当事人进行调解。在进行调解时,可以借助外力来促成调解,如请居委会或村委会或当事人其他亲属参与进来。

（14）坦诚处理与媒体的关系。许多公证复查案件，媒体往往在进行跟踪报道，公证机构应坦诚跟媒体进行交流。在有关案件事实还处于调查阶段时，公证机构不宜对案件进行直接评论，应坦率向媒体表示会认真调查和处理案件。在有关案件事实依据明晰的情况下，可以向媒体表达公证机构对案件的看法和处理意见。在案件处理意见出来后，可以向媒体解释作出处理的法律依据。另外，为了避免被动，公证机构应清醒认识到，公证赔偿也是公证制度的构成部分，在有可能发生公证赔偿的案件中，公证机构的表态不要让别人产生推诿责任的观感，而是要表明经过公证后当事人能够得到公证机构赔偿也是公证的价值，因为当事人如果不申请公证则连索赔的机会都没有。

三、公证应诉工作需要注意的问题

《公证法》第 42 条第 2 款规定，当事人、公证事项的利害关系人与公证机构因赔偿发生争议的，可以向人民法院提起民事诉讼。

（1）掌握人民法院不予受理的范围。《公证若干规定》第 2 条明确规定，当事人、公证事项的利害关系人起诉请求变更、撤销公证书或者确认公证书无效的，人民法院不予受理，告知其依照《公证法》第 39 条规定可以向出具公证书的公证机构提出复查。上述诉请人民法院受理的，公证机构应当提出异议。

（2）尽量申请追加第三人。当事人没有将直接侵害人列为被告，而仅仅是将公证机构列为被告的，公证机构应向人民法院申请将直接侵害人追加为第三人，这样可以避免放纵直接侵害人。

（3）处理好公证卷宗调卷问题。当事人起诉公证机构后，从原告与被告的关系来看，公证机构应不宜再允许原告进行直接查卷。原告坚持要求查卷的，应建议其取得法院的调取证据许可。证明公证机构过错是原告的义务，公证机构并没有义务自证自己的过错。

（4）可以聘请律师代理案件。虽然公证机构也是法律服务机构，具有较高的法律知识水准，但律师具有较为娴熟的诉讼技巧和能力，在一些重大、复杂的公证案件中，公证机构也可以聘请律师进行协助。

（5）可以补充完善手续。公证行为不是行政行为，不需要遵循“卷宗主义”。为证明自己无过错或过错比较轻微，公证机构可以在诉讼前收集卷宗外的有关证据提交给法庭，而不仅仅以公证卷内材料为限。这是因为公证赔偿诉讼属于民事诉讼，应遵循民事诉讼规则。

（6）精心准备辩护。公证机构可以在答辩时向法庭提供一份答辩词，这是公证机构应诉的基本工作，也是表明公证机构对案件的态度。本书本章提供了诸多辩护理由，可供公证机构参考。

（7）正确看待公证员出庭作证问题。《公证程序规则》第 68 条规定，当事人、公证事项的利害关系人对公证书涉及当事人之间或者当事人与公证事项的利害关系人之间实体权利义务的内容有争议的，公证机构应当告知其可以就该争议向人民法院提起民事诉讼。在这类案件中，公证员是否可以作为证人出庭作证，在目前尚存在一定争议。原则上若以公证书和卷宗材料即可证明有关事实，且由公证员出庭作证意义并不大的，公证机构应当与法院积极进行沟通，尽量以庭外面谈或者提供办证说明的方式向法官作出说明。

第六章　全面深化公证改革

第一节　全国公证工作会议

2017 年 7 月 17 日至 18 日在哈尔滨市召开的全国公证工作会议，吹响了全国公证行业深化改革的号角，我国公证制度正努力破除各种顽疾，焕发新的生机和活力。

会议总结了近年来全国的公证工作，分析了当前公证面临的形势和任务，部署了当前和今后一段时期内的公证改革、发展、建设各项工作。时任司法部部长、党组书记张军出席会议并讲话，司法部副部长、党组成员熊选国作工作报告。

张军强调，要全面贯彻落实党的十八大以来的会议精神，深入学习贯彻习近平总书记系列重要讲话精神、治国理政新理念、新思想、新战略和对司法行政工作的重要指示，认真研究解决公证工作中存在的问题，下大气力让全社会知晓、认可并充分运用公证制度，加快推进公证工作改革，严管公证质量和公证队伍，努力开创公证工作新局面。

张军指出，党中央、国务院高度重视公证工作。党的十八届四中全会对发展公证法律服务业作出了重要部署，中央领导同志对包括公证工作在内的法律服务工作和法律服务队伍建设，作出了一系列重要指示。时任中央政治局委员、中央政法委书记孟建柱在全国司法体制改革推进会上强调："要加快推进行政体制公证机构转为事业体制公证机构，完善配套政策，深化合作制公证机构试点，进一步增强公证工作活力"，为公证事业发展指明了方向。各级司法行政机关、各地公证协会和广大公证员全面介入国家经济社会活动、民生领域和涉外民商事交往各个方面，全国公证机构年办证量近 1400 万件，公证文书发往 180 多个国家和地区使用，为服务经济社会发展、预防化解矛盾纠纷、保障当事人合法权益作出了积极贡献。

张军指出,公证制度已经成为世界各国通行的一项重要法律制度。做好当前的公证工作,要让社会知道公证、认可公证、信任公证、运用公证。公证具有法定证明力,可以预防矛盾纠纷,能够有效保障当事人合法权益,在服务党和国家工作大局,服务供给侧结构性改革、服务防控金融风险、推进产权保护法治化、完善多元化纠纷解决机制等方面大有可为。我们一定要下大气力,拓展创新公证服务,提高服务质量和公信力,做精做优公证。"谁服务谁普法",做好公证工作的同时,要坚持以案释法,通过多种传播形式,广泛宣传我国公证制度。

张军强调,当前,公证机构体制不顺问题是影响公证事业发展的突出因素。推动公证事业发展,当务之急是向改革要动力、以改革增活力。实践表明,实行灵活机制的事业体制公证机构或者合作制公证机构,公证事业都有较大的发展,服务能力和发展活力明显更强,发挥的作用更大。公证体制改革早改早受益,不改无异于"慢性自杀"。要认真贯彻中央关于公证机构改革的部署,按照孟建柱同志的指示要求,加快推进公证机构体制改革步伐。各地司法厅(局)一把手是公证工作改革第一责任人,必须实实在在地把改革发展的主体责任抓在手里,扛在肩上,落实在实际行动中,把本省各地市、县级司法行政机关的担子压实,层层传导压力。凡是有行政转事业改革任务的省份,要确定改革的时间表和路线图,抓紧分解任务、倒排工期、落实责任。改革中的具体问题,要依法依政策,根据实际情况,稳妥审慎地推进解决,执行好"老人老办法、新人新办法"的有关政策,妥善安排人员,确保队伍稳定。

张军强调,公证质量是公证工作的生命线,关系到申请人切身利益和公证事业形象,必须严管。近一个时期,有的地方陆续出现一些违法公证个案甚至系列大案,影响极坏,教训十分深刻。公证质量无小事,离开质量谈业务,只能是空中楼阁。大家必须高度重视,严格执行公证法有关规定,认真吸取教训,查补工作漏洞,切实加强公证质量管理和队伍建设,增强和维护公证公信力。

熊选国在工作报告中对当前公证改革发展的重点工作进行了具体部署。他强调,要扎实推进公证体制改革机制创新,加快将行政体制公证机构转为事业体制，激活优化事业体制公证机构工作机制，积极稳妥推进合作制公证机构试点，不断激发公证工作发展活力。要拓展公证业务领域，拓展创新金融领域、知识产权保护、司法辅助、产权保护、“三农”领域、涉外领域等方面的公证服务，着力服务经济发展新常态。要加强公证质量监管，加强质量意识教育，严把办证质量关，强化问责，完善公证投诉处理制度建设和平台建设，不断提高公证公信力。要加强公证信息化建设，做好整体规划和布局，推进公证业务和管理信息化，推进信息互联共享，有效提升公证管理服务能力和水平。要加强公证文化建设，培育“忠诚、为民、公正、崇法、诚信”的公证核心价值观，打造优质服务品牌，培养职业尊荣，创新文化载体，努力打造公证特色品牌。

第二节　全面深化公证体制改革

一些地方公证队伍发展不起来，服务能力跟不上，不能很好地满足社会公证需求，有的地方甚至“一证难求”，归根结底是公证机构体制不顺、活力不足。推动公证事业发展，当务之急是向改革要动力、以改革增活力。从全国范围看，截至 2016 年年底，全国 3001 家公证机构中，行政体制的公证机构还有 894 家，占 29.8%，事业体制 1984 家，占 66%，合作制试点公证机构 20 家，占 0.7%。事业体制公证机构中，全额拨款的公证机构 811 家，差额拨款的公证机构 220 家，自收自支的公证机构 953 家，分别占 41%、11%、48%。

为深入贯彻落实《公证法》、国务院 2000 年批准的《关于深化公证改革的方案》、中共中央、国务院《关于分类推进事业单位改革的指导意见》(中发〔2011〕5 号)和司法部、中央编办、财政部《关于推进公证机构改革发展有关问题的通知》的精神，为进一步推进公证体制改革机制创新工作，司法部、中央编办、财政部、人力资源和社会保障部于 2017 年 7 月 14 日印发了《关于推进公证体制改革机制创新工作的意见》。该意见要求，抓紧将现有行政体制公证机构改为事业体制，优化事业体制公证机构体制机制，推进合作制公证机构试点。

一、行政体制公证机构改为事业体制

早在2000年，国务院批准的《关于深化公证工作改革的方案》就明确提出，现有行政体制的公证处要尽快改为事业体制，改制的公证处应成为执行国家公证职能、自主开展业务、独立承担责任、按市场规律和自律机制运行的公益性、非营利的事业法人。2016年年底，司法部、中央编办、财政部《关于推进公证机构改革发展有关问题的通知》也明确提出，抓紧将行政体制的公证机构转为事业体制。从2000年提出行政转事业的改革任务到2016年年底，全国还有将近三成的公证机构仍保留在行政体制中。

2016年，全国公证机构办理公证事项1399万件，业务收入47亿元。其中，行政体制公证机构全年办证122万件，人均办证415件，处均办证1365件；全年业务收入2.6亿元，人均8.8万元，处均29万元。事业体制公证机构全年办证1178万件，人均办证1216件，处均办证5938件；全年业务收入40亿元，人均41万元，处均201万元。合作制公证机构全年办证71万件，人均办证2601件，处均办证3.5万件；全年业务收入2.1亿元，人均近77万元，处均1050万元。而在事业体制公证机构中，全额拨款公证机构全年办证168万件，人均办证610件，处均办证2072件；全年业务收入3.46亿元，人均12.6万元，处均42.7万元。差额拨款公证机构全年办证68万件，人均办证796件，处均办证3091件；全年业务收入1.45亿元，人均17万元，处均66万元。自收自支公证机构全年办证940万件，人均办证1548件，处均办证9864件；全年业务收入35.59亿元，人均58.6万元，处均373.5万元。从这些数据可以得出结论：在不同体制公证机构为社会服务所作出的贡献和业绩上，事业体制远远优于行政体制，合作制又优于事业体制；而同是事业体制公证机构，自收自支优于差额拨款，差额拨款又优于全额拨款。

司法部、中央编办、财政部、人力资源和社会保障部于2017年7月14日印发的《关于推进公证体制改革机制创新工作的意见》，要求现有行政体制公证机构要在2017年年底前全部改为事业体制。作为司法行政机关内设科室的公证机构改为事业体制时，可新设事业单位，也可按照精简效能的原则,在一定区域内合并设立,原使用的行政编制由机构编制管理部门收回统筹使用。改革中具有公务员身份的公证员,选择留在司法行政机关工作的,保留其公务员身份及工资、福利和养老、医疗保障待遇。选择留在改革后的公证机构工作的,执行事业单位人事管理办法和岗位绩效工资制度,不保留公务员身份。对改革为公益类事业单位的公证机构,按照事业单位分类改革有关政策规定,提供相应的经费保障。

张军多次对加快推进公证工作改革、推动行政体制公证机构转为事业体制提出明确要求。熊选国多次主持会议研究具体落实意见和措施。司法部将公证改革列为全面司法行政改革重点督查任务,建立改革情况督查月通报、日通报制度,抓好典型示范,派出督查组赴全国一半以上省份实地指导督促公证改革工作。各地司法厅(局)党委(组)把公证改革工作列入重要议事日程,一把手亲自抓、负总责,扎实推进行政体制公证机构改制工作,确保改制任务按时完成。根据司法部办公厅《关于11月份公证改革进展督察情况的通报》,截至11月14日,全国889家行政体制公证机构已提前完成改制任务。其中,改为公益一类的195家,占21.9%,改为公益二类的624家,占70.2%,未明确公益一类或公益二类的28家,改为公益三类的10家,改为性质不明中介机构的7家,关闭或合并25家。从改制后的公证机构类别来看,个别省份行政体制公证机构改为公益一类的比例偏高,陕西47家中有38家改为公益一类,云南48家中有31家改为公益一类,靠财政全额保障的公证机构数量较大。从公证员队伍变化情况来看,原行政体制公证机构2856名公证员中,有498名选择留在公证机构,710名选择不再担任公证员,1648名将于过渡期满后离开公证机构,改制后公证机构新招录公证员29名,公证员的缺口较大。从改制后公证机构机制创新情况看,889家公证机构中有60家实行编制备案制管理,70家实行绩效工资总量核定,47家实行企业化财务管理,行政体制公证机构转为事业体制后,体制机制创新优化的工作较重。

二、优化事业体制公证机构机制

熊选国在全国公证工作会上指出,由于事业体制的公证机构未形成符合公证工作特点和规律的管理模式，各项保障政策不到位，事业体制公证机构运行存在四个方面的问题：一是在人财物的管理方面，许多事业体制公证机构不能自主管理人财物。二是在政策保障方面，扶持保障事业体制事业体制公证机构发展的配套政策尚未完全建立。三是在人事管理方面，受事业单位编制管理限制的影响，公证机构引进公证员困难。四是在收入分配方面，许多事业体制公证机构分配机制不活，没有建立符合公证业务特点的收入分配激励机制。

《关于推进公证体制改革机制创新工作的意见》要求，事业体制公证机构划入公益服务的事业单位，坚持公益性、非营利性事业法人的属性。深化公证机构内部运行机制改革，保障其依法决策，独立自主办理业务并承担责任。落实主任负责制，明确公证机构的用人自主权，公证员和其他辅助人员由公证机构根据业务需要自主聘用。建立健全公证机构法人财产制度，确保公证机构财务自主和财产不被无偿调用。建立健全符合公证业务发展需求的编制管理制度，对划入公益二类的公证机构实行备案制。建立健全符合公证机构公益属性和社会功能，体现按劳分配、多劳多得要求的公证机构绩效工资分配激励机制，公证机构在核定的绩效工资总量内可自主进行分配。实行灵活多样的绩效工资分配办法，使工作人员收入与岗位职责、实际贡献紧密联系。对于业务发展较好、绩效考核优秀的公证机构，可以在核定绩效工资总量时给予适当倾斜。完善事业体制公证机构财务管理制度，建立健全科学合理的公证机构运营成本及利润的核算制度，具备条件的公证机构实行企业化财务管理制度。

根据司法部办公厅《关于11月份公证改革进展督察情况的通报》，截至11月30日，全国2960家公证机构中（2016年年底的数据为3001家，减少41家），公益一类事业体制656家，公益二类事业体制1755家，尚未进行公益一类、公益二类划分的事业体制361家，公益三类事业体制和性质不明的中介机构168家，合作制20家。在全部事业体制公证机构中，有434家公证机构完成绩效工资总量核定，占14.66%；有238家公证机构实现企业化财务管理，占8.04%；109家公证机构实行公益二类事业单位人员编制备案制管理，占3.68%。

三、推进合作制公证机构试点

合作制公证机构由符合条件的公证员个人自愿组合，共同参与，共同出资；不要国家编制和经费，自主开展业务，独立承担民事责任，其财产由合作人共有，以其全部资产对债务承担有限责任；实行民主管理，按市场规律和自律机制运行。

合作制公证机构是创新公证组织形式的有益探索。自2000年起开展合作制试点工作，截至2016年年底，合作制公证机构共有20家，公证员273人。2016年度，合作制公证机构办证量占全国公证机构办证总量的5.1%，业务收入占全国公证公证业务收入的4.5%，资产规模从组建时的2300多万元增至2亿9千多万元。总体来看，合作制试点公证机构在队伍发展、业务增长、资产积累等方面都有显著增长，取得了实实在在、有目共睹的业绩，但也存在一些质量、管理方面的问题。

为深化公证体制改革，增强公证发展活力，积极探索创新公证机构组织形式，建立与市场经济体系相适用的，按市场规律和自律机制运行的公证机构，促进公证事业发展，更好地满足人民群众和经济社会发展对公证服务的新需求，司法部决定推进合作制公证机构试点工作。

《关于推进公证体制改革机制创新工作的意见》要求，坚持高标准、高起点，在具备条件的地区，可以设立合作制公证机构。合理确定合作制公证机构的设立条件，积极探索创新公证机构组织形式，建立与市场经济体制相适应、按市场规律和自律机制运行的公证机构，进一步增强公证工作活力。加强质量监管，健全完善公证执业监管体系，完善公证机构内部风险防控机制，推进质量标准化建设，确保公证质量。明确公证机构设立原则、设立条件、议事规则、合作人权利义务、财产归属、终止与清算等事项，规范合作制公证机构收入分配、财务开支、资产管理等制度。

司法部《关于推进合作制试点工作的意见》于2017年9月5日发布。该意见规定了设立合作制公证机构的条件、设立程序、合作制公证机构的组织形式、议事规则和权利义务、合作制公证机构的管理等主要内容。

依照统筹规划、合理布局的原则，在符合以下条件之一的地方开展合作制公证机构试点：(1)具备统一执业区域和同一监督管理层级条件的设区市的城区。(2)人口众多、公证需求量大的县、不设区的市。(3)自贸区、高新区、国家级技术开发区需要新设公证机构的地方。(4)已有一个合作制试点公证机构的城市。

设立合作制公证机构应具备以下条件：(1)有5名以上公证员作为发起人，有不低于50万元人民币的开办资金。(2)发起人政治素质较高，社会责任感强，具有改革的创新的共同理念和甘于奉献的精神；近3年内未受到行政处罚、行业惩戒和行政、党纪处分；年龄在60岁以下，其中至少有3人执业5年以上。牵头人还应具有较强的领导能力和组织协调能力，业界公认的道德品质和业务素质。(3)发起人中至少有3人为中共党员，发起设立后建立党支部。现有公证机构改制的，该公证机构应当有符合发起设立条件的人员，应当建立党支部。

设立合作制公证机构，由发起人向试点公证机构所在地司法行政机关提出申请，并逐级报省(区、市)司法行政机关审批；设立后，报司法部备案。

合作制公证机构应依法制定章程，内容包括：公证机构的名称、执业场所；公证机构的宗旨；公证机构的组织形式和机构设置；合作人会议的组成和职责；公证机构负责人的条件、职责及产生和变更的程序；合作人的权利和义务；合作人新增、退出、除名的条件和程序；合作人争议的解决；开办资金的数额及来源；财务管理制度、分配制度及债务承担方式；人员聘用的程序；公证机构变更、终止的条件和程序；章程的修改程序；其他需要明确的事项。

合作制公证机构实行民主管理和议事的公证机构为合作人会议。合作人会议的职权包括：(1)决定公证机构的发展规划；(2)批准公证机构负责人人选的条件，选举、罢免公证机构负责人，决定新增、退出或者除名合作人；(3)决定重大财务支出和大型固定资产的购置；(4)修改章程，制定规章制度；(5)决定公证机构的分立、合并、解散及财产的清算；(6)其他重大事项。合作制公证机构还应建立健全公证员大会、管理委员会会议、监督委员会会议制度。

合作人的权利有：参加合作人会议，行使表决权；担任公证机构负责人的选举权和被选举权；监督本机构财务及收支情况和合作人会议决议的执行情况；获得养老、医疗和其他社会保障的权利。合作人的义务有：忠实履行公证员职责，遵守公证机构的规章制度；执行合作人会议决议。

合作制公证机构要加强质量管理。要健全完善公证执业日常监督管理体系，建立多层次的风险防控机制。严格公证审批制度，对重大公证事项要建经过部门负责人、副主任或主任二级审批，对重大、复杂的公证事项，应提交公证机构集体讨论，真正做到材料不实不出证，调查不全不出证，审批不严不出证。严格公证质量责任，建立公证质量责任制、错证追究制和公证质量检查公证质量保障制度，真正使证前、证中、证后的质量监管都落到实处，严防单纯追求经济效益、忽视公证质量的现象。建立公证员执业责任保证金制度，主要用于偿付应由公证员承担的赔偿费用、罚款等。建立重大事项报告制度。

合作制公证机构要加强人员管理。建立科学的人事管理制度，规范公证员的任用、培训、考核、奖惩、晋升等工作，减少内部矛盾。严格执行公证员助理管理制度，严禁公证员助理履行公证员职责、独立办理公证业务。

合作制公证机构要加强财务管理。合作制公证机构实行独立核算，自负盈亏，依法纳税。建立体现按劳分配、多劳多得要求的公证机构收入分配激励制度，使工作人员收入与岗位职责、工作业绩、实际贡献紧密联系。在扣除各项开支和税费后，从盈余部分提取一定比例的资金用于公共积累，不能采取分光吃净的做法。按规定参加公证职业责任保险，建立事业发展基金、风险赔偿基金、社会保障和培训基金。合作制公证机构存续期间，禁止随意挪用、转移和分割资产，禁止进行投资，禁止引入社会资本开办和运营公证机构。

第三节 全面从严监管公证质量

一、"严管厚爱"理念

目前,公证质量问题突出存在于涉及财产的委托书公证、继承权公证、债权文书赋予强制执行效力公证等业务领域。近一个时期,北京、内蒙古、上海等地陆续出现了一些违法公证个案甚至系列大案,影响极坏,教训十分深刻,暴露出少数公证员质量观念淡漠,屡屡突破底线,参与不法活动,牟取非法利益。有的公证书低级错误不断,涉外公证书被屡屡退回,当事人被折腾得来回跑,怨声连连;有的公证员根本不作核实,或者敷衍了事,程序要求形同虚设;甚至极个别公证员在明显违规公证后,还不忘以程序合规为自己开脱,自欺欺人。

时任司法部部长张军说:"严管就是厚爱。"副部长熊选国说:"要像爱护我们的眼睛一样,珍视公证质量。"张军在全国公证工作会上指出:"公证质量是公证工作的生命线,关系到申请人切身利益和公证事业形象,必须严管。打铁还需自身硬,作为从事公证事业的法律工作者,严谨、细致、负责,守规守法是起码要求。公证质量无小事,离开质量谈业务,只能是空中楼阁。大家必须高度重视,严格执行公证法有关规定,认真吸取教训,查补工作漏洞,切实加强公证质量管理和队伍建设,增强和维护公证公信力。"

二、采取综合措施监管质量

2017 年 5 月 2 日,司法部《办公厅关于北京市国立公证处违法案件情况的通报》发布,通报北京市国立公证处接连发生数起为不真实的事项出具公证书,导致当事人房产在不知情的情况下被买卖或抵押的情况。通报指出,公证质量是公证工作的生命线,是公证公信力的重要标志,要教育引导公证员在执业活动中强化红线意识、坚守底线思维,坚持质量至上,高标准办理公证事项。通报要求:强化对自然人情况的审查核实,公证机构应当综合运用询问、交叉印证、信息技术等手段,严格审查当事人的身份。加大核实环节工作力度,坚决防止核实程序流于形式;严格规范办理涉及财产转移的委托公证,要严格审查委托书内容是否与委托人意思表示一致,委托书中有无违反法律规定或者明显虚假的内容;严格规范办理遗嘱、继承公证,公证机构要严格按照全国公证遗嘱备案查询平台的有关工作规范和要求,办理遗嘱公证、撤销遗嘱声明书公证、遗赠扶养协议公证应当在出具公证书当日录入遗嘱信息,办理遗嘱继承公证或者接受遗赠公证的,应当及时在全国公证遗嘱平台查询。

2017 年 5 月 17 日,司法部办公厅以特急明电的形式发布了《关于加强公证质量监管严防假证错证问题的紧急通知》。通知指出,要把公证质量放到当前工作的突出位置,大力加强公证员队伍质量意识教育,切实加强质量监管和风险预防,压紧压实主体责任。通知要求:严格审查核实当事人身份,各地公证机构在审核当事人身份时一定要严谨细致、慎之又慎,确保准确识别当事人身份,不给不法分子可乘之机;严格规范办理民间借贷公证,切实做好当事人身份、担保物权属、当事人内部授权程序、合同条款等审核工作;严格规范办理涉及财产转移的委托公证,处分房产时,要严格核实委托人提交的房产权属凭证是否属实及有无被抵押、查封、扣押等限制性处分的情况,对异地办理委托书公证的,尤其要提高警惕,严格精细审查;严格公证审批制度,真正做到材料不实不出证、核实不准不出证、审批不严不出证。

2017 年 6 月 5 日,中国公证协会发布《关于加强公证质量管理的意见》。意见指出,公证质量是公证行业健康发展的基石,要引导广大公证人员自觉践行精雕细琢、精益求精、力求完美的工匠精神,坚决摒弃公证执业和行业发展中浮躁短视、盲目扩张、过度追逐经济效益的不良倾向。意见要求:要严格公证执业程序,不能随意简化、变通、曲解程序规定,从申请到发证每一阶段公证执业程序都必须有完备详细的工作记录。公证员必须在公证机构内开展公证执业活动,需要外出执业的要履行必要的备案手续,公证员要按规则要求亲自办证,严禁公证员助理以公证员名义或代公证员开展执业活动;要健全公证质量管理体系,强化公证人员的自我约束、自我监督职责,强化公证机构执业监管责任,强化行业协会公证质量管理责任；要完善公证行业质量管控机制，做好公证办证规则的废改立工作，建立集公证执业和行业管理相结合的公证信息化平台，探索建立公证员执业责任终身追究制度，将公证质量与公证执业保险挂钩和探索建立公证执业保险费率浮动机制，探索建立公证行业执业诚信信息(红黑名单)公示制度。

张军在全国公证工作会上指出，保障公证质量要做好下列五个方面的工作：第一，要抓好检查。确立违法案件主动报告制度，这是有关部门尽早介入、管控风险和减少损失的基础。明确司法行政机关、公证协会是质量检查的主体，各级司法行政机关、各地公证协会和公证机构要第一时间报告掌握的案件情况和质量问题线索。必须确立配套的奖惩制度，质量稳定、过得硬的要表扬嘉奖，发现严重质量问题甚至违法公证要严肃问责处罚，把铁面检查的作用切实发挥好。第二，要强化核实。核实既是审查公证事项真实性、合法性的重要手段，也是办理公证的必经程序。强调核实工作，要求工作员应对核实过程做相应工作记录，这既是履行职责，又是对公证员的保护。第三，要触及利益。在制度设计上，加大公证机构、公证员的失信违法成本，公证员执业情况与公证员个人利益挂钩有正相关性。建立浮动保险费率制，通过动态调整机制和阶梯费率机制，让保险费率与具体公证机构和公证员的执业表现、出险情况挂钩，突出发挥公证职业责任保险的预防和惩罚功能。第四，要严格监管队伍。健全公证员执业活动全过程监督，建立涵盖执业准入、日场监管、考核评价、奖励处罚等方面公证执业监管体系。加大对违法违纪公证员的查处力度，做到有诉必理、有案必查、违法必究。对年度考核连续不合格的公证员，实行淘汰退出。严格规范公证员助理管理，公证员与助理的职责、权利、义务和保障要界定、规范清楚，做到科学管理、从严管理。第五，完善“两结合”管理体制。公证工作改革能否取得成功，某种意义上就要看能否将“两结合”管理体制落实到位。

三、公证执业“五不准”

全国各地发生数起公证机构、公证员为虚假的公证申请人和不真实的公证事项办理公证的案件，有的涉及房产、金融诈骗等违法行为，严重损害了公证公信力，影响了公证机构的社会形象。为严肃公证执业纪律，规范公证执业行为，加强公证工作管理，确保公证质量，司法部于2017年8月16日发布了《公证执业“五不准”的通知》。

通知要求，第一，不准为未查核真实身份的公证申请人办理公证。公证机构、公证员应严格审查公证申请人的身份，告知冒充他人、伪造证件、骗取公证书的法律责任后果，未经证件视读、单独谈话、交叉印证、身份证识别仪核验等程序，不得办理公证。申请人使用临时身份证，公证员未到公安部门核实的，不得受理公证申请。对涉及敏感、重大权益事项的公证申请，应当由有经验的公证人员认真审核。

通知要求，第二，不准办理非金融机构融资合同公证。在有关管理办法出台之前，公证机构不得办理自然人、法人、其他组织之间及其相互之间（经人民银行、银监会、证监会、保监会，商务主管部门、地方人民政府金融管理部门批准设立的从事资金融通业务的机构及其分支机构除外）的融资合同公证及赋予强制执行效力公证。

通知要求，第三，不准办理涉及不动产处分的全项委托公证。公证机构、公证员办理涉及不动产处分的委托公证，应当按照“重大事项一次一委托”的原则，告知当事人委托抵押、解押、出售、代收房款等的法律意义和法律后果，不得办理一次性授权全部重要事项的委托公证，不得在公证书中设定委托不可撤销、受托人代为收取售房款等内容。

通知要求，第四，不准办理具有担保性质的委托公证。公证机构、公证员在办理涉及不动产处分的委托公证时，应当严格审查申请人的真实意思表示，审查其与受托人是否具有亲属关系，不得办理名为委托实为担保，或者可能存在担保性质的委托公证。

通知要求，第五，不准未经实质审查出具公证书。公证机构、公证员应当尽到更高标准的审查注意义务，不得片面依赖书面证据材料而忽视沟通交流，不得只重程序合规而轻实体内容审查。对涉及敏感、重大权益事项的公证事项，除通过交叉询问、分别谈话等形式进行审查外，还要综合使用仪器识别、联网查询等方式进行审查核实，全过程记录存档，必要时应当全程录音录像。公证员对“合理怀疑”的公证申请，应当及时提请公证机构进行会商研究，进一步核实有关情况，所需时间不计入法定办理期限。要严格审查申请人的真实目的和公证书的用途,不得以签名(印鉴)属实公证替代委托公证,以原件与复印件相符公证规避对实质内容的审查。

为准确贯彻《公证执业“五不准”的通知》,司法部办公厅于2017年9月25日发布十个公证执业指导案例。根据这些指导案例总结出来的公证要点有下列内容:

(1)不得拒绝办理异地房产的售房委托公证。代为售房委托公证是常规公证业务,是群众正常办证需求。公证机构不得因异地房产售房委托核实工作较多,潜在风险较大而拒绝办理,除审查当事人身份、房产权属、婚姻状况、与受托人关系外,不得要求当事人提供与委托无关的材料,不得随意扩大禁止办证范围,不得设置障碍故意拒绝办理。

(2)一并办理解押、出售不动产的委托公证受托人应为近亲属。公证机构、公证员在充分审查申请人的身份、意思表示,查验核实委托人和受托人的亲属关系后,可以办理同时包含代为解押、代为出售事项的委托公证,但不得设定受托人代为收取售房款的内容。

(3)委托贷款合同公证应当审查资金来源和借款用途。委托贷款关系因银行的加入而被纳入了国家金融监管的范围,其性质亦不再是当事人双方之间的企业借贷关系,公证机构可以办理相关合同公证及赋予强制执行效力公证,但应当审查资金来源和借款用途。

(4)不得同时办理抵押、解押、出售不动产的委托公证。涉及不动产处分的重大事项应以所涉及的主要民事法律关系来认定和判断,不动产的抵押、解押、出售等事项均属于重大事项。“重大事项一次一委托”就是要求公证机构不能将多个重大事项拆分为多份公证书同时办理,而是要依据不动产当时的状态和情形来办理。其他与实现核心法律关系相关的、事务性的、手续性的事项不属于重大事项。

(5)处分不动产的委托公证应当审查权属和婚姻状况。办理涉及不动产处分的委托公证,公证机构、公证员应当认真审查申请人的身份、意思表示,审查委托人和受托人的亲属关系,审查核实不动产权属和当事人婚姻信息。

(6)公证机构应当综合使用联网查询、交叉印证等手段核实当事人身份。涉及敏感、重大权益事项的公证事项，公证员应当增强责任心和风险防控意识，除常规审核方式外，还要综合使用仪器识别、联网查询等方式对当事人身份进行审查核实，必要时应当进行录音录像。

(7)不得办理垫资赎楼交易中的担保性委托公证。委托人(售房人)和受托人(垫资还贷人)间签署垫资服务协议，名为委托，实为借贷关系，委托书具有担保性质，公证机构不得办理。

(8)不得以保全证据公证替代民间借贷合同公证。公证机构、公证员不得偷换概念、滥用公证书格式，不得以保全证据公证办理合同公证。

(9)不得以声明公证替代委托公证。公证机构、公证员不得错误使用公证书格式，将属于委托事项的"出售不动产、收取售房款"包装成声明的形式，办理声明公证。

(10)不得以签名属实公证替代委托公证。公证机构、公证员应严格审查申请人的真实目的和公证书的用途，不得以签名(印鉴)属实公证替代委托公证，规避对实质内容的审查。

第四节　全面拓展创新公证业务领域

一、公证"井水论"理念

近年来，一些地方公证机构在拓展服务领域方面进行了有益的探索，在融资保障、资产清收、电子证据、司法辅助等领域取得了不小的进展，但也遇到了一些问题。比如，《公证法》规定了法定公证的制度，但实践中还没有真正意义上的法定公证事项。一些法规规章、规范性文件规定的应当公证事项，也由于法律依据不足、简政放权等各方面原因逐步萎缩。比如，房产继承公证已经由应当公证事项转为自愿公证事项，上海外销房合同强制公证事项被取消，等等。

熊选国在全国公证工作会上指出："有的公证员很形象地提出'井水论'：公证处的传统业务就像院子里的那口井，全家人吃饭、洗衣全靠这口井的水。遭遇大旱之后井水水位下降了，水不够用了，是全家开始节水，还是到附近有些污染的河里取水(办理可能涉及非法集资、金融诈骗的公证业务)，还是全家齐心协力再打一口深井(拓展新型业务领域)？我看我们应该坚持第三种选择，在拓展新型业务领域上下功夫。”

熊选国认为：“事实上，公证行业在拓展新型业务领域方面做得还不够，还有很大的上升空间，集中体现在：第一，新型业务领域介入的深度和广度不够。公证行业与其他行业的沟通、信息共享和协作有待加强，不少公证机构从业人员拓展新型业务领域的主观能动性和进取精神还没有充分调动。第二，公证业务结构和服务方式有待优化。业务结构不够合理，个别公证机构业务类型单一，服务方式缺乏吸引力，公证的价值体现不够。第三，对新兴的市场需求不敏感，缺乏对新业务模式的探索和研究，在推进公证服务数据化、精细化方面短板明显。这些问题迫切需要采取措施加以解决。”

2017 年 7 月 5 日，司法部经征求各有关部门意见，印发了《关于进一步拓展创新公证业务领域　更好地服务经济社会发展的意见》，提出要拓展创新金融领域、知识产权保护、司法辅助、产权保护、“三农”领域、涉外领域等方面的公证服务。

上述意见要求，要拓展创新公证服务方式。着眼于打造特色品牌，推动一批公证机构在特色领域形成竞争优势，在优势领域巩固领先地位。推行公证机构一条龙、一站式、个性化服务，通过源头服务和跟踪回访，提供更多的延伸业务。推动服务方式向线上线下互补转变，加强互联网手段与现有服务方式的协作配合，完善网上公证业务办理工作流程和服务标准，推进公证服务方式规范化、科学化。建设公证业务网络服务平台，提高公证受理、登记、审批、出证、查询等环节信息化水平。

二、拓展创新金融领域公证服务

适应经济发展新常态和推进供给侧结构性改革新要求，着眼于防控金融风险，充分运用公证机构赋予债权文书强制执行效力的手段，服务促进和规范金融业健康发展。推进公证机构在国务院证券监督管理机构统一监管下开展证券业务活动，为市场主体证券发行、信息披露，以及重大资产重组和并购等提供公证服务，研究推动在资本市场公开承诺中运用公证制度,增强公开承诺的公信力和可执行力,强化对中小投资者的保护,减少违反承诺行为的发生。推动公证机构依据法律法规的规定,为信托、保险、金融衍生品交易等业务提供公证法律服务,在资产投资、转让、清收、处置等方面提供综合性、个性化专项公证服务。加大对中小企业融资贷款的公证服务力度,研究推进银行贷款公证业务,规范民间借贷公证业务,防范非法集资风险,确保融资安全。

2017 年 7 月 13 日,司法部会同最高人民法院、中国银监会联合出台了《关于充分发挥公证书的强制执行效力　服务银行金融债权风险防控的通知》,就在银行业金融机构经营业务中进一步发挥公证书的强制执行效力,服务银行金融债权风险防控提出了具体的、可操作性的意见。要按照通知要求,积极拓展银行金融债权文书的赋强公证业务,把这项工作做细做实,发挥好公证工作在金融领域中的作用。

三、拓展创新产权保护公证服务

2016 年年底,中共中央、国务院印发《关于完善产权保护制度依法保护产权的意见》,进一步明确了完善现代产权制度,加强产权保护的总体要求和主要措施。公证制度作为证明法律事实和法律行为真实性、合法性的一项制度,在产权保护中大有作为。比如,在健全企业内部监督制度和内控机制方面,可以在资产评估、清点登记、权益转让、清算退出等环节办理现场监督、保全证据、咨询代理等公证业务,为国有企业股权多元化和公司治理现代化提供法律服务和保障。在家事法律服务方面,可以开展家庭理财、资产管理、财富传承方面的公证业务,也可以研究探索婚姻法与公司法、信托法交叉业务,等等。各地要积极寻找公证服务与产权保护的结合点,从传统业务中研发新的业务增长点,为产权保护提供高效公证服务。

随着我国创新驱动发展战略的深入实施,知识产权日益成为国家发展的战略性资源和国际竞争力的核心要素,为公证工作服务知识产权保护提供了良好的契机。2017 年 6 月 16 日,司法部与国家工商行政管理总局、国家版权局、国家知识产权局联合印发了《关于充分发挥公证职能作用　加强公证服务知识产权保护工作的通知》,对加强公证服务知识产权保护作出了部署。要按照该通知的要求，充分利用和调动公证行业的资源和智慧，积极创造条件，加大服务力度，创新方式方法，努力拓展知识产权公证业务领域。要围绕知识产权创造设立、运用流转、权利救济、纠纷解决、域外保护等环节提供公证服务，实现对知识产权事前、事中、事后的全程保护。要加强知识产权境外保护公证工作，围绕推进“一带一路”、自贸区建设等重大国家发展战略，支持和引导公证机构积极做好“走出去”企业的知识产权境外保护工作。有条件的公证机构可以设立专门的知识产权公证部门，确定专职知识产权公证工作人员。公证机构经批准可在科创园区、知识产权密集型产业集聚区等重点园区、知识产权保护中心设立公证服务点，有条件的地方可组建专业知识产权公证机构。

2017 年 9 月 18 日，司法部在北京举行全国知识产权公证服务示范机构授牌仪式，经司法部、国家工商行政管理总局、国家版权局、国家知识产权局严格选拔，全国共 20 家公证机构获得授牌。

四、拓展创新公证参与司法辅助事务

公证参与司法辅助事务，是公证服务推进以审判为中心的诉讼制度改革的重要举措，有利于协助法官集中精力做好审判执行工作，缓解人民法院“案多人少”的矛盾，有利于进一步深化多元化纠纷解决机制改革，推动社会纠纷资源的合理配置和高效利用，有利于促进公证机构改革创新发展。厦门、上海、四川、云南等地都在探索开展公证参与司法辅助实务，也取得了很好的成效。2017 年 6 月 29 日，司法部、最高人民法院联合印发了《关于开展公证参与人民法院司法辅助事务试点工作的通知》，选择在北京、内蒙古等 12 省（区、市）开展公证参与司法辅助事务试点，推动公证机构全方位参与法院调解、取证、送达、保全、执行等司法辅助事务。

上述试点通知指出，公证活动可以为人民法院审判和执行工作提供裁判依据；经公证的债权文书具有强制执行效力，可以不经诉讼直接成为人民法院的执行依据，减少司法成本，提高司法效率；公证制度具有服务、沟通、证明、监督等功能，是社会纠纷多元化解决的基础性司法资源，

可以成为人民法院司法辅助事务的重要承接力量。

上述通知要求,各级人民法院、司法行政机关要从全面依法治国和推进社会主义法治建设的高度,充分认识公证参与司法辅助事务的重要意义,积极为公证机构参与司法辅助事务创造条件;试点地方各级人民法院、司法行政机关要结合工作实际,争取党委政法委、财政等部门的支持配合,采取政府采购服务的方式引入公证机构参与司法辅助事务,为试点工作提供必要的经费、场地、设施等,保障试点工作的深入开展。

五、拓展创新"三农"领域公证业务

贯彻落实中共中央、国务院《关于稳步推进农村集体产权制度改革的意见》,围绕深化以所有权、承包权、经营权"三权分置"为重点的农村土地制度改革,开展公证法律服务,服务完善农村基本经营制度,更好地维护农民集体、承包农户、经营主体的权益。深入开展公证服务农村集体建设用地使用权、宅基地使用权、集体林权的确权、流转工作,做好农产品商标和地理标志证明商标的保护工作,增加农产品附加值。积极介入农村经济社会事务管理,不断拓展公证服务的广度和深度,推进公证工作为农村基础设施建设和脱贫攻坚等提供优质高效法律服务。

六、拓展创新涉外公证法律服务

围绕推进"一带一路"、自贸区建设等重大国家发展战略,适应我国实施"走出去"发展战略的需要,鼓励和支持公证机构参与中国企业和公民"走出去"法律事务。推动建立"一带一路"沿线国家和地区公证知识产权合作机制,在国际货物贸易、服务贸易等方面,为中国企业和公民国际知识产权申请、转让、许可和国际诉讼、仲裁等提供公证法律服务。培育建设若干家涉外公证服务示范机构,健全完善涉外公证质量监管机制,进一步提高涉外公证服务质量。建立严格的证据收集与审查制度、审批制度以及重大疑难涉外事项集体讨论制度,为全面提升开放型经济水平提供公证法律服务。

第七章　合同协议公证

第一节　概　　述

一、合同协议公证综合法律服务

合同是平等主体的自然人、法人、其他组织之间设立、变更、终止民事权利义务关系的协议。我国没有区分合同与协议,在私法领域,合同、契约、协议三者一般情况下是通用的。不过,私法上的合同因调整规范和涉及的具体内容有不同而被划分为财产合同(包括债权合同、物权合同等)、身份合同等。我国《合同法》分则所规定的 15 种有名合同全部都是财产合同中的债权合同,身份合同及与身份密切相关的财产合同存在显著区别,难免会出现虽为合同关系但却无法以《合同法》来规范和调整的现实情形,或者有的虽受到《合同法》的调整,但还必须同时遵守其他的特别法。

合同协议公证是公证机构证明合同协议真实性和合法性的活动。出具公证书只是合同协议公证综合法律服务内容之一。公证书的出具不是公证的结束,而是公证的开始。我国公证行业对合同协议公证的内涵进行了长期的探讨和尝试,逐步形成了合同协议公证综合法律服务体系。这套法律服务体系能够加强公证在交易中的话语权,能够进一步彰显公证价值。这套合同协议公证综合法律服务体系的内容主要有:

(1)代书合同协议。代书合同是公证员的基础职能。公证员对自己代书的合同内容负责。许多合同是由当事人自己起草提交公证员审核的,公证员也需要为自己审核过的合同内容负责。经公证员审核过的合同如同公证员亲自起草一样,体现了公证员对合同内容的认可。

(2)促成交易。公证员可以接受当事人的委托,参与交易的谈判。同时,在当事人进行交易的磋商时,公证员可以凭借自己的经验提出方案拉近交易双方的距离,从而促进交易的达成。公证员不是一方当事人的代理人,而是双方当事人的共同代理人,这种居中、公正的角色地位,为公证员进行交易斡旋协调提供了客观基础。这种公证服务是向前端延伸的体现,也是公证介入交易全过程的服务内容。

(3)法律审查。这是传统合同公证的核心内容。法律审查的内容主要是合同的真实性、有效性与合法性。

(4)法律咨询。公证员是合同当事人的法律顾问。公证员"有义务向当事人阐释,核实当事人的利益是否得到了保障,说明他们所享有的权利和承担的义务,揭示他们面临的机会和风险,向他们介绍法律赋予的、确保实现其意思的预防工具。"①

(5)税务指导。在公证员深度介入的具体合同领域,公证员应当熟悉合同可能涉及的税种和计税方式,向合同当事人进行税务筹划指导,在合同中设计好税务条款。

税务条款有概括性条款(包税条款)、依法纳税条款、列举式纳税条款、另行约定条款等类型,公证员应根据类型的不同进行相应的提醒义务。例如,对于当事人采用包税条款的,应提醒包税人是否已经明晰包税的所有不利法律后果。对于列举式纳税条款则应提醒当事人是否已经涵盖所有税种,如有遗漏税种如何处理。

(6)金融指导。公证员在自己的知识和能力范围内,有职责就金融问题对合同当事人进行必要的指导。例如,在办理房屋买卖公证时,公证员可以就当前的信贷政策(如首付比例、利率等)指导买方,具备条件的公证机构还可以向当事人推荐金融机构为其提供贷款。

(7)资金监管。为了确保交易资金的安全,公证机构可以根据当事人的委托对交易资金进行监管。我国目前对交易资金的监管都是个案监管,没有形成系统性的监管体系。有条件的公证机构,可以试行建立完善的系统性资金监管体系,例如,可以以公证机构为依托建立当地的房产交易资金监管平台。

---

① [法]让·叶戈、[法]让-弗朗索瓦·皮伊布:《公证执业法》,唐觉译,法律出版社2008年版,第147页。

(8)法律事务代理。公证机构可以依据法律规定或者合同当事人的委托,为合同当事人代理法律事务。例如,我国许多公证机构正在开展的不动产权证代办业务。公证机构属于法律服务专业机构,为合同当事人进行法律事务代理具有正当性和合法性。

(9)纠纷调解。公证员对合同当事人在合同签署前或履行中发生的纠纷可以进行调解。

二、合同协议公证审查通则

公证员对合同协议的审查主要法律依据是《民法总则》第143条、《公证法》第28条、《公证程序规则》第36条。实务中,合同协议公证主要审查下列内容:

(1)合同协议是否具备了法律行为的一般成立要件和特殊成立要件。合同成立要件属于事实判断问题,合同成立一般要件的构成要素通说认为包括当事人、意思表示与标的(内容)。合同的特殊成立要件有要物和要式两种形式。公证员应审查合同是否已经具备要物和要式两种要求。在合同公证时,特殊成立要件尚不具备的,公证机构可以公证,但应告知当事人合同成立所需要的特殊要件,并提醒合同当事人在合同签署后促成合同成立。

(2)合同协议是否具备了法律行为的一般生效要件和特殊生效要件。公证员应当排除影响合同效力的障碍事由。这些效力障碍事由主要有如下类型:判断能力型、意思表示不真实型、违背公序良俗型、违反效力性强制性规定型、事务处置型(无权代理和无权处分)等。关于合同无效事由的排除,请参看本书第三章的详细内容。值得注意的是,就合同有效性而言,合同当事人与公证员并不存在协商之余地,因为效力性规范属于强制性规范,合同当事人与公证员都应遵循。

(3)合同协议是否有违法情形。公证员应当排除合同中违法情形。有效性是合法性的构成部分,但不是全部,有些法律问题合同当事人可以将其纳入公证过程中来解决,也可以依据自主决定权而不予纳入。这些法律问题一旦纳入合同协议中来,公证员就有责任审查其是否违背法律规定。

(4)审查合同是否完备、严谨、形式规范。原则上，公证员宜亲自为当事人代书合同，但如果当事人提供已经草拟好的合同的，公证员应当对合同是否完备、严谨、形式规范进行审查并指导当事人进行修改。

三、合同协议公证通常告知内容

合同协议公证的通常告知内容包括下列方面：

(1)合同主要条款的含义，让各方明白自己享有的主要权利和承担的主要义务、特殊权利与特殊义务以及发生违约所需承担的法律后果。

(2)合同的变更、解除条件及合同权利转让等应履行的程序。

(3)合同履行可能存在的障碍及救济措施。

(4)根据不同合同类型和个案需要进行的专门性告知内容。

四、办理合同协议公证需要注意的问题

(1)高度关注合同协议的可履行问题。公证员的真实性职责关注法律行为的成立要件，有效性和合法性职责关注法律行为的生效要件。但目前我国公证行业办证习惯缺乏对合同协议可履行性的关注。一份记载合同法律行为的优秀公证文书不仅真实、有效、合法，而且应该是可行的。虽然关注合同协议的可履行性并不是我国公证员的法定职责，但为增进公证实益，我国公证员应高度关注合同协议的可履行性。公证员应当指导当事人设计可行的合同条款，指出合同可能存在的可行性问题，引导当事人采取综合的法律方式和工具提高合同协议的可履行性，对于明显不具备可行性的合同协议应告知当事人风险。必要时，为避免对当事人造成重大损失，对明显缺乏可行性的合同协议，公证机构可以不予公证。

(2)正确处理合同特殊生效要件。某些合同还需要符合特殊要件才能生效。公证员应提示合同当事人特殊要件的存在，并询问当事人是否在公证时即成就这些特殊要件。当事人在公证时即提供合同已经满足特殊生效要件的证据材料时，公证员应对该证据材料的真实性进行审核。如果当事人表示可以先办公证后再去完成特殊生效要件的，公证员可以继续公证，但应提醒双方领取公证书后及时去办理后续相关手续，同时建议当事人在合同中设置相应的完成相关手续义务的责任条款。

(3)妥善处理格式合同。我国《合同法》第39条规定,格式条款是当事人为了重复使用而预先拟定,并在订立合同时未与对方协商的条款。需要明确的是,经公证员亲自起草的合同或提供的定型化契约,并不属于格式合同范畴。因为公证员提供的定型化契约虽然具有重复使用而预先拟定的表面特征,但其毕竟不是一方当事人提供给另一方当事人,而是由公证员基于公正立场而居间提供的。在合同一方提供格式合同的情况下,公证员应提醒提供方向另一方尽到我国合同法所规定的提醒和说明义务。格式合同提供方在公证员面前向当事人直接进行提醒和说明的,公证员可以在工作记录中进行记录。

(4)已经部分履行的合同协议可否公证问题。目前我国公证行业的通说认为,对于尚未履行完毕的合同协议可以办理公证。这类合同协议公证虽然可以按照私文书认证或保全证据公证进行,但鉴于合同协议属于法律行为,建议还是按照法律行为公证办理,遵循法律行为公证办理的规则和要求。办理公证时,首先,应向当事人澄清误解,告知当事人无法证实公证之前是否发生法律行为,这一事实可能无法获得推定为真正的效力。应请当事人签署书面声明,再确认该合同之前的成立时间。其次,公证员根据职业经验判断当事人是否存在规避法律的情形。应询问当事人办理公证的目的和原因。再次,对合同协议是否需要补充完善内容进行审查,需要补充和完善的,可以要求当事人签署补充协议。最后,公证文书中载明当事人确认合同于何时签署,不得直接表述为合同于何时签署。

(5)对合同进行公证与"认证"。对合同文本既可以按照法律行为公证方式进行,也可以按照证明签署人签字属实的文书进行(认证)。实务中,对合同协议进行公证,原则上应当按照法律行为公证进行,除非当事人明确要求只对合同文本上的签字属实进行公证。为了避免误导公证书使用者,如果对合同文本上的签字属实进行公证的,建议在公证书中附注"本公证书仅对当事人在合同上的签字属实作出证明"。

一般而言,对合同文本上的签字事实进行公证,公证员没有义务审查合同是否已经符合成立要件和生效要件,但根据目前行业的通说,对于认证类公证事项,公证机构也有义务审查文本内容是否存在重大违反法律、公序良俗和国家政策等情形。

(6)公证书中可以记载当事人的履约行为。在合同签署时,当事人即在公证员面前履行了相关合同义务,可以根据当事人的要求,将相关履约事实记载于公证书中,这一事实将会具有推定为真实的法律效力。例如,当事人在公证员面前当面交付合同约定的款项的,可以将这一交付事实记载于公证书中。当然,公证书所记载的履约行为应当是在公证员面前当面完成的或者依据有关凭据能够确认的(如银行转账记录)。如果只是合同当事人之间的陈述,这一陈述不应作为履约行为的直接依据。

(7)合理设定合同协议生效时间。合同协议一般自双方签字(盖章)后生效,当事人之间对合同协议生效时间另有约定的,公证员应指导当事人合理设定合同协议生效时间。虽然可以将不动产变动的实现设定为法律行为的生效条件,但原则上应当将两者区别开来。我国《物权法》第15条规定:"当事人之间订立有关设立、变更、转让和消灭不动产物权的合同,除法律另有约定或者合同另有约定外,自合同成立时生效;未办理物权登记的,不影响合同效力。"

(8)具有相互依赖关系的多份合同,当事人只申请公证一份合同的。例如,当事人只申请对担保合同进行公证,对主债务合同不申请公证。应当明确,当事人享有自主决定权,可以自由决定欲申请公证的范围。除了对申请公证的合同进行审查外,公证员也应对其他具有依赖关系的合同进行审查,原则上这种审查是形式审查标准。为了避免没有申请公证的合同对申请公证的合同造成效力影响,公证员可以要求当事人签署保证书,保证没有申请公证的合同不存在无效、违法情形,如因该合同存在无效、违法情形,由其自行承担相应法律后果。

(9)掌握好非典型合同公证的办理原则。我国《合同法》规定了15种有名合同,社会生活中存在的是大量的无名合同(非典型合同)。公证员应认真梳理非典型合同中所蕴含的实质法律关系,从而准确把握其应该适用的法律规则。公证员既要对当事人的创新精神予以鼓励,又要保持必要的谨慎和理性精神,应认真分析其风险之所在并告知相关风险防范方法。另外,公证机构可以将办理非典型合同的经验进行总结,拟定其定型化的契约，从而使公证机构的标准成为今后非典型合同应遵循的标准。

(10)指导合同当事人合理设置违约条款。合同违约条款，事关交易双方重大利益，公证员应建议合同当事人根据不同违约情况分别设置违约金，不宜笼统地设立违约金，避免带来重大不利后果。

(11)建议在合同协议中明确规定合同双方发生纠纷时的送达地址。最高人民法院2016年9月13日公布的《关于进一步推进案件繁简分流优化司法资源配置的若干意见》规定，当事人在纠纷发生之前约定送达地址的，人民法院可以将该地址作为送达诉讼文书的确认地址。

第二节　房屋买卖合同公证

一、概述

房屋买卖合同是指出卖人将房屋交付并转移所有权与买受人，买受人支付价款的合同。

我国某城市在二手房交易领域成功实践了公证综合法律服务理念，他们的主要经验或做法是：在交易前，公证机构调查房屋的人员落户情况，便于买方及时迁户；在交易时，提供免费的资金监管服务；开展房金业务，向客户推荐贷款银行，向银行推荐贷款客户。部分银行在公证机构设点开展业务；在合同签署后，由公证机构代为办理产权过户手续、申报税务、领取产权证等；公证机构有关人员协助不动产登记部门查档工作，及时掌握房产信息情况；公证机构、贷款银行、登记部门与税务窗口四位一体的工作模式有效地解决当事人来回奔波的问题；公证人员熟悉不动产交易的信贷、税收等各种政策，及时为当事人提供咨询。

二、办理房屋买卖合同公证需要注意的问题

(1)提醒卖方处理承租人的优先购买权。法律规定承租人享有同等条件下的优先购买权。根据最高人民法院《关于审理城镇房屋租赁

合同纠纷案件具体应用法律若干问题的解释》第21条的规定，出租人出卖租赁房屋未在合理期限内通知承租人或者存在其他侵害承租人优先购买权的情形，承租人请求出租人承担赔偿责任的，人民法院应予支持，但请求确认出租人与第三人签订的房屋买卖合同无效的，人民法院不予支持。公证员应询问卖方房屋是否处于出租状态，如处于出租状态，应通知出租人是否行使优先购买权或者由承租人出具放弃优先购买权的书面声明。房屋处于出租状态，未履行上述程序买卖双方仍然要求公证的，公证员在告知当事人可能需要承担赔偿责任和"买卖不破租赁"规则后可以进行公证。

(2)审查出卖方对房屋是否具有完全权属。房屋有其他共有人的，应当将共有人作为共同出卖人或者征得其同意。夫妻共有的房屋，应当由夫妻双方共同出售。夫妻存续期间取得并登记在一方名下的房屋，我国有些地区不动产登记中心按个人财产对待，只需房屋登记人出售即可，有些地区不动产登记中心按夫妻财产对待，要求夫妻双方共同作为出售人。我们认为，上述房屋宜认定为夫妻共同财产，在公证时由夫妻双方共同出售为宜。虽然由登记人直接进行处分，可以适用善意取得制度，但是毕竟会造成纠纷，而公证制度的价值是预防纠纷、减少诉讼。

最高人民法院《关于审理买卖合同纠纷案件适用法律问题的解释》第3条规定，当事人一方以出卖人在缔约时对标的物没有所有权或者处分权为由主张合同无效的，人民法院不予支持。根据该规定，处分权与买卖合同的效力已经区别开来。但是，公证制度的价值在于预防纠纷、减少诉讼，而且要关注合同的履行性，故对于公证时出卖人没有所有权或者处分权的买卖合同，公证机构原则上不宜办理公证。

(3)关于违反"限购"政策问题。在房屋限购城市，买方没有购房资格仍然申请对房屋买卖合同进行公证的，公证机构应当慎重处理。《民法通则》第6条规定，"民事活动必须遵守法律，法律没有规定的，应当遵守国家政策"。对于违反"限购"政策的，通常会被认为是"违反社会公共利益"，如北京高级人民法院执行局的意见。原则上，对于违反"限购"政策的房屋买卖合同，公证机构应不予公证，但如果当事人以限购政策取消作为合同生效时间或者过户时间的，则可以办理公证。

(4)公证人员或者当事人亲自到不动产登记中心查询房屋是否处于权利受限状态。公证人员或者当事人应当到不动产登记中心查询房屋是否处于查封、异议登记、抵押等权利受限状况。建设部于2006年10月8日颁布的《房屋权属登记信息查询暂行办法》第8条规定,公证机构可以查询与公证事项相关的原始登记凭证。实务中,在查询房屋信息后到买卖双方到不动产登记中心交件之间还有一段时间差,存在有新的查封的可能,故公证员应告知买方提前支付房款存在的风险,可以建议当事人采取拿到不动产权证后再交付房款或者将交易资金提存到公证机构的措施。

(5)向当事人说明税费问题,设立合理的税务负担条款。二手房交易的主要税种为契税、增值税(原为营业税)、个人所得税、土地出让金(已购公房)、综合地价款(经济适用房)等税费。公证员应当了解掌握房屋交易应缴纳的税费情况,并为当事人提供相关的税费咨询意见,设计合理的税费负担条款。对于当事人故意逃避税收的行为,公证机构一经发现,应当予以制止。公证机构不得为当事人办理"阴阳"买卖合同公证。对于明显低价又没有合理理由的房屋交易,公证机构可以不予公证。

(6)向当事人说明信贷政策问题,设计合理的房屋价款支付方式。公证员应当了解掌握房屋按揭贷款领域的国家信贷政策和合作银行的信贷政策,并向需要申请贷款的买方进行政策指导。公证员应当建议当事人在合同中明确约定当申请银行贷款不能时的处理方式。贷款不能时,可以约定合同解除或者合同继续履行由买方自筹余款。

(7)对于房改房、集资房、经济适用房等特殊房屋转让的,应遵循地方政策。各地对这些特殊房屋的转让都做了一些特殊性规定。原则上,地方性政策暂时限制这些特殊房屋转让的,公证机构不宜为其办理公证,但如果当事人以政策放开作为合同生效时间或者过户时间的,则可以办理公证。

(8)房屋没有取得土地证的处理。长期以来,我国房屋实行的是房产证和土地证分别颁发的政策。在实务中,有些城市必须两证齐全才能交易,有些城市则允许没有土地证的房屋也可以交易。随着不动产统一登记制度的逐步建立,这个矛盾尤其突出。公证机构主要是根据当地不动产登记中心的政策进行的。一般来说,只要当地不动产登记中心认可,对于没有土地证的房屋进行交易,公证机构也可以为其办理公证。在没有土地证的情况下,公证机构应告知买卖双方可能存在的今后需要补交土地出让金的不利后果。

(9)建议买方应当事先实地查看了解交易房屋的现状。就交易习惯而言,买方一般都会看房,但许多纠纷案件表明,如果买方当时能够先看房,就会事先发现房屋存在的争议。公证员应询问买方是否已经实地查看过交易房屋。买方表示没有实地查勘过交易房屋的,公证员应当建议买方事先实地查看交易房屋的现状。买方表示没必要查看的,公证员应及时告知其不实际查勘可能会导致的不利后果。

(10)告知买卖双方及时到不动产登记中心过户。公证员应告知:房屋买卖合同公证书并不是房屋所有权的权利凭证,买卖双方应当在取得公证书后,及时到不动产登记中心办理产权转移登记手续,不及时办理产权登记手续造成的后果由双方自行承担。例如,“一房二卖”可能是买方面临的风险。

(11)提醒买方处理好交易房屋人员落户问题。卖方应当在交易前或交易后,将交易房屋内的落户人员进行户口迁移。鉴于迁户政策一般属于地方性政策规定,公证机构办理房屋买卖合同公证时可以对交易房屋落户问题不进行处理。但为了预防纠纷、减少诉讼、增强合同的可行性,公证员应提醒买方落实交易房屋上是否还有落户人员。如果还有落户人员的,建议卖方办完迁户手续后再办理公证,也可以在合同中对迁户义务和违约责任进行规定后继续办理公证。

(12)提供房款监管服务。卖方担心房屋过户后拿不到房款,买方担心提前交付房款后房屋无法顺利过户,解决这个困境的办法是将房款提交给公证机构监管。

(13)房屋属于学区房的特别提醒义务。为避免学区房所附带的交易利益不能实现,公证员应告知买方相关风险,并建议在合同中设定相关条款,约定学区房所附带的交易利益无法实现时的处理方案。

(14)设计规避“凶宅”的法律方案。中国人比较忌讳“凶宅”,而且“凶宅”也会导致其市场价格降低。买方在不知情的情况下购买到“凶宅”

后往往难以得到有效救济。故在公证时可以建议卖方就房屋并非“凶宅”作出保证并且约定如果日后证实属于“凶宅”的处理方式和违约责任。

第三节　房屋赠与合同公证

一、概述

房屋赠与合同是赠与人将自己的财产无偿给予受赠人，受赠人表示接受赠与的合同。赠与合同可以赠与书与受赠书分别签署的形式，故实务中还存在赠与书公证与受赠书公证。

1992 年 4 月 1 日司法部颁布的《赠与公证细则》是办理赠与合同公证的依据，但需要注意的是，该细则规定内容与我国《合同法》不符的，应当以《合同法》规定为准。

根据《合同法》第 186 条的规定，经过公证的赠与合同，赠与人不享有单方撤销权。当然，根据《合同法》总则部分的规定，经过公证的赠与合同，赠与人与受赠人是可以协商解除的。

赠与可以附义务，受赠人应当按照约定履行义务。受赠人有下列情形之一的，赠与人可以撤销赠与：(1)严重侵害赠与人或者赠与人的近亲属。(2)对赠与人有扶养义务而不履行。(3)不履行赠与合同约定的义务。赠与人的撤销权，自知道或者应当知道撤销原因之日起 1 年内行使。

二、办理房屋赠与合同公证需要注意的问题

(1)公证员应明确告知赠与所需要承担的税负。根据目前税务政策，房屋赠与需要交纳 3% 的契税。非直系亲属[①]之间赠与的，需缴纳

① 根据财政部、国家税务总局《关于个人无偿受赠房屋有关个人所得税问题的通知》的规定，三种情形不征收个人所得税：(1)房屋产权所有人将房屋产权无偿赠与配偶、父母、子女、祖父母、外祖父母、孙子女、外孙子女、兄弟姐妹；(2)房屋产权所有人将房屋产权无偿赠与对其承担直接抚养或者赡养义务的抚养人或者赡养人；(3)房屋产权所有人死亡，依法取得房屋产权的法定继承人、遗嘱继承人或者受遗赠人。

20%的个人所得税，同时受赠人接受赠与后再将房屋出售的，该笔房屋交易将需要再缴纳20%的个人所得税（受赠人唯一住房的可以免除）。

鉴于非直系亲属房屋赠与将面临高额税费，实务中这类赠与已经很少。公证员务必须清晰明确地告知国家的上述税务政策，使当事人清楚当前和今后所可能面临的高额税费。

夫妻之间房屋赠与的，应当告知夫妻双方可以申办夫妻财产约定、分割协议公证，从而享受相关契税免征政策。财政部、国家税务总局《关于夫妻之间房屋土地权属变更有关契税政策的通知》（财税［2014］4号）规定，在婚姻关系存续期间，房屋、土地权属原归夫妻一方所有，变更为夫妻双方共有或另一方所有的，或者房屋、土地权属原归夫妻双方共有，变更为其中一方所有的，或者房屋、土地权属原归夫妻双方共有，双方约定、变更共有份额的，免征契税。

（2）应告知当事人赠与和遗嘱的法律意义与区别，并请当事人明确需要申办赠与公证。有许多老人往往在公证复查时提出抗辩，自己当初的愿望是去世以后房屋才归受赠人所有，赠与并非其当时的真实意愿。

（3）提醒赠与人与受赠人，是否需要在赠与合同中增设排除受赠人配偶享有房屋所有权的内容。公证员应当向当事人释明我国《婚姻法》第18条关于“指定赠与”的意义，并询问当事人是否有此意愿。当事人愿意增设指定赠与内容的，公证员应当将该内容明确写进合同。同时，建议在询问笔录中明确记载当事人的上述意愿，建议在公证书证词中将该特别意思也予以转述，以提示今后赠与合同公证书的使用者。

（4）公证员对赠与人合法的附义务要求应尽量满足。当事人可以在赠与合同中附居住权义务。鉴于居住权并非我国《物权法》所规定的法定物权，而是属于合同权益，约定居住权后也无法禁止受赠人转让房屋，故在规定居住权义务时应同时在赠与合同中约定受赠人擅自出售房屋的违约责任，从而约束受赠人的行为。如果赠与人与受赠人之间并没有法定赡养义务的，则公证员应提醒赠与人在赠与合同中附居住权或扶养义务，避免赠与人今后的生活没有保障。

（5）事先告知当事人赠与法定撤销的权力机关。因子女（受赠人）对父母（赠与人）未尽到法定的赡养义务，或者子女对父母有暴力侵害的行为，父母向公证机构提请撤销经公证的赠与合同情况比较普遍，但公证机构并没有实质认定权、审查权和撤销权。故公证员公证时应事先告知赠与人：公证机构无认定受赠人是否履行法定或约定义务的权力，因此，发生上述情况时，赠与人应当在知道或者应当知道撤销原因之日起1年内向人民法院主张撤销。

(6)告知当事人及时办理房屋过户手续。赠与合同公证后，当事人没有及时去进行房屋过户，事后又发生赠与人或受赠人去世的情形，会导致过户困难。

第四节　房屋租赁合同公证

一、概述

租赁合同是出租人将租赁物交付承租人使用、收益，承租人支付租金的合同。

基于承租人违约后“腾房”纠纷频发，房屋租赁市场乱象不断，很多时候出租人非但不能按时收取租金，更是导致房屋无法按时收回而致损失进一步扩大，而“撬门”的法律风险又大，出租人时常束手无策。故引导当事人特别是出租人办理公证确有必要。

根据《合同法》第214条的规定，租赁期限不得超过20年。超过20年的，超过部分无效。第224条规定，承租人经出租人同意，可以将租赁物转租给第三人。

最高人民法院于2009年6月22日通过的《关于审理城镇房屋租赁合同纠纷案件具体应用法律若干问题的解释》（以下简称《房屋租赁解释》）对房屋租赁作了诸多规定，是公证机构办理公证时的重要法律依据。

二、办理房屋租赁合同公证需要注意的问题

(1)可以对房屋租金或押金赋予强制执行效力，但对房屋交付或归

还赋予强制执行效力还存在巨大争议。虽然我国台湾地区公证立法将房屋归还列入可以强制执行的范畴，[①]并且促进了台湾地区房屋租赁合同公证的兴盛，但目前大陆学者和公证行业的通说认为，房屋应不属于最高人民法院、司法部《关于公证机关赋予强制执行效力的债权文书执行有关问题的联合通知》（司发通[2000]107号）所规定的给付“物品”范畴。故就目前而言，我国公证机构暂不宜对房屋归还赋予强制执行效力。

（2）可以引导当事人在合同中增设收回物业的内容。根据中国公证协会《关于办理保全证据公证的指导意见》要求，出租人要办理保全单方收回出租房屋或者其他物业公证的，其中条件之一是“提供经公证的承租合同，且其中必须载明承租人不履行或者不完全履行合同义务时，所有人或者管理人有权单方面收回房屋或者其他物业的约定”。

（3）办理转租合同公证时，公证员应查明承租人是否有转租的权利。转租权利来源于原租赁合同规定有转租权或者出租人出具同意转租的书面文件。只要满足上述一个条件即可。

（4）合同约定的租赁期限超过20年的处理办法。公证员应当要求当事人修改租赁期限，以符合合同法的规定。当事人不予修改的，目前公证行业通说认为，可以继续公证，但应当向当事人指出超出20年期限的部分无效。

（5）告知当事人到相关部门进行租赁备案登记。建设部于2010年2月1日起实施的《商品房屋租赁管理办法》第14条规定，房屋租赁合同订立后30日内，房屋租赁当事人应当到租赁房屋所在地直辖市、市、县人民政府建设（房地产）主管部门办理房屋租赁登记备案。房屋租赁登记备案并不是租赁合同生效的要件。《房屋租赁解释》第4条规定，当事人以房屋租赁合同未按照法律、行政法规规定办理登记备案手续为由，请求确认合同无效的，人民法院不予支持。

---

① 我国台湾地区“公证法”第13条规定，公证申请人就下列各款法律行为作成之公证书，载明应径受强制执行者，得依该证书执行之：（1）以给付金钱或其他代替物或有价证券之一定数量为目标者。（2）以给付特定之动产为目标者。（3）租用或借用建筑物或其他工作物，定有期限并应于期限届满时交还者。（4）租用或借用土地，约定非供耕作或建筑为目的，而于期限届满时应交还土地者。

(6)不能出租的房屋不能办理租赁合同公证。《房屋租赁解释》第2条规定,出租人就未取得建设工程规划许可证或者未按照建设工程规划许可证的规定建设的房屋,与承租人订立的租赁合同无效。同时规定,出租人就未经批准或者未按照批准内容建设的临时建筑,与承租人订立的租赁合同无效。建设部《商品房屋租赁管理办法》第6条规定,违反建筑、不符合安全防灾等工程建设强制性标准的房屋、违反规定改变房屋使用性质的房屋,不得出租。

(7)科学设计租金支付方式。出租人总是采取拒收租金的方式造成承租人违约的事实,从而达到解除合同的目的。这种情况往往发生在商业用房租赁中。虽然承租人可以通过租金提存的方式来抵制出租人的行为,但公证员可以在租赁合同中科学设计租金支付方式来避免这种情况发生。可以建议双方约定以银行转账的形式进行租金支付,并同时约定出租人具有保证该账户有效性的义务。当面交付租金,出租人可以拒收,但资金账户却是不可能自动拒绝的,而且出租人将资金账户注销也是违背保证账户有效性义务的。

第五节　房屋买卖定金协议公证

一、概述

房屋买卖定金协议多用于拟购买尚未取得房产证或虽取得房产证但处于禁售期的房屋,当然具有完全处分权的房屋也是可以作为定金协议指向的对象。

定金在法律上有签约定金和履约定金两种。签约定金中,定金作为签订合同的担保;履约定金中,定金作为合同履行的担保。房屋买卖定金协议中的定金系签约定金,即作为日后双方订立房屋买卖合同的担保。根据法律规定,定金协议系实践性合同,即交付定金合同才生效。

依据《担保法》的规定,定金数额不得超过主合同标的额的20%,超过的部分,不具备定金的法律效力,法律不予支持。

二、办理房屋买卖定金协议公证需要注意的问题

(1)告知当事人房屋买卖定金协议与房屋买卖协议的区别。房屋买卖定金协议仅是对交易双方售购意向的明确与固定,并不意味着双方之间房屋产权的变更,也不代表房屋过户交易过程已经完成,双方在房屋所有权证领取后,尚需签署正式的房屋买卖合同,并办理产权转移登记手续。

(2)告知当事人定金罚则的法律意义。依据定金罚则,双方签订房屋买卖定金协议后,均应遵守并执行合同约定。如届时给付定金一方拒绝订立主合同的,无权索回定金;收受定金一方拒绝订立主合同的,应当双倍返还定金。

实务中,买方往往在签署定金协议后除了交付定金外,还额外向卖方支付一笔预付款。公证员应告知超过定金之外的预付款不能产生定金罚则的法律效果,同时提示提前支付资金可能存在的资金风险问题。

第六节　房屋转让预约合同公证

一、概述

所谓预约,或称为预备性契约,是指当事人约定为在将来一定期限内订立合同而达成的允诺或协议。将来应当订立的合同,称为本约合同,而约定订立本约的合同,称为预约合同。2012 年最高人民法院《关于审理买卖合同纠纷案件适用法律问题的解释》第 2 条规定:“当事人签订认购书、订购书、预订书、意向书、备忘录等预约合同,约定在将来一定期限内订立买卖合同,一方不履行订立买卖合同的义务,对方请求其承担预约合同违约责任或者要求解除预约合同并主张损害赔偿的,人民法院应予支持。”该条首次在法律上正式承认了预约合同。

我国许多公证机构开展了房屋转让预约合同公证业务。预约交易的房屋一般有下列情形:已签订商品房买卖合同,合同在房地产管理部

门进行备案登记并实际交付的商品房;已取得房地产权证,但抵押给银行或其他债权人,尚未解除抵押的商品房;通过继承、赠与等合法方式取得房屋所有权,尚未办理过户登记的房屋;通过拆迁补偿方式获得,能办理房产证又尚未办理房产证的房屋。

二、办理房屋转让预约合同公证需要注意的问题

(1)指导当事人合理约定违约责任。实际上,房屋买卖定金合同与预约合同在功能上是一致的,但定金罚则的惩罚功能在房价快速上涨的时候难以起到约束转让人的效果,对买受人不利,故有预约合同存在之必要。预约是一种独立的合同,因为违反该合同就构成违约,而非仅仅承担缔约过失责任。公证员应根据当事人需求,为其科学、合理设置违约责任。例如,可以将交易过程中出现的房地产市场价值的变化,列入受损方的实际损失范围。再如,预约合同出让方违约,若受让方已对房屋进行预装修的,可以在合同中约定将装修款损失列入实际损失范围。

(2)预约合同不得与本约相混淆,有些内容不宜列入预约合同中。预约在合同规范上的完备性要求显然要比本约合同低得多。一般而言,为保持协议的预约性质,下列内容不宜列入预约合同:约定支付房屋转让价款的时间、方式;约定房屋具体交付的时间、方式;约定合同签署后,房屋所有权转移给买受人。

(3)有些房屋不宜作为预约合同将来拟转让的标的物。经济适用房、单位集资合作建房、在集体组织所有土地上修建的小产权房、军队管理的军产房屋、司法机关和行政机关依法查封或者以其他形式限制房地产权利的房屋,它们都处于违法或者权利受限状态,故不宜为其办理转让预约合同公证。

(4)预约合同出让方当事人系已婚,房屋为夫妻共同购买的,应由夫妻两人共同签署预约合同为妥。

(5)告知受让方支付预付款可能存在的资金风险。为了锁定交易关系,受让方在签署房屋转让预约合同后往往会向出让方支付一笔预付款。

第七节 国有土地使用权出让、转让合同公证

一、概述

国有土地使用权出让合同，是指市、县人民政府土地管理部门作为出让方将国有土地使用权在一定年限内让与受让方，受让方支付土地使用权出让金的协议。国有土地使用权转让合同是指土地使用权人作为转让方将出让土地使用权转让于受让方，受让方支付价款的行为。

根据最高人民法院《关于审理涉及国有土地使用权合同纠纷案件适用法律问题的解释》（以下简称《国有土地使用权解释》）第 2 条的规定，开发区管理委员会作为出让方与受让方订立的土地使用权出让合同，应认定为无效。第 3 条规定，经市、县人民政府批准同意以协议方式出让的土地使用权，土地使用权出让金低于订立合同时当地政府按照国家规定确定的最低价的，应当认定土地使用权出让合同约定的价格条款无效。

根据上述司法解释的规定，土地使用权人未经有批准权的人民政府批准，与受让方订立合同转让划拨土地使用权的，应当认定合同无效。《房地产管理法》第 39 条规定，以出让方式取得土地使用权的，转让房地产时，应当符合下列条件：(1)按照出让合同约定已经支付全部土地使用权出让金，并取得土地使用权证书。(2)按照出让合同约定进行投资开发，属于房屋建设工程的，完成开发投资总额的 25% 以上，属于成片开发土地的，形成工业用地或者其他建设用地条件。

二、办理国有土地使用权出让、转让合同公证需要注意的问题

(1)以出让方式取得的土地使用权转让时，应审查其是否已经符合《房地产管理法》第 39 条的规定。对于第 39 条中的“完成投资开发总额的百分之二十五以上”要求，如何进行认定是公证时的审查难点。公证机构应当建议当事人出具有关评估报告（或审计报告）作为认定符合

上述转让条件的依据。

（2）转让土地使用权的，应审查转让方是否已经取得土地使用权证书。没有取得土地使用权证书的，公证机构不予办理公证。因拖欠土地出让金，有些出让土地的受让人并没有取得土地使用权证书。《国有土地使用权解释》第9条规定，转让方未取得土地使用权证书与受让方订立合同转让土地使用权，起诉前转让方已经取得出让土地使用权证书或者有批准权的人民政府同意转让的，应当认定合同有效。但确保合同有效是公证职责，故公证时应要求当事人具备土地使用权证书或者有批准权的人民政府同意转让。

（3）转让土地使用权时，应审查剩余使用年限并告知受让人，同时告知土地使用权出让合同载明的权利、义务随之转移，告知转让人国有土地使用权转让的效力及于地上建筑物。

国务院《城镇国有土地使用权出让与转让暂行条例》第12条规定，土地使用权出让最高年限按下列用途确定：居住用地70年；工业用地50年；教育、科技、文化、卫生、体育用地年限为50年；商业、旅游、娱乐用地40年；仓储用地50年；综合或者其他用地50年。土地使用者通过转让方式取得的土地使用权，其使用年限为土地使用权出让合同规定的使用年限减去原土地使用者已使用年限后的剩余年限。

原土地使用权转让合同载明的义务将随之转移给受让人，故公证时应建议转让人将原土地使用权出让合同向受让人进行披露，公证员应询问受让人是否已经阅读并知晓原出让合同的内容，从而避免因受让人不知情而导致的重大不利后果。例如，原出让合同规定的土地用途和限定的建筑密度、容积率、绿化率等用地条件，将对土地价值构成重要影响，受让人有必要知悉这些信息。

（4）应当到国土部门核实土地使用权是否处于权利受限状态，同时提醒当事人办理完公证手续后及时到国土部门进行变更登记。国有土地使用权已设定抵押的，并非不能转让，可通过与抵押权人协商，以其他担保方式转换或以转让费支付借款的方式解除抵押等，实现转让目的。

（5）审查转让价款。国务院《城镇国有土地使用权出让与转让暂行条例》第26条规定，土地使用权转让价格明显低于市场价格的，市、县人民政府有优先购买权。鉴于此,在转让前,公证员应告知当事人政府有优先购买权,建议当事人对土地进行评估,从而公允地确定成交价格。当然,土地价值评估不是必须的。但转让方为国有单位时,国有土地须经法定估价机构估价。

(6)指导当事人合理设计转让费支付方式,必要时可以将交易资金提交公证机构提存。因国有土地使用权转让须经合同签订、国土部门审批、补办相关手续、登记办证等多个环节,有时还涉及抵押权解除,故转让费的支付宜采取分期付款方式。即根据转让程序设定付款期限与金额,体现相互制约与督促作用。

(7)对交易涉及税费提供咨询意见,指导当事人设计合理的税费负担条款。国有土地使用权转让涉及土地增值税、契税、土地使用税、营业税、印花税等。公证机构经常办理国有土地使用权转让合同公证的,应当熟练掌握税务政策,为当事人提供税务咨询意见。对于偶尔办理国有土地使用权转让合同的公证员,鉴于该税费比较复杂,公证员尽到善意提醒义务即可。所谓善意提醒义务,是指公证员提醒当事人要自行关注和落实税费情况,公证机构并不负有精确计算交易税费的职责。

第八节　矿业权转让合同公证

一、概述

矿业权包括探矿权和采矿权。探矿权,是指在依法取得的勘查许可证规定的范围内,勘查矿产资源的权利。采矿权,是指在依法取得的采矿许可证规定的范围内,开采矿产资源和获得所开采的矿产品的权利。

《矿产资源法》第6条规定,除按照下列规定可以转让外,探矿权、采矿权不得转让:①探矿权人有权在划定的勘查作业区内进行规定的勘查作业,有权优先取得勘查作业区内矿产资源的采矿权。探矿权人在完成规定的最低勘查投入后,经依法批准,可以将探矿权转让他人。②已取得采矿权的矿山企业,因企业合并、分立,与他人合资、合作经营,或者因企业资产出售以及有其他变更企业资产产权的情形而需要变更采矿权主体的，经依法批准可以将采矿权转让他人采矿。

国务院《探矿权采矿权转让管理办法》第5条规定，转让探矿权，应当具备下列条件：①自颁发勘查许可证之日起满2年，或者在勘查作业区内发现可供进一步勘查或者开采的矿产资源。②完成规定的最低勘查投入。③探矿权属无争议。④按照国家有关规定已经缴纳探矿权使用费、探矿权价款。⑤国务院地质矿产主管部门规定的其他条件。

国务院《探矿权采矿权转让管理办法》第6条规定，转让采矿权，应当具备下列条件：①矿山企业投入采矿生产满1年。②采矿权属无争议。③按照国家有关规定已经缴纳采矿权使用费、采矿权价款、矿产资源补偿费和资源税。④国务院地质矿产主管部门规定的其他条件。国有矿山企业在申请转让采矿权前，应当征得矿山企业主管部门的同意。

国务院《探矿权采矿权转让管理办法》第7条规定，探矿权或者采矿权转让的受让人，应当符合《矿产资源勘查区块登记管理办法》或者《矿产资源开采登记管理办法》规定的有关探矿权申请人或者采矿权申请人的条件。

国务院地质矿产主管部门负责由其审批发证的探矿权、采矿权转让的审批。其他转让审批，由省、自治区、直辖市人民政府地质矿产主管部门负责审批。批准转让的，转让合同自批准之日起生效。

二、办理矿业权转让合同公证需要注意的问题

(1)按照《探矿权采矿权转让管理办法》第5条或者第6条的要求对矿业权转让合同是否符合转让条件进行审查。公证员应要求转让人提供具备该办法第5条或者第6条规定的转让条件的证明，要求受让人提供符合相关资质条件的证明文件。另外，转让国家出资勘查所形成的探矿权、采矿权的，应提交评估报告。经审查，当事人提供的证明文件无法证明转让符合法定条件的，公证机构应当不予公证。

(2)告知转让双方需到主管部门办理批准手续，建议在合同中设定办理批准手续的义务。《合同法》第44条规定，法律行政法规规定应当办理批准、登记手续生效的，依照其规定。最高人民法院《关于适用〈中

华人民共和国合同法〉若干问题的解释(二)》第8条规定,依照法律、行政法规的规定经批准或者登记才能生效的合同成立后,有义务办理申请批准或者申请登记等手续的一方当事人未按照法律规定或者合同约定办理申请批准或者未申请登记的,属于《合同法》第42条第3项规定的“其他违背诚实信用原则的行为”,人民法院可以根据案件的具体情况和相对人的请求,判决相对人自己办理有关手续;对方当事人对由此产生的费用和给相对人造成的实际损失,应当承担损害赔偿责任。

(3)指导当事人设计转让款支付方式。因矿业权转让合同需主管部门审批以后才能生效,故应提示受让方提前支付转让款的风险,建议将主管部门的准予批准的通知作为转让款支付的重要时间节点。

(4)提请受让人关注矿业权是否存在可能吊销许可证的情形。吊销许可证,这是交易可能面临的重大风险。矿业权是一种通过行政许可的方式设立的用益物权,一旦作为行政许可证的探矿权证或采矿证被国土资源部门依法吊销,则作为用益物权的矿业权亦将随之消灭。同时,要注意勘查许可证、采矿许可证是否在有效期内。在许可证有效期限届满之前30日,可以到登记管理机关办理延续登记手续,逾期不办理延续登记手续的,采矿许可证据此自行作废。

第九节　农村承包土地的经营权抵押贷款合同公证

一、概述

国务院印发了《关于开展农村承包土地的经营权和农民住房财产权抵押贷款试点的指导意见》(国发[2015]45号)。2016年3月15日,中国人民银行、银监会、保监会、财政部、农业部印发了《农村承包土地的经营权抵押贷款试点暂行办法》(以下简称《试点办法》),这是农村承包土地的经营权抵押贷款合同的法律依据。农村承包土地的经营权抵押遵循农村土地所有权、承包权、经营权“三权分置”的原则,抵押不改变土地的所有权性质,不改变土地的承包关系。

《试点办法》第2条规定,农村承包土地的经营权抵押贷款,是指以承包土地的经营权作抵押、由银行业金融机构向符合条件的承包方农户或农业经营主体发放的、在约定期限内还本付息的贷款。

《试点办法》第6条规定,通过家庭承包方式取得土地承包经营权的农户以其获得的土地经营权作抵押申请贷款的,应同时符合以下条件:①具有完全民事行为能力,无不良信用记录。②用于抵押的承包土地没有权属争议。③依法拥有县级以上人民政府或政府相关主管部门颁发的土地承包经营权证。④承包方已明确告知发包方承包土地的抵押事宜。

《试点办法》第7条规定,通过合法流转方式获得承包土地的经营权的农业经营主体申请贷款的,应同时符合以下条件:①具备农业生产经营管理能力,无不良信用记录。②用于抵押的承包土地没有权属争议。③已经与承包方或者经承包方书面委托的组织或个人签订了合法有效的经营权流转合同,或依流转合同取得了土地经营权权属确认证明,并已按合同约定方式支付了土地租金。④承包方同意承包土地的经营权可用于抵押及合法再流转。⑤承包方已明确告知发包方承包土地的抵押事宜。

《试点办法》第14条规定,借贷双方要按试点地区规定,在试点地区农业主管部门或试点地区政府授权的农村产权流转交易平台办理承包土地的经营权抵押登记。受理抵押登记的部门应当对用于抵押的承包土地的经营权权属进行审核、公示。

《试点办法》第15条规定,因借款人不履行到期债务,或者按借贷双方约定的情形需要依法行使抵押权的,贷款人可依法采取贷款重组、按序清偿、协议转让、交易平台挂牌再流转等多种方式处置抵押物,抵押物处置收益应由贷款人优先受偿。

实务中,贷款人往往要求借款人提供其他组合担保方式来增信。例如,中国农业银行规定,法人客户采取农村土地承包经营权单独抵押的,应要求其主要股东或实际控制人提供连带责任保证担保。有些地区也成立了政府性担保公司。

二、办理农村承包土地的经营权抵押贷款合同公证需要注意的问题

(1)关于合同当事人确定问题。贷款对象主要为依托农村土地开展生产经营的专业大户、家庭农场、农民合作社、农业企业及其他家庭承包经营农户等。依据法律,农村土地承包是以户为单位的,故以承包土地的经营权抵押的,应要求其家庭成员全部到场或者由提交本人签署的书面意见。鉴于实务中许多家庭成员外出务工的现实,公证机构也可以采取电话录音的方式询问外出成员的意见。自然人通过合法流转方式获得的土地经营权,需要征得其配偶的同意。

(2)审查贷款用途,审查是否符合《试点办法》第 6 条或第 7 条规定的条件。《试点办法》第 8 条规定,借款人获得的承包土地经营权抵押贷款,应主要用于农业生产经营等贷款人许可的合法用途。公证员应要求借款人提供具备《试点办法》第 6 条或第 7 条规定的贷款条件的证明材料。

(3)慎重赋予强制执行效力。贷款到期后借款人无法偿还贷款的,抵押权人可以就抵押的农村土地经营权再流转所得价款受偿。农村土地经营权抵押贷款目前尚处于试点阶段,金融机构需要更多的法律保障,金融机构通常选择申办赋予强制执行效力的公证事项,但目前省级尚未建立农村土地经营权的统一交易平台,也未开展农村土地经营权拍卖的条件下,实现抵押权时法院是无法进行强制执行的,因此对于农村承包土地的经营权抵押贷款目前不适宜办理赋予强制执行效力的公证事项,适合办理普通的合同公证。不过,对于有其他担保方式的,公证机构可以单独赋予其强制执行效力。

第十节　林权转让合同公证

一、概述

林权是森林、林木、林地的所有权和使用权,是森林资源财产权在法

律上的具体体现。林权包括林地所有权、林地使用权、林木所有权、林木使用权。林权证是确定林地所有权、使用权和林木所有权、使用权四权一体的唯一权利凭证。我国林权制度较为复杂,涉及国有土地所有权制度、森林制度和土地承包经营制度等。

二、办理林权转让合同公证需要注意的问题

(1)应明确当事人需要转让的林权类型,并根据具体法律规定确定其转让需要满足的法定条件。除了林地所有权不得转让外,林地使用权、林木所有权和林木使用权可以转让。鉴于林权类型的多样化,办理林权转让合同公证时,需要请当事人明确转让的林权内容。在确定林权转让内容后,再根据具体法律规定确定其转让需要满足的法定条件。

中共中央、国务院《关于全面推进集体林权制度改革的意见》规定,在不改变林地用途的前提下,林地承包经营权人可依法对拥有的林地承包经营权和林木所有权进行转包、出租、转让、入股、抵押或作为出资、合作条件,对其承包的林地、林木可依法开发利用。

(2)以林权证作为基础法律文件。林权证是确定林权权利人的依据。没有林权证的,公证机构应不予公证转让合同。

第十一节 财产分割协议公证

一、概述

财产分割协议是共有人(包括因婚姻、家庭、约定、共同取得等产生的共有关系)之间就共有财产的分配问题协商一致而达成的协议。

财产分割协议所涉的财产必须是析产人共同所有的合法财产,析产人应如实告知被分割财产有无设定抵押、留置、担保,是否为出租物或有其他限制产权转移的情况。

财产分割协议可以约定共有财产的归属,对于因共有财产所产生的债务,也可以在协议中约定承担债务的份额和偿还方式。若以财产约定

协议形式转移财产而逃避债务的，协议会被认定为无效。

按份共有的财产不存在分割问题，而对共同共有的财产，当事人可在达成一致意见后自由约定协议各方所占的份额。财产分割可以采取作价补偿的方式，所补偿的作价应当是在各方了解分割物价值基础上经各方充分协商的结果。

二、办理财产分割协议公证需要注意的问题

(1)父母代理未成年子女进行分割需要遵循的规则。父母代理未成年子女做作价补偿方式的分割，作价补偿价格应当与子女应当享受的财产份额价值相当，补偿款属于未成年人子女所有，父母不得损害未成年人的利益。

(2)告知当事人到相关部门办理财产变更手续。协议中涉及财产所有权需要全部或部分转移的，需要按国家规定到相关部门去办理产权转移或变更登记手续。有些情况下，采取作价分割财产的，在办理变更手续时，可能需要缴纳相关税费，公证员应提醒当事人。

(3)是否需要配偶同意。在分割财产时，分割人应当尽量征求自己配偶对分割结果的意见，如果分割结果对一方明显不利的，可以要求该当事人配偶到场签字确认。

(4)共有人死亡或下落不明的处理办法。如遇共有人死亡的，应当就该欲分割的财产先在公证机构办理继承公证，以确定继承人，并由该继承人或遗产受益人与其他共有人进行财产分割；如遇共有人下落不明的，务必保留其应得份额。

第十二节　夫妻财产协议公证

一、概述

夫妻财产协议指夫妻或拟登记结婚的双方以协议的方式约定婚姻关系存续期间所得财产、婚前财产的归属、占有、使用、处分、收益及债务

清偿、婚姻解除时财产的分割等事项，排除法定夫妻财产制适用的协议。财产约定协议所约定的是协议双方婚姻关系存续期间涉及财产权利的归属，而不是财产分割。准备结婚的男女双方的财产约定协议，应当载明协议以结婚登记为生效条件的内容。

当事人可以就协议所涉及的财产约定为各自所有、共有，或者部分各自所有、部分共有。约定共有的，可以约定为按份共有、共同共有，或者部分按份共有、部分共同共有。

夫妻财产约定协议可以对全部夫妻财产进行约定，也可以对部分夫妻财产进行约定；可以对婚后所有的财产进行约定，也可以对婚前各自所有的财产进行约定；可以进行概括性约定，也可以进行具体性约定；可以对财产所有权的归属进行约定，也可以对财产的占有、使用、收益和处分进行约定；可以约定婚姻关系存续期间家庭生活费用的负担和债务清偿责任，也可以约定婚姻关系终止时财产的分割。

若以财产约定协议形式转移财产而逃避债务的，协议无效；协议中不得有违背公序良俗的条款；再婚夫妻如有将各自财产归各自子女继承的意愿，应通过遗嘱的形式进行处分，不得在财产约定协议中指定今后的财产继承走向。

中国公证协会于 2008 年 4 月 23 日通过了《关于办理夫妻财产约定协议公证的指导意见》。

二、办理夫妻财产协议公证需要注意的问题

(1)告知当事人夫妻财产协议的对内效力和对外效力。协议具有对内效力(效力及于协议双方)，欲具有对外效力的，应及时进行变更登记，或采取相应的公告或公示措施。例如，当事人可以对属于抵押状态的房屋进行约定，但该约定不能对抗抵押权人，只有在抵押解除后才可以进行房屋的变更手续。

(2)夫妻之间赠与的，应引导当事人按照夫妻财产约定进行公证，依据相关税务政策，可以免征契税。

(3)对房屋的权属进行约定的，不管房屋现处于什么权利阶段，都可以办理公证。当事人可以提供发票、购房合同、不动产权证等权属

证明。

(4)告知进行变更或转移登记手续的法律意义,建议其办理该手续。夫妻财产协议属于非交易行为,仅有"静"的安全之考量,故以物权公示制度为核心的财产公示制度并不适用于夫妻财产约定。夫妻财产约定生效后,直接在夫妻之间产生财产的变动和确认效力,并不需要按一般交易行为办理变更或转移登记手续,但由于我国尚未建立夫妻财产约定公示制度,故公证员可以在办理公证之时,告知当事人自行酌定是否办理财产的变更或转移登记手续。

第十三节 离婚协议公证

一、概述

离婚协议,是指即将解除婚姻关系的夫妻双方所签署的关于财产分割、子女探视、抚养费等的书面协议。离婚协议书须为书面形式,由夫妻双方签字,自双方婚姻关系解除之日起发生法定效力。

离婚时,夫妻的共同财产由双方协议处理,原为夫妻共同生活所负的债务,应当共同偿还,共同财产不足清偿的,或财产归各自所有的,由双方协议清偿。一方隐藏、转移、变卖、毁损夫妻共同财产,或伪造债务企图侵占另一方财产的,分割夫妻共同财产时,对隐藏、转移、变卖、毁损夫妻共同财产或伪造债务的一方,可以少分或不分。离婚后,另一方发现有上述行为的,可以向人民法院提起诉讼,请求再次分割夫妻共同财产。

离婚时,双方协议可以约定子女抚养费、探视权等,父母与子女间的关系,不因父母离婚而消除,一方抚养的子女,另一方应负担必要的生活费和教育费的部分或全部。离婚后,不直接抚养子女的父或母,有探望子女的权利,另一方有协助的义务。

协议中涉及财产所有权需要全部或部分转移的,需要按国家规定到相关部门去办理产权转移或变更登记手续。

二、办理离婚协议公证需要注意的问题

(1)提请当事人将重大财产都列入财产分割中。当事人应当对房屋、车辆、股权等重大财产进行清点,一般应当在离婚协议中对这些重大财产进行分割,不要遗漏以免留下纠纷隐患。离婚协议中应逐一列明财产的分割结果,不宜概括性地表述。

(2)提请当事人注意后续的财产变更过户手续,建议采取委托等方式解决。实务中,夫妻之间分割的房产尚未取得产权证,日后取得产权证后还需要双方共同办理变更手续。可以建议当事人在办理离婚协议公证时一并办理委托公证手续,授权亲友代为办理。

(3)可以将离婚补偿费提交公证机构提存。当事人双方可以将办理离婚登记作为离婚补偿费的给付条件。

(4)指导当事人妥善处理夫妻共同债务。根据相关司法解释的规定,夫妻为共同生活或为履行抚养、赡养义务等所负债务,应认定为夫妻共同债务,离婚时应当以夫妻共同财产清偿。但下列债务不能认定为夫妻共同债务,应由一方以个人财产清偿:①夫妻双方约定由个人负担的债务,但以逃避债务为目的的除外。②一方未经对方同意,擅自资助与其没有抚养义务的亲朋所负的债务。③一方未经对方同意,独自筹资从事经营活动,其收入确未用于共同生活所负的债务。④其他应由个人承担的债务。

(5)告知在离婚协议中将相关财产赠与子女的法律意义和法律后果。离婚协议中将相关财产赠与子女,是以离婚作为生效条件的。从目前司法判例来看,双方离婚后,在相关财产办理过户登记前,夫妻任意一人不得单方撤销该赠与。

第十四节　遗赠扶养协议公证

一、概述

遗赠扶养协议是遗赠人和扶养人明确相互间遗赠和扶养的权利义务关系所订立的协议。扶养人已尽扶养义务的，其对该遗赠财产享有优先权，优于遗嘱继承、法定继承。司法部于 1991 年印发的《遗赠扶养协议公证细则》是办理遗赠扶养协议公证的重要法律依据。

遗赠人必须是具有完全民事行为能力、有一定的可遗赠的财产、并需要他人扶养的公民。扶养人必须是遗赠人法定继承人以外的公民或组织，并具有完全民事行为能力、能履行扶养义务。

遗赠扶养协议包括遗赠和扶养两方面的内容，遗赠内容应写明遗赠财产的名称、数量；扶养内容应写明提供扶养的具体内容和办法。

遗赠人享有让扶养人扶养的权利和将自己的财产遗赠给扶养人的义务；扶养人享有接受遗赠人遗赠财产的权利和对遗赠人扶养的义务；遗赠人在其生前仍享有对欲遗赠财产的所有权，扶养人不得要求遗赠人生前将财产的所有权让渡。

订立遗赠扶养协议公证后，未征得扶养人同意，遗赠人不得另行处分遗赠的财产。

二、办理遗赠扶养协议公证需要注意的问题

（1）《遗赠扶养协议公证细则》规定，应当将遗赠人的配偶列为共同遗赠人，同时征得扶养人配偶的同意。

（2）建议公证机构进行必要的调查。为保障遗赠扶养协议能够正当履行，公证机构有必要对扶养人的家庭成员状况进行调查，亦应对其家庭成员对扶养人与遗赠人关系认可的意见存留。同时，对遗赠财产的物理状态和权利状态进行详细的核实。

（3）告知扶养人日后将遗赠财产过户到自己名下的法律程序。订

立遗赠扶养协议和继承遗产实现财产权利，是具有关联性的两个不同法律关系，订立了遗赠扶养协议并不自然获得遗赠财产，遗赠人死亡后，扶养人还需要依据法律程序确认其权利。

第十五节　赡养协议公证

一、概述

赡养协议是赡养人就履行赡养义务与被赡养人达成一致意思后签署的协议，或为赡养人相互之间因分担赡养义务而订立的协议。

赡养是我国法律予以明确规定的义务，子女、孙子女或外孙子女有对父母、祖父母、外祖父母进行赡养的义务，不会因为签署或未签署赡养协议而免除该项义务。考虑到我国民间自古就沿袭着这种传统，司法实践对赡养协议给予了认可。司法部于 1991 年印发的《赡养协议公证细则》是办理赡养协议公证的重要法律依据。

赡养人必须是被赡养人的晚辈直系亲属。赡养协议中不得有处分被赡养人财产或以放弃继承权为条件不尽赡养义务等侵害被赡养人合法权益的违反法律、政策的内容。

二、办理赡养协议公证需要注意的问题

(1)《赡养协议公证细则》规定，如有履行协议的监督人，应当场在协议上签字。

(2)赡养协议不得对被赡养人附加任何条件。即该协议不具有对价给付性。如被赡养人为无民事行为能力或限制行为能力者，不得作为协议的一方，该种情形如欲订立赡养协议的，只能在各赡养人之间进行。

第十六节　意定监护协议公证

一、概述

意定监护，是指有完全民事行为能力的成年人，可以与其近亲属、其他愿意担任监护人的个人或者组织事先协商，以书面形式确定自己的监护人。《民法总则》第 33 条规定：具有完全民事行为能力的成年人，可以与其近亲属、其他愿意担任监护人的个人或者组织事先协商，以书面形式确定自己的监护人。协商确定的监护人在该未成年人丧失或者部分丧失民事行为能力时，履行监护职责。《老年人权益保障法》第 26 条规定：具备完全行为能力的老年人，可以在近亲属或者其他与自己关系密切、愿意承担监护责任的个人、组织中协商确定自己的监护人。监护人在老年人丧失或者部分丧失民事行为能力时，依法承担民事责任。

意定监护公证是公证机构确认意定监护协议真实性和合法性的活动。司法部于 2017 年年底公布的第一批公证指导性案例 1 号即为老年人意定监护协议公证。意定监护制度的立法目的在于最有利于保护被监护人利益，最大限度地尊重被监护人的真实意愿。监护人的职责有：人身照顾、医疗救护、财产保护、权益维护、死亡丧葬等。中国是世界上唯一一个老年人口超过 2 亿的国家，意定监护公证通过全方位规划并保障老年人的监护事务、财产安全、真实意愿、个性化需求等各项权益，成为我国养老法律服务体系的重要组成部分，也成为我国当前公证转型与发展的重要突破口。

公证员应向当事人阐明意定监护制度的法律意义、法律风险、法律后果和监护人的责任，审查当事人是否具备民事行为能力以及意思表示的真实性。公证员可以根据当事人的意思表示代为起草监护协议文书。意定监护协议文书应当包括监护事项、监护职责、监护条件实现的确认方式、争议解决等方面的内容。

二、办理意定监护协议公证需要注意的问题

(1)合理确定公证主体。当事人可以依法向公证机构申办办理意定监护协议公证,公证申请人应为意定监护的设立人和协商确定的监护人双方。

(2)公证机构和公证人员应履行保密义务。意定监护协议公证办理后,公证机构、公证员负有保密义务,不得向协议双方以外的第三人透露意定监护协议的内容,以维护意定监护协议双方,特别是设立意定监护的老年人的合法权益。在意定监护条件实现时,公证机构可以根据申请,向意定监护的设立人的所有法定监护人公开意定监护公证文书。

(3)公证机构办理意定监护协议公证,应当在公证书出具后及时将意定监护协议公证上传至全国公证管理系统进行备案。

第十七节　出国留学协议公证

一、概述

出国留学协议是指派遣单位和出国留学人员之间就公派出国留学事宜,为明确双方权利义务关系所达成的协议。

根据司法部律公司《关于办理资助出国留学协议公证有关事宜的通知》的规定,协议甲方(国家留学基金管理委员会)将通过书面与网上相结合的方式向相关公证机构提出公证申请。书面的公证申请表作为该通知附件先行转发至全国各公证机构,当公证机构在接到协议乙方提出的公证申请后,即可登录国家留学基金管理委员会官方网站国家留学网(http:www.csc.edu.cn)下载协议甲方的公证申请表,申请表上显示的日期即为申请日期。

资助出国留学协议为国家留学基金管理委员会统一制作的格式协议,公证机构应当注意审查协议乙方及其担保人的身份、资格、行为能力、担保方式及担保金额等情况,并确认协议乙方及其担保人正确填写

协议空白栏。

国家留学基金管理委员会以承诺书的方式确认其公证申请、在协议上的签名、印鉴真实、合法、有效,以及对乙方及其担保人按照甲方录取通知及有关要求签署协议的行为予以确认。该承诺书可在其官方网站上下载。

为方便留学人员签约,甲方已在《协议书》上签字盖章。办理《协议书》签约公证时,留学人员本人应带两名担保人(丙方第一担保人、丙方第二担保人)同时到场,当着公证员的面现场填写《协议书》中的划线部分,不得有任何遗漏或误填。担保人为年龄在18周岁至55周岁具有完全民事行为能力的公民。如两位丙方担保人选择以固定工资收入作为担保,则应向公证机构出示本单位人事部门开具的具有固定工作和稳定收入来源的证明;如选择以银行存款作为担保,则应出示具有相应担保数额的银行存款证明(存款单原件),以便公证机构查验担保人的资信状况及代为清偿能力。

二、办理出国留学协议公证需要注意的问题

(1)担保人应提供具有担保能力的证明。例如,在职及收入证明、银行存款、不动产、各类证券、基金份额及金融衍生品。如果提供银行存款,两名担保人的存款总额不得少于国家留学基金管理委员会资助的金额。

(2)原则上,担保人如果已婚,应提供《结婚证》和配偶同意书。如果未婚,应提供户口所在区民政局婚姻登记处出具的无婚姻登记记录证明。(注:各地公证机构要求存在差别)

第十八节　工伤事故赔偿协议公证

一、概述

工伤事故赔偿协议是指发生工伤事故后,工伤职工或工亡职工亲属

与用人单位依据国家相关法律法规,就赔偿项目和标准经协商一致后达成赔偿协议。

事故当事人本人应亲自签署赔偿协议并申办公证。若当事人丧失民事行为能力,则应由其监护人代理。事故当事人若已死亡,则应由其近亲属签署协议并申办公证,近亲属范围一般情况下限定为我国《继承法》所规定的第一顺序继承人,即配偶、父母、子女。

依据我国《工伤保险条例》等相关规定,工伤赔偿项目一般包括医疗费、伤者住院期间的伙食补助费、生活护理费、工伤期间的工资、交通食宿费;造成伤残的还应包括辅助器具费、一次性伤残补助金、伤残津贴、一次性工伤医疗补助金、一次性伤残就业补助金。

依据我国《非法用工单位伤亡人员一次性赔偿办法》的规定,非法用工单位须向伤残职工或者死亡职工的近亲属、伤残童工或者死亡童工的近亲属给予一次性赔偿。一次性赔偿包括受到事故伤害或者患职业病的职工或童工在治疗期间的费用和一次性赔偿金。一次性赔偿金数额应当在受到事故伤害或者患职业病的职工或童工死亡或者经劳动能力鉴定后确定。劳动能力鉴定费用由伤亡职工或童工所在单位支付。

二、办理工伤事故赔偿协议公证需要注意的问题

(1)原则上当事人应当向公证机构提交法医鉴定材料、伤残评定书。

(2)提醒当事人对赔偿金额进行慎重考虑。工伤事故赔偿金额属于协议的核心内容,当事人各方应当慎重决定。

(3)协议中有要求工伤职工或工亡职工亲属放弃诉权条款的,应当要求当事人进行删除。公证员应告知双方当事人,依据有关司法解释,人身损害赔偿的诉讼时效期间,伤害明显的,从受伤害之日起算;伤害当事人未曾发现的,后经检查确诊并能证明是由侵害引起的,从伤势确诊之日起算。

第十九节　交通事故赔偿协议公证

一、概述

交通事故赔偿协议是指发生交通事故后，当事人之间就因交通事故所造成的民事损害经协商后达成赔偿协议。

事故当事人本人应亲自签署赔偿协议并申办公证，若当事人系未成年人或不能辨认自己行为的精神病人，则应由其监护人代理。事故当事人若已死亡，则应由其近亲属签署协议并申办公证，近亲属范围一般情况下限定为我国《继承法》所规定的第一顺序继承人，即配偶、父母、子女。

根据我国《侵权责任法》及有关司法解释，交通事故赔偿的范围一般包括人身损害赔偿、财产损失赔偿、精神损害赔偿。其中人身损害赔偿项目包括：医疗费、误工费、护理费、交通费、住宿费、住院伙食补助费、必要的营养费；造成残疾的还应包括残疾赔偿金、残疾辅助器具费、被扶养人生活费、康复费、后续治疗费；造成死亡的包括死亡赔偿金、被扶养人生活费、丧葬费、受害人亲属办理丧葬事宜支出的交通费、住宿费和误工损失等其他合理费用。造成精神损害的还应支付精神损害抚慰金等。

二、办理交通事故赔偿协议公证需要注意的问题

(1)告知交通事故赔偿协议的可能法律意义。根据我国《刑法》的相关规定，交通肇事罪属公诉案件，肇事人与受害人就民事赔偿达成协议后，并不因此免除肇事人的刑事责任，但受害人或其亲属已获得赔偿的情节，可能会作为量刑参考的因素。

(2)原则上当事人应当向公证机构提供公安交通管理部门出具的交通事故责任认定书、法医鉴定材料、交通事故伤残评定书。

(3)提醒当事人对赔偿金额进行慎重考虑。交通事故赔偿金额属

于协议的核心内容，当事人各方应当慎重决定。

（4）协议中有要求受害人或其亲属放弃诉权条款的，应当要求当事人进行删除。

第八章　金融事务公证

第一节　概　　述

一、基本定义

金融事务公证，是指公证机构确认金融事务的真实性、合法性的活动。

金融公证属于较为典型的商事公证。商事公证较之家庭事务类民事公证具有较强的特征，要注意商事公证的特征。金融的本质是"信用+货币"，金融具有流动性、安全性和效益性的三个特点，金融公证也要服务和助力于这些特点的实现。在流动性方面，对应公证的执行力，公证应当为市场快速融资服务，包括快速实现债务，但目前要面临支付令和担保物权直接实现程序的竞争。在安全性方面，对应公证预防纠纷、审查判断能力，公证机构应当保障债权的安全，在目前信息化、大数据化时代，必须要考虑公证的服务方式问题。在效益性方面，对应公证的精细化服务能力，公证应当对资本的获利性有充分认识，既不能一律不办，也不能成为非法债务、高利贷的帮凶。

金融公证作为商事公证的典型类别，其具有商事公证所具有的特征。一般而言，商事公证的特征主要有：

(1)商主体往往具有较强的专业知识背景，并具有一定的法律知识素养。商主体往往自身设有法务部门，有自己的风控部门。因此在公证实践中，公证机构最好能在相关法律文件中反映出商主体的法务部门或法律顾问对事情的参与程度，这可以在一定限度内划定公证机构和当事人的责任范围。例如，明确记载交易合同范本由当事人提供。又如，对于创新业务，可以要求商主体的法务部门出具法律意见。

(2)商行为具有规模化和要式化特征。许多商行为往往是重复发生的,具有一定的规模性,如股票质押式回购业务。因商行为具有重复发生性,因此某类金融业务往往呈现出要式化的特点,如标准化的契约文本、标准的操作流程和标准材料清单等。公证机构要认真研究商主体此类要式化工作的合法性和可行性问题,敏锐发现其中可能蕴含的风险,从而引导商主体改善和优化相关工作。商行为规模化和要式化的特征,也提醒公证机构要尽量避免系统性的风险。

(3)商行为追求交易资金安全和效率。商行为的交易模式设计都是围绕着交易资金安全和效率进行的,在商事公证中,公证机构应当掌握各种交易风险的规避方法,引导商主体设计比较周密的安全方案。

(4)商行为创新性强。创新是金融的本质。新型的金融产品往往不是先来到法官面前,而是先来到公证员面前,这就对公证机构的整体素质提出了较高的要求。公证既要引导金融创新,又要对冒险行为说不。在创新面前,公证员应该保持理性和清醒,多提示风险,用自己的专业知识服务好商主体。例如,对杠杆率过高的金融产品,公证机构必须提示当事人风险之所在,不鼓励不要命的冒险行为。对于目前众多的P2P产品,公证机构更应该保持谨慎心态,避免为不规范的P2P产品进行背书,误导社会大众。

(5)政策性强。除了基本法规约束外,金融行为还受大量的行业规章管制,甚至包括“窗口指导”,具有较强的政策性。例如,信托类业务有“一法两规”(《信托法》《信托公司管理办法》《信托公司集合资金信托计划管理办法》)。公证机构办理金融公证,一方面应当熟悉掌握金融行为所涉及的政策性规定,另一方面应询问当事人具体金融行为是否违背自己行业的相关行业规范和政策要求。

常见的金融类合同公证:

(1)按照贷款主体不同,可以分为:银行贷款类合同公证、小贷公司贷款类合同公证、信托类公证、企业之间的委托贷款合同公证、传统的民间借贷公证、P2P类民间借贷公证、典当合同公证、融资租赁公证、保理公证。

(2)按照金融活动的法律性质,可以分为:无担保(信用)贷款合同公证、担保贷款合同公证、最高额担保合同公证、授信类合同公证、票据类借款公证、公积金贷款类公证、商业贷款与公积金组合类贷款公证、信托贷款类公证、购房借款类公证、反担保合同公证、典当合同公证、还款协议公证、展期合同公证等。

二、办理金融事务公证需要注意的问题

(1)掌握金融事务其中的交易结构和术语。金融事务往往由多种法律关系构成,有基础关系(资金出借关系)、有担保关系(抵押、质押、保证等)、有延伸法律关系(如保证金约定、资金监管约定、平仓约定等)。公证机构既要全方面弄清楚交易结构,又要引导当事人设计合理的交易结构,根据交易结构来设计合理的公证方案,特别是不能遗漏当事人。公证员可以使用简单明了的图示法来解析复杂的交易结构。另外,公证员也必须要掌握金融公证中常用的术语,务必使这些术语的定义是明确无误的,对于可能引起歧义的术语定义应要求当事人修正。在掌握交易结构、术语和法律关系的前提下,公证员可以为当事人起草交易合同或者对当事人提供的标准化的交易合同进行审查。

(2)鉴于当事人一方提供的商事标准合同往往具有格式条款的效力,公证员应当对各方当事人进行必要的提醒。在当事人提供合同文本的时候,需要特别考虑格式条款问题。我国《合同法》第 39 条规定,格式条款是当事人为了重复使用而预先拟定,并在订立合同时未与对方协商的条款。需要明确的是,经公证员亲自起草的合同或公证机构提供的定型化契约,并不属于格式合同范畴。公证员亲自起草的合同不属于格式合同自无异议。公证员提供的定型化契约虽然具有重复使用而预先拟定的表面特征,但其毕竟不是一方当事人提供给另一方当事人,而是由公证人基于公正立场而居间提供,故其并不符合我国《合同法》对格式条款的上述定义。由公证员亲自起草的合同或提供的定型化契约不受格式条款的审查是大陆法系的习惯做法。德国判例认为,公证人在并未由一方当事人授意的情况下使用其通常的模式来为一项土地买卖合同制作公证书,不属于一般交易条件。相反,如果公证人在制作公证书时使用一方合同当事人向其授意的格式,则显然是一般交易条件。基于由公证人亲自起草的合同或提供的定型化契约不属于格式合同,故在办

理公证时,应尽量采取由公证人起草合同的方式,以当事人提供格式化合同为例外。

在一方当事人提供格式合同时,公证员应履行什么样的职责?例如,银行提供格式化的贷款合同,信托公司提供格式化的股权收益权合同。我国公证机构长期忽略其在审查格式条款中应尽的职责,对格式条款基本采取无视的态度。我国公证员必须要重视在审查格式条款中的职责构建。公证员在其中的工作步骤如下:首先,在工作记录中记录格式合同由谁提供,避免日后产生纠纷。其次,告知格式合同提供方我国法律关于格式条款的相关规定及其法律意义。我国《合同法》关于格式条款的规定为第39~41条。再次,公证员应告知格式合同提供方依据我国《合同法》的规定应向另一方当事人尽到必要的提醒和说明义务。《合同法》第39条规定,提供格式条款的一方应当采取合理的方式提请对方注意免责条款或者限制其责任的条款,按照对方的要求,对该条款予以说明。最后,公证员将有关提醒和说明的过程记录在询问笔录中,还可以将其记载于公证书。这样就通过公证书的形式固定了格式合同提供方履行提醒和说明义务的过程,日后将成为相关凭证。

(3)适当关注资金的回报率问题。资金的出借必定是有成本的,资金使用人必须为此付出利息或使用费。资金的回报遵循着"高风险、高收益,低风险、低收益"的经济学规则。对资金的回报率,许多金融业管理规范对此进行了限制和约束,公证机构必须审核合同所约定的资金回报率是否符合有关要求,超越法定上限的应要求当事人进行调整。例如,银行贷款利率必须遵循中国人民银行关于基准利率及其允许上浮幅度的限制,典当合同必须遵循公安部关于典当综合费率的限制,民间借贷合同利率必须遵循最高人民法院有关司法解释的限制。

(4)关注金融事务中的设定担保问题。担保不是金融公证必须的,但却是非常重要的确保资金安全的法律手段。公证机构应当提醒当事人为交易设定必要的担保,当事人不设置担保或担保不足额的,公证机构应当告知其风险之所在。

当事人设置担保的,公证机构重点审查和提示以下问题:①是否为适格的担保。即担保是否属于法律规定的方式,是否产生担保效果,是否产生优先效力。随着金融创新的推进,许多新的担保方式纷纷出现,对公证员的能力带来了很大的挑战。对于新的担保方式,公证机构一定要分析其是否有法律依据,对于没有法律依据的担保方式要谨慎介入。②担保物是否处于权利受限状况。公证机构应当亲自或者督促提醒当事人落实担保物是否处于查封、抵押等权利受限状况,提醒当事人最好在办好抵押、质押等必要担保手续后再放款。对于顺位抵押情况,应告知当事人顺位抵押的效力和意义,避免当事人被误导。③担保物是否足值。对于担保物显著不足值的情况下,公证机构应告知风险并提示当事人是否追加提供其他担保方式。④担保物是否具备变现可能性。有些担保物的变现是非常困难的,公证机构应提醒当事人关注担保物的日后变现问题。⑤担保物的贬值风险。公证机构应当提示当事人担保物可能面临的大幅度贬值风险,指导当事人根据担保物特性设定比较合理的担保率。⑥担保物的实际管控。担保物的实际管控问题将决定担保物是否能够真正变现,应提醒出借人通过设定具体措施对担保物保有管控权。⑦关于保证人的信誉和担保能力。公证机构不宜越位去审查保证人的信誉和担保能力情况,但是有义务提醒债权人认真关注保证人的信誉和担保能力情况。⑧担保法律后果的特别提示。担保在实现时将对担保人造成极大的损害,因此公证机构在公证之时有义务告知担保人为他人担保的法律后果。这是一种公证的事先警示机制,在担保中绝不可疏漏。

(5)关注赋予强制执行效力。金融公证的核心价值之一是赋予金融债务以强制执行效力,从而能够使债权人快速地收回资金。赋予强制执行效力内容请参见本书第十四章内容。

(6)注意尽可能为金融事务提供综合法律服务。我国许多公证机构已经开始金融公证综合法律服务体系的构建工作,其服务和产品有:代理楼盘签约、事先尽职调查、贷后管理、公司法律顾问、风控管理、协助强制执行、抵押登记手续代办、参与法院组织的商事调解等。

(7)注意提请商行为人履行自己的审核和尽职调查义务。与一般民事公证不同,依据有关法律规定,商行为人对交易有关情况的真实性负有审核和尽职调查义务。例如,商业银行对于借款人的资信和借款用途具有审核和调查的义务。虽然公证机构不因商行为人有该职责而免去自身在这方面的职责，但公证机构的提醒行为有助于减轻其自身的过错责任，因为当事人也需为自己的过错承担责任。

(8)根据司法部文件的要求，不准办理非金融机构融资合同公证。根据司法部印发的《关于公证执业“五不准”的通知》，在有关管理办法出台之前，公证机构不得办理自然人、法人、其他组织之间及其相互之间(经人民银行、银监会、证监会、保监会，商务主管部门、地方人民政府金融管理部门批准设立的从事资金融通业务的机构及其分支机构除外)的融资合同公证及赋予强制执行效力公证。

第二节　银行贷款合同公证

一、概述

银行贷款合同公证是公证机构确认贷款行为及担保行为真实性、合法性的活动。公证机构通过严格的法律审查，对有关贷款风险进行管控，提高合同履约率，预防金融诈骗。

银行工作人员应当面见当事人签署银行贷款合同，同时公证机构也必须面见当事人办理银行贷款公证。面签原则具有重要性，是银行贷款公证的基础。实践中发生的许多银行贷款类错案大都是因银行和公证机构没有很好地执行面签原则而导致的。

公证机构应当对银行提供的格式化的贷款合同进行合法性审查。对于限制借款人权利的有关条款内容应当提醒银行按照我国《合同法》第39条的规定，提请借款人注意该条款并应借款人要求对该条款进行说明。

二、办理银行贷款合同公证需要注意的问题

(1)掌握好利率政策。银行贷款应当遵守国家的利率政策，公证员应熟悉国家的利率政策，应纠正违背利率政策的行为。《商业银行法》第38条规定：商业银行应当按照中国人民银行规定的贷款利率的上下

限,确定贷款利率。该条款属于效力性规范,银行超过贷款利率上限向借款人收取高息的,其超出部分无效。

(2)遵守信贷政策。银行贷款应当遵守国家的信贷政策,如购房贷款中的首付款比例政策。公证员应熟悉国家的有关信贷政策,应纠正违背国家信贷政策的行为。

(3)关注担保措施。银行贷款原则上应当设立担保措施,信用贷款除外。对担保措施进行的审查,除了本章前面所述内容外,还需要注意的问题是:①担保财产是共有的,其他共有人是否同意提供担保。②以国有资产等法律、法规、规章规定该项担保需经有关主管部门批准的,是否已获批准。③抵押物是否存在重复抵押。④担保率是否符合银行的有关信贷政策。⑤公司为他人提供担保的,是否符合《公司法》第16条规定的条件。公司为他人担保的,应按《公司法》第16条规定提供股东会决议或董事决议,公证员应当采取妥当方式对股东会决议、董事会决议的真实性进行核实。

(4)关注赋予强制执行效力。公证员应指导当事人设计合法、可行的公证强执方式。有关内容参见本书第十四章内容。

(5)设置合理的风险控制措施。公证员应当熟悉银行贷款的各类风险,给予贷款人以各种安全提示。对于银行设定的风控措施,应当对其合法性、合理性和可行性进行审查。公证员应当致力于成为风控的专业人士。

(6)可以为银行代办担保登记手续。近年来,为增进公证的价值,我国许多公证机构为银行开展了房屋抵押登记代办服务,确保抵押权的设立。代办抵押登记可以避免银行因为管理疏漏而忘记进行抵押登记。

(7)督促银行执行行业管理规范。《商业银行法》关于贷款程序、资产负债比例、提供担保及担保审查、向关系人发放贷款、贷款用途及借款合同的书面形式等规定属于管理性规范,不影响借贷合同的效力,但公证员发现银行有违反上述管理性规范的,应要求银行改正。

(8)可以提供法律事务代理服务。根据当事人约定,公证机构可以为当事人代理有关法律事务,监督借贷双方诚信履行合同。例如,在借款人不履行还款义务时,公证机构可以根据银行的申请,对借款人还款进行必要的提醒和督促。

(9)提请银行履行面签和调查、审核职责。根据中国人民银行《贷款通则》第27条的规定,贷款人受理借款人申请后,应当对借款人的信用等级以及借款的合法性、安全性、盈利性等情况进行调查,核实抵押物、质物、保证人情况,测定贷款的风险度。

三、办理委托贷款公证需要注意的问题

(1)掌握委托贷款的有关法律法规和政策。委托贷款,系指由政府部门、企事业单位及个人等委托人提供资金,由贷款人(受托人)根据委托人确定的贷款对象、用途、金额期限、利率等代为发放、监督使用并协助收回的贷款。贷款人只收取手续费,不承担贷款风险。金融机构能够开办委托贷款业务的资格经历了由审批制到备案制,再到现在完全放开的过程。由于最高人民法院的司法解释放开了企业之间的借贷,因此从长期来看,委托贷款将会呈现萎缩状况。

委托贷款的利率不需要遵守银行贷款的利率政策,委托贷款的利率可以按照最高人民法院关于民间借贷的利率政策执行。关于委托贷款的期限,并没有强制的法律要求,中国人民银行办公厅《关于取消委托贷款期限限制的批复》(银办函[2001]29号)指出:"鉴于商业银行开办委托贷款业务只收取手续费,不承担任何形式的贷款风险,并考虑到目前办理委托贷款的实际情况和需求,同意你行取消对委托贷款期限的限制"。委托贷款并不强制要求提供担保,中国人民银行《对"关于委托贷款的担保问题的请示"的答复》(银条法[1991]29号)规定:"委托贷款一般不需要担保。有担保人的委托贷款的担保与其他经济合同担保成立的要求一样"。

(2)告知委托人有关委托贷款的基本法律关系。这些告知内容主要是:①发生纠纷时的诉讼问题。[①] ②委托人可以依据《合同法》第402

---

① 1996年,最高人民法院在《关于如何确定委托贷款协议纠纷诉讼主体资格的批复》中指出:"在履行委托贷款协议过程中,由于借款人不按期归还贷款而发生纠纷的,贷款人(受托人)可以借款合同为由向人民法院提起诉讼;贷款人坚持不起诉的,委托人可以委托贷款协议的受托人为被告、以借款人为第三人向人民法院提起诉讼"。

条的规定,直接向借款人直接主张权利。③担保物权登记在受托人名下的风险。在实践中,机器设备、股权等在办理抵押、质押登记时可以登记在委托人名下,而土地使用权或房屋等不动产往往只能登记在受托人(贷款银行)名下,无法直接登记在委托人名下。因此可能出现受托人不承担风险却实际登记为抵押权人,而委托人承担风险却未登记为抵押权人的状况。

(3)委托贷款可以赋予强制执行效力。当借款人不履行还款义务时,受托人(贷款银行)往往没有向公证机构申请强制执行证书的动力。故建议在委托贷款合同中约定委托人可以直接向公证机构申请执行证书,从而避免在签发执行证书时产生委托人是否有资格申请的争论。

第三节　担保合同公证

一、概述

担保是指为了确保特定债权人实现债权,由债务人或者第三人以信用、财产、财产权利等督促债务人履行债务,或者督促合同义务方向相对应的权利人履行义务的一种法律制度,当债务人(义务人)不履行义务时,由担保人先行代为履行或者以所提供的担保财产实现权利。担保的基础形式包括保证、抵押、质押和定金,为设立、变更担保法律关系而签订的合同统称担保合同,具体包括保证合同、抵押合同、质押合同、定金合同等。

担保合同公证是公证机构确认担保行为真实性、合法性的活动。担保行为公证往往伴随着主合同行为公证。

二、办理担保合同公证需要注意的问题

(1)关注基础债权债务关系。债权债务合同属于主合同,担保合同属于从合同,一般而言,主合同无效的,从合同也无效。担保行为具有从属性和附随性。在公证实践中,主从合同应一并申请公证为宜。当事人

只申请对担保合同进行公证的,公证机构应当审查主合同是否合法,是否有无效情形。主合同有无效情形的,公证机构不应对担保合同进行公证。

(2)关注独立担保。与一般担保行为的从属性和附随性不同,独立担保行为具有效力独立性,主债权无效或者被撤销并不影响担保人向债权人承担担保责任,债务人对债权人所拥有的抗辩权,独立担保人不能享有和行使。综合我国法院在合同解释方面遵循以合同内容为主的一般原则,以下约定的内容可以构成独立担保:①约定为无条件、不可撤销担保的;②约定为见单即付担保的;③约定为见索即付担保的;④约定为担保人不享有先诉抗辩权和主合同一切抗辩权的。[①] 国内银行在贷款中也经常使用有“担保人提供无条件和不可撤销的担保”条款的担保合同。我国法律、法规、司法解释对独立担保没有强制性、限制性规范,法官在裁判独立担保案件时,一般按意思自治原则,尊重当事人的约定。但值得注意的是,目前司法实践中,主要是承认独立担保可以适用于涉外领域,对于国内的独立担保尚存在较大争议。在公证实践中,对独立担保合同公证机构可以公证,但应当特别提示担保人关于独立担保的法律意义。

(3)关注跨境担保。依据于2014年6月1日起实施的《跨境担保外汇管理规定》,跨境担保是指担保人向债权人书面作出的、具有法律约束力、承诺按照担保合同约定履行相关付款义务并可能产生资金跨境支付或资产所有权跨境转移等国际收支交易的担保行为。按照担保当事各方的注册地,跨境担保分为内保外贷、外保内贷和其他形式的跨境担保。《跨境担保外汇管理规定》对不同形式的跨境担保作了不同的要求,公证机构在办理跨境担保公证时,应当要求当事人按照上述管理规定做好有关登记和备案工作。

(4)关注非典型担保形式。我国《担保法》和《物权法》是以典型担保方式进行制度设计的,在实践中还存在诸多非典型的担保形式。这些

① 参见曹士兵:《中国担保制度与担保方法》(第3版),中国法制出版社2015年版,第43页。

非典型的担保方式主要有:①所有权保留、附让与担保内容的有价证券回购、进口押汇、账户质押、金钱质押、不动产收益权质押、有追索权的应收账款转让、附买回条款的买卖、收费权担保、债权质押(以借条、提货单、合同、保单的出质)、融资担保。我国奉行的是"物权法定"原则,对于没有明确法律依据规定的担保方式,公证机构是否可以给予公证呢?根据学界通说,从合同法的角度来说,当某一典型担保方式不违反法律、法规的强制性规定时,应当承认当事人之间缔结的非典型担保合同的效力。公证员应提醒当事各方,非典型担保不产生物权效力,只产生债法效力。鉴于非典型担保方式不产生物权效力,公证员应提醒当事人注意通过主动设置防范措施防止意外风险。

(5)关注共同担保。所谓共同担保,是指对同一债权提供的两种以上的担保方式。各担保人之间因对同一债权提供担保,形成共同担保关系。在共同担保关系中,理顺各担保人的责任和顺序是非常重要的。对于共同担保,公证员应当指导当事各方设置清晰的责任承担规则,避免日后产生纠纷。

(6)关注公益单位提供担保。《担保法》第37条规定不准抵押的财产有:"学校、幼儿园、医院等以公益为目的的事业单位、社会团体的教育设施、医疗卫生设施和其他社会公益设施。"最高人民法院《关于适用〈中华人民共和国担保法〉若干问题的解释》(以下简称《担保法解释》)第53条规定:"学校、幼儿园、医院等以公益为目的的事业单位、社会团体,以其教育设施、医疗卫生设施和其他社会公益设施之外的财产为自身债务设定抵押的,人民法院可以认定抵押有效。"办理此类公证时需注意:①学校、幼儿园、医院等必须是为自身债务设定抵押,不能为他人债务设定抵押。②无论是公办还是民办的学校、幼儿园、医院都遵循该规定。如果学校、幼儿园、医院是注册为公司的,则不受此限制,此处是指"事业单位、社会团体"。值得注意的是,我国教育改革以来许多大学成立了民营的独立学院,这些二级学院如果还没有注册为公司

① 参见曹士兵:《中国担保制度与担保方法》(第3版),中国法制出版社2015年版,第23~27页。

的,也应按该规定执行。③必须是非公益财产。关于非公益财产的认定,应当根据设施的性质和规划等进行判别,有疑问时可以请有关主管部门出具确认文件。

(7)关注公司对外担保。请参见本书第九章第九节有关内容。

(8)关注保证行为。公证机构应当注意以下问题:①一般责任保证和连带责任保证。因连带责任保证人不享有先诉抗辩权,连带责任保证的担保责任重于一般责任保证,公证员应当告知保证人连带责任保证的法律意义。②关于保证人的清偿能力。保证人具有代为清偿能力是替人作保的基本条件,但法律并不强求保证人一定满足什么样的清偿能力。公证员应当提醒债权人关注保证人的清偿能力以及调查了解保证人的经济状况,特别告知债权人公证机构不会对保证人的清偿能力作审查和信誉担保。③赋予强制执行效力。对保证债务赋予强制执行效力时,应要求一般责任保证人承诺放弃先诉抗辩权,否则不宜赋予强制执行效力。④保证人的禁止主体。依照《担保法》的规定,禁止作保证人的主体有:国家机关、以公益为目的的事业单位和社会团体、企业法人的职能部门、未经授权的企业法人的分支机构。⑤共同保证。两个以上保证人为同一债权提供的保证,成为共同保证。公证员应当指导各保证人与债权人对保证人的保证责任进行明确约定,可以设计为按份共同保证或者连带共同保证。⑥保证关系中的欺诈。实践中存在债权人欺诈保证人、债务人欺诈保证人、债权人和债务人恶意串通欺诈保证人、债务人和保证人共同欺诈债权人等情形,公证机构应该从严审查。⑦保证人配偶意见。保证人为自然人的,是否需要征询保证人配偶同意或列为共同保证人,应当根据私法自治原则由各方当事人自由决定。

(9)关于抵押。公证机构应当注意以下问题:①抵押合同成立和抵押权设立。两者是不同的概念。根据《合同法》第44条和《物权法》第15条的规定,除法律另有规定或当事人另有约定外,抵押合同自合同成立时生效,房屋抵押权设立则以登记作为标志。故不宜设定"抵押合同自抵押物办理抵押登记时生效"的条款。②抵押物的范围。抵押类型有:房地产项目抵押与预售房屋抵押、建筑物与在建工程抵押、建设用地使用权抵押和集体用地使用权抵押、林木及林地使用权抵押与草地使用权抵押、农作物抵押、海域使用权与探矿权抵押、车辆船舶航空器抵押、一般动产抵押等。公证机构除适用《物权法》《担保法》《合同法》的一般规定外，还需要依据《海商法》《民用航空法》《海域使用管理法》等特别法的规定。③共有财产抵押。按份共有和共同共有财产进行抵押的，都应当获得其他共有人的同意。④公证机构进行抵押登记。公证机构办理抵押登记，抵押权人可以获得对抗第三人的权利。公证机构应当按照根据《担保法》第43条和司法部制定的《公证机构办理抵押登记办法》规定的范围进行。⑤不得抵押的财产。依据有关法律，不得抵押的财产有：土地所有权；耕地、宅基地、自留地、自留山等集体所有的土地使用权；学校、幼儿园、医院等以公益为目的的事业单位、社会团体的教育设施、医疗卫生设施和其他公益设施；所有权、使用权不明或有争议的财产；依法被查封、扣押、监管的财产；禁止流通的财产；国家机关的财产；违法、违章的建筑物。⑥流质抵押。当事人在抵押合同中作有关财产如何处分的约定，这些约定是否构成流质条款，应当根据物权法和担保法的有关规定来进行判断。《担保法解释》第57条第1款规定："当事人在抵押合同中约定，债务履行期限届满抵押权仍未受清偿时，抵押物的所有权转移为债权人所有的内容无效。该内容的无效不影响抵押合同其他部分内容的效力。"⑦抵押权的实现。除了诉讼请求实现抵押权外，《物权法》第195条还规定了"可以直接请求人民法院拍卖、变卖抵押财产"的特别程序。

（10）关注质押。动产质押公证比较少见，常见的是权利质押公证。办理权利质押公证，公证机构需要注意以下问题：①权利种类。依照《物权法》第223条的规定，在我国可出质权利的种类有：仓单、提单等物权凭证所指向的动产物权；存款单、票据、债券等债券凭证所指向的债权；可以转让的基金份额、股权；可以转让的注册商标专用权、专利权以及著作权中的财产权；可以转让的应收账款；法律、行政法规规定可以转让的其他财产权。在实务中，某种新型权利是否可以出质，公证员应当查找是否有法律、行政法规的明确规定。法律、行政法规没有明确规定可以出质的，应不予公证。②不得出质的权利。依照《物权法》第223

条和其他相关法律的规定，不得作为质权客体的权利大体有：①不动产用益物权，如建设用地使用权、土地承包经营权、地役权等；准物权，如采矿权、探矿权、海域使用权等；性质上不具有可让与性的财产权利，如养老金请求权、抚恤金受领权、退休金领取权等；依法不得转让的权利，如公司成立之后一定期限内的发起人股份；当事人约定不得转让且相对人知悉该约定的权利，如注明不得转让的票据；抵押权、质权、留置权等担保物权；已受查封、冻结的权利，如已被冻结账户的存款单；法律、行政法规禁止转让的其他权利，如不得转让的生猪屠宰权、烟草专卖权、特许经营权等，但法律规定依照特定程序和方式可以转让的除外。③应收账款质权。依据中国人民银行《应收账款质押登记办法》，应收账款是指权利人因提供一定的货物、服务或者设施而获得的要求义务人付款的权利，包括现有的和未来的金钱债权及其产生的收益，但不包括因票据或者其他有价证券而产生的付款请求权。可以出质的应收账款包括下列类型：销售产生的债权，包括销售货物，供应水、电、气、暖，知识产权的许可使用等；出租产生的债权，包括出租动产或不动产；提供服务产生的债权；公路、桥梁、隧道、渡口等不动产收费权；提供贷款或其他信用产生的债权。公证员应当提醒质权人办理出质登记，应收账款登记由质权人通过中国人民银行征信中心的登记公示系统办理，质权自质权人向该中心办理出质登记时设立。

(11)对担保债务可以赋予强制执行效力。对担保债务赋予强制执行效力的，须征得担保人同意。最高人民法院的司法解释对担保债务能够赋予强制执行效力已经采取完全认可态度。2015 年 5 月 5 日实施的最高人民法院《关于人民法院办理执行异议和复议案件若干问题的规定》第 22 条规定：公证债权文书对主债务和担保债务同时赋予强制执行效力的，人民法院应予执行。仅对主债务人赋予强制执行效力未涉及担保债务的，对担保债务的执行申请不予受理；仅对担保债务赋予强制执行效力未涉及主债务的，对主债务的执行申请不予受理。人民法院受理

① 参见曹士兵：《中国担保制度与担保方法》（第 3 版），中国法制出版社 2015 年版，第 352 页。

担保债务的执行申请后，被执行人仅以担保不属于赋予强制执行效力的公证债权文书范围为由申请不予执行的，不予支持。

三、办理应收账款质押公证需要注意的问题

(1)各类收费权进行质押的，应查看是否有明确的法律法规或政策规定可以进行质押。鉴于各类收费权质押具有社会敏感性，办理公证时应查看是否有明确的法律法规或者政策规定。目前涉及有政策规定的收费权质押主要有公路收费权、农网电费收费权、学生公寓收费权、电费收费权、水费收费权、污水处理费收费权、垃圾处理费收费权、防洪建设费收费权、学校和医院收费权、旅游景点门票收费权等类型。这些收费权的主要政策依据有国务院《关于收费公路项目贷款担保问题的批复》(国函[1999]28号)、国家发展计划委员会和中国人民银行《关于印发〈农村电网建设与改造工程电费收益权质押贷款管理办法〉的通知》(计基础[2000]198号)、中国人民银行和教育部《关于进一步解决学生公寓等高等学校后勤服务设施建设资金问题的若干意见》(银发[2002]220号)等。对于没有法律法规或政策明确规定的收费权质押，公证机构应当谨慎办理。

(2)应当告知质权人应收账款质押可能存在的风险。应收账款质押可能存在这些风险：应收账款质押债权能否转让的风险；应收账款质押债权是否特定化带来的风险；应收账款质押债权的期限性、时效性带来的风险；应收账款质押债权的基础合同当事人纠纷带来的风险；应收账款质押债权超过法定期限带来的风险；应收账款质押债权的出质人的危害行为带来的风险。

(3)提请质权人对应收账款进行真实性、有效性审查。应收账款的真实、有效是应收账款质押的基础，质权人有义务对其进行审查。虽然公证机构有义务对应收账款的真实、有效进行形式上的审查，但公证机构并没有对应收账款真实、有效的担保义务。为确保应收账款的真实、有效性，最好请债权人和债务人签署债务确认书。

四、办理在建工程抵押公证需要注意的问题

(1)告知抵押权人,建筑工程承包人的优先受偿权优先于在建工程抵押权,提请抵押权人关注该风险并采取有关措施规避风险。《合同法》第286条规定了建筑工程承包人的优先受偿权。最高人民法院《关于建设工程价款优先受偿权问题的批复》(法释[2002]16号)规定,建筑工程的承包人的优先受偿权优于抵押权和其他债权。实务中银行往往要求建筑工程的承包人书面放弃建设工程优先受偿权,这也是规避风险的办法之一。[①] 很多时候承包人往往为工程进行垫资,故为了慎重起见,对建筑工程的承包人书面放弃建设工程优先受偿权的承诺,公证机构宜直接与承包人进行沟通,使其知晓放弃的不利后果,了解其真实意愿。

(2)在已经进行建设用地使用权抵押的情况下,不应再办理在建工程抵押。在建工程抵押效力及于工程所占用的建设土地使用权,故建设用地使用权已经办理抵押的,在没有解押前,不应再办理在建工程抵押,应当不予公证。

(3)处理好在建工程抵押与商品房预售的关系。有许多在建工程在进行商品房预售后进行抵押贷款。为了保护商品房购买者和银行的利益,公证机构不宜对已经有商品房预售的在建工程办理抵押公证。符合条件的在建工程抵押公证时,公证员也应当告知开发商日后在预售已经办理在建工程抵押公证的商品房时,应当按照《担保法》和《物权法》的规定,征得抵押权人同意并事先告知购房者。

(4)告知当事人应当到相关部门办理在建工程抵押登记。《物权法》对在建工程抵押权效力实行的是登记要件主义,即对在建工程设定

---

① 值得注意的是,实践中对于此种做法的法律效力是有很大争议的,主要有有效论和无效论两种观点。有效论认为承包人的优先受偿权是一项民事权利,既然是权利而非义务,遵循尊重合同双方当事人意思自治的民法理念,权利人完全可以自由决定行使或者放弃。司法实践中,很多法官都是持有效论的观点,在判决中认定承包方出具的放弃承诺有效。而无效论则认为,建设工程优先受偿权是一项法定权利,当事人不能事先约定其产生,也无权约定放弃该权利的行使。公证员对于有争议的观点,可以在告知当事人相关利弊后继续公证。

抵押时,必须由相关登记机关依法进行抵押权登记,抵押权才成立并生效。但是《物权法》并没有对在建工程的登记机关进行明确规定,实务中应当根据当地情况到适格的登记机关进行登记。例如,在建商品房的抵押登记应当到当地不动产登记中心进行。

五、办理房屋抵押公证需要注意的问题

(1)房屋属于共有的,应当征得其他共同共有人或按份共有人同意。在实务中,有些房屋被登记为“单独所有”,从保护银行债权出发,宜征求配偶一方的意见,不宜直接认定为登记人个人所有,除非登记人能够提供夫妻财产协议或者房屋档案中有双方类似的意思表示的文件。

(2)应告知当事人尽快到不动产登记中心办理房屋抵押登记手续。办理公证并不等同于房屋抵押登记,为保障债权人利益,公证员可以建议债权人办理完房屋抵押登记后再放款,避免在房屋抵押登记中出现意外时导致债权无保障。

(3)公证员亲自或者要求当事人自行核实房屋是否处于权利受限(被查封、抵押等)状态。到不动产登记中心核实房屋是否处于权利受限状态是办理房屋抵押公证的必要前置手续,可以由公证员亲自核实或者要求当事人自行核实。当事人决定办理房屋抵押合同公证后再去核实房屋是否处于权利受限状态的,公证员应告知债权人在办妥抵押登记手续前提前交付资金可能存在的债权无担保的风险。

(4)核实房屋所涉及的土地使用权状况。房地一体主义是我国的基本法律规则,但在实践中存在只办理了房产证没有办理土地证的情况。随着《不动产登记暂行条例》的实施,各地在办理房屋抵押公证时也纷纷要求解决土地证的问题。故公证机构在办理房屋抵押公证时,应当一并审查土地使用权情况,并告知当事人相关风险。

六、办理股票质押式回购公证业务需要注意的问题

(1)熟练掌握股票质押式回购业务。根据上海证券交易所与中国证券登记结算有限公司《股票质押式回购交易及登记结算业务办法(试行)》的规定,股票质押式回购是指符合条件的资金融入方以所持有的

股票或其他证券质押,向符合条件的资金融出方融入资金,并约定在未来返还资金、解除质押的交易。股票质押式回购业务的基本业务流程为:①融入方、融出方、证券公司各方签署《股票质押回购交易业务协议》。②证券公司根据融入方和融出方的委托向上交所交易系统进行交易申报。③交易系统对交易申报按相关规则予以确认,并将交易结果发送中国结算上海分公司。④中国结算上海分公司依据上交所确认的成交结果为股票质押回购提供相应的证券质押登记和清算交收等业务处理服务。融入方是指具有股票质押融资需求且符合股票质押融资需求且符合证券公司所制定资质审查标准的客户。融出方主要为证券公司或其管理的集合资产管理计划。股票回购的标的证券为上交所上市交易的A股股票或其他经上交所和中国结算公司所认可的证券。当事人主要是申请对《股票质押式回购交易业务协议》进行公证并赋予强制执行效力。

(2)告知资金融入方股票被强行平仓的风险。在股权质押式回购业务中,如果股票的市值低于平仓线时,股票将被强行平仓进行卖出,这是出质人面临的最大风险。在股权质押式回购业务中,设置合理的质押率对资金融出方来说,也是其需要首先考虑的风险,公证员应提供合理指导意见供其参考。如果质押率设置导致杠杆过高,往往意味着风险,公证员可以建议当事人适当降低杠杆率。

七、办理存单质押公证需要注意的问题

(1)必须认真核实存款人(出质人)的身份。核实出质人的身份本是公证员应尽的公证义务,但鉴于实务中假冒存款人(出质人)的情况频发,故有必要重申该身份核实职责的必要性。

(2)必须事先进行存单核押。存单质押除了依法签署书面合同并进行存单交付外,最必要的安全举措是进行存单核押。有的存款人将存单出质后,又到签发存单的金融机构申请挂失将存单下款项提走,当出质人不履行债务时,质权人持存单向金融机构行使存款请求权时,金融机构以存款被取走为由拒绝兑付,由此使得质权人的质权落空。

存单核押是指质权人将存单质押的情况告知金融机构,并就存单真

实性向金融机构咨询,金融机构对存单的真实性予以确认并在存单上或以其他方式签章的行为。存单核押具有重要的法律意义。最高人民法院《关于审理存单纠纷案件的若干规定》第 8 条第 3 款规定:“以金融机构核押的存单出质的,即使存单系伪造、变造、虚开,质押合同均为有效,金融机构应当依法向质权人兑付存单所记载的款项。”《担保法解释》第 100 条规定:“以存单出质的,签发银行核押后又受理挂失并造成存款流失的,应当承担民事责任。”

八、办理工程机械抵押公证需要注意的问题

(1)提请银行对工程机械抵押贷款进行合理的法律设计,控制相关风险。工程机械抵押担保贷款,是借款人在已准入的工程机械经销商处购买指定型号或者指定品牌的营运车辆、工程机械时,以拟采购的工程机械为抵押物,向商业银行申请发放的人民币担保贷款。此类贷款由生产厂家或者销售经销商提供全程担保,贷款期限最长不超过 3 年,贷款额不得超过拟购买设备总价款(发票价格)的 80%。

因抵押的工程机械并不在银行的控制范围,故公证员应告知银行相关风险,并指导其采取合理的风险规避措施。实务中,一般设定生产厂家或者销售经销商的回购担保条款(或者垫款条款)。公证员应提请银行对借款人的资信情况进行审查,应建议银行、生产厂家或者销售经销商对抵押的工程机械进行 GPS 定位和必要时进行锁定,提醒银行注意工程机械可能存在过度贬值的风险。

(2)指导当事人到相关部门办理工程机械抵押登记。对工程机械抵押登记的效力,我国立法采取的是登记对抗主义。虽然工程机械抵押登记并不是必须的,但为加强对第三人的对抗效力,却是有必要的。个人的工程机械抵押登记部门为公证机构。

(3)应严格审查工程机械交易是否真实,避免批量假按揭的情况发生。有时候生产厂家或者销售经销商为了骗取贷款,找人拟就虚假的工程机械交易向银行进行假按揭。公证员在察觉此类情形后,应当不予公证。公证员应当提请银行注意审核工程交易的真实性。

九、办理国有土地使用权抵押公证需要注意的问题

(1)应核实国有土地使用权是否处于权利受限制状态。公证员应当亲自或者由当事人到不动产登记中心核实国有土地使用权是否处于抵押、查封等权利受限状态。同时为了避免在公证与抵押登记的时间间隔中产生查封等情况,公证员应建议债权人在办理抵押登记手续后再行放款,以避免发生债权无担保的风险。

(2)应建议债权人对土地价值进行评估。土地价值评估不是办理国有土地使用权抵押公证的必须程序,但从安全角度出发,公证员应建议进行评估并提醒债权人设置合理的抵押率,提请注意土地可能过度贬值带来的风险。

(3)应严格审查抵押的国有土地使用权是否存在权利瑕疵情况。这些权利瑕疵主要有:①国有土地使用权取得瑕疵。例如,抵押土地是储备土地,而储备土地只有在办理土地使用权证后方可抵押。②权利限定性瑕疵。例如,土地没有达到开发程度的。主要是指以出让方式取得国有土地使用权的,转让房地产时未按照出让合同约定进行投资开发,其中属于房屋建设工程的,出让人和受让人未完成开发投资总额的25%以上的。③依法被查封、扣押、监管或者采取其他诉讼保全措施的国有土地使用权。④划拨土地使用权抵押的。划拨土地使用权抵押时,需要从土地价格中扣除土地出让金。⑤土地使用权上存在租赁权的。⑥权属不明或存在争议。公证员应要求当事人采取措施消除权利瑕疵状态,权利瑕疵状况无法消除的,应不予公证。

第四节　典当合同公证

一、概述

典当是指当户将其动产、财产权利作为当物质押或者将其房地产作为当物抵押给典当行,交付一定比例费用,取得当金,并在约定期限内支

付当金利息、偿还当金、赎回当物的行为。

当票是狭义的典当合同，典当双方达成的当户向典当行还本付息的书面协议，实质上是简明形式的借款合同。当票为格式合同，由于不能修改或约定内容有限等原因，实践活动中当票贷款人典当行与当户借款人通常签订借款抵押、质押类型合同，除约定典当金额、当期、费率等内容外，还详细约定关于当物质押或者房地产抵押双方的权利义务。

二、办理典当合同公证需要注意的问题

(1)公证员应告知当事人典当中担保物权的实现方式。典当中的担保物权实现有其特殊的形式，既不同于我国典当行业的习惯，也与《担保法》中的担保物实现方式略有不同。对此，商务部、公安部《典当管理办法》第43条对绝当物品的处理方式进行了规定。根据该规定，绝当物估价金额不足3万元的，典当行可以自行变卖或者折价处理，损溢自负；当物估价金额在3万元以上的，可以按照《担保法》的有关规定处理，也可以双方事先约定绝当后由典当行委托拍卖行公开拍卖。

(2)综合费率不得超过法定限额。根据《典当管理办法》第38条的规定，动产质押典当的月综合费率不得超过当金的42‰，房地产抵押典当的月综合费率不得超过当金的27‰，财产权利质押典当的月综合费率不得超过当金的24‰。当事人约定的月综合费用超过法定限额的，应当要求当事人进行更正。如果当事人拒绝更正的，公证员则应该不予公证或者将所有不利后果告知当事人后谨慎办理。之所以可以谨慎办理，是因为《典当管理办法》属于部门规章，这些规定属于管理性规范而非强制性效力性规范。在实践中，许多法院认为当事人约定的综合费用尽管符合《典当管理办法》上限的规定但依然超出民间借贷年利率24%的上限的，超过部分不予保护。公证员应告知当事人超过部分得不到保护的法律风险的存在。

(3)典当期限不得超过法定期限。《典当管理办法》第36条规定，典当期限最长不得超过6个月，典当期内或典当期限届满后5日内，经双方同意可以续当，续当一次的期限最长为6个月。当事人约定的典当期限超过法定期限的，应当要求当事人进行更正。如果当事人拒绝更正

的,公证员则应该不予公证或者将所有不利后果告知当事人后谨慎办理。

(4)典当余额不得超过法定限额。《典当管理办法》第44条对典当余额作了诸多法定限额规定。例如,典当行对同一法人或者自然人的典当余额不得超过注册资本的25%;注册资本不足1000万元的,房地产抵押典当单笔的金额不得超过100万元。房地产抵押典当余额不得超过注册资本。当事人约定的典当金额超过法定限额的,应当要求当事人进行更正。如果当事人拒绝更正的,公证员则应该不予公证或者将所有不利后果告知当事人后谨慎办理。

(5)当金利率不得超过法定限额。《典当管理办法》规定,当金利率按中国人民银行公布的银行机构6个月期法定贷款利率及典当期限折算后执行,且利息不得预扣。当事人约定的当金利率超过法定限额的,应当要求当事人进行更正。如果当事人拒绝更正的,公证员则应该不予公证或者将所有不利后果告知当事人后谨慎办理。

(6)可以对典当合同赋予强制执行效力。典当合同的实质是借款合同,只要合同中约定的债权债务明确且载明了债务人愿意接受执行的承诺就可以赋予强制执行效力。如果当事人约定的利率、综合费用、典当期限、典当余额超过法定限额而且拒绝更正的,虽然可以给予公证,但不建议赋予强制执行效力。为便于日后核实债务履行情况,可以在公证时要求当事人提交当票和当金付款凭证,以避免利息预扣情况。

(7)不得为典当行超过营业范畴的业务办理公证。《典当管理办法》第26条规定,典当行不得经营下列业务:①非绝当物品的销售以及旧物收购、寄售。②动产抵押业务。③集资、吸收存款或者变相吸收存款。④发放信用贷款。

(8)注意典当向民间借贷关系的转变。如果典当合同中存在最高额典当、已有抵押的房屋设立典当、多次典当、典当合同附有第三人担保等情形,则该合同仅仅是挂着"典当"名义的借款。公证员应当要求当事人按照民间借贷关系重新撰写合同,并按照一般民间借贷关系办理公证。

第五节　融资租赁合同公证

一、概述

融资租赁合同是出租人根据承租人对出卖人、租赁物的选择，向出卖人购买租赁物，提供给承租人使用，承租人支付租金的合同，在租赁期内租赁物件的所有权属于出租人所有，承租人拥有租赁物件的使用权。

融资租赁合同是融信贷与租赁为一体的一种租赁合同。它与传统租赁合同有相同特征，又具有自己的特殊性。融资租赁合同有以下特征：(1)一般融资租赁合同为三方当事人，即出租人(买受人)、承租人、出卖人。出租人为专门经营融资租赁业务的公司，需由金融管理部门批准特许才能从事融资租赁行业。(2)融资租赁合同一般包含两个合同，即租赁合同、买卖合同。(3)租赁期限届满，承租人可以续租，或取得租赁物所有权，或将租赁物退还出租人。(4)融资租赁合同为要式合同，须采用书面方式订立。

融资租赁的表现形式有直接租赁、转租赁、回租、杠杆租赁、经营租赁、风险租赁、销售式租赁、项目融资租赁、委托融资租赁等。直接融资租赁是由承租人选择需要购买的租赁物件，出租人通过对租赁项目风险评估后出租租赁物件给承租人使用。回租，是物的所有权人先与租赁公司签订《买卖合同》，将设备出售给租赁公司，获得融资资金，租赁公司再与其签订《回租合同》将该设备租给原所有人，承租人按《回租合同》还完全部租金，付清物的残值以后重新取得所有权。最高人民法院司法解释已经认可了售后回租的方式。①

① 最高人民法院《关于审理融资租赁合同纠纷案件适用法律问题的解释》第2条规定，承租人将其自有物出卖给出租人，再通过融资租赁合同从出租人处租回的，人民法院不应仅以出租人未取得行政许可为由认定融资租赁合同无效。

二、办理融资租赁合同公证需要注意的问题

(1)严格按照《合同法》和最高人民法院《关于审理融资租赁合同纠纷案件适用法律问题的解释》(以下简称《融资租赁司法解释》)办理融资租赁合同公证。融资租赁合同涉及法律关系比较复杂,公证员应当严格遵循上述两个法律文件。

(2)出租人授权承租人将租赁物抵押给出租人的抵押协议,可以公证。因租赁物缺乏公示办法,许多租赁公司采取上述抵押登记方式对租赁物进行优先权保护,这种将自己享有所有权的租赁物再抵押给自己的方式虽然法理上有些不通,但最高人民法院以司法解释的方式承认了这种"自物抵押"公示方法的合法性。[①] 当事人申请对此类抵押合同进行公证的,也应当可以为其办理公证。

(3)公证机构可以尝试将公证作为租赁物公示的办法。租赁物的公示可以产生对抗第三人的效力。公证机构对融资租赁合同进行公证之后,可以根据出租人和承租人的授权对租赁物进行必要的标识,也可以在相关网站上对租赁物进行公示,从而有希望起到《融资租赁司法解释》第9条所规定的对抗效力。租赁物的公示方式各地正在进行积极尝试,公证行业可以在其中有所作为。

(4)融资租赁属于金融业务,租赁公司应当具备相关资质文件。融资租赁分为金融租赁和商业融资租赁,前者由人民银行发金融许可证,后者由商务部(商务厅)发许可证。租赁公司不能提供上述资质文件的,应当不予公证。基于部分租赁物的特殊性,有关政府部门就特定租赁物的经营许可作出了资质限制,如果租赁公司不具备这方面资质的,公证机构也可以为其办理公证。最高人民法院在颁布《融资租赁司法解释》答记者问时指出,"融资租赁交易有其特殊性,即出租人在融资租赁交易中主要承担资金融通的功能,其购买租赁物的目的系提供给承租人使用,而非将租赁物作为其自身从事生产经营活动的工具。因此,从融资租赁交易的本质来看,要求出租人具备特定租赁物的经营许可并无

---

① 详见《融资租赁司法解释》第9条的规定。

必要"。《融资租赁司法解释》第 3 条规定，根据法律、行政法规规定，承租人对于租赁物的经营使用应当取得行政许可的，人民法院不应仅以出租人未取得行政许可为由认定融资租赁合同无效。

(5)应审查判断融资租赁的关系是否真实，指导当事人按照真实的法律关系办理公证。有的合同虽然名为融资租赁合同，但实际上并无实际的租赁物，从当事人的权利义务约定上看，仅有资金的借贷，而无租赁物的占有、使用。有的虽有租赁物，而租赁物的价值与租金构成并无直接关联关系或差异过大，合同中约定的租金体现的不是租赁物的购买价值及出租人的成本利润，而是承租人占用资金的利息成本。对于这些名义上为"融资租赁"的合同，公证员应告知其规避法律的不利后果，建议其按照实际构成的法律关系申办公证。

(6)对融资租赁合同可以赋予强制执行效力。融资租赁合同无论有无设定担保都可以赋予强制执行效力，已经逐步成为公证机构和法院的共识。浙江省司法厅、浙江省高级人民法院等八部门联合发布的《关于公证服务金融改革创新防范金融风险的指导意见》明确指出："对商业银行、典当、小额贷款公司、融资担保公司、融资租赁公司、商业保理等金融服务主体所签订的融资、典当、保理等合同进行公证，并依法赋予债权文书强制执行效力。"

当承租人不支付租金构成违约时，出租人的权利救济手段为要求支付全部租金或收回租赁物。我们认为，具备强制执行效力的既包括租金给付义务，也包括租赁物的归还，但在申请执行证书时，应当建议出租人择一而行使。最高人民法院在颁布《融资租赁司法解释》答记者问时指出，"从法理上看，支付全部租金的诉讼请求实际上是要求继续履行合同，仅是要求租金加速到期；而收回租赁物的诉讼请求实际上是解除合同，故这两项请求在本质上是相矛盾的。因此，出租人只能择一行使"。该司法解释第 21 条第 1 款规定，出租人同时提出上述两项诉请的，人民法院应告知其作出选择。公证机构在签发执行证书时，宜参照该司法解释的规定。

《融资租赁司法解释》第 21 条第 2 款规定，"出租人请求承租人支付合同约定的全部未付租金，人民法院判决后承租人未予履行，出租人再行起诉解除融资租赁合同，收回租赁物的，人民法院应予受理"。人民法院可以二次受理出租人的请求,这引申出一个公证问题——公证机构是否可以二次出具执行证书。即出租人请求公证机构出具强制执行全部未付租金的执行证书后,承租人未予履行的,出租人是否可以再次向公证机构申请出具收回租赁物的执行证书?从保护出租人利益来看,似应准许公证机构二次出具执行证书为宜。关于这个问题,实践中尚存在争议,公证机构拟二次出具执行证书的,宜先征求本地法院的意见为妥。

第六节　保理合同公证

一、概述

国际统一私法协会的《国际保理公约》定义,保理是指卖方与保理商间存在的一种契约关系。银监会于2014年4月10日发布的《商业银行保理业务管理暂行办法》明确了保理的定义,即保理业务是以债权人转让其应收账款为前提,集应收账款催收、管理、坏账担保及融资于一体的综合性金融服务。债权人转让其应收账款给商业银行,由商业银行向其提供下列服务中至少一项的,即为保理业务:①应收账款催收;②应收账款管理;③坏账担保;④保理融资。应收账款催收,是指保理商根据应收账款账期,主动或应债权人要求,采取电话、函件、上门等方式或运用法律手段等对债务人进行催收;应收账款管理,是指保理商根据债权人的要求,定期或不定期向其提供关于应收账款的回收情况、逾期账款情况、对账单等财务和统计报表,协助其进行应收账款管理;坏账担保,是指保理商与债权人签订保理协议后,为债务人核定信用额度,并在核准额度内,对债权人无商业纠纷的应收账款,提供约定的付款担保;保理融资,是指以应收账款合法、有效转让为前提的银行融资服务。

目前办理保理业务的主要法律依据是中国银行业协会于2010年4月颁布的《中国银行业保理业务规范》和中国银监会于2014年颁布的《商业银行保理业务暂行办法》。办理保理业务的机构有商业银行和商业保理公司。有追索权保理是指在应收账款到期无法从债务人处收回时,商业银行可以向债权人反转让应收账款、要求债权人回购应收账款或归还融资。有追索权保理又称回购型保理。无追索权保理是指应收账款在无商业纠纷等情况下无法得到清偿的,由商业银行承担应收账款的坏账风险。无追索权保理又称买断型保理。

在商业保理中,一般的操作程序是:①买卖双方共同向保理商提出申请。②卖方开出发票交给保理商,并共同向买方发出债权转让通知。③银行向卖方发放融资款。④发票到期日,买方将价款打给保理商,保理商扣除融资款成本和利息及费用后,余款打给卖方。

二、办理保理合同公证需要注意的问题

(1)应提醒保理商尽到必要的审核和尽职调查职责。保理以应收账款的转让作为前提,因此应收账款的真实与合法,债权人和债务人的资信情况将成为保理合同的重要基础。根据《商业银行保理业务暂行办法》第15条的规定,商业银行应当对客户和交易等相关情况进行有效的尽职调查,重点对交易对手、交易商品及贸易习惯等内容进行审核,并通过审核单据原件或银行认可的电子贸易信息等方式,确认相关交易行为真实合理存在,避免客户通过虚开发票或伪造贸易合同、物流、回款等手段恶意骗取融资。公证员应注意询问保理商是否已经对上述因素进行了必要的尽职调查,应当向保理商阐明公证机构不对应收账款的真实性、有效性负担保责任。

(2)公证员对应收账款的真实、有效性进行必要审查和关注。虽然公证机构不对应收账款的真实性、有效性负担保责任,但鉴于应收账款的真实与有效影响保理合同的有效性,故公证员应对应收账款的真实性、有效性进行必要审查和关注。通过证据材料能够合理怀疑应收账款的真实性和合法性存在问题的,应当将该意见告知保理商,保理商坚持公证的,应告知其不利法律后果。通过证据材料能够确定应收账款虚假的,应不予公证。为证明自己已尽到必要的审查义务,公证员可以要求债权人和债务人签署应收账款真实、合法的债务确认书。

为确保应收账款无质押状况,公证员应建议保理商登录中国人民银

行征信中心动产融资统一登记平台，对应收账款的权属状况进行查询。天津市金融工作局、中国人民银行天津分行、天津市商务委员会联合发布的《关于做好应收账款质押及转让义务登记查询工作的通知》明确其中所列主体受让应收账款时，应当登录上述平台查询，未经查询的，不构成善意。

（3）公证员应要求保理商遵循有关管理规范。《中国银行业保理业务规范》《商业银行保理业务暂行办法》《关于商业保理试点有关工作的通知》确定了保理业务的监管标准。保理合同违背监管标准的，公证员应要求当事人进行改正。当事人拒绝改正的，公证员在告知其可能产生的不利后果后可以继续公证。其理由是，这些监管标准主要是管理规范，而不是强制性效力性规范，其不影响保理合同的有效性。

（4）注意区分保理与应收账款质押贷款。以应收账款为质押的贷款，不属于保理业务的范畴。两者有着明确的区别，一方面，应收账款质押仅为客户提供质押融资服务；而保理业务除融资外，还包括销售分户账管理、应收账款管理以及坏账担保等一揽子项目，更加注重交易发生的真实性。另一方面，应收账款质押不存在反转让情况，而在有追索权保理中，银行有权将已接受转让的应收账款进行反转让。

保理法律关系不同于一般借款关系。保理融资的第一还款来源是债务人支付应收账款，而非债权人直接归还保理融资款。保理法律关系也不同于债权转让关系，保理商接受债务人依基础合同支付的应收账款后，在扣除保理融资本息及相关费用后，应将余额返还债权人。保理商与债权人签订的合同名为保理合同，经公证审查认为不符合保理合同的构成要件的，实为其他法律关系的，应要求当事人按照实际法律关系申办公证。

（5）对监管规范禁止的保理融资业务不得进行公证。《商业银行保理业务暂行办法》第 13 条规定，商业银行不得基于不合法基础交易合同、寄售合同、未来应收账款、权属不清的应收账款、因票据或其他有价证券而产生的付款请求权等开展保理融资业务。

（6）告知保理商违约金可能不被支持的法律后果。保理合同中往往同时约定保证金、管理费、利息、复利、罚息、违约金等多项费用。实践中,各地法院均认为合同所约定的违约金是对损害赔偿总额的约定,而管理费、利息、复利、罚息在性质上与违约金相同,亦是对损害赔偿总额的约定。但各地法院对于合同中约定的违约金之金额上限认定问题持不同的裁判标准。公证员应询问债权人是否已经明确知晓各类违约金的规定和后果,应告知保理商如果违约金总额超过必要上限可能得不到法院支持的不利后果。

第七节 信托公证

一、概述

(1)基本定义

信托,是指委托人基于对受托人信任,将其财产权委托给受托人,由受托人按委托人的意愿以自己的名义,为受益人的利益或者特定目的,进行管理或者处分的行为。

信托具备横跨货币市场、资本市场、实业市场领域的制度优势。信托投资的标的物从房产、公路、应收账款到公司股权收益权、资产池、艺术品、酒类、私募股权等。信托业是金融创新核心的金融工具,可以对接银行、证券投资、资产运用、证券投资基金、房地产、股权投资等领域。信托公司,是指依法批准、设立的主要经营信托业务的金融机构。信托公司管理运用或处分信托财产时,可以依照信托文件的约定,采取投资、出售、存放同业、买入返售、租赁、贷款等方式进行。

信托合同,也称信托契约,是信托当事人之间明确各方权利义务关系的书面文件,也是信托关系成立的法律依据,它明确记载着委托人设立信托的意愿,全面地规定了信托当事人的各种权利、义务及其关系。信托融资业务的法规非常庞杂,除《信托法》《信托公司管理办法》与《信托公司集合资金信托计划管理办法》外,还涉及有部门规章,证监会颁布的规范性文件等,同时也兼适用《公司法》《物权法》及《担保法》。

信托融资业务可以分为:①投资类信托、融资类信托、事务类信托。

②股权类信托、债权类信托、特定资产类信托。③房地产信托、证券类信托、养老金信托、贵金属信托、艺术品信托。④单一信托与集合信托。信托公司可以运用债权、股权、物权及其他可行方式运用信托资金。从资金投向领域来看,目前集合资金信托计划主要有证券投资、债权投资、基础设施建设等主要类型。

(2)收益权转让与回购

收益权转让及回购合同是以收益权之所有权转移为担保的融资协议,从形式上看仅是收益权买卖协议。收益权类合同主要包括《股权收益权转让与回购合同》《特定资产收益权转让与回购合同》《应收账款质押转让与回购》等。股权收益权与特定资产收益权作为信托财产设立的主要信托产品。《信托公司私人股权投资信托业务操作指引》第 15 条第 1 款规定,“信托公司在管理私人股权投资信托计划时,可以通过股权上市、协议转让、被投资企业回购、股权分配等方式,实现投资的退出”。以信托计划项下资金进行的特定项目收益权转让与回购行为,对信托公司、被投资公司而言是一种投资及债权实现退出机制。

收益权转让及回购合同看似是双务合同,但满足一定条件可以被赋予强制执行效力。合同履行过程中,信托公司的给付义务是现实和即期的,合同成立后支付转让价款,完成了合同履行,此类合同债权债务关系明确;债权人和债务人对债权文书有关给付内容无异议,双方在合同中将收益权包含的具体内容进行详细约定。此类合同在办理强制执行公证时债权并未成立,形式上并不符合“债权文书”的要求,但信托公司向债务人购买股权收益权或特定资产收益权,并支付转让价款,实际上是一种向债务人的借款行为,是债务人的一种融资方式,信托公司履行完毕支付转让价款的义务时,已经与债务人构成了债权债务关系,因此该类合同可以看作债权文书。

二、办理信托公证需要注意的问题

(1)对新类型信托合同赋予强制执行效力的两种方式。信托合同基本都可以赋予强制执行效力,这也是信托合同申办公证的重要原因。一种方式是在新类型信托合同之外另行签订一份《债权清偿协议》,使其符合债权文书的形式要件。另一种方式是直接给新类型的信托合同赋予强制执行效力,合同中明确强制执行承诺条款约定。

(2)公证机构既要鼓励金融创新,但又要注意严格管控风险,确保信托资金的效益和安全。对于新类型的信托合同,要考虑监管部门是否对其有相应的政策规定,是否有"窗口指导"意见。公证机构要认真研究这些合同可能面临的风险,并及时向当事人指出这些风险和规避措施。对于资金风险过大的金融创新行为,公证机构秉持理性和慎重原则,建议当事人不要实施该法律行为。在利益面前许多创新者容易丧失理智,公证员的价值恰恰在于敢于说不。

(3)要求公证当事人遵守有关信托行业的监管规范。公证机构应注意审查信托合同内容有无违反信托监管规范的情形,如有违反应当要求当事人进行更正,当事人拒绝更正的,应不予公证。但如果违反监督规定的情形显著轻微的,公证员在告知当事人可能面临的不利法律后果后,可以继续公证。

(4)熟悉申请公证的信托合同的基本交易结构。信托合同往往比较厚,条款内容比较复杂。公证员应当首先了解其基本的交易结构,根据交易结构来判断信托合同是否有效、合同条款内容是否准确无误。一般来说,信托合同是由基础债权债务关系、担保关系和特别监管措施组成的,再复杂的信托合同关系无非是上述三个要素的组合。

(5)注意研究有关判例来判断信托合同的交易结构是否合规、合法。许多新类型的信托合同,在既有的法律制度框架内往往难以判断其合规性和合法性,有时候往往需要借助已有的判例来进行判断。公证员应当关注司法判例对新类型的信托合同所持有的态度,并根据这些司法意见来决定这些合同是否可以公证以及如何进行公证。一个优秀的商事公证员,必定对经典的商事判决保持着敏锐性。

(6)提请信托公司履行必要的审核和尽职调查义务。例如,在特定资产收益权转让与回购中,信托公司需要对交易所涉及的资产的真实性和价值进行必要的审核与尽职调查。信托公司和公证机构在确保交易真实性方面都有相应职责并且相互不替代,在交易出现问题时,各自为自己的过错承担相应的责任。

(7)必要时可以要求信托公司法务部门就新类型的信托合同的合法性、合规性提供法律意见。这些信托合同具有较强的专业性,公证员对其合法性、合规性的认识有一个逐步熟悉的过程,为确保公证结果的有效性,在必要时可以要求信托公司法务部门或者其法律顾问就新类型的信托合同的合法性、合规性提供法律意见。这些法律意见是当事人与公证员进行理性对话的基础,表明公证的谨慎性。

第九章　公司事务公证

第一节　概　　述

一、基本定义

公司事务公证是指公证机构确认公司行为真实性和合法性的活动。公司事务公证涉及合同协议、单方法律行为、现场监督、继承等公证类型。公司事务公证办证规则除适用本章规则外，还需参考适用其所在公证类型的办证要求。广义的公司事务公证还包括公证机构为公司提供的合同审查、法律咨询、法律顾问等法律服务。通过办理公证可以将公司行为纳入法律的轨道，引导公司正确行使权利和履行义务。

公司事务公证的类型主要有：公司设立协议、公司章程、公司会议（创立大会、股东会、董事会等）、股权转让协议、股权质押协议、股东资格和股权继承、公司证照、企业承包和租赁、股权代持协议等公证事项。

2014年颁布的国务院《注册资本登记制改革方案》指出，要发挥社会组织的监督自律作用，积极发挥会计师事务所、公证机构等专业服务机构的作用，强化对市场主体及其行为的监督。

二、办理公司事务公证需要注意的问题

（1）注意查看公司章程对申请公证的公司事务是否有规定。公司章程是公司自治的重要法律文件，遵照公司章程的规定是公司行为的基本要求。公证机构在办理公司事务公证时，一般应要求公司提供公司章程，公证员应查看公司章程对申请公证的公司事务是否有相应的规定。公司章程有规定的，应当遵循其规定。如当事人欲申请公证的公司事务内容与公司章程规定不相符的，应当要求当事人进行更正或者修改公司章程后再重新办理公证。当事人提供章程后，公证员必要时应当到工商

部门核实当事人提供的章程与工商局登记备案的章程内容是否一致。

(2)审查申请公证的公司行为是否需要得到股东会或董事会决策。许多公司行为依据法律规定或者其公司章程规定需要获得股东会或董事会同意。需要提供的,公证员应要求公司提供股东会或董事会决议。公证员应对公司提供的股东会或董事会决议进行核实。核实的方式可以采取比对股东(董事)签名、进行电话核实、当面核实等方式。对于重要的公司行为,应尽量采取当面核实的方式。

(3)正确区分公司行为与股东行为,不要混淆公司人格与股东人格。公司具有独立的人格,其区别于股东人格。股东在行事的时候,公证员要辨别他是代表公司还是代表个人。

(4)注意法律法规对上市公司行为的特别规制。上市公司作为公众公司,其受到证监会监管,除了受《公司法》规制外,还有一些特别法规的限制。例如,《上市公司重大资产重组管理办法》是上市公司资产重组的重要依据。公证员在办理上市公司事务公证时,应注意查看该公司行为是否有特别的法规规制,如有还应提醒上市公司遵循其规定。

第二节 发起人协议公证

一、概述

发起人协议是发起人之间就公司设立的有关事项及相互的权利义务关系订立的协议。

由于发起人刚着手创立公司,对于公司的运营还缺乏经验,故公证员可以运用自己的法律知识对发起人进行公司创立的法律知识辅导,指导其建立一套合法、可行的公司经营的基础法律机制。

为当事人起草合法、可行的发起人协议是公证员的重要职责。发起人协议的主要内容为:①各设立人的基本情况。②设立公司的必备信息,如公司名称、住所、经营范围等。③出资比例及方式。④公司的利润分配。⑤公司筹办事项。⑥公司设立失败后的责任承担。⑦设立人违约责任的承担。⑧设立协议的效力期间。⑨设立人的权利与义务。⑩保密条款。⑪设立协议与公司章程冲突时的适用问题。

根据合同相对性原理,发起人协议只是约束发起人之间的合同,它不是公司必备的法律文件。而公司章程调整的则是所有股东之间、股东与公司之间、公司管理机构与公司之间的关系,它是公司必备的法律文件。故发起人协议所约定的事项欲产生约束发起人之外的其他人的,应将其协议内容写入公司章程中。

二、办理发起人协议公证需要注意的问题

(1)发起人协议的内容应尽量详实,建议今后拟写入公司章程的重要制度也事先写入发起人协议。发起人协议是设立公司的重要法律文件,是今后制定公司章程的重要法律依据。故为了避免起草公司章程时发生争议,公证员应建议发起人将今后拟写入公司章程的重要制度也一并写入发起人协议。发起人协议约定的内容要与将来制定的公司章程相衔接。

(2)除了审查发起人协议的真实性、合法性外,还需要对协议本身的可行性对当事人进行必要指导。公司管理是比较复杂的事情,在签署发起人协议的时候就应该做好相应的规划,避免以后公司陷入管理僵局。例如,公证员可以就设置合理的股权结构提供法律咨询意见。

(3)严格审核发起人的资格条件。党政机关、公务员等法规严禁经商办企业的主体不能签订发起人协议。[①] 公证员应询问发起人是否具有上述特别身份,并要求发起人进行保证,否则自行承担法律责任。

① 《公务员法》第53条规定:公务员不得从事或者参与营利性活动,在企业或者其他营利性组织中兼任职务。

第三节　订立公司章程公证

一、概述

公司章程,是指公司依法制定的规定公司名称、住所、经营范围、经营管理制度等重大事项的基本文件,也是公司必备的规定公司组织及活动基本规则的书面文件。章程一经生效,即具有约束力,公司的全体成员必须遵守执行。公司章程是公司组织与行为的基本准则。公司章程必须采取书面的形式,章程的内容不得违背国家法律、法规的有关规定。

《公司法》第25条规定,有限公司章程应当载明下列事项:①公司名称和住所。②公司经营范围。③公司注册资本。④股东的姓名或者名称。⑤股东的出资方式、出资额和出资时间。⑥公司的机构及其产生办法、职权、议事规则。⑦公司法定代表人。⑧股东会会议认为需要规定的其他事项。

《公司法》第81条规定,股份有限公司章程应当载明下列事项:①公司名称和住所。②公司经营范围。③公司设立方式。④公司股份总数、每股金额和注册资本。⑤发起人的姓名或者名称、认购的股份数、出资方式和出资时间。⑥董事会的组成、职权和议事规则。⑦公司法定代表人。⑧监事会的组成、职权和议事规则。⑨公司利润分配办法。⑩公司的解散事由与清算办法。⑪公司的通知和公告办法。⑫股东大会会议认为需要规定的其他事项。

订立公司章程公证是公证机构确认公司订立或者修改公司章程的真实性、合法性的活动。

广义的公司章程公证是指以公司章程为证明对象的公证,包括证明公司章程文本真实有效的公证和确认制定或修改公司章程行为真实合法的公证。前者属于证明有法律意义的文书公证,文书格式适用定式公证书格式(2011版)第34式或者第35式;后者属于法律行为公证,文书格式适用定式公证书格式第7式。本节所称的公司章程公证仅指对制定或者修改公司章程行为所进行的确认。本节所称“订立公司章程公证”是指作为法律行为的公司章程公证。

从公证书格式第7式的内容来看,公证机构在订立公司章程公证中的主要职责包含下列内容:①审查公司章程的内容是否符合《公司法》规定。公司章程有违法内容的,应当要求当事人进行更正。②监督公司章程订立或修改的程序是否符合《公司法》规定。其中关键的是审核出席会议的股东及股东代理的资格,同时是否符合表决份额。《公司法》规定,有限责任公司和股份有限公司修改公司章程必须分别经代表2/3以上表决权的股权和出席会议的股东所持表决权的2/3以上通过。

二、办理订立公司章程公证需要注意的问题

(1)指导当事人设计合法、可行的公司章程条款内容。鉴于我国公司章程的整体水平较低,公证员应当指导当事人结合设立公司情况制定内容比较详实和可行的公司章程,使公司章程真正具有公司“小宪法”的作用。公证员也可以运用自己的法律知识和执业经验,为当事人撰写公司章程。在撰写公司章程时,应当重点对股东会和董事会的权限进行合理的划分,对对外担保的权限作出合理的规定和限制,对一些特殊的事项作出明确的规定。例如,可以在章程中对股东资格是否可以继承的问题作出明确规定。公证员要考虑各种可能发生纠纷的情况,切实撰写一部可行的公司章程,提供解决各种争议的办法。公司章程除了具备《公司法》规定的必须记载事项内容外,也应当对一些任意记载事项进行详细记载。

(2)要注意公司章程内容与发起人协议相衔接。发起人协议的内容欲约束协议人之外的其他人的,应当将协议内容写进公司章程,对此公证员应对当事人作出明确的指导和告知。

(3)要注意有关法律法规对上市公司章程的内容要求。与一般有限责任公司不同,法律法规对上市公司章程有更多的规制,对此公证员应明晰各项要求。有关法律规范有中国证监会制定的《上市公司章程指引》(2014年修订)。与一般有限责任公司章程相较而言,上市公司章程的法律技术含量要求更高,需要公证员运用自己的专业知识进行谨慎处理。

第四节　股权转让协议公证

一、概述

股权转让是指公司股东将其持有股权(股份)转让与受让方。

《公司法》规定,有限责任公司的股东之间可以相互转让其全部或者部分股权。股东向股东以外的人转让股权,应当经其他股东过半数同意。股东应就其股权转让事项书面通知其他股东征求同意,其他股东自接到书面通知之日起满30日未答复的,视为同意转让。其他股东半数以上不同意转让的,不同意的股东应当购买该转让的股权;不购买的,视为同意转让。经股东同意转让的股权,在同等条件下,其他股东有优先购买权。两个以上股东主张行使优先购买权的,协商确定各自的购买比例;协商不成的,按照转让时各自的出资比例行使优先购买权。

《公司法》规定,股份有限公司股东持有的股权可以依法转让。股东转让其股份,应当在依法设立的证券交易场所进行或者按照国务院规定的其他方式进行。记名股票,由股东以背书方式或者法律、行政法规规定的其他方式转让。无记名股票的转让,由股东将该股票交付给受让人后即发生转让的效力。发起人持有的本公司股份,自公司成立之日起1年内不得转让。公司公开发行股份前已发行的股份,自公司股票在证券交易所上市交易之日起1年内不得转让。公司董事、监事、高级管理人员应当向公司申报所持有的本公司的股份及其变动情况,在任职期间每年转让的股份不得超过其所持有本公司股份总数的25%;所持本公司股份自公司股票上市交易之日起1年内不得转让。上述人员离职后半年内,不得转让其所持有的本公司股份。

二、办理股权转让协议公证需要注意的问题

(1)股权转让不需要征得配偶同意。如无相反约定,夫妻关系存续

期间取得的财产属于夫妻共同财产。股权基于股东身份而享有，股东转让股权，属于基于股东身份而实施的商事行为，如属于对价转让，受让人无该转让是否经转让人配偶同意的注意义务。故股权转让不需要征得转让人配偶同意。当然，如果转让人配偶愿意作为共同转让人的或者愿意发表同意转让声明的，也应当允许。

（2）对转让金额进行谨慎审核。为了规避个人所得税，股权转让中存在较为普遍的"阴阳合同"，即用成交价格不真实的"阳合同"去工商登记部门办理股权过户手续，而申请公证的转让合同往往是"阳合同"。当公证员怀疑股权转让价格显著低于公司股权所代表的价值时，应询问当事人原因。当事人陈述的原因不足采信时，公证员可以要求当事人提供会计报告或审计报告。对于股权转让价格显著低于其自身价值时又没有合理理由时，公证员可以不予公证。

（3）应告知当事人签订股权转让协议后及时到工商部门办理变更登记。股权转让协议公证确认双方股权转让的意思表示，此时股权虽然已经发生了转移，但是未到工商部门办理变更登记，不得对抗第三人。受让方可以将股款提存于公证机构，待办理妥股权变更登记手续后再交付给转让方。当事人也可以委托公证机构到工商部门代办股权变更手续。

（4）遵循公司章程对股权转让的特殊规定。《公司法》第 71 条第 4 款规定，公司章程对股权转让另有规定的，从其规定。故公证机构应当审查公司章程对股权转让是否有限制和禁止性规定，有规定时按照公司章程执行，没有规定时按照《公司法》第 71 条第 1 ~ 3 款的规定执行。

（5）对外转让股权时，应当注意留存其他股东同意的证明。股东向股东以外的人转让股权时，应当经其他股东过半数同意。这里是指其他股东人数过半数，而并不是指其代表的股权份额过半数。其他股东可以向转让方出具正式的书面同意书，或者由转让人向股东寄送询问意见函。有时候，许多公司喜欢就股权转让协议出具名称为"股东会决议"的文件，如果文件记载的其他股东已经过半数同意的，该"股东会决议"也可视为其他股东同意的证明。

最高人民法院《关于适用〈中华人民共和国婚姻法〉若干问题的解

释(二)》第16条规定,人民法院审理离婚案件,涉及分割夫妻共同财产中以一方名义在有限责任公司的出资额,另一方不是该公司股东的,按以下情形分别处理:①夫妻双方协商一致将出资额部分或者全部转让给该股东的配偶,过半数股东同意、其他股东明确表示放弃优先购买权的,该股东的配偶可以成为该公司股东。②夫妻双方就出资额转让份额和转让价格等事项协商一致后,过半数股东不同意转让,但愿意以同等价格购买该出资额的,人民法院可以对转让出资所得财产进行分割。过半数股东不同意转让,也不愿意以同等价格购买该出资额的,视为其同意转让,该股东的配偶可以成为该公司股东。用于证明前款规定的过半数股东同意的证据,可以是股东会决议,也可以是当事人通过其他合法途径取得的股东的书面声明材料。

(6)引导当事人合理采取股权收购和资产收购方式。股权收购通过股权转让实现。有时候当事人面临着采取股权收购还是资产收购的方式来实现目的的选择。例如,某公司看重另外一家公司某土地资产,该公司可以采取直接购买该土地的方式(资产收购),或者采取收购对方公司股权的方式。公证员应告知当事人股权收购与资产收购的不同法律意义,指导当事人作出合理决策。当事人选择资产收购时,公证员应向当事人指出其所面临的税务负担,当事人选择股权收购时,公证员应向当事人指出收购的目标公司潜在的重大负债,指导其设定好重大负债出现时的承担条款。

在股权转让协议中,公证员应告知受让方目标公司潜在的重大负债风险,提示受让方对目标公司财务和负债情况进行尽职调查,并设计好有关重大负债出现时各方的责任条款。

(7)收集律师等专业人士就股权转让所做的尽职调查报告。当事人可以委托公证机构或者律师事务所就股权交易的有关情况进行尽职调查。律师事务所就股权交易的情况进行了尽职调查的,当事人应当向公证机构提交尽职调查报告,以合理限定公证机构和律师事务所的责任。公证员应提醒当事人注意尽职调查报告中已经发现的交易风险。

(8)审查受让方是否具备资格。公证员应当提示受让方,如果是法律、法规、政策规定不得从事营利活动的主体不得成为公司股东。例如，公务员、党政机关的干部和职工、现役军人。

(9)转让人披露匿名股东的，应征求匿名股东的意见。最高人民法院有关公司法的司法解释有条件地承认了匿名股东。在股权转让公证中，公证员应询问转让人是否有匿名股东，转让人披露了匿名股东的，应就该笔交易情况征求匿名股东的意见。有关意见应以书面形式记载在公证卷宗内。基于工商登记结果的公示力，转让人应仍列工商登记的股东。

(10)国有股份转让时须履行审批程序。国有股份转让给集体、个人等非国有经济组织时，须由国有资产管理部门审批或由国有资产管理部门报请政府批准。

(11)严格审查和指导当事人合理设置"对赌条款"。股权收购中的对赌机制，一方面，为PE机构的投资安全提供了保护伞；另一方面，则对于目标公司的经营者起到了可预期的激励作用。对赌条款是企业和资本按市场规律重新分配、预防风险的技术策略，只要不违反法律规定，属当事人真实意思的表达，风险就需由缔约人承担，司法不应过多干涉。根据最高人民法院在全国对赌第一案"海富案"中确立的"由目标企业补偿无效，由股东补偿有效"的裁判规则，对赌无效情形仅限于目标公司为主体的回购和补偿条款，而对于股东与投资方签订的补偿承诺，不违反法律法规的禁止性规定，是当事人的真实意思表示，应属有效。公证员应注意审查并提示受让方合理设置对赌条款，不要触碰司法底线。

(12)审核所转让的股权是否存在瑕疵。股权的瑕疵会实质性地影响所转让股权的质量和价值，进而会影响受让方是否将继续受让该股权。这些瑕疵包括：股东是否存在未出资情况；股东是否存在出资不足的情况；股东是否存在抽逃出资的情况；股权上是否存在相关的担保；股权是否为该股东与第三人共有；股权被采取司法强制措施等情形。

除了调取工商档案查询外，还可以通过在相关司法部门查询、对目标公司内部文件查阅（如重大决策文件、利润分配凭证等）及向公司其他股东、高管调查等各种手段予以核实，并通过完善相应法律手续，锁定相关人员的法律责任。

第五节 股权质押协议公证

一、概述

股权质押是指股东以自己享有的股权为自己或别人债务提供担保。

《物权法》第 223 条规定,可以转让的基金份额、股权可以出质。《公司法》第 142 条规定,公司不得接受本公司的股票作为质押权的标的。上市公司大股东以自己持有的上市公司股份为上市公司债务提供股权质押,则是常见的融资类型。

《物权法》第 226 条规定,以基金份额、股权出质的,当事人应当订立书面合同。以基金份额、证券登记结算机构登记的股权出质的,质权自证券登记结算机构办理出质登记时设立;以其他股权出质的,质权自工商行政管理部门办理出质登记时设立。基金份额、股权出质后,不得转让,但经出质人与质权人协商同意的除外。出质人转让基金份额、股权所得的价款,应当向质权人提前清偿债务或者提存。

二、办理股权质押协议公证需要注意的问题

(1)不要混同股东行为与公司行为。股权质押是股东自主行为,不是公司行为,故无须征得公司的同意。鉴于在股权质押协议中,法律主体可能涉及股东、质押股票所指向公司等,公证员不能混同股东行为与公司行为。在股东用自己持有该公司股权为该公司债务担保时,公司是债务人,第三人是债权人和质权人,股东则是出质人。

(2)不要混同股权质押行为和股权转让行为。向股东之外的人转让股权,需要征得其他股东过半数同意。但股东用自己股权出质的,则不需要征得其他股东同意。

《担保法》第 78 条第 3 款规定,以有限责任公司的股份出质的,适用《公司法》股权转让的有关规定。但根据《物权法》第 226 条的规定,质权自工商行政管理部门办理股权出质登记时设立。也就是说,只要办理了

股权出质登记,股权质押即有效。根据《物权法》第178条的规定,担保法与本法规定不一致的,适用物权法。故应当根据《物权法》得出股权出质不需要得到其他股东同意的结论。与《物权法》《公司法》配套的《工商行政管理机关股权出质登记办法》第7条所要求的证明材料就没有“其他股东同意文件”,也从侧面说明股权质押不需要征得其他股东同意。

(3)向质权人提示股权质押的风险。与房屋抵押等“硬担保”方式不同,被质押股权的价值取决于目标公司的财务状况和经营状况,如果目标公司近似于“空壳”或者存在较大的资产转移可能的话,则股权质押方式对于质权人而言是存在重大风险的。故公证员应当提示质权人该类风险,并提请他事先去调查和了解目标公司的财务状况与经营状况,以确保在行权的时候股权还具有资产价值。还可以提醒质权人在合同中约定可以实际采取的对目标公司的管控措施,通过保有管控权,来保障公司的价值和资产不出现大的被转移风险。

(4)可以上市交易的股票,应提示出质人可能被平仓的风险。针对可以上市交易的股票,质权人为避免股价大幅度下跌损害自己的担保权益,一般会根据股价下跌幅度和价格设定追加保证金线和平仓线(在市场中强制卖出被质押的股票)。上述追加保证金条款和清仓条款符合我国法律规定。

(5)告知当事人及时进行质权登记。股权质押协议签署后,出质人仍然可能转让股权或新设出质,故应当及时进行质权登记,登记后质权才设立。

第六节　公司会议监督公证

一、概述

公司会议主要有股东会(股东大会)、董事会、监事会、股份有限公司创立大会等形式。公司会议监督公证是指公证机构采取事先审查和现场监督的方式确认召开公司会议的真实性、合法性的活动。

公司会议监督公证属于现场监督类公证事项,按照现场监督公证的办证规则进行。如果公司会议已经召开，当事人申请对公司会议所形成的决议（如股东会决议、董事会决议）进行公证的，应当按照证明决议上股东（董事）签字属实的方式进行，按司法部定式公证书2011版第34式出具公证书。

公司会议监督公证主要是对会议程序、内容和表决进行事先审查与现场监督：①

（1）审查会议程序是否违反符合《公司法》、公司章程及行政法规的规定。公证员应当按照《公司法》和公司章程的规定，审查会议的地点、主持人、会议通知等程序是否合法和符合章程规定。会议程序存在瑕疵，将会影响会议决议的效力，故公证员应当要求主办方进行更正。无法更正的，应不予公证。

（2）审查决议的内容是否违反《公司法》、公司章程及行政法规的规定。公司会议监督公证并不仅是保全证据，公证员对于会议决议的内容有合法性审查的职责。决议内容违反法律、行政法规或公司章程的，其可能被认定为无效或被撤销，故决议内容有违法、违章情形的，公证员应当要求主办方进行更正。无法更正的，应不予公证。

（3）审查决议的表决方式是否违反《公司法》、公司章程及行政法规的规定。原则上，股东会会议由股东按照出资比例行使表决权，但是，公司章程另有规定的除外。表决方式违反法律、行政法规或公司章程的，公证员应当要求主办方进行更正。无法更正的，应不予公证。

（4）监督决议是否获得相应的表决份额或票数。股份有限公司创立大会，必须经出席会议的认股人所持表决权过半数通过。股东大会作出决议，必须经出席会议的股东所持表决权过半数通过。但是，股东大会作出修改公司章程、增加或者减少注册资本的决议，以及公司合并、分立、解散或者变更公司形式的决议，必须经出席会议的股东所持表决权的2/3以上通过。股东大会选举董事、监事，可以依照公司章程的规定

---

① 《公司法》第22条规定：公司股东会或者股东大会、董事会的决议内容违反法律、行政法规的无效。股东会或者股东大会、董事会的会议召集程序、表决方式违反法律、行政法规或者公司章程，或者决议内容违反公司章程的，股东可以自决议作出之日起60日内，请求人民法院撤销。

或者股东大会的决议,实行累积投票制。董事会作出决议,必须经全体董事的过半数通过,董事会决议的表决实行一人一票。监事会决议应当经半数以上监事通过。总之,公证员要根据《公司法》和公司章程的规定,判断现场决议内容是否获得相应的表决份额或票数。

二、办理公司会议监督公证需要注意的问题

(1)遵循公司章程优先原则。虽然《公司法》对各类公司会议召集程序、表决内容、表决方式等作了比较详细的规定,但是《公司法》又充分授权公司章程对其作变更或补充性规定。故公证员应当认真审核公司章程,按照公司章程的规定对公司会议进行监督。

(2)合理确定公证机构现场监督的内容。中国证监会于 2000 年颁布的《上市公司股东大会规范意见》(修订)第 7 条规定,公司董事会应当聘请有证券从业资格的律师出席股东大会,公司董事会也可同时聘请公证人员出席股东大会。根据第 7 条的规定,公证人员的主要职责是:①审核股东大会的召集、召开程序是否符合法律法规的规定,是否符合公司章程。②验证出席会议人员资格的合法有效性。③验证年度股东大会提出新提案的股东的资格。④股东大会的表决程序是否合法有效。

验证出席会议人员资格的合法有效性,是现场监督中比较重要的环节。公证员应当根据股东名册或董事会名单,核实出席会议的股东和董事的身份真实性。股东或董事委托他人出席会议的,受托人应当提交授权委托书,授权委托书原则上应当采取公证书形式。[①] 如果提交的授权委托书没有采取公证书形式的,公证员宜要求受托人签署委托书系真实的承诺书。

(3)准确定位公证员在公司会议监督公证中的角色。通常情况下,公证员提供的法律服务内容不是太复杂,但当股东之间、股东与董事会之间,产生歧义或出现纠纷时,公证员的工作就常常带有裁判性,而且需要当场发表意见,故工作难度和风险很大。上述纠纷越是严重,当事人

① 中国证监会于 2014 年颁布的《上市公司章程指引》(修订)第 63 条规定,代理投票授权委托书由委托人授权他人签署的,授权签署的授权书或者其他授权文件应当经过公证。

越倾向请公证机构介入，以求得一个公正的第三人协调、监督会议依法进行。原则上，对于程序上的问题，公证员应当发表评判性意见，因为公证员的职责主要是保证会议程序合法。对实质性问题，公证员只向当事人提供咨询意见，而不作出评判。

为了增强公证效用，加强公证员与律师在公司会议监督中的竞争力，除了对公司会议进行现场监督公证外，公证机构还可以对会议的各项内容发表法律意见，向公司出具书面的《法律意见书》。

第七节　公司授权书公证

一、概述

公司授权书公证是公证机构确认公司授权书真实性、合法性的活动。公司授权行为属于单方意思表示，授权书公证遵循单方意思表示公证办证规则。

我国一些法律法规规定了某些公司授权书必须公证。国家卫生和计划生育委员会于2013年颁布的《新食品原料申报与受理规定》第17条规定，申报委托书应当经真实性公证。中国证监会于2013年颁布的《人民币合格境外机构投资者境内证券投资试点办法》第7条规定，取得境内证券业务资格的人民币合格投资者向国家外汇局申请投资额度，须提交经公证的对境内托管人的授权委托书。

实务中比较常见的是招标投标类授权书公证。

二、办理公司授权书公证需要注意的问题

（1）注意区别法定代表人个人行为与所代表公司行为。公司行为由法定代表人代表。公证员应认真甄别法定代表人所进行的授权行为是个人行为还是代表公司的行为。法定代表人代表公司行为时，授权委托书及公证书首部应当将公司列为委托人，而不能将法定代表人列为委托人。

(2)授权形式可以是公司公章加法定代表人签章、公司公章或法定代表人签章。公司公章具有表征公司人格的作用,公司行为由法定代表人代表,故上述三种签章形式都可以。

(3)公司受托人依据公司授权进行法律行为时,受托人直接进行签字即具有法律效力。因受托人已经具有授权,故其进行签字即具有法律效力,没有必要要求受托人再在有关法律文件上加盖该公司公章。

(4)审查授权事项是否需要股东会或董事会决议。授权事项属于股东会或董事会决议内容的,应建议当事人提交股东会或董事会决议。当事人不提交股东会或董事会决议的,公证机构在告知法定代表人越权代表的法律后果后,可以进行公证。

(5)受托人可以在授权委托书上签字。原则上,不强求受托人在授权委托书上签字,但公证书使用者要求受托人也要在授权委托书上签字的,受托人可以在上面签字。招投标委托书通常有这种要求。

第八节　解除劳动合同协议公证

一、概述

解除劳动合同协议是指用人单位和劳动者依据《劳动法》等相关法律及政府政策的有关规定,经协商一致,以书面形式解除劳动合同,并就劳动关系解除后用人单位对劳动者的经济补偿、职工社会保险和福利的落实、工作及文件资料的移交、人事档案的保管及组织关系的转移等双方的权利义务予以规定、明确的协议。

解除劳动合同协议的主要内容有:①双方签署《解除劳动关系协议书》的背景情况、解除劳动关系的原因、双方对此的意见。②本次解除劳动关系及签署《解除劳动关系协议书》是否出于双方自愿。③对协议生效前后有关工作移交、款项结清、档案及组织关系的移转、社保医保交接手续的办理事宜。④“经济补偿金”的履行方式、履行时间及其他有关费用的数额。⑤协议备案条款。⑥特别约款。例如,保密义务,竞业限制义务等。

二、办理解除劳动合同协议公证需要注意的问题

(1)协议文本中应注意载明解除劳动合同是基于双方一致同意,同时明确解除劳动合同的日期。只有这样,解约才适用《劳动合同法》第36条的规定。这也是整个解除协议的法律基础。解除日期具有重要法律意义,是员工工资、福利、奖金、社保等各项待遇的最后支付日,同时也是员工因拖欠劳动报酬发生争议提起仲裁1年时效的起算日,该日期还关系到员工工作年限及经济补偿金的计算。

(2)注意审核是否有补偿方式,补偿方式是否公平。依据《劳动合同法》的规定,企业与员工协商一致解除劳动合同的,应当向员工支付经济补偿。出于对处于相对弱势的劳动者利益的保护,应注意协议书中有关经济补偿金的支付金额、支付方式及经济补偿金的计算标准、计算方式等是否合理、合法,是否显失公平。

(3)协议文本不宜出现因公证或给付了补偿金而使得劳动者失去司法救济机会的内容。如在日后出现劳动争议的,当事人仍可以申请调解、劳动争议仲裁、诉讼。

(4)指导当事人设计保密和竞业限制条款。劳动者依据原合同或者根据解除协议约定,继续负有商业秘密保密义务和竞业限制义务的,公证员应当运用自己的法律知识为当事人设计可行的保密和竞业限制条款。值得注意的是,根据《劳动合同法》第23条第2款规定,用人单位需要在竞业限制期限内按月给予劳动者经济补偿。

第九节　公司对外担保行为公证

一、概述

公司对外担保,系指公司以其信用或者财产为第三人的债务提供担保,当第三人到期无法清偿债务时,由公司根据约定承担补充或连带担

保责任，对第三人的债务进行清偿。公司对外担保行为应当遵循《公司法》和公司章程的规定，上市公司的对外担保行为还须遵循中国证监会的有关规定。

公司对外担保行为公证属于法律行为公证。本节主要探讨公司对外担保行为是否需要履行内部程序的问题。

《公司法》第16条规定，公司向其他企业投资或者为他人提供担保，依照公司章程的规定，由董事会或者股东会、股东大会决议；公司章程对投资或者担保的总额及单项投资或者担保的数额有限额规定的，不得超过规定的限额。公司为公司股东或者实际控制人提供担保的，必须经股东会或者股东大会决议。前款规定的股东或者受前款规定的实际控制人支配的股东，不得参加前款规定事项的表决。该项表决由出席会议的其他股东所持表决权的过半数通过。

办理公司对外担保行为公证，公证员应查阅公司章程关于担保事项的规定，审查是否由公司相应权力机关作出担保决议，核实决议上的签字是否真实。

二、办理公司对外担保行为公证需要注意的问题

（1）注意公司对外担保行为是否需要提交股东会或董事会决议，需要提交的，确认是提交股东会决议还是董事会决议。公司对外担保行为是影响公司重大权益的行为，必须要由公司有权机关作出决定。而公司有权机关的认定，主要依据《公司法》第16条和公司章程确定。在公司对外担保行为中，如果需要提供股东会决议或董事会决议的，当事人应当提供，否则公证机构应当不予公证。因为在对外担保行为中，该决策程序并非仅仅是公司内部决议程序，担保权利人在一定程度上也有审查义务。根据最高人民法院的有关判决，债权人是银行等金融机构的，负有更为严格的审查义务，发放贷款的银行业务员需审查担保行为合法性。

（2）注意核实股东会或董事会决议的真实性。公证机构应根据担保金额的多少来合理采取签章比对、电话核实、当面核实等方式对股东会或董事会上股东、董事的签字（签章）真实性进行核实，并做好核实记

录。实务中,经常发生股东、董事事后否认股东会或董事会决议系自己签字(签章)的情况。如果银行等金融机构人员已经对股东、董事的签字(签章)进行了核实的,公证员可以记录在案,作为日后抗辩的证据。

(3)上市公司对外担保需要遵循特别规定。《公司法》第122条规定,上市公司在1年内担保金额超过公司资产总额30%的,应当由股东大会作出决议,并经出席会议的股东所持表决权的2/3以上通过。[①] 在公证实务中,对"资产总额百分之三十"的规定是较难把握的,为尽到公证员的审核义务,一般应要求上市公司财务部门就是否超过30%出具书面意见,也可以要求上市公司提供有关财务报告。

第十节 股东资格继承公证

一、概述

《公司法》第75条规定,自然人股东死亡后,其合法继承人可以继承股东资格;但是,公司章程另有规定的除外。股东资格是指投资人取得了行使股东权利、承担股东义务的合法身份。股权是股东基于其出资行为而享有的从公司获取经济利益和参与公司经营管理的各项权利总称。究其两者关系,股权应包含股东资格,即股权应该包括只有人身性质的股东资格,以及含有财产性质的股权利益。

从《公司法》第75条规定来看,股东资格并不是必然能够与股东财产份额一并继承,如果公司章程有限制性规定的,则继承人并不能继承股东资格。如果公司章程没有限制性规定,则继承人继承股东资格无须征求其他股东意见。

公证机构在办理股权继承公证时,可以在一份公证书中表述股份利益的继承关系和股东资格继承的情况,也可以在出具股权继承公证书后

① 值得注意的是,中国证监会于2005年11月14日发布了《关于规范上市公司对外担保行为的通知》,该规定对上市公司对外担保作了详细规定,公证员办理公证时候应注意该文件。

另行出具股东资格继承公证书。关于股东资格继承部分的公证词表述，可以表述为："依据《中华人民共和国公司法》第七十五条规定，该公司章程中无限制股东继承资格的规定，因此被继承人××所享有××公司的股东资格，由其配偶/父母/子女××继承"。

二、办理股东资格继承公证需要注意的问题

(1)夫妻对目标公司各持有一定比例份额的股权时，继承份额的确定问题。例如，A去世，根据工商登记结果，其对目标公司享有30%的股权，其配偶享有40%的股权。本案中的继承份额是30%还是相加后一半的35%？根据最高人民法院有关意见，工商登记中的投资比例并不能绝对等同于夫妻之间的财产约定，还要根据有关证据探究夫妻双方真实的意思表示。故在没有夫妻财产约定协议的情况下，在征得当事人认同的情况下，将全部股权视为夫妻共同财产为宜。

(2)继承人为公务员等禁止经商人员的，不得继承股东资格。公证机构只能为其办理股权份额的继承公证而不能办理股东资格的继承公证。办理份额继承公证后，可以建议继承人之间通过作价分割的形式确定最终股权(包括股东资格)的最终承受人。

(3)无民事行为能力或者限制行为能力继承股东资格。只有当公司章程中对股东资格继承人的行为能力作出限制时，才能使无民事行为能力或限制民事行为能力只继承财产份额，而不能继承取得股东资格。

(4)有多名法定继承人的，也可以办理股东资格继承公证。除非公司章程对继承人的人数作出了明确的限定。

(5)公司章程的限制应当是在股东去世前作出的。通说认为，对股东资格继承作出限制性或排除性规定的公司章程必须是在死亡股东去世以前通过法定程序制定并生效的章程，故公证员应注意审查公司章程通过的时间。

(6)可以建议当事人采取放弃继承权、作价分割或签署委托持股协议的形式确定最终继承股东资格的人员。有些公司并不希望所有的继承人都成为股东，有时候甚至可能出现继承股东资格后超员情况(登记股东人数超过公司法所规定的50人上限)。在发生上述情况时，在征求

继承人同意的情况下，可以采取部分继承人放弃继承权或者继承股权财产份额后进行作价分割或者继承后以办理委托持股协议的形式解决上述问题。

第十章 单方法律行为公证

第一节 概 述

一、基本定义

单方法律行为是指仅以当事人一方的意思表示即可成立的法律行为。单方法律行为是仅为一人的设权意思表示,即发生法律效果的行为。它属于法律事实中的行为,而且是合法行为,应当符合民事法律行为的成立和生效要件。

单方法律行为又可区分为有相对人的单方行为和无相对人的单方行为。有相对人的单方法律行为需于意思表示到达相对人或相对人接受时,始发生法律效力,如授权委托书、保证书、债权转让通知书、法律行为的承认或撤销、解除等。无相对人的单方法律行为意思表示无需告知或经相对人同意,即可发生法律约束力,如遗嘱的设立、变更、撤销。单方法律行为通常只能为他人设定权利而不能单纯为他人设定义务。

单方法律行为公证是指公证机构确认当事人单方法律行为真实性、合法性的活动。单方法律行为公证业务类型主要有:委托、声明、遗嘱、承诺、保证、同意、决定、催告、通知等。

办理单方法律行为公证,着重在于如实、客观地记录当事人的意思表示。为确保当事人所表达的意思表示能够符合法律行为的成立和生效要件,能够产生当事人所期待的法律效果,一般地可以要求当事人提供或者由公证机构主动调查涉及该单方法律行为的有关信息。

公证机构可以为当事人起草单方法律行为文本,供当事人参考使用。

单方法律行为公证应使用司法部定式公证书 2011 年版第 1 ~ 8 式格式。

二、单方法律行为公证应重点审查的内容

《公证程序规则》第 36 条规定,民事法律行为的公证,应当符合下列条件:

(1)当事人具有从事该行为的资格和相应的民事行为能力。

单方法律行为当事人的民事行为能力的认定以我国《民法通则》《民法总则》为依据。当事人具有从事该行为的资格审查,主要看行为人是否有相应的形成权基础。单方法律行为系基于形成权的理论进行法律调整的。形成权是法律允许主体对某一项法律关系采取单方面的行动的权利。

(2)当事人的意思表示真实。

公证员应询问行为人作出该单方法律行为是否是其真意,是否存在被胁迫等情形。

(3)该行为的内容和形式合法。

单方法律行为的内容不得违反法律的禁止性规定。法律对特定单方法律行为有形式要求的,应当符合其要求。

(4)不违背公序良俗。

单方法律行为的目的、内容,应当具有社会妥当性,不得违背社会公序良俗原则。例如,发表的声明内容不得有侮辱他人的内容。

(5)符合有关办证规则的要求。

公证机构办理单方法律行为公证,应当遵循司法部和中国公证协会颁布的有关办证规范。

三、办理单方法律行为公证需要注意的问题

(1)合理选择采用法律行为公证或签字属实公证方式。单方法律行为文本可以按法律行为公证方式进行(适用定式公证书格式 1 ~ 8 式),也可以按证明法律行为文本上的签字属实进行。前者属于法律行为公证,后者属于有法律意义的文本公证。两者的主要区别在于:前者公证机构除了审查行为人的签字属实外,一般还需要审查法律行为文本的内容是否符合法律行为的成立和生效要件,后者公证机构仅审查行为

人的签字属实。因前者公证机构需要关注法律行为的成立要件和生效要件，故一般需要当事人提供或由公证机构调查取得法律行为的相关证据资料作为进行判断的辅助手段。于后者而言，公证机构并没有义务关注法律行为的成立要件和生效要件，故没有必要强制要求当事人提供法律行为的相关证据资料。

鉴于法律行为公证的价值高于签字属实证明的方式，故公证员应尽量引导当事人按照法律行为公证标准办理，但有关证据资料难以支持按法律行为公证办理的，可以征询当事人意见为其办理签字属实证明。两种公证方式的选择，公证机构宜尊重当事人的意愿并注意参考使用部门的要求。

(2)需要通过法院行使形成权的，公证机构不宜为其办理公证。有些形成权(消极形成权)的行使需要通过人民法院行使，因当事人的行为并不能产生行使形成权的效果，故公证机构不宜为其办理此类公证。例如，基于受赠人没有履行法定或约定义务，赠与人单方撤销合同的，赠与人应向人民法院提出撤销申请，不宜到公证机构发表声明直接进行撤销。公证机构受理的应该主要是当事人行使积极形成权的单方法律行为。

(3)单方法律行为涉及未成年人利益的处理原则。无民事行为能力、限制民事行为能力人申办单方法律行为公证，应当由其法定代理人代理。法定代理人代为作出单方民事法律行为应以保护无民事行为能力、限制民事行为能力人的人身、财产及其他合法利益为目的，如接受奖励、赠与、报酬等纯受益的民事行为；除为其利益外，不得从事处分无民事行为能力、限制民事行为能力人的财产的行为。

(4)当事人原则上可以申请撤销单方法律行为公证书，但法律有特殊规定的除外。单方法律行为原则上都可以撤销。例如，根据《合同法》的规定，当事人可以随时撤销委托。又如，根据《继承法》的规定，立遗嘱人可以撤销遗嘱。但某些行为，看上去由单方实施，但是实际上由多方参与并作出目的一致的意思表示，再加上商事交易信赖和效率的要求，还有诉讼规则的要求，某些表面上的单方行为不能基于形成权的理论而撤销。这些单方行为主要有：放弃继承权、债务免除、票据转让、悬赏广告、追认、寄养保证、银行保函等商事保证行为、同意书等行为。

当事人申请撤销单方法律行为的,公证机构应当具体情况具体分析,综合考量下列因素进行合法、妥当处理:①法律对该类单方法律行为的撤销是否有明确规定。②单方法律行为文本中是否对撤销问题进行了事先说明和限定。③该单方法律行为公证书是否已经到达相对人。④公证书是否已经被使用。⑤发出的公证书是否可以被全部收回。⑥相对人的意见和态度如何。

(5)合理把握证据收集范围和单方法律行为内容的审查程度。单方法律行为公证的核心是记录当事人的意思表示,但为了确保当事人的意思表示能够依据法律规定产生相应的法律效果,公证机构往往还会通过审查证据的方式来指导当事人完善其意思,从而使当事人的意思表示趋向于准确,避免出现瑕疵。在单方法律行为公证中,证据收集范围和单方行为内容的审查程度的边界在哪里,往往是公证员比较困惑的。这个问题需要根据不同的单方法律行为来进行逐一讨论与界定,难以提出统一适用的标准。公证员在办理公证时,应注意遵循司法部和中国公证协会有关办证规则的要求,合理确定证据收集范围和单方法律行为内容的审查程度,同时注意原则性和灵活性。

第二节　授权委托公证

一、概述

授权委托是指委托人授权他人以委托人的名义代理其民事法律行为。授权行为仅需委托人的单方意思表示即成立,不必征得代理人同意。代理人基于委托人的授权行为取得代理权,委托人对代理人的代理行为承担法律责任。

授权行为与委托合同等基础法律关系是相互分立而不是等同的关系,代理并非是委托合同的必然产物,只有授权行为才是代理发生的唯一根据。我们通常所说的委托书公证,一般指授权委托公证。

当事人办理转授权委托公证时，公证员应核实授权委托书是否真实，原授权委托书是否允许转委托，转委托的权限是否在原授权委托范围内。

办理房屋委托书公证主要参考中国公证协会制定的《办理房屋委托书公证的指导意见》和司法部《关于公证执业“五不准”的通知》。根据《办理房屋委托书公证的指导意见》，房屋委托书是指委托人为了授权他人代为办理房屋的购买、出售、互换、继承、受遗赠、租赁、抵押等事宜而单方签署的法律文书。公证机构办理房屋以外的其他不动产委托书公证可以参照该指导意见办理。

二、办理授权委托公证需要注意的问题

(1)审查委托人的身份。这是公证员办理授权委托公证的核心职责。实务中，假冒委托人进行授权的情况比较普遍，公证员应当核查委托人提交的身份证明是否真实、有效，辨认当事人与其提交的身份证件是否同一。

(2)合理运用授权行为无因性原理，把握好无因性与可行性的关系和尺度。授权行为具有无因性，公证员宜对作为原因行为的授权行为与其结果行为进行区分。例如，办理贷款的授权委托公证时，公证机构并没有必要完全按照借贷合同公证的标准要求提供证据材料和进行授权委托内容审查。也就是说，第三人(银行)在依凭授权委托公证书相信该授权的存在，但这一“相信”并不免除他在结果行为(借贷行为)中的注意义务，如关注授权人的资信情况。授权行为具有无因性，可以使公证机构对授权行为的审查控制在合理限度内，而不是无限制地扩张自己的审查权限，加重委托人的举证负担。

公证机构对授权委托的可行性也可以进行关注，指导当事人完善有关授权内容，夯实授权委托的基础，提高授权委托公证书被相对人采纳的概率。但公证机构这种对授权委托的可行性的关注和要求，应是建立在委托人自愿的基础之上的，如果委托人不愿意或有困难提供相关证据资料供公证员审阅参考的，则不宜强求当事人提供，可以遵循授权行为无因性原理给予办理公证。

(3)授权委托文本的修改规则。实务中,因委托内容存在错误,委托人或受托人请求公证机构对委托书内容进行校对修改的,公证机构应当分别情形进行处理:①委托人提出修改申请的,无论怎么修改,公证机构都应当允许,因为委托人本身是授权主体。②受托人提出修改申请的,如确系笔误的内容,公证机构可以直接进行校改(如打错当事人性别),但要求校改的内容系实质性修改的(如增加授权条款),则应该获得委托人同意。同意的方式可以采取到场同意或电话同意(并留存录音)等方式。

(4)注意对共同授权的指导。委托人委托数个代理人共同行使代理权的,公证员应建议委托人在委托书中明确代理权由数个代理人共同行使还是其中一人或数人可单独行使。

(5)委托人申请撤销委托的处理方式。委托人依法可以撤销委托。公证机构在接到撤销委托公证时,应询问授权委托是否已经被使用,公证书是否可以全部收回。必要时可以向受托人了解有关情况,听取其意见。撤销委托一般采取委托人发表声明的方式进行,声明可进行公证,公证员应告知当事人委托前后已经产生或可能产生的法律后果。

(6)可以在公证书后附委托人身份证复印件等资料。实务中,为便于公证书使用,委托人要求附本人身份证、受托人身份证、房产证等资料,公证员能够对资料的真实性进行核实的,可以附在公证书后。

(7)注意委托书内容的完整性和准确性。授权委托书应当载明委托人和受托人的身份信息、代理事项、代理权限、代理期限等内容。应特别提醒委托人受托人是否有转委托权,并在委托书中明确载明。代理期限可以以明确的时间界限进行设置,也可以采取"委托期限至委托事项办理完毕为止"的方式,这两种方式各有利弊,公证员应根据案件具体情况,指导当事人进行代理期限的合理设置。当事人要在委托书中载明"本委托不可撤销"的内容,公证机构应告知其相应法律后果。

三、办理房屋委托书公证需要注意的问题

(1)根据案件的具体情况,合理选择房屋委托书公证方式。《办理房屋委托书公证的指导意见》将房屋委托书公证方式分为两种形式,并为这

两种形式进行了不同的办证规则配置。①适用《公证程序规则》第 38 条的规定,仅对委托人的签名(印鉴、指印)和签署日期进行证明,不对委托书的内容进行证明。②适用《公证程序规则》第 36 条的规定,对委托人的委托行为以及委托人的签名(印鉴、指印)和签署日期进行证明。

公证机构在办理房屋委托书公证时,应根据案件的具体情况,合理选择房屋委托书的公证方式。根据该指导意见,适用第一种方式进行公证,可以提交房产证复印件;适用第二种方式进行公证,则需要提交房产证原件。

(2)被羁押的当事人委托出售房屋的公证处理。被羁押的当事人仍然享有民事权利,如果拟出售的房屋没有被司法查封也说明其并没有受到权利限制,故公证机构可以为被羁押的当事人办理房屋委托公证。有时候,被羁押的当事人签署房屋委托书,乃是处分房产后将房款上缴给有关部门的,公证员应特别关注委托是否系当事人的真实意愿。

(3)认真处理好有关处分权的问题。涉及的处分权问题主要有:公司资产的,是否获得公司股东会或董事会同意;国有资产的,是否获得有关主管部门的批准;房屋是否系夫妻共有财产,是否还有其他共有人,是否需要将其他共有人一起列为委托人;处分设定抵押权的房屋,是否获得了抵押权人的同意。

鉴于授权委托行为的无因性和相对人对委托人是否具有处分权具有关注的义务,同时最高人民法院有关司法解释也不再将处分权作为合同有效的条件,故公证员可以提醒委托人注意上述处分权问题,建议当事人先解决上述处分权问题以便于授权委托公证书的使用,但当事人未解决且依然要求进行公证的,公证机构在告知相关法律后果后,可以为其继续办理公证,公证机构可以在公证书中加注:“本公证书未对委托人是否具有处分权作出证明”。

(4)监护人申请办理以处分被监护人所有的房屋为内容的委托书公证,建议当事人提交享有监护权的证明材料以及为被监护人利益而处分房屋的保证书。

第三节　声明(承诺)公证

一、概述

声明是告启类文书的一种，它是国家、政党、自然人、法人或其他组织就有关事项或问题向社会表明自己的立场、态度的行为。《公证法》第 11 条所指的声明，仅指自然人、法人或其他组织在民事活动中作出的有法律意义的声明，不包括政治性的或外交声明，也不包括没有法律意义的声明。

声明对象主要涉及民事法律关系中的民事权利和民事义务，可以分为主张权利的声明、放弃权利的声明和承担义务的声明等三种类型。例如，受遗赠人接受遗赠的声明，属于主张权利的声明；继承人放弃继承的声明，属于放弃权利的声明；当事人愿意承担特定债务的声明，属于承担义务的声明。实务中有许多冠之以“声明书”字样的法律文书，这些“声明书”并非一概是单方法律行为，公证员可以从“意思表示”和“形成权”两个角度对其进行考察。例如，“声明书”记载的内容仅是对过往发生有关事实的确认，这种法律文书属于当事人陈述或者证人证言，并不是单方法律行为意义上的“声明书”。又如，实践中常见的《婚姻状况声明书》是当事人对有关事实的确认，并不关涉“意思表示”和“形成权”，故其也属于当事人陈述的一种形式。

声明公证是指公证机构确认声明行为真实性、合法性的活动。通过声明公证，可以固定声明人的意思表示，公证形式的严肃性也加强了声明行为的庄重性，使相对人确信声明行为，从而使声明行为能产生相应的法律效果。

声明书的内容主要包括：声明人的基本信息、作出声明的有关事情背景描述、声明的具体事项、对声明法律意义和法律后果的知晓。为增强声明形式的法律严肃性，声明书中应当包含声明人对声明内容的真实性负责并愿意承担相应法律责任的内容。

承诺是承诺人向相对人自愿作出的同意要约或履行义务并具有承担法律责任的意思表示的单方法律行为。承诺书是承诺行为的书面表现形式之一。办理承诺、承认、同意等单方法律行为或准法律行为的公证事项可以参照声明书公证办理。

二、办理声明(承诺)公证需要注意的问题

(1)公证机构不对当事人声明内容的真实性进行审查。公证机构的职责在于记录当事人的意思表示,对于当事人作出意思表示所依据的有关事实的真实性,公证机构无需进行审查。例如,当事人放弃继承权声明,其放弃所依据的被继承人死亡的事实和遗产状况事实的真实性,公证机构并没有进行审查的责任。中国公证协会《办理继承公证的指导意见》第17条第2款也明确规定:"继承人表示放弃继承的,公证机构仅需审查继承人个人的意思表示。"

当然,虽然公证机构没有这方面的审查职责,但当事人就声明的法律效果向公证机构进行咨询或者请求公证机构代书声明书时,则从一般谨慎义务出发,公证员应对当事人作出意思表示所依据的有关事实进行一定程度的核实,以确保所提供的法律咨询意见符合有关事实情状,所代书的声明书具有合理性和可行性。公证员在声明书公证咨询中,核心的法律问题是当事人是否在有关事实中享有相应的形成权以及通过声明书方式行使形成权的方式是否妥当。值得指出的是,这些关注和核实职责,是在当事人有所请求时产生的,遵循当事人自愿原则,公证机构不宜将这些要求作为办理该公证的前置条件。

(2)对声明书内容的合法性和社会正当性进行审查。声明书的内容不得违背国家法律法规、国家政策和公序良俗原则。例如,声明书中不得有侮辱、威胁、恐吓等内容。又如,断绝父子关系的声明违背公序良俗原则,应不予办理公证。此处的合法性审查原则上并不要求公证机构对声明书中当事人是否依法实质享有形成权进行判断和保证。

依据司法部的规定,一些声明书不能办理公证。例如,"安乐死请求书""打算结婚声明书""夫妻关系未破裂声明书""未与他人结婚声明书""同意入籍声明书""宗教信仰声明书""未参加任何党派组织的声明

书”“借腹生子声明书”等。

另外，声明书对象和内容涉及不特定对象和公众利益时，应谨慎办理，防止声明人利用公证声明形式侵犯公众利益。

（3）建议将各类名称为“声明书”的法律文书的性质进行准确归类，适用合适的公证书格式。司法部定式公证书格式2011年版第2式“声明公证书格式”是特指单方法律行为类声明公证。冠以“声明书”名称，但实质上并不涉及“意思表示”这个法律行为核心要素的法律文书，应当按照其属性进行准确归类，适用合适的公证书形式。例如，对有关事实的陈述的“声明书”，应当适用保全证据类要素式公证书格式。又如，《婚姻状况声明书》可以使用第34式证明当事人签字属实。对于不属于法律行为的“声明书”，不应该采用第2式“声明书公证书格式”。

第四节 遗嘱公证

一、概述

遗嘱是遗嘱人生前在法律允许的范围内，按照法律规定的方式处分其个人财产或者处理其他事务，并在其死亡时发生效力的单方法律行为。

从《继承法》第17条的规定来看，公证遗嘱是与自书遗嘱、代书遗嘱、录音遗嘱、口头遗嘱并列的遗嘱形式。公证遗嘱具有优先效力。公证遗嘱是独立的遗嘱形式，其不是对自书遗嘱、代书遗嘱等遗嘱形式的再证明，故公证机构办理公证遗嘱，其遵循的是司法部《遗嘱公证细则》的形式要件要求（如必须打印），而无须满足代书遗嘱等遗嘱的形式要求。

公证机构办理遗嘱公证，应当由两名公证人员共同办理，其中承办公证员应当全程亲自办理，公证书中应加盖承办公证员的签名章。因特殊情况由一名公证员办理时，应当有一名见证人在场，见证人应当在笔录上签名。

遗嘱应包括下列内容:①遗嘱人的姓名、性别、出生日期、住址。②遗嘱处分的财产状况(名称、数量、所在地点以及是否共有、抵押等)。③对财产和其他事务的具体处理意见。④有遗嘱执行人的,应当写明执行人的姓名、性别、年龄、住址等。⑤遗嘱制作的日期以及遗嘱人的签名。

两个以上的遗嘱人申请办理共同遗嘱公证的,公证处应当引导他们分别设立遗嘱。遗嘱人坚持申请办理共同遗嘱公证的,共同遗嘱中应当明确遗嘱变更、撤销及生效的条件。需要注意的是,遗嘱中必须指定具体继承人,不能只写不让某人继承。

发现有下列情形之一的,公证人员在与遗嘱人谈话时应当录音或者录像:①遗嘱人年老体弱。②遗嘱人为危重伤病人。③遗嘱人为聋、哑、盲人。④遗嘱人为间歇性精神病患者、弱智者。司法部律师公证工作指导司《关于遗嘱公证能否因未录音或录像而被撤销的请示的复函》([2001]司律公函052号)规定,录音或录像"不是遗嘱公证生效的必备要件。从保护遗嘱人合法权益的角度出发,一般不宜以欠缺录音或录像形式而认定遗嘱公证无效"。

办理遗嘱公证,公证员的职责主要是审核遗嘱人的主体资格、确认其意思表示、关注遗嘱形式。但就加强遗嘱的有效性和可执行性而言,在遗嘱人自愿的情况下,公证机构还应尽可能关注遗嘱人的处分权、排除其他效力障碍事由等。

公证遗嘱采用打印形式。遗嘱人根据遗嘱原稿核对后,应当在打印的公证遗嘱上签名。遗嘱人不会签名或者签名有困难的,可以盖章方式代替在申请表、笔录和遗嘱上的签名;遗嘱人既不能签字又无印章的,应当以按手印方式代替签名或者盖章。以按手印代替签名或者盖章的,公证人员应当提取遗嘱人全部的指纹存档。

遗嘱人可以撤销、变更公证遗嘱。公证遗嘱生效前,非经遗嘱人申请并履行公证程序,不得撤销或者变更公证遗嘱。

遗嘱公证卷应当列为密卷保存。遗嘱人死亡后,转为普通卷保存。公证遗嘱生效前,遗嘱卷宗不得对外借阅,公证人员亦不得对外透露遗嘱内容。

遗嘱公证办理完毕后,公证机构应当及时将公证遗嘱信息在全国公证遗嘱备案查询平台进行备案。

公证遗嘱的公证书格式应采用司法部定式公证书2011年版第5式,不得采用第34式证明签字属实(外国人、港澳台同胞立遗嘱的,可以考虑采用第34式)。

二、遗嘱信托公证

王立身患癌症,他与妻子丁丽已经离婚,双方有女儿王茜。王立名下有别墅一套,希望在其身故之后由女儿王茜继承。但女儿王茜目前才12岁,尚未成年,王立担心女儿继承别墅后,女儿的监护人丁丽有可能会将上述别墅出售,从而有损王茜利益。王立希望其身故之后,该别墅能够用于出租,所得租金作为王茜生活和学习经费,在女儿王茜成年以后再将别墅过户登记在其名下。

该案当事人的愿望无法通过正常继承方式来实现,但可以通过含有信托内容的受托人的遗嘱来实现。遗嘱信托制度有效地弥补了监护和遗嘱执行人制度的缺陷,既最大限度地实现了遗嘱自由,又通过信托架构使受托人保有遗产所有权而利于遗嘱目的的实现。

《信托法》第2条规定,信托是指委托人基于对受托人的信任,将其财产权委托给受托人,由受托人按委托人的意愿以自己的名义,为受益人的利益或者特定目的,进行管理或者处分的行为。《信托法》第8条规定,设立信托,应当采取书面形式。书面形式包括信托合同、遗嘱或者法律、行政法规规定的其他书面文件。

遗嘱信托是指委托人生前通过立遗嘱的形式,将其财产在其身故后交付给受托人,并由受托人按照遗嘱中的内容,为遗嘱人所指定受益人或者其他目的,管理及处分信托财产的一种信托方式。遗嘱人在立民事遗嘱信托时,其形式及效力的基础是普通遗嘱和信托,只有满足这两者的基本要件,再加上信托内容符合民事法律范围,才是民事遗嘱信托。这也就意味着民事遗嘱信托的特点,既结合了信托的特点,也涵盖了遗嘱的特性。

公证员在遗嘱信托中的作用表现在:①为遗嘱信托制作公证遗嘱

(信托),从而使遗嘱信托具有较为坚实的法律文件基础。②遗嘱信托的设计者和代书者。公证员根据遗嘱人的情况实际和需求设计合适的遗嘱内容(包括信托方式)。③公证机构作为遗嘱信托的受托人。遗嘱人可以指定他人或者公证机构作为遗嘱信托的受托人。

公证员为当事人起草信托遗嘱的,其主要内容为:①立遗嘱人的基本情况;②受托人的基本情况;③立遗嘱的原因(信托目的);④遗嘱正文,包括信托财产的范围、种类及状况,以及如何处分或如何转移给受托人处分,受益人取得信托财产的形式和方法、信托期限、受托人的报酬、新受托人的选任方式、信托终止事由等;建议应该在遗嘱信托中约定信托不成立时的救济条款,即当信托不成立时则按照传统的遗嘱内容分配财产。

公证机构作为受托人存在一定的障碍,即信托财产登记问题。信托财产应当转移到受托人名下便于进行管理,同时要跟受托人自有财产区隔开来,不能混同起来,信托财产是独立财产有其特定法律意义。《信托法》第10条规定:"设立信托,对于信托财产,有关法律、行政法规规定应当办理登记手续的,应当依法办理信托登记。未依照前款规定办理信托登记的,应当补办登记手续;不补办的,该信托不产生效力。"《信托法》第16条规定:"信托财产与属于受托人所有的财产(以下简称固有财产)相区别,不得归入受托人固有财产或者成为固有财产的一部分。受托人死亡或者依法解散、被依法撤销、被宣告破产而终止,信托财产不属于其遗产或者清算财产。"实践中,即使公证机构同意作为受托人,信托人死亡后,房屋等不动产仍然只能登记在信托人名下或者办理继承手续后登记在遗嘱受益人名下,无法直接登记在公证机构名下,这使得公证机构难以获得对信托财产的完全处分权,这阻碍了当事人信托目的的达成。

应该看到,虽然不动产、公司股份等财产难以直接登记在公证机构名下以便于管理,但如果是资金信托,则可以存入公证机构的提存账户,这既将信托资金与公证处自有资金(基本账户)区隔开来,也符合《信托法》第16条规定的精神,避免资产混同。在实际操作中,公证机构可以建议信托人将不动产、公司股份等变卖,转化成资金委托公证机构用提存账户进行管理。需要指出的是,用提存账户进行信托管理也存在弊端,即财产增值低(利息低),这并不符合信托资产增值保值的要求。

遗嘱信托具有较强的发展潜力,我国公证机构可以继续进行积极探索。

三、办理遗嘱公证需要注意的问题

(1)采用合适方式辨认遗嘱人的神智是否清晰。遗嘱人神智清晰是办理遗嘱公证的基础。实践中,利害关系人在复查和诉讼程序中往往提出遗嘱人当时神智不清晰的抗辩事由。公证员应当认真做好辨认遗嘱人神智是否清晰的工作,应当通过深入交谈的方式来判断遗嘱人的神智是否清晰。例如,询问遗嘱人的一些个人信息和履历、家庭成员情况(子女生日、生肖等),看其是否能够准确回答。必要时,可以要求遗嘱人进行行为能力司法鉴定或者提交医院诊断证明,值得指出的是,这种方式只能是个案要求,不能作为办理所有遗嘱公证的前置条件。作为对今后利害关系人对遗嘱人行为能力抗辩的最好策略是进行录音或录像。

(2)公证书因程序瑕疵被撤销后,公证遗嘱是否可以继续有效。关于这个问题,理论界和司法实践目前都存在较大的争议。有观点认为,公证作为公文书,因公证程序瑕疵导致公证书被撤销的,其所失去的仅是公文书效力,而并非失去遗嘱作为私文书的效力,故遗嘱仍然可以继续有效。有观点则认为,公证遗嘱是独立的遗嘱形式,公证书被撤销后,则意味着"公证遗嘱"已经无法满足其形式要求,故遗嘱已失去效力。上述问题的争议反映了相关立法和司法解释的缺乏。作为公证机构而言,为了避免导致对遗嘱人最不利的情况出现,可以建议遗嘱人在立遗嘱时即按照公证遗嘱的内容再自己誊写一份作为自书遗嘱保管于公证机构。采取这样的保险举措可以确保遗嘱人遗愿的实现,有效回避有关争议。

(3)遗嘱应对缺乏劳动能力又没有生活来源的人保留必要份额的公证处理方式。公证员应询问遗嘱人是否存在该类人员。如果存在的,公证员应建议遗嘱人为其保留必要份额。遗嘱人坚持不保留份额的,公证机构在告知相关法律后果后,可以为其办理遗嘱公证。可以办理的理由主要是最高人民法院《关于贯彻执行〈中华人民共和国继承法〉若干问题的意见》(以下简称《继承法意见》)第37条第2款的规定:“继承人是否缺乏劳动能力又没有生活来源,应按遗嘱生效时该继承人的具体情况确定。”《老年人权益保障法》第22条第3款规定:“老年人以遗嘱处分财产的,应当依法为老年配偶保留必要份额。”

(4)遗嘱中的标的物今后可能被拆迁的公证处理方式。根据最高人民法院的有关司法解释,标的物所有权人在遗嘱中将标的物处分给他人后,又以补偿协议形式同意将标的物拆迁的,这就应视为其在立遗嘱后又以行为作出了与立遗嘱时相反的意思表示并导致了标的物的灭失。公证员可以建议遗嘱人在遗嘱中将今后标的物发生变更后的补偿金或者补偿房屋一并纳入遗嘱继承范围。

(5)公证机构应慎重办理共同遗嘱。我国法律对共同遗嘱没有明确规定,对遗产范围的确定、撤销权的行使及其效力存在较大的争论,鉴于公证员适用法律的安定性,公证机构不宜主动为当事人办理共同遗嘱。公证机构应引导当事人不要办理共同遗嘱,当事人坚持办理的,应根据《遗嘱公证细则》规定的条件进行严格办理。

(6)注意在遗嘱中描述遗嘱人的亲属关系或者由遗嘱人自行填写一份《个人亲属关系表》。为便于今后办理遗嘱继承公证时公证员履行通知和核实义务,应注意在遗嘱中描述遗嘱人的亲属关系或者由遗嘱人自行填写一份《个人亲属关系表》。

(7)可以在当事人遗嘱中确定补充继承人。补充继承是指立遗嘱人在遗嘱中规定,其指定的继承人放弃继承、丧失继承权或先于立遗嘱人死亡时,其应继承的遗产利益归他人(补充继承人)继承。

(8)在遗嘱中规定后位继承的,应当谨慎办理公证。后位继承是指在遗嘱继承中,立遗嘱人在遗嘱中指定某继承人(前位继承人)所继承的财产利益,因某种条件的成就或期限的到来而移转给另一继承人(后位继承人)。例如,夫妻之间相互立遗嘱规定,明确死后遗产由配偶继承,配偶死后,由子女继承。对于后位继承,有学者认为其与所有权理论相冲突,侵犯了前位继承人的财产权利。目前,对于后位继承存在较大争议,原则上公证机构不宜办理有后位继承内容的遗嘱公证,但遗嘱人坚持办理的,公证机构在告知遗嘱内容可能不被认可的法律后果后,可以为其办理公证。

(9)注意在遗嘱内容表述中区别遗嘱继承与遗赠。公证员应当注意遗嘱继承和遗赠的区别,并在遗嘱内容中加以区别表述。遗嘱人将财产遗留给法定继承人的,可表述为“在我去世后,我的上述财产由我的子女××继承”;遗嘱人将财产遗留给法定继承人以外的人的,可表述为“在我去世后,我的上述财产遗赠(遗留)给××”。

(10)准确表述指定继承的内容。根据《婚姻法》第18条的规定,遗嘱人可以在遗嘱中确定遗产只归受益人所有,受益人的配偶无权享有。遗嘱人有指定继承意思表示的,公证员应该在遗嘱中准确记载上述指定继承内容,避免歧义。不建议表述为“我的上述财产由子女××一人继承”,建议表述为“我的上述财产由子女××一人继承,其配偶不得享有”。

(11)提示立遗嘱人两个月的遗赠接受期限。我国继承法关于遗赠接受期限的规定过短,往往导致受遗赠人超过两个月的接受期限。公证员在办理遗嘱公证时,应提醒遗嘱人两个月的遗赠接受期限,并请他转告受遗赠人。

(12)原则上不需要审查受遗赠人的身份。如果立遗嘱人将财产遗留给配偶之外的情人,则依据有关判例属于违背公序良俗原则,该遗嘱内容无效。公证机构没有义务去审查受遗赠人的身份,因为根本无能力进行这种识别,不能因极个别的个案而怀疑所有公证遗嘱均存在这种可能。当然,公证员可以告知遗嘱人不应有这种情形,否则遗嘱可能会无效。

(13)外出在当事人病榻前办理遗嘱公证需要谨慎处理。病榻前办理遗嘱公证,日后特别容易起纠纷,公证员应当严格办理,不能留下可以被攻击的问题。公证员需要注意:①遗嘱必须打印。这是《遗嘱公证细则》对公证遗嘱的形式要求。②应当录音或录像。③询问医生目前病人身体和神智状况。如刚服下药的,则应询问是服用了什么药品。④如果可能,遗嘱人的子女应尽量在场并发表书面的意见。

(14)为遗嘱人创造立遗嘱的私密空间。为保障遗嘱人能够充分、自由地表达自己的意思，有条件的公证机构可以设置专门的遗嘱办证室，提供较好的办证私密空间。不具备条件的公证机构，也应当对人员进行清场，特别是陪同老人来立遗嘱的协助人(有可能是受益人)也应当在外面进行等候。有关清场的过程可以反映在录音或录像中，或记载在询问笔录中。在进行录音或录像时，不应当有其他人(特别是受益人、受遗赠人)回答问题的声音和在场的影像，否则很容易引发相对人对遗嘱人意志可能不自由的抗辩。

(15)遗嘱人要求将抚恤金处理写进遗嘱的处理方式。抚恤金不是遗产，故不能作为遗产写进遗嘱进行处分。但遗嘱人坚持要求的，公证员可以建议遗嘱人将其该心愿写进遗嘱，但告知其不产生遗嘱继承的效力。例如，可以在遗嘱中表述为："在我去世后，有关单位发放的抚恤金，虽然不是我的遗产，我希望分配给子女××，其他子女应尊重我这个心愿"。

(16)认真掌握《遗嘱公证细则》所确定的财产权利证明提供原则。《遗嘱公证细则》规定，以遗嘱人提供财产权利证明为原则，以遗嘱人个人承诺为例外。故公证机构原则上应要求遗嘱人提供财产权利证明，以便履行公证机构的审查义务；在遗嘱人因特殊原因无法提供证明的情况下，可接受所处分的财产是其个人财产的承诺，以保障当事人遗嘱自由。在实务中，当事人提供的财产权利证明应该是多样的。例如，在没有取得不动产权证书时，遗嘱人可以提供购房合同等材料。另外，遗嘱人可以对遗产作"概括性处分"，在这种时候就没有提供财产权利证明的必要。

即使财产权利受到限制，遗嘱人也可以将这些财产作为遗产。例如，被查封、被抵押的财产，也可以作为遗嘱中的遗产。因为权利受限情况是在立遗嘱时候存在，遗嘱生效时可能已经不存在。同时，权利受限的情况也会及于继承人。例如，最高人民法院《担保法解释》第68条规定："抵押物依法被继承或者赠与的，抵押权不受影响"。

(17)夫妻共有的财产，一方去世尚未办理继承手续时，在世一方立遗嘱的处理方式。这种情况下，在世一方的份额由两部分组成：自己的产权份额和自己应继承配偶的份额。在遗嘱中应指导当事人将上述份额都进行相应处分，特别是不要遗漏后面部分的份额。

(18)只要不违法，尽量满足遗嘱人在遗嘱中附义务的要求。公证员应指导当事人合理设计切实可行的义务内容。下面这些义务，原则上都是可以设置的：①继承房屋后在一定期限内不得出售。②继承遗产时需要给其他兄弟姐妹一笔补偿金。③继承房屋后，该房屋在一段期间内由其他人享有居住权，或者出租房屋所得价款由某人享有。④继承遗产后需要扶养其他人。

(19)必要时，可以提取遗嘱人的十指指纹。提取当事人的十指指纹，便于今后进行鉴定。即使现在全部录音或录像，能够部分代替提取十指指纹功能，但这项传统还是被许多公证处所保留。因人死不能往生，提取十指指纹，有免费保全当事人指纹之效用。

(20)外国人、无国籍人、港澳台居民申办遗嘱公证，由于遗嘱人的民事行为能力、夫妻财产关系、遗嘱形式及遗嘱效力等方面，可能涉及法律适用和冲突的问题，为上述遗嘱人办理遗嘱公证，可以采取证明遗嘱文本上的签名(印鉴)属实的方式办理，适用定式公证书格式第34式。

(21)公证遗嘱撤销与变更。根据《遗嘱公证细则》规定，公证遗嘱撤销与变更应当履行公证程序。实务中，一般采取新立公证遗嘱或者在公证处发表撤销遗嘱声明的形式进行。公证遗嘱撤销、变更原则上需要到原公证机构办理，但当事人到其他公证处办理的，法律并无限制，也具有法律效力。《遗嘱公证细则》规定，遗嘱人申请撤销或变更公证遗嘱的程序适用该细则。

(22)注意遗嘱起草的风格。应注重立遗嘱人的知识水平、表达方式和伦理需求，既不能一概写成充满法言法语的“专业”文件，也不能写成光明正大牌匾下的“诏书”。起草遗嘱应注意情与法的结合。

《遗嘱公证细则》规定，遗嘱中一般不得包括与处分财产及处理死亡后事宜无关的其他内容。有些遗嘱人要求去世后与配偶合葬的内容，符合我国社会伦理，可以写进遗嘱。

(23)可以给遗嘱人犹豫期。公证员发现遗嘱人作出遗嘱安排的意志并不坚定时，可以给遗嘱人一定的犹豫期，请他再慎重考虑后再决定是否正式签署公证遗嘱。

(24)立遗嘱过程中遗嘱人去世的公证处理方式。公证处审批人批准遗嘱公证书之前,遗嘱人死亡或者丧失行为能力的,公证处应当终止办理遗嘱公证。遗嘱人提供或者公证人员代书、录制的遗嘱,符合代书遗嘱条件或者经承办公证人员见证符合自书、录音、口头遗嘱条件的,公证处可以将该遗嘱发给遗嘱受益人,并将其复印件存入终止公证的档案。公证处审批人批准之后,遗嘱人死亡或者丧失行为能力的,公证处应当完成公证遗嘱的制作。遗嘱人无法在打印的公证遗嘱上签名的,可依遗嘱原稿的复印件制作公证遗嘱,遗嘱原稿留公证处存档。

第十一章 继承类公证

第一节 概 述

一、基本定义

继承是指财产继承,即公民自然死亡后,按照法定程序,将其遗留的个人合法财产和其他财产权益转移给他人所有的民事法律制度。

继承类公证是指公证机构办理与继承事务相关的公证。继承类公证的类型主要有:放弃继承权声明公证、法定继承权公证、公证遗嘱继承权公证、非公证遗嘱继承权公证、遗产分割协议公证、接受遗赠公证、遗嘱信托公证、涉外继承公证、与继承有关的公证事务。

继承类公证对中国公证而言具有特殊的意义。1946 年 8 月 24 日,在解放区哈尔滨,由哈尔滨地方法院推事李厚生法官办理了共产党政权领导下的第一份公证书——确认继承权公证书。由公证机构办理非讼遗产继承案件的模式源自法国、直接转引自苏联,并在此后几十年的法律实践中一直得到遵循。基于国家税收保障、债权人利益保护、继承人利益保护等诸多原因,无争议的遗产继承之确认,除个别国家和地区仍然采其传统习惯由亲属组织确认之外,从熟人社会走向陌生人社会的现代国家基本上都是通过司法非讼途径来确认,确认机关有遗产法庭、公证人和主管官厅三种选择,但无论是哪种选择,其理论基点就是该机关行使的是非讼裁判权。这一点在 2015 年 8 月 17 日正式施行的《欧盟继承条例》中表述得很清楚,该条例规定:"判决是指任何由成员国法院作出的继承问题的判决,不管该判决被称之为何;为本条例之目的,法院一词是指任何司法部门以及所有其他在继承问题上有能力行使司法职能或遵循司法部门授权而行事或在司法部门控制下行事的部门和法律专业人士,只要这些部门和法律专业人士能保证公正以及所有当事人的受审理权，并且只要他们作出的判决根据他们在其境内运作的成员国的法律：(a)能够成为上诉到司法部门或被司法部门复审的对象；(b)拥有与司法部门在同一问题上所作判决同样的强制力和效力”。继承公证之所以能成为确认继承权的一种非讼模式，我国之所以在新中国成立之初将继承公证作为遗产处理的非讼事件，也是这个原因。

二、继承类公证法律规范体系

以《人民法院暂行组织条例》为开端，新中国成立后，最高人民法院及司法部、建设部、外交部、工商总局、中国人民银行等颁布了一系列法规、政策，规范各类继承事务，使我国公证机构成为处理非诉讼遗产继承事务的唯一部门。可以说，我国已经形成了纠纷继承事务由人民法院通过诉讼程序处理，无纠纷继承事务由公证机构办理继承公证处理的继承实现模式。办理继承公证主要涉及的法律规范有：

(1)《民法通则》《继承法》及其司法解释。这些基础法律规范是公证机构办理继承类公证的主要指导依据。

(2)《保险法》等特别法律条款。《保险法》第42条第1款规定：“被保险人死亡后，有下列情形之一的，保险金作为被保险人的遗产，由保险人依照《中华人民共和国继承法》的规定履行给付保险金的义务：(一)没有指定受益人，或者受益人指定不明无法确定的；(二)受益人先于被保险人死亡，没有其他受益人的；(三)受益人依法丧失继承权或者放弃受益权，没有其他受益人的。”

(3)相关行政规章和部委发文。中国人民银行、最高人民法院、最高人民检察院、公安部、司法部《关于查询、停止支付和没收个人在银行的存款以及存款人死亡后的存款过户或支付手续的联合通知》([1980]银储字第18号)规定：“存款人死亡后，合法继承人为证明自己的身份和有权提取该项存款，应向当地公证处申请办理继承权证明书，银行凭以办理过户或支付手续。如该项存款的继承权发生争执时，应由人民法院判处。银行凭人民法院的判决书、裁定书或调解书办理过户或支付手续。”公安部于2012年9月12日颁布的《机动车登记规定》第64条规定：继承、赠予、中奖、协议离婚和协议抵偿债务的机动车，其来历证明是继承、赠予、中奖、协议离婚、协议抵偿债务的相关文书和公证机关出具的公证书。2016 年 1 月 1 日起实施的《不动产登记暂行条例实施细则》第 14 条规定,因继承、受遗赠取得不动产,当事人申请登记的,应当提交死亡证明材料、遗嘱或者全部法定继承人关于不动产分配的协议以及与被继承人的亲属关系材料等,也可以提交经公证的材料或者生效的法律文书。司法部和中国银行业监督管理委员会于 2013 年 3 月 19 日颁布的《关于在办理继承公证中查询被继承人名下存款事宜的通知》规定:"经公证机构审查确认身份的继承人,可凭公证机构出具的《存款查询函》查询作为被继承人的存款人在各银行业金融机构的存款信息。"

1991 年司法部、建设部颁布的《关于房产登记管理中加强公证的联合通知》对房产继承公证作了规定。鉴于根据《不动产登记暂行条例》的规定,国土资源部负责指导、监督全国不动产登记工作,司法部于 2016 年 7 月 5 日发布通知,上述联合通知不再执行。

(4)中国公证协会颁布的业务规则和指导意见。2009 年 10 月 22 日,中国公证协会第五届常务理事会通过《办理继承公证的指导意见》(以下简称《继承公证意见》),2016 年 7 月 13 日颁布《办理小额财产继承公证的指导意见》。

第二节　放弃继承权声明公证

一、概述

放弃继承权是指继承开始后,继承人表示自愿不继承遗产,不参与对遗产的分割,对自己应继承的遗产份额声明部分或全部放弃的行为。

放弃继承权公证是指公证机构依法确认继承人放弃自己享有的继承他人遗产权利的意思表示真实性、合法性的活动。

继承权经历期待权、形成权、既得权三个权利性质阶段。放弃继承必须在继承开始后,遗产分割前作出。作为期待权的继承权,只有在被继承人死亡后,才能转化为继承既得权,才产生是否放弃的问题。遗产分割后表示放弃的不再是继承权,而是所有权。

放弃继承不能附有条件(如将自己放弃的继承权转移给他人)。附条件放弃继承,一般视为接受继承。放弃继承人也不得以其他继承人或利害关系人没有履行私下达成的条件,撤回放弃继承的意思表示。继承人因放弃继承权,致其不能履行法定义务的,放弃继承权的行为无效。

《继承公证意见》第 17 条规定:"继承人表示放弃继承的声明书应当亲自在公证员面前作出。继承人不能亲自到受理继承公证申请的公证机构作出放弃继承表示的,其表示放弃继承的声明书应当经过公证。继承人表示放弃继承的,公证机构仅需审查继承人个人的意思表示。"

二、办理放弃继承权声明公证需要注意的问题

(1)可以部分放弃继承权。多数国家不认可继承人对被继承人的部分遗产放弃继承,我国法律对此没有明确规定,学术界和司法实践对此也没有统一的观点。考虑到我国继承法律制度尚不成熟(特别是没有遗产申报、公示和清算制度),目前,公证实践允许继承人放弃继承被继承人的全部遗产,也允许继承人放弃继承被继承人的部分遗产。

(2)声明人放弃继承不需要征得配偶同意。继承权具有强烈的人身属性,放弃继承权是继承人对自身权利的处分,不需要征得其配偶的同意。继承人配偶不享有继承权,也无权对继承的接受和放弃作出意思表示,并且,在形成权阶段,继承人放弃继承乃是行使形成权的表现,基于其意思表示就可以产生放弃继承的法律效果。

(3)放弃继承后翻悔的公证处理。《继承法意见》第 50 条规定:"遗产处理前或在诉讼进行中,继承人对放弃继承翻悔的,由人民法院根据其提出的具体理由,决定是否承认。遗产处理后,继承人对放弃继承翻悔的,不予承认。"在继承公证书出具后,放弃继承声明人翻悔的,如果其他继承人表示同意,且继承权公证书尚未作为确认继承的依据在有关部门实际使用,公证机构可以接受其翻悔,在收回原公证书后,重新制作公证书。如果其他继承人反对的,公证机构不应接受翻悔,建议当事人可就继承事宜请求人民法院裁决。放弃继承声明公证书已经出具,继承公证书尚未出具的,放弃继承声明人反悔的,同样按照上述方式处理。

(4)未成年人作为继承人的公证处理。放弃继承的当事人必须具有完全的民事行为能力,无民事行为能力人和限制民事行为能力人均不得作出放弃继承的意思表示。放弃继承必须由继承人亲自作出,不得委托他人代理。为维护被代理人权益,法定代理人一般也不能代理被代理人放弃继承。

第三节 法定继承公证

一、概述

继承公证是指公证机构根据法律规定和继承人的申请,依法确认被继承人的遗产继承这一事实构成的活动。我国继承法将继承分为法定继承和遗嘱继承,与之对应,继承公证亦分为法定继承公证和遗嘱继承公证。

法定继承公证时,全体继承人应共同向公证机构提出申请,申请有困难的,继承人可以委托其他继承人或他人代为申请。《公证程序规则》第12条规定,居住在国外、香港、澳门、台湾地区的当事人,委托办理继承公证事项的,其授权委托书应当经其居住地的公证人(公证机构)公证,或者经司法部指定的机构、人员证明。继承人放弃继承的,可以提交经公证机构公证的放弃继承声明书,或者直接在公证员面前签署放弃继承声明书。

办理继承公证,公证机构可以要求当事人提供或者由公证机构主动收集下列材料:被继承人的死亡证明;全部法定继承人的基本情况及与被继承人的亲属关系证明;其他继承人已经死亡的,其死亡证明和其全部法定继承人的亲属关系证明;有关遗产的权利证明材料;被继承人生前有遗嘱或者遗赠扶养协议的,全部遗嘱或者遗赠扶养协议原件;被继承人生前与配偶有夫妻财产约定的,签署的书面约定协议;继承人中有放弃继承的,其作出放弃继承表示的声明书。

公证机构办理继承公证,应当重点审查:当事人的身份是否属实;当事人与被继承人的亲属关系是否属实;被继承人有无其他继承人,有无转继承和代位继承的情形,是否存在缺乏劳动能力又无其他生活来源的继承人,有无在被继承人生前对其尽了主要赡养义务的丧偶儿媳或女婿,是否存在胎儿;被继承人死亡事实是否属实;被继承人生前有无遗嘱或者遗赠扶养协议;是否存在继承人依法被剥夺继承权的情况;遗产的状况(产权性质、是否共有,有无设定抵押,权属有无争议等)。

核实是继承公证中一项重要工作,直接关系到公证书内容的准确性。对于亲属关系证明、死亡证明和财产权属(权利)凭证应该进行重点核实。关键的亲属关系证明,应该通过查阅原始档案、与出具单位相关责任人或知情人通话的方式进行核实。死亡证明和财产权属(权利)凭证进行审查后认为有疑义的,应当向签发单位核实。因路途遥远或人力紧张等原因,公证机构难以派员赴异地核实的,可以委托异地公证机构核实。虽然《公证法》只规定了公证机构的核实义务,但是考虑到继承公证作为非讼程序的特殊性质,为保证公证书的准确性,当公证机构认为当事人有可能故意隐瞒、虚构事实,进而导致公证书出现遗漏继承人等严重错误时,公证机构应该主动就相关事项进行调查。为提高公证服务水平,如果当事人取得证据材料确有困难,请求公证机构协助取证时,只要当事人能够提供取证线索,公证机构也可以在力所能及的范围内主动实施调查。诉讼案件和非讼案件的一大区别就是前者实行当事人对抗主义,后者实行管辖机构职权主义,因此由公证人员对继承公证所需要具备的各项证据进行调取本应是继承公证的应有之义。我国公证机构应建立继承公证主动调查制度,增进我国继承公证的实益。

当事人申请办理继承金额(数量)不明的银行卡(证券资金账户)内钱款(证券)公证的,公证机构应当按司法部和中国银行业监督管理委员会《关于在办理继承公证过程中查询被继承人名下存款等事宜的通知》为继承人出具《存款查询函》,待金额(数量)确定后,公证机构可以为其办理继承公证。

公证机构办理继承公证,应当在全国公证遗嘱备案信息平台查询被继承人是否立有遗嘱。

有下列情形之一的,公证机构不予办理法定继承公证:(1)根据法律规定法定继承人丧失继承权的。(2)被继承人生前所立遗嘱或者签订的遗赠扶养协议已经处分了法定继承人申请继承的遗产的。(3)法定继承人中有人未提出公证申请且又未作出放弃继承表示的。(4)法定继承人不能协助公证机构完成核实或者有关单位及个人拒绝协助公证机构进行核实的。(5)法定继承人之间对法定继承人的范围、遗产的权属或者是否有适用《继承法》第12条、第14条规定的人有争议的。

二、小额遗产继承公证

近年来,社会舆论对继承公证中有关问题反映较多,其中对小额遗产继承公证问题的反映较为突出。对此,一些地方公证协会、公证机构结合本地公证实践先后制定了有关小额遗产继承公证的指导意见和办证规范。2016年7月13日,中国公证协会印发了《办理小额遗产继承公证的指导意见》。

适用该指导意见应当符合下列条件:①申请继承的单笔遗产数额不超过人民币5万元。具体限额由各地方公证协会根据本地实际情况在本项规定的最高限额内确定具体标准。②申请继承的遗产为被继承人名下的存款、养老金、公积金、基金、证券账户内的资产、职业年金等资产。③申请人为第一顺序继承人。④申请人保证被继承人生前无遗嘱且无遗赠扶养协议。

适用该指导意见办理公证,可以由法定继承人中的一人或者数人提出公证申请,申请人应当提交下列材料:①申请人的身份证件。②被继承人的死亡证明。③遗产权利凭证或者证明。④载明被继承人全部第一顺序法定继承人的亲属关系证明。⑤申请人的承诺书(有固定内容)。

公证机构适用该指导意见办理公证,应当重点审查下列事项:①当事人的身份是否属实。②被继承人死亡的事实。③当事人是否为第一顺序法定继承人。公证员通过书面审查、询问未发现当事人的陈述或者提供的证明材料有疑义的,可以不再进行核实。

公证机构适用该指导意见办理公证,应当通过全国公证遗嘱备案查询平台,查询被继承人有无遗嘱。

公证机构发现有下列情形之一的，不适用该指导意见办理公证：①不符合该指导意见第2条所规定的条件。②公证员在审查中发现当事人的陈述或者提供的证明材料有重大疑义的。③申请人有不诚信记录。④继承关系较为复杂或者继承人之间有争议的。

该指导规定还附了详细的《办理小额遗产继承公证告知书》《承诺书》《公证书》的参考格式，供各地公证机构参考，各地公证机构也可以根据本地区实际情况，灵活掌握。

根据该指导意见，办理小额遗产继承公证需要注意：①目前银行存款在多数情况下都是"通存通兑"，故没有规定限制执业区域的必要。②继承人未亲自申请的，不列为公证申请人，但列为继承人，确定其继承权。未到公证机构的继承人也无须提供授权委托书。③在小额遗产继承公证中，有继承人放弃继承的，则由公证机构自行决定采用要求亲自到公证处声明、就近办理放弃继承公证书或者通过居民委员会、村委会、单位等第三方辅助见证等方式，灵活处理。④该指导意见作为行业指导意见，不排斥、亦不否认地方公证协会目前正在积极探索且与地方相关部门和单位达成共识采用"领取、保管资格"模式处理小额遗产继承问题的做法，两者分属不同公证事项，互不冲突。但是，遗产所在地有关部门或者单位，要求按照该指导意见出具小额遗产继承公证书的，公证机构应当按照本指导意见办理。

三、办理法定继承公证需要注意的问题

(1)注意继承公证小额程序和普通程序的适用条件及转换条件。继承金额在5万元以内的小额财产，为了方便当事人，公证机构原则上宜采用《办理小额遗产继承公证的指导意见》，具有该指导意见所列情形的，则可以转为继承公证普通程序进行办理。超过5万元的财产继承，则应无条件使用继承公证普通程序进行办理。

(2)转继承中存在代位继承。根据《继承法意见》第52条对转继承的定义，在转继承的情况下，转移的是被转继承人继承被继承人遗产的权利(而并不是财产)，因此转继承中可以存在代位继承。这一点已经形成行业共识。

(3)办理继承公证时,宜采证据形式自由原则。继承公证中,当事人需要提供的证据材料比较繁多,为方便群众,公证机构应当允许就需要的证据种类由当事人进行自由举证,原则上不限定证据的种类,只有在当事人提供的证据存在合理怀疑时,才宜要求当事人必须提供特定形式的证据。

(4)建议当事人一次性办理全部遗产的继承公证手续。我国法律没有规定遗产必须一次性办理继承,故当事人可以就继承被继承人某项遗产向公证机构申请办理继承公证,也可以就继承被继承人数项遗产一并向公证机构申请办理继承公证。根据公证实践,除城乡房屋等不动产外,绝大部分记名动产(存款、股票、债券、公积金、基金、车辆、保险金等)的继承都需要办理继承公证,为提高效率,节约社会资源,公证员应建议当事人尽可能一次性办理完毕被继承人全部遗产的继承公证手续。

(5)共有财产继承的公证处理。继承中涉及的共有财产,大都是夫妻共同财产。除夫妻共有外,还存在家庭共有、合伙共有等情形。《婚姻法》规定,除另有约定外,夫妻关系存续期间取得的财产属于夫妻共同财产。故应当先将共同所有的财产的一半分出为配偶所有,其余的为被继承人的遗产。

夫妻之间对财产的归属有约定的,应当提供书面协议。根据有关判例,为了避免当事人规避法律法规和税收,在世配偶一方不能仅通过声明的形式声明财产不属于其本人。在办理继承公证时,公证机构应收集夫妻之间签署的书面协议,在世配偶仅提供个人声明来确定财产权属的,不宜采纳。

(6)保管箱物品继承的公证处理。根据《继承公证意见》规定,当事人申请办理继承存放在银行保管箱内物品公证的,公证机构应当告知其先申请办理用途为查询保管箱内物品的亲属关系公证和开启保管箱清点物品的保全证据公证,待保管箱内属于被继承人所有的物品的种类和数量确定后,公证机构可以为其办理继承公证。

(7)应遵循其他特别法对继承的规定。当事人申请继承保险金、有限责任公司股东资格和合伙企业合伙人权益的,除受《继承法》调整外,还应该遵守《保险法》第42条、《公司法》第75条、《合伙企业法》第50

条和第 80 条的规定。

(8)准确判断“新型财产”是否属于可以继承的标的。《继承法》第 3 条以列举的方式规定了继承财产范围,其中有“公民的其他合法财产”的兜底规定。随着社会发展,财产类型越来越新颖,如机动车牌照、吉祥手机号码、网吧经营牌照、柜台经营使用权、长途线路经营权、公房承租权、游戏账号、淘宝店铺等。在判断当事人提交的标的能否成为继承标的时,建议公证员遵循下列分析思路:①判断是否是民法上的物,如果是物则必然可以成为继承标的。②如果不是物,则再判断是不是权利,如果连权利也不是,则必然不能成为继承标的。③对于权利再判断其是否具有财产性,不具备财产性的权利不能成为继承标的。④对于具备财产性的权利再判断是否具有人身专属性,不具备人身专属性的财产可以成为继承标的。⑤有关政策和权利产生的合同是否准许进行继承。有关政策和权利产生的合同规定不能继承的,公证机构不宜为其公证。

(9)准确认定有关事实收养等事实。在继承公证中,为了确定继承关系和继承权,公证机构需要根据法律法规和政策对有关法律事实进行准确认定,公证机构应当主动进行调查,对事实的真实性进行确认。这种法律事实的认定主要有事实婚姻①、事实收养、形成扶养关系的继子女、丧偶儿媳对公婆,丧偶女婿对岳父母尽了主要赡养义务等情形。

办理继承公证时,准确认定有关法律事实需要遵循下列规则:①判断有关事实是否符合法律规定的构成要件。例如,事实婚姻的成立需要满足三个条件:男女双方的同居行为始于 1994 年 2 月 1 日前;同居是以夫妻的名义进行的;同居双方在 1994 年 2 月 1 日以前同居时已经具备我国《婚姻法》所规定的结婚实质要件。又如,事实收养的成立条件是:当事人能够证实 1992 年 4 月 1 日前,双方确实共同生活多年,以父母子女相称,建立事实上的父母子女关系,且被收养人与其生父母的权利义务关系确已消除的。②通过证据材料和公证机构调查,确认同居事实、收养事实、抚养事实、赡养事实等法律事实是否真实存在。上述法律事

① 值得注意的是,对于公证机构在确认继承权中是否有权认定事实婚姻,存有争议。有观点认为,事实婚姻的认定权应属于人民法院,公证机构不宜作事实婚姻的认定。

实是否存在,可以借助其他事实是否存在来辅助公证员进行判断。例如,对于同居事实是否存在,可以通过是否有子女、是否共同在户口册上进行夫妻关系登记等事实来进行判断。又如,收养事实的判断,可以通过是否有当事人之间私下签署的收养协议、收养人与被收养人是否在户口册上进行父母子女关系登记等事实来进行辅助判断。必要时,公证员可以通过到社区、村委会、居委会进行实地调查。③征求相关利害关系人意见。继承公证是无争议的继承权实现方式,尊重相关利害关系人的意见是相当重要的,如果相关利害关系人不认同公证机构所进行的认定的,则应以当事人之间对继承事项存在纠纷,建议当事人进行诉讼解决,毕竟由法院对当事人是否存在特定事实进行认定符合司法终局裁决原则。例如,公证机构认定构成事实收养关系的,应就该结果征求被继承人的亲生子女的意见,如亲生子女认同该结论的,则可以继续办理继承公证。如亲生子女不认同该结论的,则公证机构不宜再继续办理该继承公证,建议当事人通过诉讼解决有关争议。相关利害关系人的意见应形成书面记录,由其签署确认。

(10)公证机构出具《存款查询函》时需要注意的问题。根据司法部、中国银行业监督管理委员会《关于在办理继承公证过程中查询被继承人名下存款等事宜的通知》,公证机构出具存款查询函,应当审查确认存款人的死亡事实及查询申请人为存款人的合法继承人。通过存款查询函的形式和公证机构的事先法律审查职能,既保障了继承人的继承权,又保障了银行的资金安全。存款查询函并不只是查询存款信息情况,还可以查询银行业金融机构管理、知悉的具有遗产性质的其他财产权益情况,如理财产品、股票、基金、信托等其他财产权益的关联信息。

(11)遗嘱继承转法定继承的公证处理。根据《继承法》的规定,遗嘱受益人放弃遗嘱继承的,按照法定继承处理。公证员应当要求遗嘱受益人签署放弃声明并同时将遗嘱原件收存。遗嘱受益人放弃遗嘱继承的,仍然有按照法定继承要求继承的权利。

(12)抵押物可以作为遗产。《担保法解释》第68条规定,抵押物依法被继承或者赠与的,抵押权不受影响。

第四节　遗嘱继承公证

一、概述

遗嘱继承公证，是指公证机构根据被继承人的遗嘱，确认遗嘱受益人享有继承权的活动。

遗嘱有公证遗嘱、自书遗嘱、代书遗嘱、录音遗嘱等形式。相应的有公证遗嘱继承公证、其他遗嘱继承公证。办理遗嘱继承权公证时，应登录全国公证遗嘱备案查询平台，查询被继承人生前有无公证遗嘱或其他形式遗嘱。根据《继承公证意见》规定，遗嘱为公证遗嘱之外的其他符合法定形式的遗嘱的，公证机构应当取得全体法定继承人对遗嘱内容无异议的书面确认，并经审查遗嘱的内容符合法律规定，可以确认遗嘱的效力。遗嘱为公证遗嘱的，公证机构应当对遗嘱内容是否符合法律规定进行审查，并向全体法定继承人核实，核实的内容包括询问被继承人有无其他遗嘱或者遗赠扶养协议，法定继承人中有无缺乏劳动能力又没有生活来源的人。法定继承人对公证机构的核实没有回复的，或者无法与法定继承人取得联系的，公证机构在对遗嘱进行审查后，可以确认遗嘱的效力。

有下列情形之一的，公证机构不予办理遗嘱继承公证：①根据法律规定遗嘱继承人丧失继承权的。②遗嘱经审查无效或者效力无法确认的。③遗嘱处分的财产不属于被继承人个人所有或者被继承人生前已经处分了遗嘱所涉及的财产的。④继承同一遗产，遗嘱继承人中有人未提出公证申请且又未作出放弃继承表示的。⑤利害关系人与遗嘱继承人就遗嘱内容是否符合《继承法》第 19 条的规定有争议的。⑥利害关系人有充分证据证明遗嘱继承人没有履行遗嘱所附义务的。

关于遗嘱继承公证的其他问题，可参照法定继承权公证规则进行。

二、办理遗嘱继承公证需要注意的问题

(1)遗嘱中标的物发生变化时的公证处理。公证员应当掌握最高

人民法院《关于"遗嘱中标的物在拆迁安置后是否算标的物变更,若是公证遗嘱,是否因标的物变更而需要办理相关遗嘱的变更"问题的答复》的精神。

该答复认为:遗嘱中对财产的处分方式体现了遗嘱人立遗嘱这一时点的内心真意,但并不能对遗嘱人随后改变其财产处分方式产生约束。因此,遗嘱人在立遗嘱后,还可通过各种法律允许的方式撤销其在原遗嘱中的财产处分行为。标的物被拆迁一般是因标的物所有权人同意拆迁并与房屋征收部门达成补偿协议引起。因此,标的物所有权人同意标的物被拆迁的行为是导致标的物灭失的重要因素。标的物所有权人在遗嘱中将标的物处分给他人后,又以补偿协议形式同意将标的物拆迁的,这应被视为其在立遗嘱后又以行为作出了与立遗嘱时相反的意思表示并导致了标的物的灭失。根据《继承法意见》第 39 条"遗嘱人生前的行为与遗嘱的意思表示相反,而使遗嘱处分的财产在继承开始前灭失、部分灭失或所有权转移、部分转移的,遗嘱视为被撤销或部分被撤销"之规定,该遗嘱涉及标的物被拆迁的部分应被视为撤销。遗嘱人遗嘱中所涉标的物被拆迁后所获得的补偿金或产权调换房屋与原标的物为不同的物。对遗嘱人而言,该补偿金或产权调换房屋属于立遗嘱后新获得的财产。由于遗嘱人并未明确表示将标的物被拆迁后的对价——补偿金或产权调换房屋的处分方式作为遗嘱的组成部分,故不能将补偿金或产权调换房屋作为遗嘱中标的物的变更。

公证机构在办理遗嘱公证时,如发生上述标的物变更情形时,公证机构应不予办理遗嘱继承公证,应建议各方办理法定继承公证,继承人之间就此存在争议的,应建议当事人通过诉讼方式解决。

(2)公证机构履行核实义务的方式多样性。公证机构有义务向其他继承人核实有关情况。公证机构核实义务,主要是基于《继承法》第 23 条所规定的通知义务。公证机构履行核实义务,可以视为遗嘱受益人履行了通知义务。核实的方式可以采取其他继承人到场接受询问、电话询问、信函询问、电子邮件询问、传真询问等方式,其他继承人没有回复的,公证机构也可以进行公告询问。通过采取可以使用的方式进行核实,都没有得到其他继承人回复的,公证机构可以继续办理遗嘱继承公证。

(3)其他继承人对遗嘱的内容有效性提出异议的公证处理办法。公证机构应当审查其他继承人提出的异议是否成立,成立的,应不予公证,建议当事人通过诉讼方式解决争议;公证机构认为异议不成立的,可以继续办理遗嘱继承公证,必要时可以给提出异议的人一定期限,由其到人民法院进行起诉,人民法院受理后,公证机构应不予办理。这是处理公证机构非讼裁判权和人民法院终局裁判权关系比较妥当的方式。

(4)遗嘱附有义务的公证处理办法。遗嘱附有义务的,公证机构应审查遗嘱所附义务的履行时间。如遗嘱所附义务的履行时间要求在办理继承手续前完成的,则公证机构应当审查该义务是否已经由遗嘱受益人履行,如果利害关系人提出证据证明遗嘱继承人没有履行遗嘱所附义务的,公证机构应不予办理遗嘱继承公证;如遗嘱所附义务的履行时间是在办理继承手续之后的,则公证机构应当告知遗嘱受益人继承财产后应当履行义务,否则其他利害关系人可以申请人民法院撤销继承。其他利害关系人以遗嘱受益人没有履行义务为由要求公证机构撤销遗嘱继承公证书的,因公证机构对遗嘱受益人是否履行义务没有进行司法裁决的权力,故应当由其他利害关系人通过诉讼方式解决,公证机构不宜直接撤销公证书。

第五节　遗产分割协议公证

一、概述

遗产分割是指两个以上继承人共同继承时,依法将遗产分配给各个继承人,从而结束继承开始后继承人对于遗产的共同共有状态。遗产分割的方法有三种,一是以被继承人遗嘱的指示进行分割,二是以共同继承人的协议进行分割,三是裁判分割。协议分割,是最主要的遗产分割形式。

除了符合合同的一般要求外,遗产分割协议应该包含以下条款:

①继承发生的基本情况。②当事人继承或取得遗产的依据。③待分割遗产的基本情况。④具体分割方案。⑤被继承人生前债务的处理。⑥遗产分割后的交付事宜。⑦协议履行中各方的权利、义务和违约责任。尚未出生的胎儿及被人民法院宣告失踪的人,协议中应该保留相应的份额,并指定财产代管人。

二、办理遗产分割协议公证需要注意的问题

(1)签署遗产分割协议不需要征得配偶同意。《继承法意见》第49条规定:"继承人放弃继承的意思表示,应当在继承开始后、遗产分割前做出。遗产分割后表示放弃的不再是继承权,而是所有权。"根据该规定,只有继承人才有分割遗产的资格。

(2)无民事行为能力人和限制民事行为能力人的监护人可以代理其签署遗产分割协议。《继承法意见》规定,法定代理人一般不能代理被代理人放弃继承权、受遗赠权。无民事行为能力人和限制民事行为能力人继承财产后,其法定代理人可以代其签署遗产分割协议,但不得损害被代理人的利益。公证员应当审查被代理人获得的份额或作价补偿的金额是否合理,对于显著不合理的情形,应当建议当事人之间进行调整,当事人拒不调整的,应不予公证。

(3)遗产分割协议不应缴纳税收。目前,各地税务机关有对遗产分割协议进行征税的,也有不征税的。遗产分割协议乃属于继承权的行使方式,它并不是对所有权进行处置(《继承法意见》第49条的规定即是明证),故不应缴纳赠与契税等税收。公证机构应当积极与当地税务机关沟通,纠正其对遗产分割协议征税的不正确做法。

(4)遗产分割方案不得违背遗嘱人的特别要求。遗嘱人可以在遗嘱中限制遗产分割,或在遗嘱中规定分割的方法,继承人签署的遗产分割协议不应该与其矛盾。

(5)注意采用合适的分割方法。公证员应当指导当事人采用比较合适的分割方法。根据法律规定,分割遗产的方法可以是实物分割、变价分割、补偿分割。经继承人协商一致,也可以继续保留共有状态,即由分割前的共同共有,变为分割后的按份共有。只要继承人协商一致,分

割遗产的方案可以不受各继承人应继承份额的限制。另外,遗产分割应该具有可操作性,特别是要与物权登记机关的登记规则相一致。

(6)公证机构可以对分割款办理提存公证。继承人放弃继承可能私下获得了实际继承人的补偿款,实际继承人没有按事先承诺付给放弃继承人补偿款的纠纷时有发生。公证员可以建议实际继承人先将补偿款提存,以最终完成遗产过户手续作为补偿款给付条件。

第六节　接受遗赠公证

一、概述

遗赠是指被继承人通过遗嘱的方式,将其遗产的一部分或全部赠与法定继承人以外的人。

接受遗赠公证是指公证机构确认受遗赠人接受遗赠的行为的真实性、合法性的活动。

遗赠和遗嘱继承都是根据被继承人的意志(遗嘱),而不是根据法律的直接规定,对被继承人遗产进行的处理。但依据我国法律规定,两者有以下不同:(1)接受遗赠人和遗嘱继承人范围不同。接受遗赠人必须是法定继承人以外的人,也可以是法人或其他组织;遗嘱继承只能是法定继承人。代位继承人也属于法定继承人。(2)接受遗赠和遗嘱继承针对的客体范围不同。接受遗赠仅承受遗产权益,不承受遗产义务;遗嘱继承包括遗产权利,也包括遗产义务。(3)作出接受遗赠和遗嘱继承的方式和期限不同。接受遗赠必须在法律规定的期限(知道受遗赠后两个月)内作出接受遗赠的表示,到期没有表示的,视为放弃遗赠;遗嘱继承在规定期限内未作出表示,推定为接受继承。

公证员应告知受遗赠人,接受遗赠需要缴纳赠与契税。受遗赠人先于被继承人死亡的,遗赠无效。遗赠附有义务的,受遗赠人应该履行义务。

《继承公证意见》规定,接受遗赠公证参照遗嘱继承公证的规定办理。

二、办理接受遗赠公证需要注意的问题

(1)孙辈依遗嘱继承财产,宜按遗嘱继承公证办理。孙辈属于代位继承人,具有继承人的资格。当遗嘱指定孙辈为受益人时,应该按照遗嘱继承公证办理为妥。

(2)关于两个月作出接受遗赠表示的公证审查方法。接受遗赠的意思表示不限于口头、书面等明示的方式,诸如受领遗赠标的物的给付、请求履行给付遗赠标的物均可视为接受遗赠,并且法律也没有规定接受遗赠的意思表示必须向公证机构作出。故只要受遗赠人确实在规定期限内以自己的行为作出了接受遗赠的表示,且法定继承人对此没有异议,接受遗赠公证的申请原则上不受期限限制。

(3)依遗赠扶养协议接受遗赠的公证处理。依遗赠扶养协议接受遗产的处理与遗嘱继承、法定继承均有所不同,其关键是确认扶养人是否履行了协议中约定的扶养义务,公证机构除了进行必要的调查外,应征求相关利害关系人的意见。如果利害关系人提出异议并成立的,公证机构宜建议其通过诉讼解决争议。依遗赠扶养协议接受遗赠并没有相应的公证书格式,有关参考格式请参见中国公证协会业务指导委员会主编的《中国公证协会业务咨询汇编》提供的样式。

第七节 涉外(港澳台)继承公证

一、概述

涉外继承关系,是指继承法律关系的主体、客体和内容至少有一项具有涉外因素。涉外继承主要包括以下情况:继承人或被继承人为外国人或生前在外国居住,遗产的全部或部分在国外,被继承人在国外死亡或者在国外订立遗嘱。

根据涉外继承是否适用中国继承法,公证机构可以出具两类内容不

同的公证书。第一类为继承公证书。此类公证书适用我国继承法确立继承关系,主要用于继承人直接在国内办理遗产继承手续。第二类为与涉外继承有关的公证书。对于部分不直接适用我国继承法的涉外继承一般不出具继承公证书,而应出具亲属关系公证书、结婚公证书和出生公证书,这些公证书多数情况下是供域外职权机构依据域外继承法确认继承关系使用。

涉外继承公证首先涉及法律适用问题。根据我国《涉外民事法律关系法律适用法》的规定,法定继承和遗嘱继承分别适用下列原则:①法定继承。在法定继承的法律适用中,我国对动产和不动产采取区别制。法定继承适用被继承人死亡时经常居所地法律,但不动产法定继承适用不动产所在地法律。②遗嘱继承。尽量使遗嘱发生效力,是国际私法关于遗嘱继承的一般原则。遗嘱方式符合遗嘱人立遗嘱时或者死亡时经常居所地法律、国籍国法律或者遗嘱行为地法律的,遗嘱均为成立。遗嘱效力适用遗嘱人立遗嘱时或者死亡时经常居所地法律或者国籍国法律。③除此之外,在涉外继承中,被继承人的遗产范围的确定,婚姻关系的认定,继承主体的认定,也可能涉及法律适用问题,均应当按涉外民事法律关系适用法的规定执行。

在确定了适用的法律后,公证机构即面临外国法查明的问题。最高人民法院《关于贯彻执行〈中华人民共和国民法通则〉若干问题的意见(试行)》(以下简称《民通意见》)对法院查明外国法规定了五条途径,可供公证机构借鉴。公证实践中,要求当地执业公证人或律师出具法律意见书,是较为常见的外国法查明方式。

被继承人在国籍国也有遗产并处理完毕的,可要求继承人提交被继承人国籍国的法院裁决书或其他继承证明书。关于法定继承人的情况,有统一亲属登记制度的国家,可要求继承人提供继承人系统表。无统一亲属登记制度的国家,可要求继承人提供当地执业公证人或律师出具的法律意见书。关于遗嘱的有效性,对于有遗嘱检定制度的国家,应提交检定机构的检定结论。对于无遗嘱检定制度的国家,也可要求当地执业公证人或律师出具法律意见书。办理涉外继承公证中,继承人提供的域外文件,均应办理相应的公证和认证手续。

通常情况下,涉及港澳台的继承公证,比照涉外继承公证办理。

二、办理涉外(港澳台)继承公证需要注意的问题

(1)域外形成的遗嘱效力确认问题。《继承公证意见》规定,遗嘱为在境外所订立的遗嘱的,公证机构应当根据法律、法规及司法部有关规定确认遗嘱的效力。遗嘱效力认定涉及立遗嘱人的权利和行为能力认定、遗嘱的形式和内容的有效性适用哪国法律问题,除了依据《涉外民事法律关系法律适用法》进行域外遗嘱效力判定外,还可以参考司法部颁布的一系列规定,如司法部律公司《关于如何确认涉外遗嘱效力的复函》《关于办理黄兆源遗嘱继承公证的复函》《关于如何确认在加拿大订立的处分国内遗产的遗嘱效力的复函》。

(2)注意审核我国台湾地区居民继承大陆遗产公证时需要提供的证据材料。下面这些材料,公证机构可以作为认定事实的依据:我国台湾地区公证机关出具的公证书、认证知情人的声明书,我国台湾地区户政机关出具的证明原件与复印件相符的户籍誊本影印件,我国台湾地区医院出具的死亡证明、尸体检验证明书和地方法院出具的尸体检验证明书。我国台湾地区的户籍誊本记载的亲属关系比较详尽,可以作为办理继承公证的主要亲属关系证明。

第八节　与继承有关的公证事务

一、遗产清点

遗产清点是指被继承人死亡后,对其遗留财产进行清点、登记、造册的活动。根据《公证法》第12条第3项的规定,公证机构可以提供遗产清点服务。公证机构清点遗产能够真实、准确地保存和反映遗产的原始状态,有助于遗产的保管和处理。

遗产清点,一般由继承人、遗产受益人、遗产保管人、遗嘱执行人向被继承人主要遗产所在地或被继承人生前住所地的公证机构申请。申

请人应提供身份证明、被继承人的死亡证明、与被继承人或遗产的关系证明、遗产权利(权属)证明,并讲明需要清点的遗产范围、存放地点等。公证机构清点遗产应当委派两名公证人员亲临遗产现场,核实遗产的数量、种类、特征、价值等事实,通过拍照、记录等方法固定遗产状态,并分类登记、造册。为防止遗产的毁损、丢失,对于贵重的遗产要采取特殊的保存方法,对不易移动的遗产可采取封存的办法。清点结束后,公证人员应当制作遗产清册,在场的继承人、遗产受益人、遗产保管人或遗嘱执行人应该在遗产清册上签字确认。遗产清册正本由公证机构保存,副本若干发给继承人、遗产受益人、遗产保管人和遗嘱执行人。

二、遗产管理

被继承人死亡后留有遗产,依法对该遗产进行保存和管理的人,称为遗产管理人。综观世界各国或地区,不管大陆法系还是英美法系,均有遗产管理人制度。虽然我国继承法提到遗嘱执行人和遗产保管人的概念,但并未对此作进一步明确的规定,随着社会经济和法制的发展,遗产管理人制度的确立越来越有必要。

根据《公证法》第 12 条第 3 项的规定,公证机构可以担任遗产管理人。公证机构担任遗产管理人主要有三种情况:①被继承人通过遗嘱指定。被继承人遗嘱指定遗嘱执行人的,通常情况下,遗嘱执行人即为遗产管理人;被继承人也可以单独指定遗产管理人。②人民法院指定。在继承等案件中,根据案件审理和遗产分割的需要,人民法院可以指定遗产管理人。③继承人选定。继承人协商一致,可以指定部分继承人或继承人以外的人担任遗产管理人。

公证机构担任遗产管理人的职责范围,由被继承人、人民法院或继承人确定,通常包括下列内容:①清点遗产,制作遗产清单。遗产管理人对于由其管理或应由其管理的遗产应当进行清点,并登记造册、制作遗产清单。②采取必要的措施,以保存遗产。遗产管理人在管理遗产时,如认为不采取必要的处分措施不足以保护遗产的,可以采取必要的措施,包括为保存遗产而采取的诸如变卖、修缮等。③公告及通知。遗产管理人有权也有职责公告通知或个别通知继承人、受遗赠人、死者生前的债权人，以使他们能够继承或者接受遗赠的遗产，或能够获得债权的实现。④移交遗产。遗产管理人对于遗产的管理是一种暂时的行为，一旦有合法继承人出现并表示接受继承时，遗产管理人应当及时地将遗产移交给继承人。

三、公证调解

公证调解是指公证机构对公证事项涉及的纠纷，根据法律和事实，通过释明法律、劝导协调，促使当事人和解，消除纠纷的活动。办理继承公证的过程中，继承人之间、继承人和利害关系人之间，就遗产权利归属、遗产分配等问题发生纠纷的情形十分常见，这些纠纷的解决直接影响继承公证能否顺利办理。公证机构是非讼继承事务主管机构，其地位具有权威性和中立性，公证机构参与继承纠纷的调解最容易被各方当事人接受。公证人员良好的专业素质（特别是对于继承法律事务的精通），以及量体裁衣式的工作方式，也有助于保障调解结果的合法性和可执行性。

《继承法》规定，继承人应当本着互谅互让、和睦团结的精神，协商处理继承问题。办理继承调解事务时，公证人员应充分认识到继承事务属于家事，继承纠纷各方多为近亲属，所以纠纷解决既要符合法理，更要符合情理。特殊情况下，诉诸亲情，相互退让，是调解成功的捷径。经调解，各方当事人达成一致意见的，公证机构可以出具继承公证书或遗产分割协议公证书，固定调解结果。调解不能达成一致意见的，当事人可以申请人民法院裁决。公证过程中形成的各种证据材料，可以作为人民法院审理相关继承案件依据。

四、代办遗产过户手续

通常情况下，继承公证办理完毕后，继承人需要持继承公证书，向物权登记机关申请办理相关遗产的过户手续。受继承人的委托，出具相关继承公证书的公证机构可以代为办理上述过户手续。

公证机构代办遗产过户手续具有以下优势：①公证机构是专业法律服务机构，熟悉物权登记的各项程序和具体要求，可以大大提高工作效率，节约社会资源。②通过办理继承公证，公证机构对于特定继承案件的案情非常熟悉，因而与登记机关沟通更有针对性。③公证机构信用度高，容易受到物权登记机关和继承人的认可。

委托公证机构办理遗产过户手续，继承人主要附有下列义务：①按规定格式签署以公证机构或公证机构工作人员为受托人的书面委托。②按登记机关的要求提交登记材料。③预支办理过户手续需要缴纳的各项税费。④承诺在登记过程中给予公证机构及其工作人员必要的协助。

公证机构办理完毕遗产过户手续后，应该将相关权属证明、继承公证书、过户凭证、税费结算单据等一并转交继承人。

第十二章　保全证据公证

第一节　概　　述

一、基本定义

证据是认定事实的根据。《民事诉讼法》第 63 条规定,证据包括当事人陈述、书证、物证、视听资料、电子数据、证人证言、鉴定意见、勘验笔录。

保全证据公证是指公证机构根据当事人申请,依法对与申请人权益有关的、有法律意义的证据、行为过程加以提取、收存、固定、描述或者对申请人的取证行为的真实性予以证明的活动。公证员保全证据,可以根据具体情况采取临时封签、制图、拍照、录音、复制、封存、非专业性鉴定和勘验、制作笔录等方法和措施。

保全证据公证能够有效防止证据灭失,使当事人的权利有证据保障,公证机构成为司法助手,支持民事诉讼高效运行。

国务院《深入实施国家知识产权战略行动计划(2014－2020)》指出:"推进知识产权纠纷社会预防与调解工作。探索以公证的方式保管知识产权证据及相关证明材料,加强对证明知识产权在先使用、侵权等行为的保全证据工作。"我国《公证法》第 11 条明确保全证据公证是我国公证业务类型。《民事诉讼法》第 69 条、《公证法》第 36 条、最高人民法院《关于适用〈中华人民共和国民事诉讼法〉的解释》第 93 条、最高人民法院《关于行政诉讼证据的若干规定》第 63 条第 2 款都对保全证据公证书能够取得的法律效力进行了规定。司法部、国家版权局《关于在查处著作权侵权案件中发挥公证作用的联合通知》中规定:"对于公证机构出具的有关证据保全的公证文书,著作权行政管理部门应当作为查处侵权案件时认定事实的根据。但有相反证据足以推翻公证证明的除外。”2017年7月4日，司法部、国家工商行政管理总局、国家版权局、国家知识产权局发布的《关于充分发挥公证职能作用加强公证服务知识产权保护工作的通知》指出，公证工作在服务知识产权保护，促进实施创新驱动发展战略和知识产权战略，加快知识产权强国建设中大有可为。通知要求，各级司法行政机关、工商行政管理机关、版权局、知识产权局要支持和引导公证机构充分发挥公证职能作用，围绕知识产权创造设立、运用流转、权利救济、纠纷解决、域外保护等环节提供公证服务，实现对知识产权事前、事中、事后的全程保护。通知提出，鼓励有条件的公证机构设立专门的知识产权部门，确定专职知识产权公证工作人员，开辟知识产权公证绿色通道，建立知识产权维权取证快速响应机制，有条件的地方可组建专业知识产权公证机构。

中国公证协会制定的《办理保全证据公证的指导意见(修订)》《办理保全互联网电子证据公证的指导意见》《办理保全送达文书证据公证的指导意见》是保全证据公证的参考依据。值得注意的是，针对保全证据公证，最高人民法院的一些判决确立了一些新规则，公证员在办证的时候需要参考这些判决意见，便于公证书被法院采纳。

公证机构办理保全证据公证，应当审查：保全的证据与当事人的权益是否具有利害关系；保全证据的方式、方法有无侵害他人合法权益或者违反法律、法规禁止性规定情形；参与保全证据相关人员的身份是否属实、资格是否具备。

为确保保全证据公证的公信力，依据《公证程序规则》的规定，公证机构派员外出办理保全证据公证的，由二人共同办理，承办公证员应当亲自外出办理。除了一名公证员外，另一人可以是公证员，也可以是公证机构的其他工作人员。

公证员在办理保全证据公证时，可以向对方表明身份，也可以不表明身份。关于“匿名取证”的合法性，最高人民法院《关于审理著作权民事纠纷案件适用法律若干问题的解释》第8条第2款规定：“公证人员在未向涉嫌侵权的一方当事人表明身份的情况下，如实对另一方当事人按照前款规定的方式取得的证据和取证过程出具的公证书，应当作为证据使用，但有相反证据的除外”。在保全行为过程中，如果表明身份有碍保全行为实施的，公证员可以不表明身份，但如果条件允许，公证员应尽量向现场利害关系方表明自己的身份，以体现保全活动的公开性和合法性，有关表明身份的过程应记录在现场工作记录中。例如，在文书送达中，公证员宜向受送达人表明自己的身份，使受送达人知晓所进行的是公证送达方式。

公证机构在办理保全证据公证时，除了利用文字和拍照进行记录外，可以尽量考虑采用录音、摄像等方法完整展现保全全貌，可以将录音和摄像所形成的电子数据作为公证书附件。公证人员录音录像结束后，应尽可能回放一遍录音录像以验证内容的完整性。

二、利害关系的认定

公证申请人应当与所保全的证据具有利害关系。这种利害关系是否存在，主要依据民商事实体法与民事诉讼法等法律法规进行判断。这种利害关系包括权利义务性利害关系和法律上牵连性关系，前者是指作为证明对象特定的行为与事实会对特定的权利义务产生影响，后者是指作为证明对象的特定行为或事实虽然不直接产生影响特定的权利义务关系，但能对影响特定权利义务的行为或者事实有影响。利害关系可以是实体性权利义务，也可以是程序性的权利义务，既可以是现实的已存在的权利义务，也可以是期待或者潜在的权利义务。

鉴于当事人与证据之间是否存在关联性主要是由法官在具体案件中进行实质裁判，故在保全证据公证中公证机构对利害关系的审查宜采取形式审查标准。换言之，在保全证据公证中，可以采取比较宽泛的利害关系认定标准。通过当事人提供的证据或进行的符合逻辑、经验事实的陈述或所保全证据显示的信息本身与当事人有关联的，[①]即可以认定当事人与所保全证据具有关联性。关于宽泛的利害关系认定标准，可以参考我国台湾地区的公证学者郑云鹏的定义："所谓关系人，就请求人

① 所保全证据的信息显示与当事人有利害关系的，可直接认定其具有利害关系。《办理互联网电子证据公证的指导意见》第6条规定：当事人申请办理保全互联网电子证据公证，应当提交与保全的事项有利害关系的证明材料，申请保全的互联网电子证据本身足以证明其与保全的事项有利害关系的除外。

之资格不作严格限制,凡法律上、经济上、亲属上或事实上之关系人,均得请求公证或认证”。

保全证据公证中,所保全证据存在多方利害关系人的,各方利害关系人可以共同或者单独向公证机构提出公证申请。例如,在证人证言保全公证中,可以由证人提出申请,也可以由提交该证人证言的诉讼当事人提出申请,也可以共同申请。

律师直接申请办理保全证据公证的,因其根据我国诉讼法规定享有调查取证的权利,故可以允许律师直接作为公证当事人申请办理保全证据公证。也就是说,律师既可以以自己名义申请,也可以直接以委托人的名义申请。

三、公证员的角色定位

公证员在办理保全证据公证中要正确定位自己的角色,要与当事人行为区分开来,做到“有所为有所不为”。公证员主要是客观记录者的角色,必要时在某些事实保全中,公证员可以亲自动手操作,但在行为保全中,当事人的行为应当由当事人自己形成,公证员不应代替其行为。

(1)做好客观记录者角色,不要对所保全的事实或行为作主观性评述。例如,在侵权购物保全中,公证员的角色是客观记录当事人购买了何种物品的行为,至于物品本身是否是“侵权物品”,公证员不能在现场工作记录和公证证词中直接描述成“侵权物品”。有关证据所能形成的效果,乃是后续司法程序所评价的对象,公证员的角色在于将证据客观地呈现于法官面前。

基于公证员的客观记录者角色,就同一事项,不同的当事人向同一公证机构申请办理保全证据公证的,公证机构可以进行办理,但建议由不同公证员办理为宜,公证机构不做集体回避,但承办公证员作出回避是比较妥当的。

(2)保全方案的建议者。虽然保全证据是客观行为,但公证员可以就保全方案向当事人提出法律建议,以期所保全的证据能够产生诉讼法上的效果和满足当事人的保全目的。这是基于公证员的法律专家角色和咨询义务而产生的职责。我国公证员应当熟练掌握有关诉讼法和证据法的知识，了解有关审判实践，从而能够为当事人提供合法、可行的保全方案。

(3)在事实保全中，公证员可以亲自动手操作。客观事实已然存在，由当事人或者由公证员进行保全操作，都应该可以。但为了避免当事人在操作过程中有弄虚作假和舞弊的可能，公证员在事实保全中可以亲自动手进行保全操作，这样可以更加获得法官对证据的信赖。当前的审判实践是认可公证员在事实保全中直接动手操作的。例如，在保全网页公证中，公证员就可以自己动手进行上网操作。

从社会的发展来看，标识、拍照、摄像、上网操作等技能都已经成为普通人的正常技能，也理应成为公证员掌握的技能，故在保全证据公证中，公证员直接进行标识、拍照、摄像、上网操作都是被允许的。但有些技能属于专业人士技能，应当建议当事人邀请特殊技能人士进行保全协助，公证员或当事人都不宜直接进行这种的操作。专业性的技术操作，应当由专业人士进行。例如，保全中需要精确测量距离的，不宜由当事人或公证员直接拿皮尺进行丈量，最好应邀请测绘人士协助。

(4)在行为保全中，公证员是见证者角色。行为保全中，公证员的职责就是保全当事人的行为，不应直接替当事人作出行为。例如，在购买侵权物品保全中，购买行为和支付行为都应该由当事人进行，公证员不应直接替当事人进行购物或者支付价款。换言之，在行为保全中，公证员切不可“喧宾夺主”而成为取证主体。

四、取证方法的合法性

《公证程序规则》第54条第2款规定：“办理保全证据公证，承办公证员发现当事人是采用法律、法规禁止的方式取得证据的，应当不予办理公证。”最高人民法院《关于民事诉讼证据规则的若干规定》第68条规定：“以侵犯他人合法权益或者违反法律禁止性规定的方法取得的证据，不能作为认定案件事实的依据。”何为“侵犯他人合法权益”？最高人民法院在著名的“北大方正公司诉高术公司侵权案”案件的判决中认为：“在民事诉讼中，尽管法律对于违法行为作出了较多的明文规定，但由于社会关系的广泛性和利益关系的复杂性，除另有明文规定外，法律对于违法行为不采取穷尽式的列举规定，而存在较大的空间根据利益衡量、价值倾向来解决，故对于法律没有明文禁止的行为，主要是根据该行为实质上的正当性进行判断。”①最后最高人民法院认定，北大方正公司通过公证方式取得的证据合法，可予以采信。

值得注意的是，民事诉讼领域并没有严格贯彻“毒树之果”理论，并不是任何侵犯了他人合法权益取得的证据都不被采信。部分被保全的行为可能在一定程度上侵害他人的权利，但是其目的是保护价值和法益更大的权利或公共利益，则该保全行为仍具有正当性。我国有关司法解释已经体现了这个转变。最高人民法院《关于适用〈中华人民共和国民事诉讼法〉的解释》第106条明确规定：“对以严重侵害他人合法权益、违反法律禁止性规定或者严重违背公序良俗的方法形成或者获取的证据，不得作为认定案件事实的根据。”最高人民法院的司法解释新增了“严重”的限定词，公证员判断取证方式是否合法也宜以该条司法解释作为衡量标准。具体来说，公证员取证方法不得有下列情形：

（1）严重违背公序良俗原则。公序良俗原则的适用基本属于法院裁量规则，公证员在适用公序良俗原则时往往要参考有关司法判例，故以“严重违背”作为前置条件是比较合适的。实务中，如果取证方法违背公序良俗原则，但情形较轻的，当事人也可以采用。取证方法严重违背公序良俗的，则不可以采用。例如，当事人邀约公证员一起“现场抓奸”的，则应认定为取证方法严重违背公序良俗原则。

（2）违反法律禁止性规定。对于法律明确禁止的取证方法，公证员不得使用。例如，根据我国刑法有关规定，公证员不应使用专用间谍器材进行保全工作。

（3）严重侵犯他人合法权益。实务中，保全行为的方法往往存在侵害他人合法权利的可能，在这种场合是否可以公证，公证员应谨慎判断

① 最高人民法院（2006）民三提字第1号判决书，该判决书同时指出：鉴于侵犯计算机软件著作权的行为隐蔽性较强，调查取证难度较大，被侵权人通过公证方式取证，其目的并无不正当性，其行为并未损害社会公共利益和他人合法权益，同时该取证方式也有利于解决此类案件取证难问题，有利于威慑和遏制侵权行为，有利于加强对知识产权的保护，故其公证取证方式应认定为合法有效，所获取的证据亦应作为认定案件事实的依据。

保全行为是“严重侵害”还是“轻微侵害”他人合法权益。如属于轻微侵害的,则公证员可以进行保全,如果属于严重侵害的,则不应保全。例如,当事人具有相应权限通过公开网域登录公司薪酬系统查看员工工资情况,其申请保全网络中本人的工资表。本案中虽然可能涉及侵犯他人的隐私权(可以看到其他同事的工资表),但侵权程度轻微,故可以进行公证保全。

为了使公证保全行为避免被认定为“严重侵犯他人合法权益”,故延伸出一项公证规则,即在办理保全证据公证中,应当采取必要手段使对他人权利的侵犯降至最低。公证员应当提出各种建议和采取切实措施,减轻对他人权利的侵犯程度。这符合权利冲突时的处理原则——“比例原则”。例如,妻子持丈夫的手机申请短信内容保全,为保护丈夫的隐私权和避免妻子讹诈,可以将公证书先由公证机构保全,待诉讼时再凭人民法院函件调取。

五、保全证据公证适用的场合

当事人在提起民事诉讼后向公证机构申请保全证据公证的,公证机构可以办理。因为根据民事诉讼法的规定,在提起民事诉讼后,原被告都有相应的举证期间,而且我国法院一般也不会主动帮助当事人收集证据,故保全证据公证仍有必要。从现有法律法规、司法解释来看,尚无在诉讼过程中办理保全证据公证的禁止性规定。进入民事诉讼后,当事人可以请求法院进行诉讼证据保全,也可以申请公证机构进行证据保全,两者并不冲突。张卫平教授认为:“当诉讼证据保全不能及时或不便采取时,公证证据保全作为一种更为便利的保全措施,能够更方便地为诉讼服务,有利于法院作出公正的裁判。”[①]值得注意的是,根据《办理保全证据公证的指导意见(修订)》第6条第3款的规定,申请人申请对已被查封、扣押的财产办理保全证据公证的,公证机构不宜受理,但经依法实施查封、扣押的机关申请或者同意的除外。

保全证据公证也可以适用于刑事证据领域,但公证机构应当严格审

① 张卫平:《论公证证据保全》,载《公证研讨》2011年第4期。

核办理条件，采取谨慎办理的态度。在公诉案件中，公安、检察机关承担着收集、保全证据的责任，被害人需要提供证据或发现证据线索的，都可以要求公安、检察机关依法强制收集和保全固定，其证据保全的强制力、合法性、有效性都强于公证保全方式，公证机构开展保全证据业务的余地和必要性不大。但在自诉案件中，当事人对保全证据公证的需求是迫切的，也有必要性。一般来说，保全证据公证的目的在于确保证据的客观性、真实性，只要当事人的取证手段合法，公证保全的证据就可以用于民事诉讼、刑事诉讼等合法目的，我国法律并没有禁止性规定。但鉴于个案情形复杂、风险较大，发生过公证人员因办理涉及刑事诉讼的保全证据公证而被有关办案机关采取强制措施的情形，就自我保护而言，公证机构宜慎重办理。如办理的，公证机构应当了解基本案情，综合考虑各种因素，必要时可以要求当事人的律师就取证行为的合法性发表书面意见。

公证机构可以对行政执法行为进行保全，但应当谨慎办理，尽量审查行政行为的内容、程序、形式是否合法。保全证据公证的目的虽然是固定有法律意义的事实，但是鉴于公证介入行政执法行为将增加其公信力，如果对违法的行政行为进行保全也必然有损于公证公信力。故公证机构只适宜介入合法性比较容易判断的行政执法行为保全，对于行政执法行为合法性难以判断的，不宜办理保全证据公证。

人民法院以及检察、公安等机关，其依照职权进行的调查、取证、执法行为是其法定职责，取证行为具有法律依据和当然的公信力。鉴于此，公证机构不宜介入此类保全证据过程，即便介入也应审慎而为。

总的来说，保全证据公证应用是广泛的，除了用于诉讼外，还可以用于人民调解、仲裁、行政处罚等其他纠纷解决方式和程序之中。

值得注意的是，法律行为公证、有法律意义的事实公证和有法律意义的文书公证都具有保全证据功能，故这些公证事项理论上都可以转化为保全证据公证办理，正所谓保全证据公证具有“兜底功能”。一些公证事项因不能满足法律行为公证、有法律意义的事实公证和有法律意义的文书公证的办证条件时，可以考虑转换成保全证据公证，但这需要考量当事人的办证目的、文书使用者的态度和当事人的意见。原则上符合法律行为公证、有法律意义的事实公证和有法律意义的文书公证办证条件的，应按其办理，不宜转为保全证据公证办理。

六、现场工作记录制作

现场工作记录是固定和反映保全过程的证据，是撰写公证证词的主要事实依据，是证明公证员履行自己职责的重要公证法律文件。我国公证法律法规虽然没有规定公证员必须制作现场工作记录，但是制作一份比较详尽的现场工作记录还是非常必要的，公证员不能丢弃这个良好的公证传统。[①] 业内有学者提出，公证证词描述的保全过程的内容原则上不能多于现场工作记录的内容。

现场工作记录可以在保全过程中当场制作，也可以在现场保全工作结束后进行补记。为防止当事人或利害关系人提出抗辩，现场工作记录除公证人员签署外，最好由在保全现场的参与人签字确认。必要时，现场工作记录也可以作为公证书的附件。现场工作记录应当满足下列要求：

(1)完整性。现场工作记录应当详尽地记录保全地点、保全时间、保全环境、保全行为等保全要素，不要遗漏关键和核心的保全内容。有法官指出："作为法官，我们希望公证书记载的内容应尽可能翔实、具体，因为我们无法预知另一方当事人会提出怎样的抗辩，内容不够具体、翔实的公证书很可能被对方找出漏洞。"[②]

(2)准确性。现场工作记录对保全要素的描述应当准确，避免歧义。例如，对保全地点的描述应当准确，如果保全地点无显著标识的，可

---

① 有法官指出："现在是不是有一种倾向，保全证据公证的办理过于依赖技术手段？一些公证员会不会忽视了以前很多传统的做法，以前我在审理民事案件的时候也调取过公证案卷，里面都附有详细的公证笔录，现在技术先进了，是不是原先最基本的那些公证手段都被遗忘了？对证据固定步骤的记录，除了录音录像外，公证员是不是再做一个现场笔录，对现场的情况进行完整客观的记录，因为我们法官在办案过程中遇到有情况不明时，会到公证处去查阅公证案卷，希望能在案卷里面看到比公证文书更为详细具体的记载。"薛凡：《照亮边界——公证保全证据活动行为准则司法观点的展开》，载《司法》(第6辑)(2011)。

② 薛凡：《照亮边界——公证保全证据活动行为准则司法观点的展开》，载《司法》(第6辑)(2011)。

以参照与保全地点相邻的显著标识的道路、建筑物、公共设施等参照物进行定位和描述,也可以借助手机中的 GPS 定位功能进行定位;对保全时间的描述应当准确,根据不同保全事项的特征,可以将时间精确到小时或者分钟。在网页保全公证中,可以登录国家授时中心(http://time.kepu.net.cn)核对保全使用计算机的时间无误。

(3)重点性。现场工作记录应当着重记录产生法律意义和效果的保全要素,不要遗漏关键和核心的保全要素,对于没有必要的保全步骤,可以不记载于现场工作记录中。对于保全的重要节点应当进行重点记录。有法官建议:"工作记录尽量写得详细些,尤其是重要节点。比如公证员到达被告的经营场所进行公证购买的过程,那么除了被告的名称外,最好还是写一下被告的地址,可以的话,拍一下被告的门头,对特殊或有意义的路口进行拍照记录。对申请人是否有无明示或者暗示的被告销售侵权产品的言论、对被告经营场所是否有大量或者部分相同或相似的产品等进行记录。"①具体保全事项应当记录哪些重要节点,这需要公证员经常研究有关判例,听取法官和律师的意见,不断积累自己的经验。

七、保全方案规划

在保全证据公证中,公证员充当的不仅仅是客观记录者角色,而且还担负着保全方案规划者的角色。公证员凭借自己的法律知识和执业经验,为当事人提供合法、可行的保全方案建议,从而确保保全证据公证书能够满足诉讼法、证据法的要求和当事人的需求。

实务中,保全方案的设计往往需要考量下列因素:

(1)保全成本的考量。保全过程除了产生公证费外,还会产生差旅费、保管费、采购费等保全成本。根据有关司法解释,合理的维权费在诉讼中才可以得到支持。故公证员除了考虑保全方式的合法性外,还要考虑保全成本问题,尽量采取成本比较低的保全方案实现当事人的保全目

① 文章来源:《某地中院关于证据保全公证的意见》,载"公证文选"微信公号,2016 年 2 月 24 日。

的。例如,在KTV音像作品保全中,因每首歌所获得的赔偿数额比较少,故采取片段截取式播放歌曲内容已成为目前比较节省成本的保全方式,实践中也得到了许多法院的支持。

(2)满足法院审判实践的要求。公证机构并不是终局裁决者,公证员有责任研究司法的新动向,尽量促成保全证据公证书被法院采纳。保全证据公证书应便于当事人向法庭进行举证,满足法院审理的可视化要求。审判实务中,法院审阅公证书的时间是比较有限的,故公证书最好采取比较简练的方式描述保全的重点和关键环节,那些重复所有上网操作步骤的动辄几十页、几百页的网页保全公证书,是难以获得法官内心认同的。为了便于举证,公证员可以向当事人提出一些保全技巧,例如,在电话录音公证中,可以将录音内容整理成文字内容作为公证书附件,这种方式可以满足"书面审"的法庭要求。

(3)可行性的考量。保全方案应当在现有条件下具备可行性,不可行的保全方案没有价值。可行性要求要考虑方案成本上是否可行、公证机构能力是否能够承担、技术和工具手段是否支持等因素。

八、凭证和物品保管

《办理保全证据公证的指导意见(修订)》第18条规定,除应当由公证机构保存的证据以外,公证机构可以与当事人、该项证据实际持有人共同确定封存证据的保管人、保管场所、保管期限,并将其写入公证证词中。当事人或者有关机构领取有封存期限的物品后,公证机构应当将证据的照片、复印件和领取收条归档。

为了保证物品的唯一性,公证机构应当将保全所取得的物品进行密封。保全所取得的凭证原件(如发票、收据、小票)等文书类材料一般由公证机构保存原件,有正当理由无法收存原件的,应当收存经公证员核实无误的复印件。保全所取得的物品既可以由公证机构保管,也可以由当事人保管。当事人保管的,公证机构应当告知当事人私自拆封会导致的不利法律后果。公证机构自行保管证物的,为避免长期保管证物带来的成本和麻烦,公证机构可以跟当事人协商保管期限,逾期当事人没有来调取的,公证机构有权进行销毁。

九、不宜办理保全公证的事项

保全证据公证虽然只是固定客观事实,但公证机构还是应该对一些比较稀奇古怪的保全事项进行妥当性考量,对于缺乏妥当性的保全事项建议不宜办理保全公证。例如,某品牌电动自行车号称"长跑王",要求公证机构对该品牌自动自行车一次充电后行驶的里程数进行保全证据公证。有鉴于实验的电池可能是特别生产的,同时有可能被用于不当宣传,故这种比较式保全公证缺乏妥当性,公证机构不宜办理。

《办理保全证据公证的指导意见(修订)》第 19 条规定:涉及危害人身健康、安全或者违反公序良俗的、进行商品或者服务的比较性广告宣传的保全证据公证申请,公证机构不宜受理。例如,某人声称可以在水下憋气几个小时,这保全事项既涉及危害人身健康,又理应属于科学鉴定事项,公证机构不宜为其水下憋气过程办理保全公证。

当然,并不是所有涉及科学鉴定类的事项公证机构都不能保全,如果该活动本身是由有资质的专业人士进行的,公证机构可以进行保全。例如,测绘公司对拆迁房进行测绘,则公证机构可以保全测绘过程,可以将测绘结果作为公证书附件。

十、公司与员工之间的保全公证

员工辞职时,因维护自己利益需要,公司与员工之间会申请办理一些保全公证。例如,员工使用单位的公共邮箱,公司利用掌握的密码申请对里面的邮件进行保全的;又如,员工使用的单位电脑,公司要求对电脑内的内容进行保全的;员工在公司存放有物品或办公文件的,公司申请进行清点公证的;员工欲通过外网登录公司内网系统,保全其工资数据的。在这些保全事务中,由于公司事务与员工个人事务交错,同一保全事项中往往既有公司利益诉求,同时又有员工利益诉求。公司与员工之间的此类保全,是否可以进行公证,不宜一概而论,应当具体情况具体分析。公证机构处理该类保全公证申请,宜把握下列原则:

(1)遵循劳动合同约定和单位规章制度原则。劳动合同和单位规章制度对保全所涉事务已经有明确规定的,应当遵循其规定。例如,单位有权在劳动合同中和单位规章制度中约定对离职员工的单位电脑信息和存放在办公场合的物品的处置方式。劳动合同和单位规章制度已经有明确规定,即使保全可能会涉及侵犯员工个人隐私、通信自由等权利,但可以视为员工已经在劳动合同和单位规章制度中进行了事先授权。

(2)尽量保障对方知情权。单位或员工在采取特定保全行为时,除非确需保密行动外,应尽量采取各种方式通知对方,同时邀请对方到现场见证。

(3)照顾原则。要尽量将公司利益和员工利益区别开来,申请保全一方要尽量采取办法照顾对方的合法权益。例如,在保全员工的单位邮箱内邮件时,只应保全涉公司利益的邮件,不应保全纯属员工个人的邮件。又如,员工申请保全自己的工资信息的,则应当只保全自己的工资信息,对于可以看见的其他员工的工资信息应采取遮蔽措施。再如,在保全员工的单位电脑资料时,对于纯属员工个人的文档资料,应当单独建文件夹归集,用 U 盘进行存储保管。

(4)最小侵害原则。最高人民法院《关于适用〈中华人民共和国民事诉讼法〉的解释》第 106 条规定,只有严重侵害他人合法权益的取证方法取得的证据才不被采信。故在公司与员工之间的此类保全公证中,应当尽可能地采取妥当的措施减少对对方利益的侵害。

第二节　互联网电子证据公证保全

一、概述

保全互联网电子证据公证是指公证机构利用计算机设备和技术,通过接入广域网固定、提取电子证据的活动。公证机构应当告知当事人:公证机构仅对提取、固定互联网电子证据的过程的真实性作出证明,不保证所保全的电子证据必然发生对当事人有利的影响,也不保证所保全的电子证据必然被人民法院或者其他使用者采信。

互联网电子数据属于《民事诉讼法》第63条所指的“电子数据”证据类型。最高人民法院《关于适用〈中华人民共和国民事诉讼法〉的解释》第116条规定：电子数据是指通过电子邮件、电子数据交换、网上聊天记录、博客、微博客、手机短信、电子签名、域名等形成或者存储在电子介质中的信息。存储在电子介质中的录音资料和影像资料，适用电子数据规定。

保全互联网电子证据常用操作步骤请参考《办理保全互联网电子证据公证的指导意见》所附的附件。公证机构办理保全互联网电子证据公证，应当在公证机构的办公场所使用公证机构的计算机和公证机构的网络接口接入互联网，否则，应当对所使用的计算机进行清洁性检查。

公证机构办理保全互联网电子证据公证，可以使用本单位的移动硬盘、存储卡、U盘、光盘、录音机、录像机、照相机、手机等移动存储介质，也可以使用当事人或者第三人提供的移动存储介质。使用当事人或者第三人提供的移动存储介质，应当对移动存储介质进行清洁性检查。

公证机构办理保全互联网电子证据公证，可以采用下载、截屏、实时打印、存储打印、录像、照相、利用软件同步录像、文字记录等多种方式提取、固定证据。对登录、下载、截屏、保存等指令输入过程能够实时打印的，如果提取证据的环境允许，建议优先采用“实时打印+录像”的方式提取、固定证据。涉及网页中动态形象的保全和利用专业软件提取的证据，建议采用录像的方式提取、固定证据，同时对主要内容实时打印（例如，体现影视作品的版权、演创人员姓名等部分的截图）。

公证机构在办理保全互联网电子证据公证时，可以按照《办理保全互联网电子证据公证的指导意见》第10条所列明的八种措施保证所保全电子证据的完整性。

公证机构办理保全互联网电子证据公证时，应当制作现场记录，详细记录介入互联网的全部操作步骤，具体记载内容请参见《办理保全互联网电子证据公证的指导意见》第11条规定的内容。

二、办理保全互联网电子证据公证需要注意的问题

(1)尽量使用公证机构专门电脑设备进行保全,尽量由公证人员进行上网操作。使用当事人提供的电脑设备,难以排除其是否预装了作弊程序,①故应尽量使用公证机构的专门电脑设备。从目前的判例来看,法院比较认可直接由公证人员进行的上网操作方式,这可以避免当事人在操作中有作弊行为。如果由当事人进行上网操作,则公证人员应在旁观察尽到监督义务。

(2)掌握好"不洁之手"原则。上海高院丁文联法官指出:"法律有不洁之手原则,就是当你主张权利时应该保证你的手是清洁的(干净的),也就是不能以违法的方式去保护权利。"②公证机构在保全时,应尽量确保使用正版软件进行操作。在一个判例中,用于网络证据保全的公证机构计算机操作系统有微软认证的挡盗版"蓝星星"的标志,被告因此抗辩称该计算机系统为盗版软件,打开的网页内容存在失真可能,最终法院对该公证书的合法性不予认可。值得注意的是,绿色软件并非盗版软件,可以使用。如公证行业经常使用的"屏幕录像专家"软件。

(3)掌握好网络音像作品完整性标准。在保全电影、连续剧、音乐等容量较大或者数目繁多的侵权内容时,考虑到节省时间和精力,当事人往往仅选取任意播放点或者任意一部分内容进行点击播放。这种方式在诉讼中往往受到对方抗辩,法院也处于比较为难的境地。公证员应当告知当事人部分播放可能面临的不利法律后果,并采取相当措施满足完整性要求。例如,仅申请对部分内容进行保全的,公证机构在现场记录中应当载明在页面上(包括广告、海报、节目单等)该影视作品的每集是否都有显示,对每一集点击后是否都能播放。同时,应当将含有作品名称、版权人、制作公司、出品公司等作品基本信息的内容一并保全。公证人员在征得当事人同意的情况下,可以对影视作品的每一集随机(或

---

① 当前技术确实存在通过预先在本地计算机中设置特定目标网页,而使输入的特定域名所打开的网页为预先设定的特定页面的情形。

② 丁文联:《保全证据公证未来发展方向的若干思考》,载《公证研讨》2016 年第 2 期。

者重点）选取部分内容进行播放，并对播放画面进行截屏打印和录像保全。

（4）做好清洁性检查工作。清洁性检查是比较重要的基础工作。公证员应当对各种电脑和电子设备进行清洁性检查，不要有遗漏。特别是在网吧进行保全的时候。公证员应该在公证书中详细描述清洁性检查的步骤，笼统表述进行了清洁性检查可能会受到对方和法官的质疑。

（5）复合型保全事项的公证处理。许多公证保全对象呈现出复合型的特点，例如，目前的网购保全可以由网络订购、支付货款、网络聊天记录、接收网购物品等多个过程构成。对于复合型保全事项，公证员应建议当事人尽量保全所有过程，不要遗漏保全环节从而导致得不到法院的支持。当事人申请办理保全互联网购物证据公证的，公证员应当建议当事人对网络订购、支付货款和接受网购物品的全过程办理公证，可以将收货地点及收货人确定为公证机构地址和公证员。

（6）保全保存在 Outlook、Foxmail 等邮件服务器内的邮件，可以办理公证，但需事先告知当事人不利后果。Outlook、Foxmail 等邮件服务器不同于 QQ、163 等邮箱，后者需要在网络状态下才能打开邮件，前者不需要。办理此类公证时，公证员应当告知当事人公证机构仅证明电子邮件被提取时的客观状况，不证明电子邮件被提取之前的客观状况。

（7）当事人并非账号所有人的公证处理。当事人并非各类账号所有人，因某种缘故而知道账号密码或者能够自由进入账号，要求对账号内信息进行保全的，该如何妥当处理。例如，因丈夫将妻子邮箱设置成自己邮箱的关联邮箱，妻子因而得以获得丈夫邮件，申请对这些邮件进行保全。再如，父母去世，因邮箱中有重要文件，子女掌握邮箱账号和密码，申请对父母邮箱内邮件进行保全。处理此类问题，应遵循下面四个步骤方法进行处理：第一，判断当事人是否具有法律上的权源。当事人不享有任何法律上的权源的，公证员应当拒绝办理公证。妻子基于丈夫事先的授权行为（将妻子邮箱设置为关联邮箱）而享有权源，同时基于夫妻亲权也享有权源。子女因亲权和继承权而享有权源。第二，当事人依据权源进行的保全行为是否"严重"侵害账号所有人的合法权益。根据最高人民法院前述司法解释的意见，只有以严重侵害他人合法权益的方法取得的证据才不被采信。如果保全行为方法可能严重侵害账号所有人的合法权益的，公证机构不应公证。如果侵害尚属轻微，则可以办理保全公证。上述两个案件要考虑申请人权源与账号所有人的通信秘密、个人隐私的法益衡量来判断是“严重侵害”还是“轻微侵害”。第三，由保全申请人承诺因侵权所导致的赔偿责任由其承担。因是否侵权、侵权程度如何，公证机构和当事人有时是难以作出明确判定的，而且即使作了这样的判断也无法约束事后法院的判断，故应当由当事人承诺因侵权所导致的赔偿责任由其承担。在这里遵循风险法则——谁受益，谁担责。第四，应采取必要手段将对权利的侵害降到最低。例如，可以将保全取得的证据事先保管在公证机构，诉讼时候再由法院依职权进行调阅。

《办理互联网电子证据公证的指导意见》第 13 条第 2 款规定：“法人或者其他组织申请保全其员工使用的用于公务的电子邮箱内的邮件，应当提交其与该员工签订的有关公务邮箱仅用于公务的书面约定，或者经该员工书面同意，或者由该员工亲自操作提取、固定相关电子邮件。”

(8)可以对微博信息、微信朋友圈信息进行保全。移动互联时代，微信成为接入口。微博信息、微信朋友圈信息虽具有一定私密性，但其公开性也是很明显的，而且微博、微信朋友圈也不能是法外之地，故对于微博信息和微信朋友圈信息也可以进行保全，这种保全所取得的证据已经获得审判实践的认可。

(9)到网吧保全需要注意的事项。公证机构到网吧办理保全公证的，应当随机挑选计算机，对计算机和使用的当事人移动存储介质进行清洁性检查。在保全地点通过网络传输将提取、固定的证据发回公证机构的电子邮箱的，应当载明电子邮件传输过程和公证人员回到公证机构下载电子邮件的过程。

(10)正确认识公证机构的电脑监督可以部分替代公证员的监督。目前，我国一些公证机构开发了软件，可以随时保全当事人即时产生的电子数据信息，在当事人需要的时候，可以由公证机构为其出具保全公证书。例如，厦门市鹭江公证处开发的“律师取证助手 APP”。这种方式改变了传统的一事一证的保全模式，提高了公证机构的保全能力。这种方式无疑是合法的，在保证网络安全、设备清洁的基础上，基于存于公证机构特定电脑中的电子数据所出具的保全证据公证书应具有证据的有效。

(11)涉及网络著作权保全，网页的特殊保全方式。对于网络页面的侵权，不能仅仅依据美术作品的标准来认定，不能仅仅看页面图案、颜色或者布局是否相似或相同，而应当以构筑页面的代码是否相同或相似作为认定侵权的依据。故保全网页的目的是用于解决网页设计侵权纠纷的，除对网页实时打印外，还应当对网页的源代码实时打印。

(12)熟练使用 MD5 加密方法。保全电子文档形成后，可以用 MD5 验证软件“Hash_1.0.4”进行验证并将取得的验证文本命名，将其保存在文件夹中。然后公证机构将 MD5 值记载于公证书中，这样可以防止当事人篡改被保全的电子文档。

(13)需要较强专业技术的事项，公证机构应当寻求专业人士协助。对相关 IP 地址进行追踪锁定，对相关网络架构方式进行保全等工作，公证员应当寻求专业人士协助。公证机构可以采取对专业人士操作过程进行全程摄像的方式进行保全。

第三节　保全侵权物证公证

一、概述

保全侵权物证公证是指公证机构对当事人购买涉嫌侵权的物品的行为予以证明的活动。侵权物品主要涉嫌侵犯著作权、专利权、商标权等知识产权。保全证据公证已经成为知识产权维权的重要法律手段。

办理保全侵权物证的公证，公证机构可以根据当事人的要求和被保全对象的不同特点，采取客观记录当事人购买或者索取实物(包括索要发票、凭证)的过程、照相、录像、询问证人等方式，保全现场的真实情况。当事人可以亲自参与取证，也可以委托单位工作人员或者好友参与取证，这不妨碍公证书具有证据资格。

办理侵权物证保全时,为便于当事人取证,公证人员可以不公开身份,但必须亲临现场,并进行现场记录或者事后及时补记现场记录。现场记录应当载明取证的时间、地点、过程、取得证据的名称、数量等,并由当事人或者其他在场人签名。

取证过程中取得的票据、单据等凭证,公证机构应当收存原件,有正当理由无法收存原件的,应当收存经公证人员核实无误的复印件。

二、办理保全侵权物证公证需要注意的问题

(1)公证人员亲自到场原则。公证机构必须安排二人参与保全,其中一名是公证员。二名公证人员必须亲自到场监督当事人购买物品过程。在许多知识产权诉讼中,被告经常质疑公证机构的公证员没有亲自参与保全。例如,公证机构出具的不同公证书显示同一名公证员同一天在两个不同的地点出现。为证明到场,公证人员宜在条件允许的情况下采取在保全地点合影或摄像等方式。

(2)公证人员不能直接购物和进行支付。保全侵权物品公证中,现场购买行为应当由当事人或其代理人实施,公证人员的职责是在场进行客观记录,公证人员不应代替当事人去为其履行购买和支付等行为。

(3)正确认识知识产权代理机构委托律师进行职业打假的合法性和正当性。现在许多知识产权代理机构委托律师进行大范围的职业打假,涉及几十家甚至几百家商场。从目前法院的主流观点和判例来看,委托律师进行区域成片打假是具有合法性和正当性的,公证机构可以为其进行保全公证。

(4)制止当事人的陷阱取证行为。陷阱取证分为“机会提供型”和“犯意诱发型”,一般认为,前者合法,后者则被严格禁止。在著名的“北大方正集团有限公司、北京红楼计算机科学技术研究所与北京高术天力科技有限公司、北京高术科技公司计算机软件著作权侵权纠纷案”中,最高人民法院已经认可“机会提供型”取证方式的合法性。“犯意诱发型”的取证方式取得的证据难以获得人民法院认同,故公证人员在公证受理时,应当告知当事人在现场购物时不得有诱导行为,在现场发现当事人有诱导倾向时应采取适当方式予以提醒和制止,同时公证员应当在

公证书中如实记录当事人存在的诱导行为，不得刻意隐去。

个案中，某些物品的购买需要特定身份的，当事人通过注册等方式拟设该身份去购买物品的，司法审判实践中对此也是认可的。因为在这种情况下，对方确实是出售物品的，并不是当事人引发对方的“犯意”。

（5）多采集现场信息原则。为了便于当事人主张权利，除了记载购物和支付行为外，公证人员还应该根据现场情况，尽可能多地采集现场其他信息。例如，对商场门口拍照，进行地点固定；对所购买物品的陈列情况和专门店宣广告进行描述或者拍照；商场悬挂公示有关营业执照等证照的，可以进行记录并记载营业执照显示的主体名称。采集的信息齐全更有利于法官作出有利于当事人的裁决。

（6）公证机构不对是否构成侵权作出判断。公证员应告知当事人，公证机构只是保全当事人购买物品的行为过程，不对对方是否构成侵权作出认定。公证机构在公证书中也不能直接使用“侵权物品”等结论性字样。公证机构收集有关知识产权的资料在于判断当事人与保全事项是否具有利害关系，而不是作是否侵权的实质判断。

第四节　保全送达文书证据公证

一、概述

保全送达文书公证，是指公证机构派员亲临送达现场，依据客观、公正的原则，证明当事人以直接送达、邮寄送达、发送数据电文等方式送达文书的行为和过程的活动。

当事人应当能提供明确的受送达人、送达地址以及其他必要的通讯方式等信息。当事人所送达的文书属于行政决定或者人民法院、仲裁委员会的法律文书等公文书的，当事人送达文书的权限和送达的期限应符合法律、法规的规定。

公证机构对当事人拟送达的文书内容应当进行形式审查。拟送达的文书内容有违反法律、法规的禁止性规定或者违背社会公德或者含有对受送达人威胁、恐吓、侮辱内容的,公证机构不予办理公证。公证员在送达前或者送达时应当认真核对当事人拟送达给受送达人的文书与其提交给公证机构的拟送达文书的内容是否一致。当事人送达的文书原则上为原件,公证机构存档的送达文书为复印件的,应当由当事人签字确认。

当事人以发送数据电文方式送达的,原则上使用电信、邮政部门或者公证机构的网络和设备。公证人员可以以录像以及下载、截屏、实时打印、存储打印、照相、利用软件同步录像等方式保全送达操作过程,并应当将发送的数据电文的纸质载体归档保存。公证人员在办理保全送达文书证据公证中,应当收集签收的回执或者邮政及快递企业收件的证明文件等证据,同时可以酌情收集与送达有关的其他证据。

公证人员应当按照《办理保全文书送达证据公证的指导意见》第9条的规定详细制作现场工作记录。现场送达容易产生纠纷,公证机构应当按照下列要求更加严谨地制作现场工作笔录:①酌情增加记录:"当事人指认的受送达人的姓名或者受送达人(代收人)自称的姓名。""受送达人(代收人)的性别、身高、衣着、发型、口音等特征。"②对时间、地点、送达文书名称的记载应当准确。对地点的记载可以描述建筑物的外观特征和内部房间的具体位置。③对受送达人(代收人)的记载应当客观。当事人未要求受送达人出示身份证件配合公证员核实其身份的,工作记录中对接收送达文书的人的姓名、身份不应当依照推理作出记载。④对送达结果的记载应当详细。对出现的诸如"受送达人(代收人)接收但拒绝在回执上签字"等各种送达结果应当详细记载。

二、公证机构应当重点告知的内容

(1)公证机构仅保全当事人送达文书的行为和过程,不代理当事人送达文书。如果因为受送达人、送达地址、送达时间发生错误,导致送达行为没有发生当事人预期的效力,其后果由当事人承担。

(2)公证机构仅对当事人送达文书的行为和过程的真实性作出证明,不对被送达文书的内容作出证明。

(3)公证机构不对受送达人(代收人)的身份、权限的真实性作出证明。

(4)当事人以邮寄送达和发送数据电文等方式送达的,公证机构不对受送达人是否收到送达文书作出证明。

(5)公证机构不对受送达人是否接收所送达的文书和送达行为可能产生的法律后果(例如,中断诉讼时效)作出承诺或者保证。

(6)当事人以直接送达方式送达的,公证人员不在送达现场对当事人如何送达提出建议,也不提示受送达人(代收人)签收,当事人应当自行要求受送达人(代收人)当场签收。如果出现受送达人拒绝签收,或者因为受送达人不在现场当事人采用留置方式送达或者送交给代收人转交的情形,当事人的送达行为可能无法实现其所期待的法律后果。

(7)公证人员在办理保全送达文书证据公证的过程中如果认为其人身安全受到或者可能受到威胁的,有权拒绝受理或者暂停办理或者依照《公证程序规则》第 50 条的规定终止办理该项公证。

(8)因送达行为或者送达文书的内容侵犯受送达人或者第三人合法权益的,其后果由当事人承担。

三、办理保全文书送达证据公证需要注意的问题

(1)现场送达中,受送达人的身份确认问题。现场送达中,受送达人的身份确认是难点,公证员应当尽量采取合适的方式确认对方的身份。方式有:询问对方姓名和职务、送达人指认对方身份、工作桌牌、公示牌或本人吊牌上记载的姓名和职务、凭送达人事先提供的对方身份证件进行现场比对等。公证员应当如实记录上述确认方式,通过上述方式仍无法确认受送达人身份的,应当在现场工作记录中如实记录其性别、身高、衣着、发型、口音等特征。必要时,也可以采取现场照相、录音等措施。采取现场照相等措施时,为避免照片因发生纠纷而被毁损,可以在拍照时即将其上传到网络空间。

(2)被送达文书内容审查义务范围。公证机构有责任对被送达文书的内容进行审查,确认文书内容是否违反法律禁止性规定,其范围以《办理保全文书送达证据公证的指导意见》第 5 条所列举的内容为主,同时不得违背国家政治、宗教、民族等基本政策。公证机构对文书内容

的审查仅是进行形式审查,不会对文书内容中的主张是否符合法律要求、权利是否在行使期限内、是否会产生诉讼时效中断等法律后果、所提出的主张是否有证据支撑等方面进行审查。

(3)建议当事人选择合适的送达方式,必要时可以多种送达方式组合进行。各种送达方式有自己的优缺点,公证员应当综合考虑案件的具体情况,建议当事人选择比较合适的送达方式或者组合方式。实务中,在现场送达时,如果对方拒收的,公证员可以当场留置文书,同时还可以在对方门头粘贴文书。通过留置文书和粘贴文书可以证明当事人确已尽最大诚意进行送达,从而容易被法院认可。所以现场送达时,应要求当事人多带几份送达文书原件。

(4)对送达地址的确认工作。曾经发生案例,当事人自己在某处安装门头(对方单位名称),安排自己的人假冒对方人员接收公证送达文书。为避免这样的陷阱,公证人员应在送达前对送达地址进行确认,如通过手机地图软件核实一下被送达单位的真实地址是否与当事人提供的一致。另外,给单位送达文书,最好选择在单位的办公场所进行送达,当事人安排在酒店大厅等场合送达的,公证员应详细问明原因,避免落入圈套。公证员可以指导当事人对送达地址进行合理选择,一般可以采用当事人身份证件或者营业执照、交易合同中所载明的地址。

(5)如实记录送达文书的撰写者。虽然公证机构对文书内容有一定的审核义务,但如实记录送达文书的撰写者有助于今后发生纠纷时区分各自责任。律师作为法律职业人员也需要对文书的内容进行合法性和妥当性审查,律师撰写送达文书的事实,可以在一定程度上减轻公证机构的内容核实义务。另外,公证员作为专业的代书人,也可以根据当事人的请求,为其撰写送达文书。

(6)做好人身安全保护工作。外出送达时,公证人员应当加强安全意识。应当事先考虑一下保全的现场环境,是否会容易产生冲突,产生冲突后是否能够及时获得警察救助,发生大冲突时的应急办法等。

第五节　保全物证公证

一、概述

保全物证公证是指公证机构采取现场勘验的方式对有关物体或空间的现状进行保全的活动。保全物证公证的主要形式是现状类保全公证。现状类保全是指保全对象为某一具体特定物理空间的现状或及该空间范围内有关联性的动产或不动产的现状。

常见的保全物证类型有:工地施工状况、房屋墙面状况、汽车被水渍状况、花圃现状、拟拆迁房屋现状、出租场地现状等。

办理保全物证公证,公证人员应当采取现场勘验和当场提取证据的方式进行,并将相关的情况制作工作记录。记录的内容应当包括:勘验的时间、地点;办理保全证据公证的公证人员及在场的相关人员的人数、姓名;保全对象的基本情况;保全的方式、方法;证据取得的时间、地点、方式或者证据的存放方式、地点、现状;取得的证据数量、种类、形式等。

对不易收存的物证可以采取记录、绘图、照相、录像、复制等方式保全。

办理保全物证公证需要由专业机构或者专业人员采用技术手段进行的,公证员应当审查专业人员的身份和相应的资格,告知其操作的法律意义与法律后果,并对保全过程予以证明。

保全物证过程中,委托专业机构或者专业人员以照相、录像、录音、测绘、评估或者鉴定等方式形成的证据,应当由专业机构的承办人员或者专业人员签名并及时由公证机构封存。

保全书证公证参考保全物证公证规则进行。当事人将其文字作品提交给公证机构保全的,公证机构可以为其办理保全书证或者电子数据公证来进行时间节点固定。公证机构无须核实当事人是否是著作权人,但应当告知其公证机构不对著作权权属进行认定。

二、办理保全物证公证需要注意的问题

（1）熟练使用标识。保全的现状较为复杂的，又没有明确可以区隔的符号的，公证员应当根据不同现状制作标识，对每个现状范围都标识明确的序号，从而便于进行拍照和摄像，便于出具公证书。公证员应当熟练掌握标识制作技巧和使用范围，从而使现场保全工作有序呈现。

（2）掌握基本的现状拍照和摄像技巧。公证员应当掌握基本的现状拍照和摄像技巧，使现场能够完整、清晰而且符合逻辑的呈现在公证书中，获得法官的直观认同。现场的呈现如果是杂乱无章的，必然会使公证书的证明效力大打折扣。

（3）掌握无缝衔接原则。有时候需要将有关保全取得的物证送有关专业机构或专业人员进行鉴定、检测等，公证人员应当亲自将物证送达给专业机构或专业人员签收，整个过程应当是无缝衔接的，否则会产生物证是否被替换的合理怀疑。根据无缝衔接原则，切不可由当事人直接将物证送去专业机构或专业人员。

（4）现状类保全公证要审核当事人是否有进入保全现场的权利。例如，要求对工地施工现状进行保全的，要审核当事人是否是项目方或者施工方，提供有关施工合同。如果当事人无权进入该场地的，一般不宜进行公证保全。

（5）谨慎办理房屋拆迁证据保全公证。公证机构办理房屋拆迁证据保全公证应当遵循司法部于 1993 年 12 月 1 日颁布的《房屋拆迁证据保全公证细则》。在办理前，公证机构应审查强制拆迁是否具备了《国有土地上房屋征收与补偿条例》规定的条件。对于不符合上述条例规定条件的，应当不予公证。

第六节　保全证人证言、当事人陈述公证

一、概述

保全证人证言公证是指公证机构对证人提供有关证词的行为进行保全的活动。保全当事人陈述公证是指公证机构对当事人进行的陈述的行为进行保全的活动。

办理保全证人证言的公证，由使用证人证言的当事人提出申请，也可以由提供证言的证人单独或者与使用证人证言的当事人共同提出申请。

保全证人证言，可以由证人在公证人员面前亲笔书写证言，或者由使用证言的当事人在公证人员面前对证人进行询问并作出记录，必要时也可以由公证人员对证人进行询问，公证人员可以酌情采用录像、录音等方式保全证人证言形成的过程。

公证人员在证人作出证言前，应当告知其享有的权利、承担的义务及其法律责任，并将告知内容制作询问笔录。询问笔录和所保全的证人证言应当由证人签名。

申请保全若干证人的证言，公证机构应当分别办理。保全危重病人的证言，应当由医疗机构证明其精神状况并可以酌情采用录像、录音等方式保全证人证言形成的过程。保全限制行为能力人的证言，应当审查其年龄、智力或者保全时的精神状况，并有其监护人在场，监护人应当在询问笔录和所保全的证人证言上签名确认。

保全证人证言的公证书中可以载明："本公证书仅证明证人证言的形成过程，不对前面的×××的证言内容的真实性作出证明。"

保全当事人陈述的，参照上述保全证人证言方式办理。

二、办理保全证人证言、当事人陈述公证需要注意的问题

(1)明确告知证人作伪证的法律责任。公证形式具有法律的尊严，

在保全证人证言中，证人在公证机构提供证人证言如同直接在法庭作证，其重要性不言而喻。故公证员必须严肃地告诉证人不得作伪证和作伪证需要承担的法律责任。有关告知内容和告知过程宜记载在公证书中，以向法官传递出本次证人证言制作的严肃性。

(2)证人证言用于民事诉讼场合，公证机构对证人不出庭事由的审核形式。《民事诉讼法》第 72 条规定，凡是知道案件情况的单位和个人，都有义务出庭作证。第 74 条规定，经人民法院通知，证人应当出庭作证。有下列情形之一的，经人民法院许可，可以通过书面证言、视听传输技术或者视听资料等方式作证：因健康原因不能出庭的；因路途遥远，交通不便不能出庭的；因自然灾害等不可抗力不能出庭的；其他有正当理由不能出庭的。

公证机构应当询问证人其不能出庭的理由，理由符合上述民诉法要求的，可以办理保全证人证言。如果证人陈述的理由没有正当性的，公证机构可以不予办理公证。原则上，对于证人陈述的理由，公证机构尽到形式审查即可。

证人不出庭应当经人民法院许可。在办理公证时，如果证人不出庭已经获得人民法院事先许可，则公证机构应当收集人民法院许可的有关通知；如果证人不出庭尚未获得人民法院事先许可的，公证机构可以为其办理保全证人证言公证，但应告知证人或证人证言使用的当事人领取公证书后自行向人民法院办理有关准许手续，公证机构不保证该证人证言会被人民法院采纳。

(3)可以采用律师询问，公证机构进行文字记录或录音或摄像的方式。采用这种方式，能够借助律师专业水准和对案件案情的事先了解，形成质量比较高的证人证言。这种方式也合理定位了律师服务与公证保全不同角色的职能责任。

第七节　其他保全证据公证

一、概述

清点公证是公证机构亲自或者监督当事人对物品的品名、数量进行清点的活动。对现场清点的物品，应当登记造册，必要时可以进行封存，交由申请人妥善保管。

办理保全单方收回物业公证是清点公证的类型之一。《办理保全证据公证的指导意见(修订)》第16条规定，办理保全单方收回物业公证应当具备下列条件：①申请人须是房屋或者其他物业的所有权人或者管理人，并提交权属证书或者授权委托书。②提交经公证的承租合同，且其中必须载明承租人不履行或者不完全履行合同义务时，所有权人或者管理人有权单方收回出租房屋或者其他物业的约定。③承租合同约定出租人单方收回出租房屋或者其他物业前应当履行催告程序的，申请人应当先就其履行催告义务的过程申办保全证据公证。④提交承租人存在违约事实的证明材料(如催交租金的函件)。⑤申请人书面承诺对单方收回房屋或者其他物业行为而侵犯他人合法权益愿意承担相应的法律责任。⑥申请人承诺保护房屋或者其他物业内承租人财产的完整和安全。

办理电话录音公证是指公证机构保全当事人向他人通话的过程和内容的活动。一般地，保全的场合比较适合在公证机构，建议使用公证机构的座机电话进行通话。电话录音公证属于保全视听资料类型。

办理保全手机短信公证是指公证机构对当事人已经存在的短信内容进行拍照(截屏)保全，或者对当事人现场给他人发送短信的过程进行证明的活动。原则上，当事人应当是手机的实际持有人。

保全其他电子数据是指公证机构保全当事人除互联网以外的其他电子数据。例如，公司申请对公司监控系统或者业务系统内的电子数据进行保全。

KTV 保全公证是指公证机构对当事人到 KTV 进行音乐影视作品点播行为予以证明的活动。KTV 保全公证一般都是由音像集体管理组织中国音像著作权集体管理协会或者中国音乐著作权协会申请。

二、办理清点公证需要注意的问题

(1)审核当事人是否有权进入场地进行清点。清点公证并不仅仅是清点现场物品那么简单,关键是要判断当事人是否有进入该场地的权利。进场权的判断,主要是根据当事人是否是场地所有权人或管理人、是否依据合同享有使用场地权利、是否掌握有进入场地的条件(如持有钥匙等)。如果当事人有相应权利支持其可以进场保全的,则公证机构可以进行保全。如果经审查当事人并没有相应权利的,则公证机构不宜进行保全。

员工离职,公司对员工保存在公司办公场所的公司资料(物品)或者该员工的私人物品申请进行清点公证的,公证机构可以进行保全公证。物品放在公司的特定事实表明公司享有处置权利,但清点后,公司应妥善保管员工的私人物品,通知员工尽快领取。

(2)正确认识"临时封签"的法律性质。在清点公证中,经常要对物品进行封签。有些法院的判决认为,查封行为属于司法行为,公证机构不享有该权力,故公证机构封存有关物品违法。公证机构进行封签,其性质并不是司法查封,而是一种临时性固定措施,可以进行。司法部律师公证工作指导司《关于公证处办理证据保全公证中对物证能否采用封签进行封存的请示》的复函指出:"在保全证据过程中,为了保证保全行为的连续性、客观性和真实性,在紧急情况下,对放置清点过程中或待清点的物品的房间,可以采取粘贴临时性封签的方式对物证及其存放环境等事实进行固定,以防止不测情况发生。此种粘贴封签的行为不具有行政或司法机关查封的性质。"

(3)认真做好物品登记造册工作。本工作属于技术活,需要耐心细致的态度,登记造册做得不好,事后容易起纠纷。公证员用文字描述物品时应当准确无误,建议对重要的物品都进行现场拍照或摄像。

三、办理通话录音公证需要注意的问题

(1)通话录音公证具有正当性。最高人民法院《关于未经过对方当事人同意私自录制其谈话取得的资料不能作为证据使用的批复》(1995年3月6日发布)指出:"证据的取得必须合法,只有经过合法途径取得的证据才能作为定案的依据。未经对方当事人同意私自录制其谈话,系不合法行为,以这种手段取得的录音资料,不能作为证据使用。"但最高人民法院《关于民事诉讼证据的若干规定》第65条和《关于适用〈中华人民共和国民事诉讼法〉的解释》第93条规定,当事人未经对方当事人同意私自录制的谈话作为证据也被人民法院所采信。《办理保全证据公证的指导意见(修订)》第11条第5款也明确规定:公证机构可以受理以录像、录音方式对其与他人的谈话办理保全证据公证。

(2)注意采取秘密录音、录像时的行为限度问题。最高人民法院并没有对秘密录音、录像方式进行禁止,原则上公证机构可以为当事人办理秘密录音、录像进行保全公证,但需要注意的是,个案中不得有违反最高人民法院《关于适用〈中华人民共和国民事诉讼法〉的解释》第93条规定的情形。公证员应当提示当事人谈话不得有勒索、恐吓等内容。

(3)可以将通话录音整理成文字。为满足法庭审理需要,便于当事人举证,可以将通话录音整理成文字内容,作为公证书附件。

四、办理保全手机短信公证需要注意的问题

(1)确认对方身份的方式。在法庭上证明对方的身份,是当事人需要面临的难题。当事人可以到通讯公司通过充值部分话费的方式获得对方的身份,这样手机通讯录上所表明的对方姓名也才有意义。公证机构应当告知当事人有自己落实对方身份的义务,公证机构对此并不进行证实。

(2)当事人并非手机的持有人和使用者的公证处理方式。原则上,当事人应当是手机的持有人和使用者,并提供有关证据材料证明自己是机主。但如果当事人并非手机的持有人和使用者,公证员则需要按照本章关于当事人并非账号持有人的处理原则进行处理。例如,妻子持丈夫

使用的手机到公证机构保全短信内容的，根据上述处理原则应当可以进行公证，但需要采取相应措施使损侵害降到最低，比如将保全公证书保管于公证机构，只有涉及诉讼才能由法院进行调取。

(3)采取一定措施核实短信是否真实发出或接收。为了加强公证书的可行性，公证机构可以建议当事人提交短信收发当月的手机通话详情单，用以确定该短信真实发出或接收。公证机构可以将当事人的网络提取行为在公证书中进行记录，可以将通话详情单作为公证书附件。

五、保全其他电子数据公证需要注意的问题

(1)审查当事人是否有权限进入数据库。当事人应当是该数据库的所有者或者管理者或者授权使用者。如果当事人没有权限进入数据库，则涉及非法获取计算机信息系统数据，需要承担相应的民事侵权责任和刑事责任(可能会触犯非法侵入计算机信息系统罪或非法获取计算机信息系统数据罪)。当事人没有权限进入数据库，公证机构应不予公证。

(2)当事人应当承诺所提取的电子数据的真实性。因数据库处于当事人控制下，其完全可以在后台篡改有关数据，故公证机构应当要求当事人就所提取的电子数据的真实性作出承诺保证。公证员应当告知当事人，公证机构仅证明电子数据被提取时的客观状况，不证明电子数据被提取之前的客观状况。

(3)公证机构可以采取数据同时备份，有需要时出具保全电子数据公证书的形式。公证机构可以根据一些网络服务商的要求，对网络服务商系统所产生的数据同时备份在公证机构可控的数据库中，在发生纠纷等情况时，可以就备份在公证机构数据库中的电子数据进行提取后出具保全公证书。这种保全方式可以确保电子数据不被篡改，增强其证明力。

(4)谨慎处理当事人事先已经形成的录音内容等电子数据保全。当事人携带已经录好内容的录音笔来申请保全里面的录音的，因公证机构并未参与该录音形成过程，故公证机构原则上不宜进行公证。如果当事人坚持申办的，公证机构应当在公证书中附注：公证机构并未参与录

音形成过程,本公证书仅证明当事人提交录音笔给公证机构时里面所具有的录音内容,公证机构不保证该内容没有被篡改和编辑。

六、KTV 保全公证需要注意的问题

(1)片段点播法进行取证具有合理性。原则上,公证员应当建议当事人完整播放每首歌曲,以确保完整性。但如果当事人从维权成本考虑,要求公证机构采取片段点播法进行保全的,公证机构也可以进行保全,但应告知该方式可能不被人民法院采纳的不利后果。

片段点播法保全有其合理性。保全方将部分截取的证据出示给法庭时,完成了举证责任,在这个时候对方认为侵权不存在的,无疑要承担举证责任。民事诉讼证据采纳标准遵循的是"盖然性"标准,而并不是"排除合理怀疑标准"。可以说,部分截取规则是对民事证据"盖然性标准"的合理运用。

(2)提醒当事人合理消费。在 KTV 保全工作中,还涉及房费、酒水费、食品费等费用支出,这些费用在诉讼中都会要求被告承担。为保证消费支出属于合理的维权费用,公证员应提醒当事人进行合理消费,告知超出合理消费的部分可能得不到人民法院的支持。

第十三章　现场监督类公证

第一节　概　　述

一、基本特征

现场监督类公证是指公证机构根据当事人的申请，通过事前审查、现场监督，对招投标、拍卖、开奖等活动的真实性、合法性予以证明的活动。公证机构应当在宣读现场公证词后7日内将公证书发送给当事人。

现场监督类公证主要有招投标、拍卖、挂牌出让、政府采购等竞争性交易方式监督公证，股份公司创立大会、股东大会、股东会、董事会、基金份额持有人大会、会议监督等会议监督公证，开奖、抽签、摇号、竞赛、销毁监督、商品抽样检测等其他现场监督类公证。

现场监督类公证有七个基本特征：

(1)由活动主办方申请，但活动涉及多方利害关系人，公证机构需要兼顾和保护多方利益。例如，福利彩票开奖公证虽由福彩部门申请，但其涉及众多彩票购买者，公证机构既要维护福彩部门的利益，又要保护彩票购买者的合法权益。虽然公证费由活动主办方支付，但这不影响公证机构中立、客观的地位和职能角色，公证机构并不是活动主办方的"代言人"，现场监督类公证中公证机构的重要作用是维护不特定社会公众的利益。

(2)公证的职责由事前审查和现场监督两项工作内容构成。事前审查是指公证员审查活动规则的合法性和可行性，指导当事人设计合法和可行的活动规则，将活动规则进行公示。现场监督是指公证员亲临活动现场，对活动过程是否符合法律和活动规则进行监督，根据法律规定现场宣读公证词。

事前审查是现场监督的重要基础，公证员只有事前工作准备充足，才能在现场监督中游刃有余。现场监督体现的则是公证员的敏锐力、观察力和现场把控力。

(3)公证员的职责标准由合法性和合规性两项内容构成。现场活动不能违反国家法律法规,也不能违反活动方自己制定的活动规则。公证机构作为法律机构,维护法律的尊严是其首要职责,公证机构有义务督促和监督主办方遵守国家法律法规。同时,活动规则由主办方制定,由公证机构审查确认,并经过必要的公示程序,它是各方活动参与者的"章程"或者"契约",活动参与者包括活动主办方、公证员都要受其约束。活动规则不能违反国家法律法规规定。在处理现场活动的争议问题时,公证机构既要考虑有关法律法规的具体规定,又要考虑活动规则的内容,结合两者综合判断争议问题的性质并提出合法、合规、可行的解决方案。

(4)现场活动存在多种角色人员,公证机构的角色是法律监督角色。在招投标公证中,有主持人、招标代理机构、投标人、业主方代表、评标委员会(评委)、纪委监察人员等角色人员。公证机构在其中的角色是法律监督者的角色。在现场活动发生争议问题时,往往需要决定谁有"发言权",这个时候公证员应该准确定位自己的职责,公证员的职责是就问题发表法律意见,对于技术性问题、商务性问题、纪检性问题或者应当由评标委员会决定的事情,公证员不应代替他人决策,否则他需要为自己的言行和过错承担法律责任。鉴于公证员的法律监督角色,公证员不应操作理应由其他角色人员进行的工作,不应替代其他角色人员作出评判结论。

(5)公证员享有"退场权"。《公证程序规则》第52条第2款规定:"办理现场监督类公证,承办公证员发现当事人有弄虚作假、徇私舞弊、违反活动规则、违反国家法律和有关规定行为的,应当即时要求当事人改正;当事人拒不改正的,应当不予办理公证。"在现场监督活动中,存在上述情形的,公证员有停止监督并退出活动现场的权利。"退场权"是公证机构不予办理公证权限的表现形式之一。值得注意的是,鉴于公证机构属于法律监督角色而并非法律裁决角色,对于活动现场出现的上述情形,公证员可以退出现场,但不宜对活动直接作出违法的结论性评判，当然就活动的有关情况公证机构可以出具法律意见供有关部门参考。①

(6)现场监督类公证会产生保全证据的外溢功能。公证员监督现场活动的过程本身就是亲自体验活动的过程，故还有存立证据的功能。办理现场监督类公证所形成的现场工作记录，就是一份客观的证据。

(7)现场监督类公证必须两名公证人员参与。鉴于现场把控能力和相互监督的需要，根据《公证程序规则》的规定，必须有二人共同办理，其中一人必须是公证员，另一人可以是公证员也可以是公证机构的其他人员。

二、现场监督类公证与保全证据公证的关系

鉴于现场监督类公证具有保全证据的外溢功能，而且在实际工作中也存在以保全的方式参与现场活动的情形，故对两者区分有其必要性。现场监督类公证属于法律行为公证，保全证据公证属于有法律意义的事实公证，故两者的区别在于下列方面：

(1)当事人办证目的(需求)不同。当事人现场监督类公证的办证目的在于依赖公证制度和公证机构的公信力向特定或不特定的受众传达活动本身是公平、公正、公开的形象，表明接受监督自律，从而希望更多人的来参与活动。虽然现场监督类公证会存立一些证据，但固定证据并不是当事人的核心目的。相反，当事人办理保全证据公证的目的就在于固定证据，用于有关诉讼进行维权等用途。概括来说，现场监督类公证本身就是当事人期望的目的，而保全证据公证只是当事人为了其他目的而采取的手段。

(2)对活动规则执行的监督是现场监督类公证职责，而保全证据公证中公证员并没有这个监督职责，它仅在于记录客观事实。公证员在现场监督类公证中履行的是监督者和见证者的双重角色，在保全证据公证

① 中国拍卖行业协会法律咨询委员会在一份答复拍卖公司的函件中认为："公证处可以拒绝出示公证意见，但无权宣布拍卖行为无效。公证处有拒绝公证的权力，但并不具备对民事行为是否有效进行裁决的权力。一场拍卖活动是否有效，只能由人民法院依法裁决，而不应由公证处擅自宣布。"

中履行的则仅仅是见证者角色。当事人申请现场监督类公证,即意味着公证员获得了当事人授权进行监督的权力,而当事人申请保全证据公证意味着他没有授权公证员对活动规则执行情况进行监督的权力。当事人是否授予公证员监督权,是两者的根本区别。

(3)主观性评判和客观性记录。在现场监督类公证中,公证员除了客观记录活动有关情况外,还需要在现场公证词和公证书中对现场活动的有效性和合法性进行评判,这属于主观性评判活动。相反,在保全证据公证中,公证员并不需要宣读现场公证词,在公证词中他也是仅仅作客观性描述而不作主观性评判。

(4)现场监督公证还要审查活动主办方是否具有举办活动的权限,而保全证据公证中公证员无须审查公证申请人是否具有举办活动的权限。依据法律规定,有些现场活动需要有具有特定资质的机构主办或者获得相关委托授权。例如,依据我国《拍卖法》所进行的拍卖,拍卖机构需要具有相应的资质和获得委托人的授权,公证机构需要审查拍卖机构的有关资质文件和委托人的授权文件。而保全证据公证中,只要当事人与保全事项具有利害关系,公证机构就可以进行保全,而无需审查当事人是否具有举办活动的资质和授权。

总体来说,现场监督类公证和保全证据公证是容易区分的,公证员应当根据当事人的真实需求指导其办理现场监督类公证或者保全证据公证。现场监督类公证中公证员的角色多于保全证据公证员角色,按现场监督类公证办理更能体现公证价值,因而应尽量指导当事人对现场活动办理现场监督类公证,尽量不用或少采用保全证据公证方式替代现场监督类公证方式,特别是对于招投标、拍卖、开奖等约定俗成要办理现场监督类公证的事项更不宜采用保全证据公证方式进行。

实务中有些时间比较紧迫的团体会议活动,因无时间对活动规则进行修改和重新公示,公证机构可以考虑以保全公证方式为其固定相关会议活动证据。实务中以保全证据公证的方式办理现场活动保全时,应当采取适当方式向活动主办方和活动参与方表明自己见证者的角色而非活动规则监督者的角色,避免误导。值得提醒的是,即使以保全证据公证方式参与现场活动,从控制风险角度来说,对于活动规则存在重大问题和隐患的，也不宜为其公证。

三、审查和撰写活动规则

招标书、拍卖公告、开奖规则、活动方案等法律文件都是法定或约定的活动规则，是活动参与者之间的“章程”，对活动参与者具有约束力。公证员在事前审查工作中，要指导当事人制定合法、可行的活动规则，必要时，公证机构可以接受当事人的委托，履行公证员代书职责，为当事人撰写有关活动规则。当事人自行提供的活动规则，公证员要从合法性、可行性两个方面进行审查，指导当事人进行修改完善。在现场活动举办前，活动主办方应当根据法律的要求在规定时限内按照规定的方式对活动规则进行必要的公示，法律没有强制规定的，也应当采取妥当方式进行必要的公示。

公证员在审查或撰写活动规则时，应当注意以下要求：

(1)合法性审查。活动规则要符合法律法规的要求，不得违反法律法规禁止性规定。除了遵守法律、行政法规的要求外，更重要的是要遵循部门规章和地方性法规。例如，工程建设项目招标书既要遵守《招标投标法》和《招标投标法实施条例》，更要遵守住建部的有关部门规章的规定。总之，活动规则的合法性审查，其范围是比较宽泛的，考量公证员的法律知识和执业经验。活动规则具有违法内容的，公证员应要求活动主办方进行更正。活动规则显著违反法律法规要求的，公证机构应当不予公证。

(2)符合行业惯例审查。活动规则作为交易构成部分，其除了遵循法律法规外，往往还要遵循行业惯例。例如，拍卖活动除了遵循《拍卖法》的规定外，往往还需要遵循拍卖行业有关行业惯例。公证员在审查和撰写活动规则时，可适度关注行业惯例，向活动主办方询问是否有特定行业惯例存在。对于活动主办方作出的明显违背行业惯例的做法，应当要求其作出合理解释和说明。

(3)可行性审查。一份符合法律法规要求的活动规则未必是可行的，公证员必须要综合考量现场各种因素，对活动规则的可行性进行推演和审查。例如，当事人进行有关抽签购房活动时，其活动规则必须要考虑当天的人流量、活动举办时间的长短、参与人是否会聚众闹事、是否有不可控情形等因素。从实务来看,此类抽签购房活动往往因为现场参与人数太多、等待时间过长、相互情绪渲染等原因,导致出现重大活动事故。公证员必须要关注活动规则的可行性,做到对活动现场的可能状况心里有数,必要时可以事先与活动主办方制定应急处理预案,同时做好公证人员自身安全防范措施。活动规则存在可行性问题的,公证员应要求活动主办方进行改善。活动规则显著缺乏可行性的,公证机构可以不予公证。

为了保障活动规则具有可行性,往往需要在活动规则中预先设定有关现场出现争议问题由谁来当场进行判断和裁决处理的权力。这些判断和裁决处理权限既可以授予活动主办方,也可以授予参与活动的专家组织(评委),也可以授予公证员。但如果法律已经明确由特定组织和人员享有的权力,则不应再在活动规则中授予公证员或他人。对于活动规则中增设给公证员的处理特定纠纷的裁决权力,公证员应评估其合法性和正当性后再决定是否接受。

(4)规范性审查。活动规则作为一份法律文件,应当满足严谨性、完备性等形式性要求,应当尽量避免活动规则的关键条款和内容存在多种理解的可能,尽可能使其只存在唯一的解释。从实务来看,有些活动现场纠纷就在于活动规则的关键条款和内容存在多种理解的可能,导致需要现场决定到底采用哪种解释。作为规范性的要求,在活动规则中最好规定有权对活动规则文本作出解释的主体。

四、做好现场监督工作

在活动现场,公证员应当严格监督活动主办方和活动参与者遵守法律法规和活动规则,对于违反法律法规和活动规则的行为应当要求其纠正或者直接依据法律法规和活动规则不赋予其相应的法律效果,①必要时,公证员可以行使"退场权"。在现场监督工作中,公证员应当注重自己的职业形象,注意保持客观中立的态度,就有关法律问题发表意见时

① 例如,对不符合招标文件规定的形式规范要求的标书,可以拒绝接收其标书。

应当合法、准确、公允，避免给他人造成公证员只袒护活动主办方的印象。在现场监督中，公证员应当“有所为有所不为”，属于自己的法律监督职责的不能缺位，属于其他角色人员职责的不去越位。

公证员在现场监督工作中，需要把控好下列问题：

(1)注意选择采取有效的监督方式。现场监督工作中，公证员可以有多种监督方式的选择，公证员应依据有关公证办证规则和自己的执业经验决定采取何种有效的监督方式。例如，在电子抽奖活动中，公证员可以采取对当事人的抽奖软件进行必要检测的方式来监督抽奖活动，也可以采取直接提供抽奖软件的方式进行监督，[①]后者杜绝了活动主办方舞弊的可能。另外，公证员可以亲自动手介入事关现场活动真实、有效的关键和核心环节，从而确保公证员对现场活动的实际管控力，有时候采取“在旁监督”的方式未必能够察觉当事人弄虚作假的舞弊行为。公证员亲自动手介入某些现场活动环节，乃是公证员亲力亲为精神的要求，也是公证员监督权的内涵之一。例如，在有关评审活动监督中，公证员就可以亲自动手汇总有关评分，保证评分统计这个关键环节的真实性和权威性。当然，对于只属于活动主办方或活动参与方的职责活动，公证员则不应越位进行。

(2)现场出现争议时的公证处理方式。在现场活动出现争议问题的时候，公证员应当临危不乱，迅速根据国家法律法规和活动规则研判争议问题的性质，向活动主办方提出合法和合理的争议问题处理建议。根据法律法规或活动规则的授权，对于争议问题有现场享有裁决权的组织和个人的，公证员应当建议其进行裁决。例如，在招投标工作中，标书存在错误或瑕疵，是否属于无效标书往往需要评标委员会进行裁决定夺。如果根据法律法规或活动规则，公证员对争议问题享有裁决权的，公证员也应当在认真分析争议问题后公布裁决结果。总之，基于活动主办方和活动参与者对公证公信力的信赖，公证员应当在其中发挥指导和建议者的角色，促进争议问题解决，推进现场活动。

---

① 上海市东方公证处开发有专门的抽奖软件和平台，提供给抽奖活动主办方使用，这种监督方式完全杜绝了当事人舞弊的可能。

(3)合理和慎重使用“退场权”。公证员一旦决定使用“退场权”,则基本意味着整个活动无效或者失败,故依据《公证程序规则》第 52 条第 2 款的规定,在发生上述情形时,可以要求当事人进行更正。建议公证员应当及时跟活动主办方和参与者进行沟通,指出其违法违规之处,提出更正方案。如果当事人拒绝进行更正的,公证员应果断退场。如果当事人愿意纠正违法违规行为,应给予其纠正的机会,尽量使现场活动能够完成。公证员应注意留存当事人弄虚作假、徇私舞弊、违法活动规则等行为的证据资料,为今后可能发生的纠纷和诉讼做好准备。例如,在招投标中公证员留存的证据资料,可以为事后招投标监管部门调查和处理事件提供帮助。

(4)注意留存现场活动中形成的关键和核心证据资料。现场活动稍纵即逝,如公证员不树立保存必要证据的意识,往往在日后有关纠纷解决中难以复原现场情况,会导致公证机构被动不利的后果。现场活动中公证员既是监督者又是见证者,现场活动会形成各种证据资料(公证员现场工作记录也是重要证据文件),公证员应当注意留存现场活动中形成的关键和核心证据资料,这是公证员履行相关职业义务的证明,也是主张自己无失职的重要凭据。活动现场形成的有关法律文书,最好有相关责任人进行确认的签字。在一些重要的活动现场,公证员还可以采取摄像等手段固定相关证据。

公证员应当认真制作现场工作记录,这是证明公证员履职的重要法律文件。现场工作记录应简明扼要地记载现场活动进展情况和公证人员所进行的履职行为。对于发生的特殊情况和处理方式,尤其应当在现场工作记录中进行详细记载,不要遗漏可能有特殊法律意义的现场细节情况和行为。原则上,鉴于国家赋予公证员的公证职权,现场工作记录上所记载的事实被推定为真实,除非有相反的证据足以推翻。故一般而言,现场工作记录由现场公证人员签字即可。但如果在现场活动中出现重大特殊情况并进行过相当处置的,最好请相关人员在现场工作记录中签字确认,避免他们事后提出对公证机构的不利抗辩,或者单独制作特殊情况的处理情况说明文件请各方签字确认。

(5)活动现场出现意外或安全隐患的处理方式。有时候,活动现场会出现一些意外情况导致活动暂时无法继续进行,例如,在摇奖活动中摇奖器具突然同时掉下两个球(正常情况下应该只能掉下一个球)。在出现意外情况时,公证员应当会同活动主办方研判问题的性质,看有关法律法规和活动规则对意外情形是否有预先处置措施,有预先处置措施的,按其要求进行处理。没有预先处置措施的,公证员可以向主办方提出合理的处置建议,由活动主办方决定是否采纳。公证员应当建议活动主办方以妥善的方式向活动参与者或社会公众做好解释说明工作,必要时也可以由公证机构或公证员直接进行解释说明。公证员应在工作记录中记载意外情况,注意留存有关证据,在主办方需要时可以由公证机构向其出具事件的正式情况说明。对于大型活动,最好应事先采取相应的安全措施,制定安全预案。公证员在现场活动进行中察觉可能会出现安全隐患的,应当及时与活动主办方商议有关解决方案,必要时可以中止或终止活动。在活动中止或终止后,公证机构应协同活动主办方做好有关善后工作。

(6)现场宣读公证词的内容和方式。根据《公证程序规则》第 44 条第 2 款的规定,现场监督类公证需要现场宣读公证词的,宣读日期为公证书的出具日期。现场公证词应根据活动的性质和特征简明扼要地描述现场活动进行情况,对发生的特殊问题也可以提及并公布处理方式,对整个活动是否遵守国家法律法规和活动规则发表结论性意见。公证员现场宣读公证词如法官宣读判决书一样,是相当严肃的法律职业行为,事关公证员职业群体形象,公证员宣读时应保持庄重性和严肃性。《公证员职业道德基本准则》(2010 年修订)规定,现场宣读公证词时,应当语言规范、吐字清晰,避免使用可能引起他人反感的语言表达方式。

五、全程公证与阶段性公证

许多现场活动可以根据一定的标准划分成诸多阶段。例如,招投标活动可以划分为资格预审、接收招标文件、开标、评标等环节。原则上,根据当事人可以自由处分实体权利的理念和公证范围由当事人决定的公证规则，[①]当事人可以选择进行全程公证或者阶段性公证。例如，有些地方招投标工作的惯例是只要求公证员参加开标阶段的监督工作，而不要求参加评标阶段的监督工作，则公证员可以只参加开标阶段的监督工作。在进行阶段性公证时，公证员应当采取相当的处置措施。这些相当处置措施为：

（1）由当事人承诺保证前阶段活动的真实性和合法性。当事人只申请后面阶段公证的，公证员应要求当事人就前阶段工作开展情况进行说明并承诺其真实和合法性，并告知公证机构不会为没有参与的前阶段工作负有真实性和合法性保证职责。

值得注意的是，如果公证员查实或有证据怀疑前阶段工作存在弄虚作假等导致其真实性和合法性无法保证的情形，公证机构应当不予公证。换言之，公证不应当为当事人之前的不法行为背书。同时，如果由于公证员没有介入前阶段工作将直接导致申请公证的现阶段工作的真实性和合法性也无法得到保证的，公证机构也应当不予公证。这种情况是因为后阶段工作与前阶段工作的实质联系较强，难以进行实质区分而导致的。

（2）由当事人承诺保证后阶段活动的真实性和合法性。当事人只申请前阶段公证的，公证员应告知其公证机构不对后阶段活动的真实性和合法性进行保证。必要时，上述告知可以记载在公证书中，提醒后阶段工作的参与者，避免误导他们。同时，公证员应要求当事人承诺后阶段工作会严格遵守法律法规和活动规则。

值得注意的是，如果公证员查实或有证据怀疑当事人可能会利用前阶段公证的事实和公证书进行后阶段的欺诈活动的，属于对公证书的严重不正当使用，公证机构应不予公证，避免公证书成为当事人谋取不当利益的工具。

---

① 我国台湾地区的学者赖来焜教授即认为："盖公证程序公证人之证明对象与范围，应受当事人意思之拘束，即就法律行为而言，公证人除证明法律行为之成立外，其他关于法律行为过程中所涉及之事项，凡具有法律上之意义者，皆得（可）成为公证之标的，因而公证对象程度与范围须限于当事人意思而定。"赖来焜：《最新公证法论》，台北，三民书局2004年版，第280页。

(3)公证员应当告知当事人不得不当使用公证书。正确使用公证书是当事人的义务,在阶段性公证中这个要求显得更为重要。公证员应当告知当事人公证只证明阶段性工作的真实性和合法性,当事人在现场活动场合应当采取适当方式向活动参与方进行披露和提示上述事实,不得误导活动参与方认为公证机构全程参与了公证。

第二节　招标投标公证

一、概述

招标投标是招标人通过事先公开采购要求,吸引众多的投标人平等参与竞争,按照规定程序并组织技术、经济和法律等方面专家对众多的投标人进行综合评审,从中择优选定中标人的一种交易方式。招标方要制定招标文件,确定详尽的采购要求,之后发出招标公告,向不确定(或邀请招标中确定的一定范围的供应商)的供应商提出采购要求形成要约邀请,潜在供应商是否愿意按照该要约邀请的条件(投标时也可能高于或低于该要约邀请的条件)作出响应完全由供应商自己决定。一旦供应商愿意参与投标,并按要约邀请规定的程序、方式向招标人提交了投标书,则构成该供应商向招标人发出要约,该供应商即需按要约规则承担相应责任,国务院《招标投标法实施条例》第35条规定:"投标人撤回已提交的投标文件,应当在投标截止时间前书面通知招标人。招标人已收取投标保证金的,应当自收到投标人书面撤回通知之日起5日内退还。投标截止后投标人撤销投标文件的,招标人可以不退还投标保证金。"招标人接受投标文件后,组织专家进行评审,从所有竞争者中择优选取中标人,招标人向中标人发出中标通知为招标人同意投标人要约内容的意思表示,标志着承诺的作出,招标人与中标人之间的合同即告成立。之后因任何一方原因未能签订正式合同,该违约方均将依法承担违约责任。

招标投标公证是公证机构通过事前审查、现场监督,确认招标投标行为的真实性、合法性的活动。采购人、招标代理机构(含政府采购的集中采购机构)、采购项目批准(管理)机关、投标人都有资格成为公证申请人。《招标投标法》第36条规定:开标时,由投标人或者其推选的代表检查投标文件的密封情况,也可以由招标人委托的公证机构检查并公证。司法部于1992年10月19日颁布的《招标投标公证程序细则》对招投标公证作了规定。

招标投标有招标、投标、开标、评标、合同签订等环节,公证机构可以根据当事人的申请进行全程公证,也可以就特定环节进行公证。

在招标环节,公证机构的职责主要有:

(1)审查招标文件。

招标文件的法律性质是要约邀请,是投标人确定其投标条件的基础,是招标人、评标委员会、公证员进行相关活动必须遵守的规定。招标文件包括招标人发出的招标书(应当包括采购项目的商务条件、采购需求、投标人的资格条件、投标报价要求、评标方法、评标标准以及拟签订的合同文本等)、招标公告以及进行澄清、修改而形成的文件。

公证员应当按照合法性、可行性、规范性标准对招标文件进行审查。主要审查招标文件是否存在限制竞争、排斥潜在投标人等内容,[①]是否规定有比较明确的评标标准和方法。公证员应提醒当事人,招标文件没有规定的评标标准和方法不得作为评标的依据。公证员可以就招标文件的制定提供咨询意见,也可以接受委托代为起草招标文件。

经审查发现招标文件存在违反法律法规和规定情形的,应当要求当事人进行更正,当事人不进行更正的,公证机构应不予公证。

(2)监督招标文件的发布。

公证员应当监督招标人发布招标文件工作。招标人采用公开招标

① 公证员应当重点掌握《招标投标法实施条例》第32条的内容。该条规定:招标人有下列行为之一的,属于以不合理条件限制、排斥潜在投标人或者投标人:(1)就同一招标项目向潜在投标人或者投标人提供有差别的项目信息;(2)设定的资格、技术、商务条件与招标项目的具体特点和实际需要不相适应或者与合同履行无关;(3)依法必须进行招标的项目以特定行政区域或者特定行业的业绩、奖项作为加分条件或者中标条件;(4)对潜在投标人或者投标人采取不同的资格审查或者评标标准;(5)限定或者指定特定的专利、商标、品牌、原产地或者供应商;(6)依法必须进行招标的项目非法限定潜在投标人或者投标人的所有制形式或者组织形式;(7)以其他不合理条件限制、排斥潜在投标人或者投标人。

方式的,应当发布招标公告,招标人应当将已发布公告的有关证据资料提交给公证机构。公证员应审查,招标文件自发出之日起至提交投标文件截止之日止,是否达到不少于20日的法定期间,如进行澄清和修改的内容可能影响招标文件编制的,招标人是否于招标截止时间至少15日前,以书面形式通知所有获取招标文件的潜在招标人。要准确理解“澄清或者修改的内容可能影响招标文件编制的”的含义,除了这些情形需要提前15日作出外,其他澄清或者修改的内容不影响招标文件的作出。①

(3)监督现场踏勘活动。招标人依据《招标投标法》第21条组织潜在投标人踏勘项目现场的,公证员可以应招标人要求进行监督,保全踏勘项目现场活动有关情况。

在开标环节,公证机构的职责主要有:

(1)监督招标人对投标人资质条件进行审查。依据招标文件要求,投标人应当在递交标书前,提交营业执照、法定代表人身份证或受托人身份证及授权委托书、招标文件规定的其他资质文件供招标人审核。公证机构应当监督招标人的审核行为,如招标文件授权公证机构对资质文件进行审核的,公证员应做好审查工作记录。投标人提供的资格文件虚假或过期的,应当按照招标文件规定的后果进行处理。例如,投标人提供的授权委托公证书为虚假的。

(2)监督投标文件的接收。

招标文件由招标人进行接收,公证员进行监督。公证员应确认接收投标文件的地点、开标地点是否与招标文件一致,不一致的应要求纠正。但按照《招标投标法实施条例》《政府采购法实施条例》的规定,对临时改变开标项目地点的工程类项目可以视为不影响投标文件的编制的情形,可以采用书面征得所有招标文件买受人同意的方式予以变通、认可。

公证员应当严格监督接收投标文件的截止时间,截止时间届至,不得再接收投标文件。截止时间也是开标时间。按照《招标投标法实施

① 值得注意的是,政府采购法特别规定招标采购单位可视采购具体情况,延长投标截止时间和开标时间,但至少应当在招标文件要求提交投标文件的截止时间3日前,将变更时间书面形式通知所有招标文件收受人,并在财政部门指定的政府采购信息发布媒体上发布更正公告。

条例》的规定，对临时改变开标时间的工程类项目可以视为不影响投标文件的编制的情形，可以采用书面征得所有招标文件买受人同意的方式予以变通、认可。但按照《政府采购法》则仍应要求在招标文件要求提交投标文件的截止时间3日前，将变更时间书面形式通知所有招标文件收受人，并在财政部门指定的政府采购信息发布媒体上发布更正公告。

对未通过资格预审的申请人提交的投标文件，以及逾期送达或者不按照招标文件要求密封的招标文件，招标人应当拒收，否则招标人及其单位直接负责的主管人员和其他直接责任人员要依法承担相关责任。应当拒收而不拒收的，公证员应当要求其改正，拒不改正的，公证员不予办理公证。

注意，投标人数量少于3人的，不得开标。

（3）开标时公证员要检查或与投标人代表一同检查投标文件密封情况。密封标准为招标文件所作的规定。根据《招标投标法实施条例》的规定，不按照招标文件要求密封的投标文件，招标人应当拒收。开标时发现密封不合格，则可能存在确定责任方的问题，因为按照规定，招标人应当如实记载投标文件的送达时间和密封情况，并存档备查。基于上述规定，公证员可在开标前及时提醒采购人或代理机构，严格掌握密封情况。

经检查发现投标文件密封不合格的，公证员应予以公示，并要求招标人（或招标代理机构）如实记录，但该投标文件仍可进入开标程序。

（4）监督唱标。唱标时，公证员应在旁监督，对于唱标人宣读的投标人名称、报价等内容，要及时在旁复核。唱标是内容公示，是接受所有投标人监督的最直接环节，对于唱标时发现的问题公证员应当及时提出并记录在工作记录中。有关问题的处理可以移交给评标委员会进行。公证机构监督开标记录的打印，并及时收存。根据《招标投标法实施条例》的规定，投标人对开标有异议的，应该在开标现场提出，招标人应当场作出答复并记录。在唱标结束之前，公证员应提醒唱标人询问投标人对开标有无意见，无意见的应记载在现场工作记录中。唱标结束后，公证员应宣读开标公证词，就开标中发现的问题进行表述，就开标活动的真实合法性进行结论性评价。

（5）保管好标书。开标后没有接着评标的，公证员应当将标书密封好，在正式开启前检查密封情况。

在评标环节，公证机构的职责主要有：

（1）对评标委员会成员的随机抽取进行监督，对专家的组成和身份进行审核。抽取应按照相关规定在专家库中抽取，对抽取的专家接受或拒绝的情况进行记录，提示参与者对专家名单进行保密。评标时，公证员应核验专家身份，同时核查专家人数是否达到法定最低要求。有关最低人数要求按照《招标投标法》和财政部《政府采购和服务招标投标管理办法》（财政部令第87号）执行。公证员发现评标委员会组成不符合规定的，应要求改正，拒不改正的，公证员应不予公证。

（2）监督采购人、代理机构如实将开标过程中发现的问题向评标委员会报告，由评标委员会作出评判或作为评标的重要依据。采购人、代理人拒不报告或者隐瞒部分实情的，公证员应要求其改正，拒不改正的，公证员可直接向评标委员会说明开标中发现的问题。

（3）监督评标秩序。公证员应会同招标人、招标人代理机构共同监督评标秩序，保证评标的公正性。有专门评标纪律的，公证员应会同招标人、招标人代理机构共同按既定的纪律执行。公证员要注意：明确评标委员会成员使用手机跟外界联系的纪律要求；确保评标委员会成员在公证员可控制范围内活动；确保评标委员会成员跟投标人不能进行接触。

（4）监督评标委员会成员发表意见。对任何成员，尤其是采购人代表、招标代理机构工作人员具有倾向性的发言、暗示都要及时制止，并告知其他成员应独立发表自己的意见。

（5）对评标委员会确认为无效标的，要审查其是否符合法律、法规、规章及招标文件的规定。审查的主要依据是《招标投标法实施条例》第30条、第40条、第51条。[①] 除需要依据评标专家专业知识作出评判的

① 第51条是确认无效标的重要依据，公证员应掌握其内容。《招标投标法实施条例》第51条规定：有下列情形之一的，评标委员会应当否决其投标：（1）投标文件未经投标单位盖章和单位负责人签字；（2）投标联合体没有提交共同投标协议；（3）投标人不符合国家或者招标文件规定的资格条件；（4）同一投标人提交两个以上不同的投标文件或者投标报价，但招标文件要求提交备选投标的除外；（5）投标报价低于成本或者高于招标文件设定的最高投标限价；（6）投标文件没有对招标文件的实质性要求和条件作出响应；（7）投标人有串通投标、弄虚作假、行贿等违法行为。

内容外,其他依据法律规定可以评判的内容,公证机构应注意履行监督职责,承办公证员应当熟练掌握法律、法规、规章中关于无效标、废标的条件,严格遵照其规定实施现场监督。评标过程中,公证员应注意听取评标委员会的意见,对于评委提出的可能造成某个投标无效的信息,应当予以重视并提议评标委员会进行审议。公证员发现确有无效标的情形而评标委员会拒绝作出无效评定的,公证员应不予公证。

(6)监督打分及统计工作并收存评标结果。该环节非常重要,公证员应进行切实监督,确保统计结果的正确性,不要轻信计算机程序。评标结果一旦形成,公证员应立即收存,不要让其离开公证员的控制范围。公证员应监督评委在评标报告上签字。

(7)监督审查采购人是否与评标委员会确定的中标人签订合同,所签订合同是否与中标人提供的投标条件一致。

二、办理招标投标公证需要注意的问题

(1)处理好公证员职权与评标委员会职权的关系。我国招标投标的法律法规体系没有对公证机构和公证员的职权进行明确规定,故公证员的职权只能依《公证法》《公证程序规则》的一般规则得出,即公证员在其中主要进行法律监督,不干涉评标委员会依法享有的职权。评标由评标委员会负责,对评标事务作出的任何评价和结论性意见都是评标委员会的事情。依据《招标投标法实施条例》第 51 条的规定,无效标的认定权属于评标委员会,公证机构并没有直接作出认定无效标的权力,[①]故公证人在其中的职责应是提供法律咨询意见和监督评标委员会执行该条规定。如出现评标委员会对应依法应当否决的投标不提出否决意见的,公证员应提示评标委员会依据《招标投标法实施条例》第 71 条的规定应承担法律责任。评标委员会对依法应否决的投标坚持不提出否决意见的,公证员应不予公证。当然,这种情形下,公证员无权代替评标

① 司法部于 1992 年 10 月 19 日颁布的《招标投标公证程序细则》第 19 条规定公证员有权验明标书是否有效,有权决定做无效标书处理。该规定与《招标投标法实施条例》第 51 条规定已经不符,应按新规定执行。

委员会去进行无效标否决。

另外，对于纯技术部分的评标活动以及最终的评标意见和结论，公证员均不得参与和发表意见。同时，公证人员也不宜担任开标主持人、唱标人等角色。

(2)程序监督和实体监督并重。虽然我国法律法规没有对公证实施法律监督的内容进行规定，但从我国招标投标公证实践的习惯做法和彰显公证制度价值来看，公证员应当既监督招标投标的程序，又监督招标投标的实体。公证员在监督招标投标的实体时，宜以法律问题为限，同时注意尊重评标委员会的职权，采取比较妥当的监督方式。公证的法律监督方式主要有提供法律意见、提出改进意见等方式，招标人、评标委员会违反国家法律法规和招标文件行事的，公证员应当采取不予公证的方式进行处理。

(3)电子招标投标的现场监督方式。电子招标极大地简化了投标手续，有效降低了招标成本。公证对互联网招投标进行监督，难点在于确保信息的真实性和安全性，避免存在接口被破坏、干扰，内容被窃取、篡改等情形。电子招标投标监督应采用公证人员能够确定可控、安全的网络系统和网络环境。

(4)对联合体投标的审查。公证员要审查联合体投标是否提交了联合投标协议，是否具备相应的资格条件，招标文件是否接受联合体投标等。《政府采购法实施条例》规定，以联合体形式参加政府采购活动的，联合体各方不得再单独参加或者与其他供应商另行组成联合体参加同一合同项下的政府采购活动。

(5)监督对投标文件澄清活动。《招标投标法实施条例》第52条规定，投标文件中有含义不明确的内容、明显文字或者计算错误，评标委员会认为需要投标人作出必要澄清、说明的，应当书面通知该投标人。投标人的澄清、说明应当采用书面形式，并不得超出招标文件的范围或者改变招标文件的实质性内容。评标委员会不得暗示或者诱导投标人作出澄清、说明，不得接受投标人主动提出的澄清、说明。公证员应当对上述活动进行监督，注意留存有关证据，把握好可以澄清问题的范围。

（6）对开标地点的准确理解。实务中，如果招标文件表述的地点不精确的，公证员应扩大理解接收招标文件的地点，招标人只要在规定的截止时间内到达招标文件公示的地点范围，即应视为按时递交。例如，招标文件表述的开标地点为某某大厦，实际接收地点为该大厦某号会议室，只要投标人在规定时间进入大厦即认为符合规定。

（7）准确理解不少于3家投标人的含义。少于3家投标人的，均不得开标。如果在评标中发现对招标文件作出实质性响应的投标人不足3家的，应分别情况处理。根据《政府采购法》的要求，无论在哪个阶段，只要发现符合实质性响应的投标人不满足3家的，都应废标。但如果招标不属于政府采购项目的，适用《招标投标法》的项目，经评标发现实质性响应的不足3家时，只要有1家合格，就可继续评审，只有评标委员会否决了所有投标，才可废标。

（8）认真贯彻竞争性，公开、公平、公正，节约支出与性价比综合考虑，诚实信用等招标投标原则。在招标投标现场出现争议问题时，又没有法律法规和招标文件规定解决办法的，公证员可以根据这些原则提出法律咨询意见和处理方案建议。例如，开标时投标文件中开标一览表（报价表）内容与招标文件中明细表内容不一致的，按照公开原则，应当以前者为准，因为前者是经过公开唱标公示过的。

（9）发挥公证的咨询功能，尽量采取措施补救有可能废标的情形。《招标投标法实施条例》第82条规定："依法必须进行招标的项目违反招标投标法和本条例的规定，对中标结果造成实质性影响，且不能采取补救措施予以纠正的，招标、投标、中标无效，应当依法重新招标或者评标。"从该法条来看，在废标之前是可以尝试采取一些补救措施的。组织招标投标需要耗费成本和精力，尽量依法依规促成招标投标，公证员可以凭借自己的法律知识和招标投标公证经验，向招标人、评标委员会提供咨询意见和法律解决方案补救。当然，做这些工作前提是解决方案必须是合法合规的，公证员也不能触碰法律底线。

第三节 拍卖公证

一、概述

根据《拍卖法》的规定,拍卖是指以公开竞价的形式,将特定物品或者财产权利转让给最高应价者的买卖方式。拍卖活动中,委托人向拍卖人提出采用拍卖方式确定买受人的意愿,双方签订委托拍卖合同。之后由拍卖人发出拍卖公告,向不确定潜在购买人提出出售要求形成要约邀请,潜在购买人是否愿意按照该要约邀请的条件(时间、地点、现场竞买价高者得等)参与竞买完全由其自己决定。潜在购买人参与拍卖并应价,该应价即成为竞买人向委托人发出的要约,基于其要约在应价的同时既到达委托人,故一经应价,不得撤回,只有出现其他竞买人有更高应价时,其应价才丧失约束力,如此反复,直至所有竞买人不再发出新的应价时,最后所出应价既成为委托人必须接受的应价(设定保留价的除外)。也就是说,竞买人所出最高应价既是该竞买人发出的要约出价,也是委托人发出同意要约条件的意思表示的承诺成交价,一经拍卖师落槌或者以其他公开表示买定的方式确认后,拍卖即成交。

拍卖公证是指根据公证机构通过事前审查、现场监督的方式,确认拍卖行为真实性、合法性的活动。拍卖活动的当事人包括委托人、拍卖人、竞买人、买受人。一般申请拍卖公证的主体是拍卖人,但如果委托人、竞买人、买受人申请公证的,也应允许。

委托拍卖合同的签订、拍卖公告的发布、拍卖标的的展示,其内容和程序较为简单、明了,对拍卖标的物的评估、瑕疵的审查又涉及专业技能,故拍卖公证主要是对拍卖现场的程序监督。

拍卖人申请拍卖公证,一般应提交下列材料:拍卖人营业执照、特种行业许可证书、拍卖师资格证书;委托人身份证明及拍卖标的的所有权证明或委托人依法可以处分拍卖标的的证明及其他资料。例如,拍卖依照法律或者国务院规定需经审批才能转让的物品或财产权利的,应提供有关部门的批件，拍卖文物的，应提供文物管理部门出具的鉴定书及许可证明；委托拍卖合同；发布的拍卖公告。拍卖人应当于拍卖日7日前通过报纸或者其他新闻媒介发布拍卖公告；竞买人名单；拍卖规则或方案。

在事前审查环节，公证机构应当对下列内容进行审查：

(1)拍卖人是否具备法律、法规规定的拍卖资质，拍卖人系根据其他拍卖公司的转委托举行拍卖活动的，转委托拍卖行为是否取得委托人的同意。

(2)拍卖标的的所有权归属。法律、法规禁止买卖的物品或者财产权利，不得作为拍卖标的。拍卖人不得在自己组织的拍卖活动中拍卖自己的物品或者财产权利。

(3)拍卖标的是否存在优先购买权人。存在优先购买权人的，应要求通知该优先购买权人到场，最高人民法院《关于人民法院民事执行中拍卖、变卖财产的规定》第16条规定："拍卖过程中，有最高应价时，优先购买权人可以表示以该最高价买受，如无更高应价，则拍归优先购买权人；如有更高应价，而优先购买权人不作表示的，则拍归该应价最高的竞买人。顺序相同的多个优先购买权人同时表示买受的，以抽签方式决定买受人。"公证机构办理拍卖公证应依此规定内容解决拍卖标的优先购买权的问题，同时，基于公开、公平原则以及保护竞买人知情权原则，公证机构还应要求拍卖人将此情况在拍卖公告中公示。

(4)拍卖标的的瑕疵问题。如拍卖标的存在瑕疵，拍卖人应当在竞买人办理竞拍手续时向竞买人说明。拍卖人、委托人在拍卖前是否声明不能保证拍卖标的的真伪或者品质，如果声明则不再承担瑕疵担保责任。

(5)拍卖人是否按照拍卖公告内容在拍卖前展示拍卖标的，拍卖标的的展示时间是否少于两日。

(6)竞买人的身份问题。最高人民法院《关于人民法院民事执行中拍卖、变卖财产的规定》规定，被执行人可以参加竞买。该被执行人通常即为拍卖标的的所有权人。

(7)拍卖规则和方案是否符合《拍卖法》和拍卖行业惯例，是否公正、合理、可行。

在现场监督环节,公证机构的主要职责是:

(1)确认拍卖活动是否在拍卖公告公示的时间、地点举行。

(2)收集竞买人名单。拍卖人应做好竞买人身份登记工作,并向公证机构提供竞买人名单,拍卖人应保证竞买人名单的真实性。竞买人领取竞投号牌参加竞拍,不在竞买人名单上的人员不得参与竞拍。

(3)督促拍卖师于拍卖前宣布拍卖规则、竞买程序和方式,注意事项以及有无保留价。

(4)监督唱价、竞买人的报价以及拍卖师的落槌等是否准确无误,是否符合规则。公证员发现唱价、报价、落槌有误的,应当向拍卖师提出,要求纠正。例如,要监督拍卖师是否遵守了落槌前"三声报价"的落槌规则。又如,竞买人的应价是否符合加价幅度的要求。允许通过互联网或电话竞拍的,公证员应对联网电脑及电话进行实时监督。

(5)有优先购买权人的,公证员应询问其是否以最高价买入,应制作文件由其签署。不管优先购买权人作出买入还是不买入的意思表示,都应当请他签署确认文件。

(6)收存"成交确认书"。拍卖成交后,买受人和拍卖人应当签署"成交确认书",公证机构应当收存一份。

(7)公证员宣读现场公证词,对拍卖活动进行描述和作出结论。

二、办理拍卖公证需要注意的问题

(1)对非拍卖企业组织的拍卖活动进行监督。本节所描述的内容是我国境内拍卖企业组织拍卖时的公证规则。如果公证申请人并非拍卖企业,申请对其组织的拍卖活动进行监督的,可以理解为一种竞争性活动的现场监督,公证机构可以进行公证。此类冠于"拍卖"的竞争性方式活动并不适用《拍卖法》。办理此类公证需要特别注意审查其活动规则,应当看其是否具备合法性、可行性、规范性。

(2)认真制作拍卖现场工作记录。现场工作记录是对现场状况的固定,在拍卖起纠纷的时候,起到证明有关事实的作用。工作记录应详尽、准确。有时,拍卖现场竞争激烈,场面较为嘈杂,拍卖细节不易掌控,建议有条件的公证机构应采取全程摄像、电话实时录音的方式留存拍卖证据。特别是在拍卖师落槌时同时有新应价发生时,确定哪个先后发生尤其重要。

(3)注意有无保留价的情况。可以是有保留价拍卖,也可以是无保留价拍卖。根据拍卖行业惯例,如果拍卖师在拍卖前没有说明本次拍卖系无保留价拍卖的,则一般都是有保留价拍卖。《拍卖法》第 50 条规定:"拍卖标的无保留价的,拍卖师应当在拍卖前予以说明。拍卖标的有保留价的,竞买人的最高价未达到保留价时,该应价不发生效力,拍卖师应当停止拍卖标的的拍卖。"最高人民法院《关于人民法院民事执行中拍卖、变卖财产的规定》中规定的拍卖必须是有保留价拍卖。

(4)有时候需要遵循拍卖行业惯例。拍卖行业已形成一些自己的行业惯例,在没有法律规定的情况下,这些行业惯例会产生法律效力。例如,"三声报价法"、不声明则属于有保留价拍卖等规则都属于拍卖行业惯例。建议公证员参与拍卖公证前熟悉一些拍卖行业惯例,为现场监督工作提供帮助。

(5)合理和慎重行使"退场权"。现场出现违背拍卖规则的情形时,应首先要求相关人员进行纠正。如违反拍卖规则的情形严重,对拍卖公正性和拍卖结果将造成实质性影响的,公证员应当不予公证。公证员在退出拍卖前,最好在现场公布退出的理由,指明发生的不符合拍卖规则的行为,但建议不要对拍卖活动有效或无效直接下定论。公证员退出拍卖后,可以应拍卖人的要求,出具正式的有关情况说明。

第四节 开 奖 公 证

一、概述

开奖公证是公证机构通过事前审查、现场监督的方式,确认面向社会发行彩票或者其他有奖活动的开奖行为真实性、合法性的活动。根据司法部于 2004 年 5 月 29 日颁布的《开奖公证细则(试行)》规定,申请至迟应当在活动举办 7 日前提出。有奖活动主办单位可以申办开奖公证,中奖人可以申办中奖公证。

目前,我国公证机构主要参与全国性或地方性的福彩和体彩的开奖公证,通过开奖公证,提高了福彩和体彩的公信力,保护了彩民的合法权益。其他有奖活动常见的有:有奖销售、有奖比赛、有奖评选、有奖募捐等。公证机构进行开奖活动,需要遵守国务院《彩票管理条例》和司法部《开奖公证细则(试行)》,一些市场主体进行的有奖促销活动则需要遵守《反不正当竞争法》的规定。

有奖活动主办单位申请办理开奖公证,一般应提供下列材料:举办有奖活动的依据和有关批准文件;有关活动规则、方案和有关公告、广告;奖金、奖品来源的说明材料。中奖人申办中奖公证,一般应提供下列材料:中奖凭证;有奖活动主办单位出具的中奖确认书。

在开奖公证事先审查环节,公证机构应当对下列内容进行审查:

(1)主办单位是否具备举办活动的资质。我国对面向社会发行彩票采取批准制。《彩票管理条例》第 7 条第 1 款明确规定:"彩票发行机构申请开设、停止福利彩票、体育彩票的具体品种(以下简称彩票品种)或者申请变更彩票品种审批事项的,应当依照本条例规定的程序报国务院财政部门批准。"对于未经财政部门批准的福利彩票和体育彩票品种,公证机构应当不予公证。

(2)有奖活动规则、方案是否合法、公平、合理。

(3)开奖器具是否符合规定标准,能否正常使用。

在开奖现场监督环节,公证机构的主要职责如下:

(1)检查器具。公证员应当对开奖器具和奖票的投放情形进行检查、监督,避免藏有"猫腻"。对提前投放奖票的,公证人员应当在投放结束后对开奖器具进行封存并予以监控,待开奖时启封。对依据数据电文作为计奖基础数据的,公证人员应当采取有效方式对相关数据电文予以保全。例如,在进行福利彩票开奖公证时,公证人员需要提前对当期的购买彩票数据进行封存,在摇奖前对摇奖机器和彩球进行检查。

(2)按照开奖规则监督开奖人员实施开奖行为,及时记录中奖结果。

(3)中奖结果产生后,公证人员对公证词中涉及的中奖号码、中奖凭证、中奖人姓名应当即时核对。中奖人的身份证件,应当复印存档。

(4)公证员现场宣读公证词。宣读公证词时应当着公证制服,注重形象,举止文明。

主办单位在开奖过程中违反向社会公布的活动规则的、弄虚作假、徇私舞弊的,阻挠公证人员依法对开奖活动实施监督的,公证机构不予办理公证。

二、办理开奖公证需要注意的问题

(1)严格审核开奖资质,对于社会受面较大的开奖活动,一般应要求取得相关许可。大型开奖活动,处理不好会造成严重的社会负面影响,故公证机构应严格审查其资质。举办大型开奖活动,应建议主办方取得相关政府部门或其主管部门批准。此外,不属于法定福利机构以开展慈善活动为名组织开奖活动的,公证机构应要求其取得法定福利机构的认可,并由法定福利机构对所得资金进行监管,否则公证机构不宜受理其公证申请。

(2)涉及有奖促销的,应依据《反不正当竞争法》的规定进行审查,重点掌握最高奖的金额不得超过5000元的规定。采用"汽车使用权""房屋使用权"等方式作为奖品的,公证员应要求主办方明确这种方式的价值,必要时可以参照当地汽车租赁和房屋租赁的价格进行其价值判断,决定是否公证。5000元限额规定只适用于有奖促销活动,不属于有奖促销的开奖活动不受该限制。

(3)加强开奖软件检测。开奖主办方自行提供开奖软件的,为了避免作弊可能,公证机构最好要求其提供相关软件检测报告或者由公证机构委托检测机构进行检测。有条件的公证机构可以自主开发开奖软件,用公证机构自有开奖软件进行开奖,可以为开奖主办方提供综合性的开奖方案和服务。许多网络抽奖采取微博、微信、手机短信、手机二维码、手机APP等形式,公证机构办理该类公证时应当确保过程切实可控,保证抽奖的真实性和随机性,公证机构不宜介入无法进行实质监督控制的网络抽奖。

(4)妥善处理开奖事故。在开奖现场,公证员发现有下列情形之一的,应当要求主办单位妥善处理;无法当场解决的,应当建议主办单位中止开奖活动:发生开奖纷争或者秩序混乱的;开奖器具出现技术故障的;中奖的彩票或者奖票需要核实真伪而未进行核实的;中奖结果待确定的;公证词中涉及的中奖人未能提供有效身份证件的。

上述情形解决后,开奖活动继续进行的,应当给予公证;主办单位拒不解决的,应当不予公证;开奖活动中止后仍然无法解决的,应当终止公证。

财政部、民政部、国家体育总局颁布的《彩票管理条例实施细则》第38条第2款规定:"因设备、设施等造成摇奖中断的,已摇出的号码有效。未摇出的剩余号码,应当尽快排除故障后继续摇出;设备、设施故障等无法排除的,应当启用备用摇奖设备、设施继续摇奖。"

(5)尽量全过程进行开奖活动监督。虽然活动主办方可以就开奖某个环节进行阶段性公证,但鉴于不全程监督将导致开奖活动的真实性难以保证,故建议公证机构对开奖活动尽量全过程进行监督,如果仅对某些阶段工作进行监督的,也应当处理好其与其他阶段的衔接关系。

(6)做好公证人员自律工作。司法部《开奖公证细则》第18条规定,公证人员不得购买或者收受本次有奖活动的彩票、奖票或者设奖物品。

第五节　其他现场监督类公证

一、概述

除了招标投标、拍卖、开奖等公证外,还有国有土地使用权挂牌出让、摇号、基金份额持有人大会、销毁监督、其他政府采购方式等现场监督类公证。

办理其他现场监督类公证,可以按照本章第一节的要求进行办理,各种疑难复杂问题的解决可以参考招标投标、拍卖、开奖等公证的办证注意事项。

公证实务中,存在许多要求比较特殊的现场监督事项公证申请,对于这些特殊的现场监督事项公证,公证机构应当详细了解公证的用途和目的、活动的方案是否合理可行、活动的受众面是否大、是否存在不当利用公证书等因素来综合决定某项特殊现场监督是否可以公证。对于这些特殊的现场监督事项公证宜秉持"要办就办好,宁愿不办,也不能办坏"[①]的公证理念,在个案中维护好公证公信力。公证员应切实在个案中承担起法律监督的职责,不能走过场流于形式。

国有土地使用权挂牌公证属于比较常见的公证类型。一般来说,挂牌出让按照下列程序进行:①发布挂牌公告。②在公告确定的挂牌起始日,出让人将宗地情况和交易条件和挂牌起始价及增价规则在土地交易场所进行挂牌公布。③符合条件的竞买人经资格审查后,填写报价单报价。④出让人确认该报价后,更新显示挂牌价格。⑤出让人继续接受新的报价。⑥截止日现场竞价。

为保证资源分配的程序公正,许多稀缺资源采取摇号分配的形式,如车牌摇号、小升初择校电脑派位、回迁房摇号分配、车位摇号分配、公租房摇号、共有产权保障房摇号分配等公证事项。公证机构应当确实保证摇号过程的真实性和公正性,避免人为操控摇号结果,要保证结果的随机性。

基金份额持有人大会是指当发生影响基金当事人的权益或其他重大事项需要商讨和解决时,按照《证券投资基金法》以及基金合同的有关规定召集、召开并由基金份额持有人进行表决的会议。根据《证券投资基金法》第86条的规定,基金份额持有人大会的形式主要分为两种:现场方式和通讯方式。大会的召集方式由召集人确定,但大会涉及更换基金管理人和基金托管人的,必须以现场开会方式召开基金份额持有人大会。实践中,一般由基金管理人(基金公司)作为公证申请人。基金份额持有人大会要通过议案的前提是"双五十"原则,一方面,参会的持有人所代表的基金份额要在50%以上,同时一般议案的同意票也要达

① 江晓亮:《有奖活动中公证员的价值和责任》,载《中国公证》2004年第10期。

到有效参会份额的50%以上,某些特别决议案甚至要求达到2/3以上的同意票方能通过。

有时候当事人会申请对即开型彩票、毒品、假烟、假冒伪劣商品等销毁过程进行公证。此类公证的目的在于证明多少物品确实已经被销毁。公安部于2001年8月23日颁布的《公安机关缴获毒品管理规定》第18条明确规定:销毁毒品时,应当邀请检察机关和公证部门派员到现场负责监销。

二、办理国有土地使用权挂牌公证需要注意的问题

(1)注意挂牌公证与招标、拍卖等方式的区别。根据国土资源部于2002年5月9日颁布的《招标拍卖挂牌出让国有土地使用权规定》,将挂牌出让作为招标、拍卖出让国有土地使用权的重要补充。挂牌是指"出让人发布挂牌公告,按公告规定的期限将拟出让宗地的交易条件在指定的土地交易场所挂牌公告,接受竞买人的报价申请并更新挂牌价格,根据挂牌期限截止时的出价结果确定土地使用者的行为。"与招标投标和拍卖不同,采用挂牌出让方式,没有竞买人数限制,只要一家出价且不低于起始出让价就可成交,且挂牌时间较长,允许多次报价。

在挂牌截止期限截止时仍有两个或两个以上(包括挂牌期限截止时的最高有效报价人)的竞买人要求竞价的,出让人应当对挂牌宗地进行现场竞价,出价最高者为竞得人。鉴于挂牌时间比较长,公证员应当根据挂牌出让的特征,与主办方协商制定相应的公证办证方案,全程介入或根据需要介入关键环节,确保挂牌出让顺利进行。

(2)做好现场竞价阶段公证。进行现场竞价前,主办方和公证人员应当核验竞买人身份。公证员应监督现场竞价活动是否按照现场竞价方案进行,挂牌主持人的唱价、竞买人的报价是否准确、清楚,对设定保留价的,应监督成交价是否达到保留价。现场竞价程序有点类似于拍卖程序,但鉴于其并非由我国拍卖企业组织,故其现场竞买主持人不需要具有拍卖师资格。对现场竞买程序的监督可以参考拍卖公证规则。

三、办理摇号公证需要注意的问题

(1)审查摇号规则或方案是否符合国家和地方政策,是否公平、可行,是否进行了必要公示。摇号一般分配的都是稀缺资源,有相关的国家和地方政策规制,办理公证时应审核摇号规则或方案是否符合国家和地方政策,必要时可以要求申请人提交有关国家或地方政策文件。例如,小升初的摇号方案是否符合国家的教育政策。公证员要审查摇号规则或方案是否公平、可行,是否使有资格参与的人机会平等,方案本身是否具有可操作性。

(2)摇号活动是否获得了有权部门批准。摇号活动面向社会大众,很多涉及公共政策,故有必要审查摇号活动是否事先获得了有关部门批准。如没有批准文件,则需进一步审查主办方是否自己有权举办摇号活动。

(3)摇号软件检测和明确无效结果的情形。鉴于参与人数比较多,摇号一般采取软件摇号的方式进行,实际中许多纠纷也多由对软件的公平性进行质疑而产生,有时则是因软件故障(bug)引起的社会对摇号活动公平性的质疑。根据司法部要求,不得使用公证申请人提供的摇号软件。同时,建议主办方在摇号规则中明确摇号结果无效并可以重新开始摇号的情形(主要是防止一些出乎意料的软件 bug)。在摇号开始前,主办方最好能够在公证人员参与下组织一次软件试运行。

(4)注意刻盘保存参与人数据和最终中签人数据。前者是避免遗漏有资格的人参与的机会,在其提出抗辩时可以调阅数据证明其确实在其中。后者则是固定中签人信息,避免发生调包等舞弊行为。

(5)严格遵守回避规则。鉴于摇号活动需要高度公正性,故公证人员与摇号有利害关系的,应当自行回避。例如,在小升初的择校派位中,如果公证人员的小孩也在参与人数据中的,该公证人员应当自行回避。

四、办理基金份额持有人大会公证需要注意的问题

(1)合理确定公证监督范围。关于基金份额持有人大会中公证机

构的审查范围和界限,《证券投资基金法》并没有规定,根据多数基金合同版本的规定,在现场开会的情况下,仅要求"对计票过程予以公证",而对于以通讯方式开会的情况,除同样要求对计票过程进行监督外,往往还要求"会议召集人在基金托管人和公证机关的监督下按照大会通知规定的方式收取基金份额持有人的书面表决意见"。公证员宜根据基金合同和与基金管理人的协商结果来合理确定公证监督范围,将基金合同的有关规定作为公证的依据,同时为了保证大会投票结果的真实性和有效性,公证机构也可适当超越基金合同的限定范围扩大公证监督的内容和范围。

(2)关于授权投票的审查。鉴于许多基金份额持有人到场参加会议的意愿并不强,为了满足50%比例的参会要求,许多时候采取委托投票的方式。由于授权行为的有效与否是表决票是否可被收取并统计的前提,故公证机构须对授权形式的有效性进行审查判断。一般来说,基金份额持有人可以采取纸面的形式进行授权,如果采取短信授权、电话授权、网络授权等非纸面形式,基金合同里面最好有相应的规定。为保证授权的真实性,公证员应提醒基金管理人在发布会议公告时,告知授权人和受托人有义务保证授权行为的真实性,否则需要承担法律责任。

(3)基金份额持有人的判定问题。许多基金份额持有人在基金公司的持有人名册上登记为"××集团有限公司企业年金计划——××银行""××证券公司资产管理计划"或"××信托——稳健投资组合"等名称较为复杂且主体比较模糊的基金份额持有人。公证机构应当认真分析判定其背后的主体身份资格,确定适宜的表决人。一般来说,主要是由资产管理公司进行投票,如果其背后的直接权利人要求投票的,也应当允许。

五、办理销毁监督公证需要注意的问题

(1)审查销毁活动是否获得批准,销毁方案是否可行。销毁活动一般需要获得有关部门批准,公证员应注意收集批准文件,审核本次销毁是否在文件核准范围内。公证员应审查销毁方案是否具备可行性,是否采用了通常的销毁方式,销毁现场秩序是否可控,销毁是否会对环境产

生污染。如果销毁的场地和方式不妥当的,可以建议主办方采取其他比较妥当的方式。

(2)做好销毁数量的复核工作,目睹销毁过程。公证员应当采取可行的方式对销毁物品的品名和数量进行复核,在销毁物品前应做好固定和保管措施,公证员应目睹销毁过程,确保列入销毁清单的物品都进行了无保留销毁。

第十四章　赋予强制执行效力债权文书公证

第一节　概　　述

一、基本定义

《公证法》第37条规定，对经公证的以给付为内容并载明债务人愿意接受强制执行承诺的债权文书，债务人不履行或者履行不适当的，债权人可以依法向有管辖权的人民法院申请执行。2012年，全国法院系统受理的公证债权文书执行案件是2万件，占全国执行案件的0.76%，2014年已经超过2.8万件，占全国执行案件的0.83%。[①] 强制执行效力是公证的基础效力之一，赋予强制执行效力债权文书可以略过诉讼程序而直接进入执行程序，有利于减少讼累、降低成本和提高执行效率，保障债权人利益。与证据效力不同，强制执行效力需要当事人之间进行特别约定才产生，债权文书中缺乏当事人愿意接受强制执行承诺的意思则不产生强制执行效力。要正确理解强制执行效力，需要厘清下列三个基本问题：

(1)执行名义是赋予强制执行效力的债权文书(公证文书)。根据《公证法》和《民事诉讼法》的规定，赋予强制执行效力的债权文书(公证文书)与民事判决书、调解书、仲裁裁决等都是执行名义。虽然最高人民法院和司法部于2000年颁布的强执联合通知确定了公证机构签发执行证书的制度，但执行证书并不是执行名义。

(2)诉权的丧失和恢复问题。强制执行效力的取得，乃是基于当事

---

① 最高人民法院执行局副局长赵晋山：《公证债权文书理应作为执行依据》，载“北京市长安公证处”微信公众号，2015年10月13日。

人放弃诉权。根据权利可以放弃的法理，当事人可以放弃诉权。鉴于放弃诉权对当事人权益产生重要影响，故公证时应当特别记载当事人愿意接受强制执行的意思。另外，诉权的放弃既是债务人诉权的放弃，也是债权人诉权的放弃，债权人和债务人均不得再向人民法院提起诉讼。2008 年 12 月 8 日，最高人民法院《关于当事人对具有强制执行效力的公证债权文书的内容有争议提起诉讼人民法院是否受理问题的批复》，明确了公证债权文书的不可诉性。[①] 当事人诉权的丧失乃是基于当事人的自由意愿。但因公证债权文书存在错误而被裁定不予执行时，当事人的诉权自动恢复，因为当事人失去的只是这一种相对便捷、安全的债权保护方式而不是彻底丧失诉权。在公证实务中，存在两种诉权恢复的情形，一种情形是人民法院裁定公证债权文书确有错误；另一种情形是因公证债权文书存在错误，公证机构不予出具执行证书。后面的情形发生时，当事人诉权也应自动恢复，但实践中有些法院立案庭认为只有法院裁定不予执行，当事人的诉讼才能恢复。这种观点不利于当事人权利保护，应予纠正。云南省高级人民法院与云南省司法厅 2009 年的关于强执公证的联合发文明确规定了上述两种情形均可自动恢复当事人诉权。

(3)公证机构签发执行证书的程序本身是非讼程序，公证机构在其中行使非讼职权。签发执行证书是最高人民法院、司法部《关于公证机关赋予强制执行效力的债权文书执行有关问题的联合通知》(以下简称《强执联合通知》)所确定的特别程序，可以理解为最高人民法院对公证机关进行了非讼裁判权的授予。签发执行证书中，公证机构应该采取实质审查标准还是形式审查标准，理论和实务中均存在较大争议。这种争议也反映出需要加强司法解释工作，进一步明确公证机构行使的职权与人民法院职权的区别和相互衔接问题。目前，对执行证书的存废存在较

① 最高人民法院的该司法解释事实上改变了其曾经公布过的一个指导案例的主张，在"青海省西宁市花园南街房管所等与中国工商银行青海省分行营业部等借款担保合同纠纷上诉案"(2001)民二终字第 172 号判决中认为："当事人可以不经过诉讼，持公证书直接申请人民法院对不履行债权文书的当事人强制执行。对于当事人而言，是依公证书强制执行还是再行起诉，是债权人权利，法律并不禁止当事人行使诉讼权利"。

大争议，但从扩展公证职责来说，保留执行证书制度可以加强公证文书的效用和公证制度的价值，能够在债务核实环节即由公证机构事先解决有关纠纷。

二、基本法律适用

公证债权文书作为执行名义，需要配套的法律制度进行支撑，这些制度涉及公证程序与非讼程序（出具执行证书程序）、执行程序的衔接，涉及公证人职权与法官职权的分配和协作等问题。

（1）相关法律规定。

《公证法》第37条规定：对经公证的以给付为内容并载明债务人愿意接受强制执行承诺的债权文书，债务人不履行或者履行不适当的，债权人可以依法向有管辖权的人民法院申请执行。前款规定的债权文书确有错误的，人民法院裁定不予执行，并将裁定书送达双方当事人和公证机构。

《民事诉讼法》第238条规定：对公证机关依法赋予强制执行效力的债权文书，一方当事人不履行的，对方当事人可以向有管辖权的人民法院申请执行，受申请的人民法院应当执行。公证债权文书确有错误的，人民法院裁定不予执行，并将裁定书送达双方当事人和公证机关。

（2）相关司法解释、批复。

1998年7月8日，最高人民法院《关于人民法院执行工作若干问题的规定（试行）》，将公证机关依法赋予强制执行效力的关于追偿债款、物品的债权文书作为执行机构负责执行的生效法律文书之一；明确公证机关依法赋予强制执行效力的公证债权文书的执行管辖法院为被执行人住所地或被执行的财产所在地人民法院。

2000年9月21日，最高人民法院和司法部颁布《强执联合通知》，对赋予强制执行效力的债权文书应当具备的条件、债权文书的范围、执行证书规定、签发执行证书应注意审查的内容、执行程序等作了较为详细的规定。

2002年8月29日，全国人大常委会第29次会议通过了关于《刑法》第313条“拒不执行人民法院判决裁定罪”的立法解释，其中也包括人民法院依法对公证债权文书所作的裁定。

2008年12月8日,最高人民法院《关于当事人对具有强制执行效力的公证债权文书的内容有争议提起诉讼人民法院是否受理问题的批复》,首次明确了公证债权文书的不可诉性,除非人民法院裁定不予执行。这也厘清了公证债权文书争议救济途径与对其他公证书的内容争议救济途径(适用《公证法》第39条复查、第40条提起民事诉讼)的区别。

2014年5月16日,最高人民法院《关于审理涉及公证活动相关民事案件的若干规定》第3条重申和强调了公证债权文书的不可诉性。

2014年9月18日,最高人民法院在答复山东省高院的批复[(2014)执他字第36号]中指出,现行法律、司法解释并未对公证债权文书中所附担保协议的强制执行作出限制性规定,公证机构可以对附有担保协议债权文书的真实性与合法性予以证明,并赋予强制执行效力。

2015年1月30日,最高人民法院《关于适用〈中华人民共和国民事诉讼法〉的解释》第393条将具有强制执行效力的公证债权文书作为法律文书的范围;第480条对“公证债权文书确有错误”的内容进行了界定。

2015年5月5日,最高人民法院《关于人民法院办理执行异议和复议案件若干问题的规定》第22条再次明确担保合同可以办理强制执行公证。

2015年12月28日,最高人民法院《关于海事法院受理案件范围的规定》,将申请执行“与海事纠纷有关的公证债权文书案件”作为海事法院特别程序中的受案范围。

2017年7月14日,最高人民法院、司法部、银监会《关于充分发挥公证书的强制执行效力服务银行金融债权风险防控的通知》,确定了可以赋予强制执行效力的金融债权文书的范围、[1]公证程序和出具执行证

---

[1] 根据该通知,公证机构可以对银行业金融机构运营中所签署的符合《公证法》第37条规定的以下债权文书赋予强制执行效力:(1)各类融资合同,包括各类授信合同,借款合同、委托贷款合同、信托贷款合同等各类贷款合同,票据承兑协议等各类票据融资合同,融资租赁合同,保理合同,开立信用证合同,信用卡融资合同(包括信用卡合约及各类分期付款合同)等;(2)债务重组合同、还款合同、还款承诺等;(3)各类担保合同、保函;(4)符合本通知第2条规定的其他债权文书。

书程序等内容。根据该通知的规定,根据公证机构的要求通过修改合同、签订补充协议或者由当事人签署承诺书等方式将债务人、担保人愿意接受强制执行的承诺、出具执行证书前的核实方式、公证费和实现债权的其他费用的承担等内容载入公证的债权文书中。

(3)司法部和中国公证协会有关办证规则和指导意见。

2006年5月18日,司法部《公证程序规则》第39条规定了具有强制执行效力的债权文书公证应当符合的条件,第55条规定了公证机构依照规定出具执行证书及执行证书应当载明申请人、被申请执行人、申请执行标的和申请执行的期限等内容。

2008年4月23日,中国公证协会《办理具有强制执行效力债权文书公证及出具执行证书的指导意见》,对共同申请、强制执行条款规范、重点审查事项、债务核实方式、重点告知的内容,以及申请出具执行证书应当提交的材料、重点审查的内容、不予出具执行证书的情形,以及办理强制执行公证及出具执行证书应当注意的问题等进行了较为详细的规定。

2006年8月14日,司法部《关于经公证的具有强制执行效力的合同的债权依法转让后,受让人能否持原公证书向公证机构申请出具执行证书问题的批复》,明确了合同债权依法转让后,受让人可以向公证机构申请出具执行证书。

(4)有关倡导强执公证的司法政策。

2002年9月5日,最高人民法院《关于审理涉及人民调解协议的民事案件的若干规定》第10条规定:具有债权内容的调解协议,公证机关依法赋予强制执行效力的,债权人可以向被执行人住所地或者被执行人财产所在地人民法院申请执行。

2016年6月29日,最高人民法院《关于进一步深化多元化纠纷解决机制改革的意见》,要求支持公证机构对当事人达成的债权债务合同以及具有给付内容的和解协议、调解协议办理债权文书公证,依法执行公证债权文书。

(5)最高人民法院有关指导案例确定的相关规则。

最高人民法院通过颁布指导案例和一些判决确定了以下相关规则:

①一方当事人申请执行,另一方当事人提出无效事由作为抗辩,仍然由法院执行机构对该事由作出审查,当事人提起确认无效之诉,亦不属于受理范围。最高人民法院在(2014)民一终字第220号裁定书中指出:“公证债权文书确有错误,人民法院裁定不予执行的,当事人才可就争议内容向人民法院提起民事诉讼。在公证债权文书没有被人民法院裁定不予执行的情况下,其具有法律强制力,当事人不可以提起民事诉讼。”并认为该案争议并非民事诉讼审理程序所要解决的问题,进而作出维持原审、驳回起诉的裁定。

②当事人就部分债权又约定可以通过诉讼解决纠纷,可以就该部分债权提起诉讼。最高人民法院在(2014)民二终字第199号判决中认为,李某诉辽宁某房屋开发有限公司金融不良债权追偿纠纷中,涉案的《欠息通知书》对于部分债务约定了诉讼等纠纷解决方式,变更了原来的约定,开发公司收到前述通知书之后并未提出异议,而是签章确认,应视为双方就欠息部分归还的方式达成了新的合意。最高人民法院认为,法院可以就该部分债权债务进行受理。

③在申请复议人(被执行人)重庆××房地产开发有限公司与申请执行人重庆××资产管理有限公司、被执行人重庆××房地产发展有限公司执行纠纷一案中,最高人民法院认为:法院在执行程序中,因被执行人提出不予执行抗辩的,应对公证债权文书的内容是否确有错误进行审查,该审查应当包括公证债权文书的程序和实体问题。除非涉及明显违背当事人真实意愿以及损害社会公共利益或第三人利益的问题,执行程序中应将实体审查的对象限定于被赋予强制执行效力的债权文书本身,而不涉及此前的基础法律关系[最高法(2011)执复字第2号执行裁定书]。

④违约金数额是否过高不能构成不予执行公证债权文书的理由。最高人民法院认为:第一,利息和违约金过高不构成公证债权文书整体不予执行的理由,对于本金及未超出法律规定范围的利息及违约金部分仍应予以执行。第二,如果因公证文书部分内容具有不予执行情形而整体不予执行,对债权人而言显失公平,也不利于维护公证文书效力的稳定性。因此,在公证文书所涉给付内容能够区分执行的情况下,如部分

内容具有不予执行情形,则应当仅对该部分不予执行,而对其余部分准许执行。[参见(2011)执监字第180号北京××信用担保有限公司与无锡××肿瘤医院有限公司等公证债权文书执行异议申诉案执行裁定书;(2014)执复字第16号许××与内蒙古××房地产开发有限公司其他执行申请复议案执行裁定书;(2015)执申字第12号金××与江苏××建设有限公司执行异议申诉案执行裁定书]

三、公证债权文书强执工作流程

公证债权文书强执工作主要涉及三个阶段:签约阶段(合同公证)、履约阶段(核实债务并出具执行证书)、强制执行阶段。这三个阶段是相互联系的,只有做好前阶段的工作,才可能为后阶段工作的顺利进行铺垫良好的基础,前阶段的工作标准要以后阶段的要求作为指导方向,从而实现各个阶段工作的有效衔接。

签约阶段的工作主要有:(1)合同记载接受强制执行的承诺。(2)签署补充协议约定强制执行一些特殊事宜。(3)询问笔录记载当事人的接受强制执行的承诺。(4)出具特定格式的赋强公证书。

履约阶段的工作主要有:(1)债权人提出出具执行证书申请。(2)公证机构核实债权债务履行情况。(3)出具执行证书。

强制执行阶段的主要工作有:(1)债权人向法院提出执行申请。(2)债务人提出异议,人民法院进行审查,作出驳回裁决。(3)债务人提出执行复议,上一级法院作出裁决。(4)依法强制执行。

第二节　办理赋予强制执行效力公证

一、赋予强制执行效力公证的范围和条件

根据《强执联合通知》第2条的规定,公证机构赋予强制执行效力的债权文书的范围为:(1)借款合同、借用合同、无财产担保的租赁合同。(2)赊欠货物的债权文书。(3)各种借据、欠单。(4)还款(物)协

议。(5)以给付赡养费、抚养费、抚育费、学费、赔(补)偿金为内容的协议。(6)符合赋予强制执行效力条件的其他债权文书。

根据《强执联合通知》第1条和有关司法解释的规定,公证机构赋予强制执行效力的债权文书需要满足以下条件:(1)债权文书具有给付货币、物品、有价证券的内容。(2)债权债务关系明确,债权人和债务人/担保人对债权文书有关给付内容无疑义。(3)债权文书中载明债务人/担保人不履行义务或不完全履行义务时,债务人/担保人愿意接受依法强制执行的承诺。

2015年最高人民法院《关于人民法院办理执行异议和复议案件若干问题的规定》明确担保债务可以赋予强制执行效力。第22条规定:"公证债权文书对主债务和担保债务同时赋予强制执行效力的,人民法院应予执行;仅对主债务赋予强制执行效力未涉及担保债务的,对担保债务的执行申请不予受理;仅对担保债务赋予强制执行效力未涉及主债务的,对主债务的执行申请不予受理。人民法院受理担保债务的执行申请后,被执行人仅以担保合同不属于赋予强制执行效力的公证债权文书范围为由申请不予执行的,不予支持。"对担保债务赋予强制执行效力,担保人应当向公证机构提出申请。

二、办理赋予强制执行效力公证需要注意的问题

(1)准确判断公证事项是否属于可以赋强的债权文书范围。我国对可以赋予强制执行效力的债权文书范围采取限制主义立法,公证机构应当按照《强执联合通知》第2条的规定确定债权文书范围,原则上超越《强执联合通知》第1条范围的债权文书不得赋予强制执行效力。但第1条的兜底性规定又给债权文书的范围提供了较宽阔的认定空间。被司法实践认可的其他债权文书一般有:①物权担保合同、反担保合同、独立性担保、票据保证。②金融机构向债务人承诺在一起一定期限和一定限额内给予债务人以贷款、透支、贴现、承兑、保理、担保等一种或数种方式融资而签订的授信合同。③承兑协议、开立信用证协议、开立信用卡协议、委托担保协议、保理协议、融资租赁协议;"股权收益权转让及回购合同""特定资产收益权转让及回购合同"等各类收益权融资合同

以及其项下的“支付协议”“担保协议”等。

商业领域许多新合同和新型法律关系是否属于可以赋强的债权文书范围，需要公证机构对这些商事法律行为的性质进行准确分析，必要时可以事先征求当地人民法院的态度，总之要鼓励商业创新但又要保持必要理性，控制好有关法律和商业风险。

《强执联合通知》第2条将租赁合同可以赋予强制执行公证的范围限定在“无财产担保的租赁合同”，反过来说，有财产担保的租赁合同不能赋予强制执行效力。但从最新的人民法院司法解释来看，担保合同可以赋予强制执行效力，故对有财产担保的租赁合同赋予强制执行效力应已无障碍。

在房屋租赁合同中，是否可以对房屋返还（腾退）赋予强制执行效力，目前尚存在较大争议。对于房屋返还（腾退）是否属于“给付物品”范畴尚没有定论。在实践中，对房屋返回（腾退）赋予强制执行效力，最好应征求当地法院的态度，不宜冒失进行处理。

（2）准确理解单务合同和双务合同。有观点认为只有纯粹的单务合同才能赋予强制执行效力。这种观点是片面的。最高人民法院的倾向性意见认为，“在司法实践中，由于债的履行期限不确定，以及法律规定的延迟履行期间的债务利息等问题，债的数额被确定并且固定不定的情况几乎不存在。在此情况下，应当以双方对债权债务关系的计算标准是否明确，作为审查债权债务关系的给付是否明确的标准，而不是简单机械地理解为债的数额明确，就是债的数额固定不变”，[①]所以，强制执行公证的范围“不仅包括单务合同，也包括部分双务合同”。[②] 公证机构不应以是否是单务合同还是双务合同作为是否可以赋予强制执行效力的区分标准，而应该是准确判断该合同是否符合《强执联合通知》第2条所规定的受理条件。从《强执联合通知》第2条难以得出只有单务合

① 刘哲：《论在执行程序中对公证债权文书的审查》，载唐宝奇主编：《裁判方法论》，人民法院出版社2006年版，第621~622页。

② 蒋惠岭：《〈关于公证机关赋予强制执行效力的债权文书执行有关问题的联合通知〉的理解与适用》，载最高人民法院执行室办公室编：《强制执行指导与参考》（2003年第1辑），法律出版社2003年版。

同才可以赋予强制执行效力的结论。

(3)准确理解"债权债务关系明确"的含义。《强执联合通知》所说的"债权债务关系明确"是指债权债务关系业已确定或者虽未确定但提供了明确的债权债务确定的方法。例如,在借贷合同中,虽然签署合同时没有确定利息总额,但确定了利息的计算方法,则视为债权债务关系明确。实务中,公证机构应当要求当事人确定债权债务关系的具体数额或指导当事人设定确定债权债务关系的方法。例如,金融授信合同虽然在设立的时候债务本金和利息都不确定,但合同规定了确定本金和利息的方法,则视为债权债务关系明确,可以赋予强制执行效力。

约定"律师费""实现债权的费用""违约金"由债务人承担的,当事人应当在合同中明确其具体金额或者计算方法、标准,没有作上述明确化要求的,属于给付内容不明确、不具体,既不能对其赋予强制执行效力,在实践中也得不到人民法院的执行。

(4)履行告知义务。公证机构应当告知债权人、债务人和担保人,赋予强制执行效力公证将导致诉权丧失的法律后果,提醒当事人谨慎行事。诉权的丧失对当事人权益具有重要影响,进行告知是有必要的,如果公证机构疏于告知,有可能构成最高人民法院司法解释所说的"确有错误"的情形(严重违反公证程序)。

(5)处理好一般责任保证中的先诉抗辩权。根据最高人民法院的司法解释,担保合同可以单独赋予强制执行效力。在只对一般责任保证赋予强制执行效力情形中,如果主债务没有赋予强制执行效力,而先对一般责任保证人进行强制执行与保证人所享有的"先诉抗辩权"①是冲突的。公证员应指导当事人由一般保证责任转为成为连带保证责任,或者在一般保证合同中,一般保证人声明放弃"先诉抗辩权"。如果保证人既要坚持一般保证形式,又不声明放弃"先诉抗辩权"的,应告知债权人今后可能存在的执行障碍。

(6)当事人委托他人签署合同的,授权委托书中是否需要有明确可

① 《担保法》第17条第2款规定:"一般保证的保证人在主合同纠纷未经审判或者仲裁,并就债务人财产依法强制执行仍不能履行债务前,对债权人可以拒绝承担保证责任。"

以赋予强制执行效力的内容。根据中国公证协会《办理具有强制执行效力债权文书公证及出具执行证书的指导意见》第7条的规定来看,承认受托人有默示授权,即只要有授权代理签订合同的内容就视为可以对合同赋予强制执行效力。[①] 指导意见作这样的规定有其合理性,但公证员还是应该尽量指导当事人在委托书中授权增设愿意接受强制承诺的内容。

(7)债务分期履行的处理。债务分期履行的,公证员宜指导当事人约定一次或若干期债务违约的,其后各期债务视为到期,当事人可以就后续全部未清偿债务申请强制执行。

(8)强执条款与其他争议解决条款并存时的处理方法。原则上,当事人在约定强制执行效力后,有关的争议解决条款应当删除,避免冲突。但鉴于存在诉权恢复之可能,故允许争议解决条款继续存在也有一定价值,在强执条款与其他争议解决条款并存时,公证机构应当在合同中增加强执条款效力优先的内容。

鉴于公证机构不予出具执行证书后,有些法院并不恢复当事人诉权进行立案,故可以建议当事人在合同中约定"公证机构不予出具执行证书后,双方当事人诉权自行恢复,双方均可以向人民法院起诉"的内容。

(9)不得约定执行法院。债权人应当向债务人(担保人)住所地或者被执行的财产所在地人民法院申请执行。当事人不得在合同中预先约定执行法院,该约定无效。因为依据法律规定当事人只能约定诉讼管辖法院,无权约定执行法院,两者不能混淆。

(10)债务核实方式约定制度。《强执联合通知》确定了公证机构在签发执行证书时的债务核实义务。公证机构在进行债务核实时,债务人往往不愿意配合,故在合同中预先约定核实方式具有重要意义。中国公证协会《办理具有强制执行效力债权文书公证及出具执行证书的指导意见》第9条规定了约定核实制度,该制度在实践中已经逐渐被人民法

① 该意见第7条规定:"债务人(包括担保人)的委托代理人代理申办公证时,在债权文书中增设愿意接受强制执行承诺条款的,其授权委托书中应当包括授权增设愿意接受强制执行承诺的内容,或者包括授权申办具有强制执行效力债权文书公证的内容,或者包括授权代理签订合同的内容。"

院所认可。可以约定的核实方式主要有信函、电话、传真、邮件、手机短信、微信等方式。实务中,公证机构可以选择约定一种或几种核实方式,并注意事先请当事人签署有关法律文件。在法律文件中明确当事人申报的核实方式的信息真实性、信息发生变化时通知公证机构的义务、回复公证机构核实的期限、申报信息虚假或拒绝回复的法律后果,明确约定如果债务人未在约定的期限内回复,可以视为同意公证机构出具执行证书等内容。

实务中,公证机构在签发执行证书时,对民间借贷的本金和利息偿还情形存在核实难的问题,为了解决核实难问题,有些公证机构采取当事人用约定专用账户进行资金来往的方式,这种方式简单易操作,值得提倡。

(11)强制执行范围的约定。基于诉权不可剥夺理论,公证机构赋予强制执行效力是建立在当事人放弃诉权基础之上的,故可以依据当事人的意思确定接受强制执行的范围,换言之,可以约定部分债权接受强制执行。公证机构根据当事人的请求,对债权文书所具有公证强制执行效力的范围和期间作出约定,超出约定范围和期间的债权不具有公证强制执行效力,当事人对其所发生的纠纷可以通过仲裁或诉讼程序解决。例如,可以约定赋予主债权强制执行效力,利息纠纷通过诉讼或仲裁解决,因为有些外资银行采用浮动利率,利率计算复杂且容易生纠纷。

(12)合同标的、价款、履行期限等合同主要内容可能发生变更的预先处理方法。对于合同标的、价款、履行期限等合同主要内容发生变更而未重新申办赋予强制执行效力公证的,公证机构是否可以签发执行证书目前存在较大争议。例如,履行期限的变更,展期协议是否需要重新申办赋予强制执行效力公证,则不无疑问。为了避免此类情况的出现,建议公证机构作如下妥善事先安排:公证机构明确告知当事人如果合同标的、价款、履行期限等合同主要内容发生变更而没有重新申办赋予强制执行效力公证的,公证机构到时将拒绝出具执行证书;或者指导当事人在合同中约定合同发生变更而未重新申办强制执行公证的,原合同有关接受公证强制执行的约定自动失效或仍然有效。

(13)债权或债务转让的预先处理方法。根据司法部的有关规定,合同权利义务转让后，新的债权受让人可以申请公证机构出具执行证书。也就是说，强制执行效力附随合同权利义务转让一并移转。在实践中，有些平台化的民间借贷债权被分割成若干份进行转让，强执效力一并转移，在签发执行证书时已经导致公证机构面临较为严重的社会问题。为避免这种情况出现，公证机构可以要求当事人在合同中明确，合同债权转让或债务转让而未重新申办强制执行公证的，原合同有关接受强制执行的约定自动失效。[①]

（14）超过诉讼时效的债权签订还款协议或者展期协议是否可以赋予强制执行效力。超过诉讼时效的债权，在对方当事人没有提出诉讼时效抗辩时，仍可以获得法庭判决的支持，故公证机构同理也可以赋予其还款协议或者展期协议强制执行效力。公证机构是否有依据《公证法》规定的告知义务，向债务人告知诉讼时效过期的事实及其法律意义？根据最高人民法院《关于民事诉讼时效的司法解释》的规定，当事人未提出诉讼时效抗辩，人民法院不应对诉讼时效问题进行释明及主动适用诉讼时效的规定进行裁判。因为“在义务人不行使诉讼时效抗辩权的情形下，法院如果主动释明，无异于提醒和帮助义务人逃债，有违诚实信用的基本原则，不利于我国社会诚信体系的建立，也有违法院居中裁判的中立地位。”[②]公证机构具有公正、中立的角色，故公证机构也不宜主动告知当事人其债权已经超过诉讼时效。

（15）事先告知申请执行证书的期限问题。我国民事诉讼法规定，申请执行的期间为2年。在债务届至之日起2年内，债权人应当向公证机构申请签发执行证书，以避免权利超过时效，公证机构应该进行相应告知。在新民事诉讼法出台前，我国公证机构的做法是“争分夺秒”地争取在2年期限内出具执行证书，避免超过申请执行时效。但修改后的民事诉讼法规定，申请执行时效的中止、中断，适用法律有关诉讼时效中止、中断的规定，由此可以得出结论：债权人向公证机构提出签发执行证

---

① 也可以明确强制执行效力约定继续有效。本做法在实践中尚存在一定争议，公证机构在采用本方式时，宜先征求当地人民法院的意见，争取获得法官的认同。

② 最高人民法院民事审判第二庭编著：《〈最高人民法院关于民事诉讼时效的司法解释〉理解与适用》，人民法院出版社2008年版，第72页。

书时,即发生申请执行时效中断的效果。[①] 故从新的民事诉讼法规定来看,债权人在债务届至之日起 2 年内提出签发执行证书申请,但公证机构因需要核实债务导致执行证书超过债务届至之日 2 年后出具的,债权人的申请执行时效并未超期,因为申请执行证书已经中断了原来进行的申请执行时效。

(16)准确表述强执条款。当事人接受强制执行的条款是合同的重要组成部分,是债权文书具有强制执行效力的基础。

关于对主债务赋予强制执行效力,其强执条款可以表述为:“本合同双方同意向××公证处申请对本合同办理强制执行公证,当借款人不履行或不完全履行本合同项下的按期还本付息及其他款项支付义务的,贷款人有权向××公证处申请执行证书并凭本合同的公证书和执行证书向有管辖权的人民法院对借款人申请强制执行。借款人承诺放弃申请诉讼解决的权利并自愿接受强制执行”。

关于对担保合同赋予强制执行,其强制条款可以表述为(以抵押合同为例):“抵押人、抵押权人同意向××公证处申请对本合同办理强制执行公证。主合同债务人不履行或不完全履行本合同项下的义务,或出现本合同及主合同约定其他抵押权人可以行使抵押权的情形,抵押权人有权向××公证处申请执行证书并凭本合同的公证书和执行证书向有管辖权的人民法院对借款人申请强制执行。抵押人承诺放弃申请诉讼解决的权利并自愿接受强制执行”。

(17)“先兆违约”“交叉违约”“根本性违约”条款的预先处理。在发生“先兆违约”“交叉违约”“根本性违约”等情形下,公证机构可以出具执行证书。但公证机构应当指导当事人设计比较明确和具有可操作性的上述条款,便于日后公证机构签发执行证书。

(18)应将公证书送达给债务人(担保人)。许多债务人(担保人)提出自己并未收到公证书,以此为由要求人民法院不予执行。基于此,公

① 值得注意的是,对于向公证机构申请执行证书是否等同于向法院申请强制执行从而产生申请执行期限中断的效果,存在分歧。但公证机构接受债权人申请后向债务人发送核实函(邮件)等行为,可以视为债权人向债务人提出权利主张,从而产生中断申请执行期限的效果。

证机构应当按照我国《公证法》和《公证程序规则》规定的方式向债务人(担保人)送达公证书并留存相关凭据。

第三节　签发执行证书

一、概述

《强执联合通知》第4条规定,债务人不履行或不完全履行公证机关赋予强制执行效力的债权文书的,债权人可以向原公证机关申请执行证书。

《强执联合通知》第5条规定,公证机关签发执行证书应当注意审查以下内容:(1)不履行或不完全履行的事实确实发生。(2)债权人履行合同义务的事实和证据,债务人依照债权文书已经部分履行的事实。(3)债务人对债权文书规定的履行义务有无疑义。

根据中国公证协会《办理具有强制执行效力债权文书公证及出具执行证书的指导意见》第13条的规定,公证机构在出具执行证书前,对债务人(包括担保人)不履行或者不适当履行债务的事实进行核实时,当事人对核实方式有约定的,应当按照当事人约定的方式核实;当事人没有约定的,可以自行决定核实方式。公证机构按照当事人约定的方式进行核实时,无法与债务人(包括担保人)取得联系,或者债务人(包括担保人)未按约定方式回复,或者债务人(包括担保人)回复时提出异议但未能提出充分证明材料,不影响公证机构按照法定程序出具执行证书。

公证机关签发执行证书应当注明被执行人、执行标的和申请执行的期限。债务人已经履行的部分,在执行证书中予以扣除。因债务人不履行或不完全履行而发生的违约金、利息、滞纳金等,可以列入执行标的。

根据中国公证协会《办理具有强制执行效力债权文书公证及出具执行证书的指导意见》第14条的规定,有下列情形之一的,公证机构不予出具执行证书:(1)债权人未能对其已经履行义务的主张提出充分的证明材料。(2)债务人(包括担保人)对其已经履行义务的主张提出了充分的证明材料。(3)公证机构无法在法律规定的执行期限内完成核实。(4)人民法院已经受理了当事人就具有强制执行效力的债权文书提起的诉讼。

最高人民法院《关于适用〈中华人民共和国民事诉讼法〉的解释》第480条规定了公证债权文书“确有错误”不予执行的情形,公证机构在进行审查时发现有上述情形的,也应当不予出具执行证书。

二、签发执行证书需要注意的问题

(1)穷尽核实方式原则。公证机构应当尽量采取各种约定方式或其他方式向债务人核实债务履行情况,并做好核实记录。在公证机构已经穷尽一切可以使用的核实方式后,即使债务人仍不配合债务核实,公证机构也可以出具执行证书,人民法院一般会予以采纳。尽到上述核实义务,即使债务人未到场配合核实,公证机构也可以出具执行证书。郑州市中级人民法院执行局在给郑州市司法局的回函中即指出:“公证机关签发执行证书时应按照公证债权文书中约定的核实方式穷尽核实措施,公证机关按照公证债权文书约定并穷尽方法核实后仍不能核实的,应认定公证机关尽到核实义务。”

(2)执行证书是否必须送达债务人(担保人)。实务中有些法院要求执行证书必须送达债务人(担保人),人民法院才予以接受强制执行申请。这种要求超越了法律法规的要求,公证机构在出具执行证书前,已经按照当事人事先约定的核实方式,对债务履行情况进行了核实,只要符合出具执行证书的程序要求,该执行证书自出具之日即生效。而且,实践中债务人(担保人)也甚少主动配合领取执行证书,从强制执行公证制度设计的宗旨、效率原则等因素考量,被执行人以未送达为由主张执行证书未生效的异议不能成立。故发生上述情况后,公证机构应当与法院进行沟通,纠正其错误认识。郑州市中级人民法院执行局在给郑州市司法局的回函中即指出:“执行证书是否送达不影响案件的执行。”

(3)债权转让的,受让人是否可以向公证机构申请签发执行证书。根据司法部《关于经公证的具有强制执行效力的合同的债权依法转让后，受让人能否持原公证书向公证机构申请出具执行证书问题的批复》（司复[2006]13号）的规定，债权人将经公证的具有强制执行效力的合同的债权依法转让给第三人的，受让人持原公证书、债权转让协议以及债权人同意转让申请人民法院强制执行的权利的证明材料，可以向公证机构申请出具执行证书。受让人需要提交"债权人同意转让申请人民法院强制执行的权利的证明材料"。如果债权转让协议中已经有这样的强制执行权利转让的条款，则视为已满足上述条件。

（4）债务人或担保人死亡或丧失行为能力的，公证机构在向其继承人或监护人核实后可以出具执行证书，被执行人仍为原债务人（或原担保人）。本做法主要参照了最高人民法院《关于适用〈中华人民共和国民事诉讼法〉的解释》第475条规定，"作为被执行人的公民死亡，其遗产继承人没有放弃继承的，人民法院可以裁定变更被执行人，由该继承人在遗产的范围内偿还债务。继承人放弃继承的，人民法院可以直接执行被执行人的遗产"。公证机构在签发执行证书时，不宜直接将继承人作为被执行人，仍应当将原债务人（或原担保人）列为被执行人，在实际执行中，是否变更被执行人，由人民法院根据具体情形依职权进行裁定。《关于公证债权文书执行与不予执行若干问题的意见——北京市法院执行局局长座谈会（第七次会议）纪要》也指出，人民法院在公证债权文书的执行过程中，可以依法追加、变更执行当事人。

（5）债权人死亡的，其继承人向公证机构申请签发执行证书的处理方法。根据"公证文书的强制执行力及于债权债务的继受人"的法理，债权人的继承人可以向公证机构申请签发执行证书，公证机构应当依据我国继承公证办理的标准和要求，对被继承人死亡情况及继承人的继承资格进行审查，必要时也可建议当事人先办理继承公证，以继承公证书作为申请签发执行证书的依据。如果当事人没有申办继承公证的，公证机构可以在执行证书中一并表述继承关系和事实。

（6）当事人变更了合同标的、价款、履行期限等主要内容而未重新办理赋予强制执行效力公证的，是否可以出具执行证书。该问题虽然存在一定争议，但通说认为公证书的执行力源于当事人明确地表示选择公证强制执行程序，放弃诉权。而诉权的放弃是有严格的限制条件的，即在一定的金额、利率、期限的基础上放弃诉权,如果当事人协商变更了合同的主要条款,则原债权文书具有强制执行效力的基础就变化了,当事人必须重新表示愿意接受强制执行公证。故在合同主要内容发生变化的情形下,公证机构不宜出具执行证书。例如,展期合同未重新办理强制执行公证的,公证机构不宜出具执行证书。实践中,有些地方的公证协会对此有明确的规定,例如,重庆市公证协会《关于办理借贷合同公证的指导意见》第13条规定,合同到期后,当事人对该合同进行展期,但展期合同未经公证的,应不予出具执行证书。

(7)"先兆违约""交叉违约""根本性违约"等情形下出具执行证书的审查。上述情况下出具执行证书需要公证机构结合合同的规定,考虑约定条件的可操作性,审查违约的事实是否成就。公证机构应当充分听取双方意见,审核双方提供的证据材料。公证机构应当在违约有比较确凿的证据证明的情况下出具执行证书。

(8)公证债权文书约定的利息、罚息、违约金金额的总额超过法律规定的限额的处理方式。超过法律规定范畴部分,人民法院会不予执行,故公证机构在签发执行证书时,对于超额部分不应当记入执行证书。例如,民间借贷中年利率超过24%的利息部分不予记入执行证书。

(9)正确理解申请执行期间。为准确理解申请执行期间,需要了解一些规定。《民事诉讼法》第239条规定:"申请执行的期间为二年。申请执行时效的中止、中断,适用法律有关诉讼时效中止、中断的规定。前款规定的期间,从法律文书规定履行期间的最后一日起计算;法律文书规定分期履行的,从规定的每次履行期间的最后一日起计算;法律文书未规定履行期间的,从法律文书生效之日起计算。"最高人民法院《关于适用〈中华人民共和国民事诉讼法〉的解释》第483条第1款规定:"申请执行人超过申请执行时效期间向人民法院申请强制执行的,人民法院应予受理。被执行人对申请执行时效期间提出异议,人民法院经审查异议成立的,裁定不予执行。"最高人民法院[2009]执监字第176号《驳回申诉通知书》指出:"农行渝中支行在约定的还款期限届满后,先后多次向你两公司发催收函要求还款,你两公司都予以签收,诉讼时效由此多次中断,公证机关依照有关诉讼时效的规定为债权人办理执行证书并无不当。”最高人民法院《关于民事诉讼时效的司法解释》第 10 条规定，当事人一方以发送信件或者数据电文方式主张权利，信件或者数据电文达到或者应当达到对方当事人的，应当认定为当事人一方提出要求，产生诉讼时效中断的效力。

结合上述规定可以得出结论：公证机构在接受债权人签发执行证书后向债务人进行债务核实的方式（发送信件或者邮件等）可以视为原来进行的申请执行期限中断。所以，债权人在临近执行期限届满前申请出具执行证书的，公证机构应当在执行期限届满前及时进行核实，并可以在原执行期间届满后出具执行证书。[①] 另外，如果债权人提出签发执行证书申请时，申请期限 2 年时间已经届满的，如果债权人提供证据证明自己确实向债务人提出过权利主张的，可以产生申请执行期限的中断效果，公证机构可以为其出具执行证书。

值得探讨的问题是，最高人民法院《关于适用〈中华人民共和国民事诉讼法〉的解释》已经明确法官不依职权对执行期间进行主动审查，公证机构是否也可以参照该规定，对执行期间不进行主动审查？从理论上说，公证员也应当不再主动审查执行期间，但目前关于该问题存在较大争议，因为这还涉及《公证程序规则》第 55 条规定的“执行证书应当在法律规定的执行期限内出具”的规则如何适用的问题。

第四节 “确有错误”的情形

一、概述

《公证法》第 37 条规定，公证债权文书确有错误的，人民法院裁定不予执行，并将裁定书送达双方当事人和公证机构。

最高人民法院《关于适用〈中华人民共和国民事诉讼法〉的解释》第

① 因申请执行期限已经中断，故公证机构在原执行期限届满之后出具执行证书并无不妥。

480 条规定，下列情形属于公证债权文书确有错误：①公证债权文书属于不得赋予强制执行效力的债权文书的。②被执行人一方未亲自或者未委托代理人到场公证等严重违反法律规定的公证程序的。③公证债权文书的内容与事实不符或者违反法律强制性规定的。④公证债权文书未载明被执行人不履行义务或者不完全履行义务时同意接受强制执行的。⑤公证债权文书违背社会公共利益的。

当事人没有提出复议的，人民法院发现公证债权文书确有错误的，应当如何处理为宜？目前法律和相关司法解释对此没有明确规定。郑州市中级人民法院执行局在给郑州市司法局的回函中认为："公证债权文书确有错误，执行法院应当释明当事人，由当事人决定是否对其行使抗辩权。但公证债权文书违背社会公共利益的，按照《最高人民法院关于适用〈中华人民共和国民事诉讼法〉的解释》第四百八十条第二款的规定裁定不予执行。"本做法值得参鉴。

最高人民法院《关于适用〈中华人民共和国民事诉讼法〉的解释》第483 条第 1 款规定："申请执行人超过申请执行时效期间向人民法院申请强制执行的，人民法院应予受理。被执行人对申请执行时效期间提出异议，人民法院经审查异议成立的，裁定不予执行。"根据该规定，人民法院不依职权对申请执行期限进行主动审查。《北京市法院执行局局长座谈会(第七次会议)纪要——关于公证债权文书执行与不予执行若干问题的意见》也明确要求："执行实施部门不依职权对债权人申请执行是否超过执行时效期间进行审查。债务人以申请执行时效期间超过执行时效期间为由提出异议的，由执行裁判部门进行审理。异议理由成立的，裁定异议成立并驳回执行申请；异议理由不成立的，裁定驳回异议。"在这里值得注意的是向人民法院申请执行期限的起算点，传统看法认为是从债务履行期限届至起计算 2 年期限，但目前人民法院已经取得初步共识，即债权人向公证机构申请签发执行证书的行为产生申请执行期限中断的法律效果。故《北京市法院执行局局长座谈会(第七次会议)纪要——关于公证债权文书执行与不予执行若干问题的意见》明确规定："申请执行时效期间自执行证书出具之日起计算。"

人民法院裁定不予执行的，债权人和债务人(担保人)诉权恢复。

从最高人民法院《关于适用〈中华人民共和国民事诉讼法〉的解释》第480条第2款的规定来看，本裁定属于终局裁定，债权人没有向上一级人民法院申请复议的权利。也就是说，不予执行裁定后，当事人就只能向人民法院提起诉讼进行救济了。

如果人民法院驳回不予执行的异议的，则该裁定并非终局裁定，最高人民法院《关于人民法院办理执行异议和复议案件若干问题的规定》第10条明确规定债务人可以提出复议申请。[①] 从该规定可以看出，它只规定了这种情形下的复议申请，言外之意，裁定不予执行后不适用复议申请程序。

公证机构应当关注"确有错误"情形，在办理公证之时尽量避免这些错误情形，在签发执行证书阶段发现有这些情形的应不予出具执行证书。因此，公证机构了解法院系统对"确有错误"情形的看法和规定，是具有重要意义的。鉴于最高人民法院的司法解释对"确有错误"情形的表述比较概括抽象，需要司法实践进一步厘清适用情形。

二、"确有错误"情形的理解适用

(1)公证债权文书属于不得赋予强制执行效力的债权文书的。是否属于禁止赋予强制执行的债权文书，应当参照《强执联合通知》第1条和第2条的规定进行判断认定。《北京市法院执行局局长座谈会(第七次会议)纪要——关于公证债权文书执行与不予执行若干问题的意见》认为下列情况属于本条适用情况：没有给付内容的公证书、没有给付内容的执行证书、未载明一般保证人补充清偿责任数额的执行证书、载明债权人和债务人互负给付义务的执行证书。

(2)被执行人一方未亲自或者未委托代理人到场公证等严重违反法律规定的公证程序的。值得指出的是本条适用的情况是办理公证时

① 最高人民法院《关于人民法院办理执行异议和复议案件若干问题的规定》第10条规定，当事人不服驳回不予执行公证债权文书申请的裁定的，可以自收到裁定之日起10日内向上一级人民法院申请复议。上一级人民法院应当自收到复议申请之日起30日内审查，理由成立的，裁定撤销原裁定，不予执行该公证债权文书。理由不成立的，裁定驳回复议申请。复议期间，不停止执行。

的情形，而并未指公证机构签发执行证书时债务人未到场的情形。人民法院和公证机构在理解本情形的时候，要注意“严重”的限定词，也就是说，并非任何违反公证程序的行为都导致不予执行的后果，只有那些“严重”违反情形才导致不予执行的后果。除了“被执行人一方未亲自或者未委托代理人到场公证”这种情形外，《北京市法院执行局局长座谈会（第七次会议）纪要——关于公证债权文书执行与不予执行若干问题的意见》还规定了其他严重违反公证程序情形：公证机构签发执行证书前未按照法律、司法解释、部门规章规定的程序或当事人约定的方式对债权债务履行情况进行核实的；未经双方当事人同意，执行证书载明的给付标的种类、品质与公证书载明的给付标的种类、品质不同的。

（3）公证债权文书的内容与事实不符或者违反法律强制性规定的。哪些情形属于“公证债权文书的内容与事实不符”？《北京市法院执行局局长座谈会（第七次会议）纪要——关于公证债权文书执行与不予执行若干问题的意见》规定了下列情形：执行证书载明债权人已经履行合同义务或者债务人未履行或未完全履行义务但与实际履行情况不符的；债权人与债务人就同一事项订立两份不同内容的债权文书，其中一份经过公证且赋予强制执行效力的；经公证的债权文书以合法形式掩盖非法目的；经公证的债权文书不是双方当事人的真实意思表示的；债权人或债务人在公证时对债权文书载明的有关给付内容未予同意但公证机构作出公证书和执行证书的。

（4）公证债权文书未载明被执行人不履行义务或者不完全履行义务时同意接受强制执行的。载明强执条款是公证债权文书具有强制力的基础。实践中这条形式要件要求比较容易把握。

（5）公证债权文书违背社会公共利益的。社会公共利益条款具有较强的司法裁量性质，实践中多依靠法官自由裁量权为之。正如前所述，我国法院对债权文书的审查以被动审查为原则，以主动审查为例外。对上述四种情形，法院进行的是被动审查（依当事人异议申请进行），但对于债权文书是否具有损害社会公共利益则是采主动审查方式。《北京市法院执行局局长座谈会（第七次会议）纪要——关于公证债权文书执行与不予执行若干问题的意见》也要求：“执行法院的执行实施部门发现公证债权文书存在《最高人民法院关于适用〈中华人民共和国民事诉讼法〉的解释》第四百八十条第一款规定的情形且损害国家、集体利益，或者存在《最高人民法院关于适用〈中华人民共和国民事诉讼法〉的解释》第四百八十条第二款规定的情形的，依职权裁定不予执行。”

第十五章 有法律意义的事实和文书公证

第一节 概 述

有法律意义的事实，是指法律行为以外的，对权利义务关系的设立、变更、终止有一定法律影响的客观事实。有法律意义的事实公证是指公证机构根据当事人的申请，对与其存在法律上的利害关系的客观事实和情况的真实性、合法性予以证明的活动。

有法律意义的事实与"法律事实"不能混淆。法律事实是指法律规定的，能够引起法律关系产生、变更和消灭的行为和事件的总称，即法律行为和法律事件。法律事件，是指不以当事人的意志为转移而发生的引起法律关系产生、变更和消灭的客观事实，如出生、死亡、地震、自然灾害等。显然，在法律上产生一定影响与引起法律关系产生、变更和消灭是不同的。例如，某人要到国外定居，需要提供其出生证明，该出生就将对他出国定居产生法律上的影响，但他的出生事实与他能否出国定居并无必然的因果关系，充其量只是出国定居的条件之一。出生事实并不能引起出国定居这一新的法律关系的产生、变更或消灭，它不是法律事实，而仅是有法律意义的事实。

出具有法律意义的事实公证书，需要符合《公证程序规则》第 37 条规定的四个出证条件：

(1)该事实与当事人有利害关系。利害关系，是指当事人申请公证的事实对其权利义务产生影响。例如，当事人因去国外探亲或定居而申请办理的亲属关系或婚姻关系公证；因去国外留学申请办理的学历、学位公证；因去国外工作申请办理的职称、工作经历公证等。

因公证文书主要由使用部门进行采纳，对于公证文书与当事人事务之间的关系也主要由使用部门进行判断和认可，故公证机构在办理有法律意义的事实公证时，对于利害关系的认定可以采取从宽把握原则。

（2）该事实真实无误。真实无误是指被证明的事实是客观存在的，不存在虚假或者伪造。为确保事实真实无误，公证机构要依法尽到核实义务。例如，对于对大学毕业证的真伪存在疑义的，应登录"中国高等教育学生信息网（学信网）"进行查询。

（3）事实的内容和形式合法，不违背社会公德。在有法律意义的事实公证中，公证机构也负有合法性审查义务，并不仅仅只承担真实性证明职责。内容和形式合法，是指事实的内容和形式没有违反法律禁止性规定。我国司法部曾经颁布了一些公证业务规范，对一些证件是否可以公证有较为明确的指导意见，公证机构应当遵循这些规定。

（4）对于不同的法律意义的事实公证的办证规则有特殊要求的，应当从其规定。

对有法律意义的事实，可以采取由公证书直接描述客观事实的证明方式（实体证明方式），也可以采取直接证明记载客观事实载体的方式（间接证明方式）。例如，学历公证既可以采取定式公证书格式第 15 式进行实体证明，也可以采取第 33 式进行间接证明。实体证明因采实质审查具有较强公证公信力，间接证明则能反映证明材料更多细节信息，两种方式各有优势。在公证实务中，对某客观事实的证明，究竟采实体证明方式还是间接证明方式，要参考文书使用国和使用部门的习惯、现有证据材料对证明方式的支持程度、当事人的意愿等因素。

在公证实践中，对某一有法律意义的事实是否存在，有许多方面的证据材料可以证明的，应当允许当事人自由决定向公证机构提供何种证据材料，公证机构不宜强制规定当事人提供证据的方式和种类。当事人提供的证据材料不充分或存在疑义的，公证机构可以要求当事人补充提供其他证据材料。

在办理有法律意义的事实和文书公证中，要注意"一事一证"原则的合理运用。1981 年 7 月 13 日颁布并实施的司法部公证律师司《关于公证书试行格式的几点说明》第 1 条规定：为了申请人使用方便，一般以一事一证为好，有几项证明内容但属于同一使用目的而需合并成一份证书的可以几事一证。在办理具体公证事项时，原则上要遵循“一事一证”的原则，引导当事人按照定式公证书(格式)第9－35式确定的类型分别办理公证，但如果当事人要求合理的话，也可以突破“一事一证”原则，在公证书中加注其他内容，以方便当事人。例如，当事人在有关公证证词中要求加注曾用名、关系人已死亡等信息的，原则上公证机构应根据“一事一证”原则引导当事人单独办理曾用名、死亡公证，但根据具体公证事项惯例可以进行加注的，也可以直接在证词中加注上述信息。总之，要根据具体公证事项特征和要求、实际中通常的做法、文书使用者是否有特殊要求等因素来确定是否可以突破“一事一证”原则。

证明有法律意义的事实公证和文书公证中，适用司法部2011年版定式公证书第9－35式。本章各节所说的公证书格式，均是指对应的上述格式。

第二节　出生、生存、死亡公证

一、概述

出生公证是指公证机构证明自然人在我国境内出生这一法律事实的真实性的活动。出生公证须具备两个条件：一是出生事实发生地须在我国境内(港澳台地区除外)；二是申请人只能是自然人，只要其出生地在我国境内，不管是我国公民，还是外国公民，均可成为申请人。

生存公证是指公证机构证明自然人在我国境内健在的这一事实真实性的活动。生存公证书主要用于申请人异地领取抚恤金或领取养老金。

死亡公证指公证机构证明发生在我国境内的自然人死亡这一事实的真实性的活动。死亡包括正常死亡、非正常死亡和宣告死亡。死亡公证书主要用于继承遗产、领取保险金、注销户口、申请丧偶再婚登记等情形。

二、办理出生公证需要注意的问题

(1)出生时间应以医院出具的医学出生证明记录的时间为准，如果没有医学出生证明，则以公安机关的户籍登记记录为准，如果申请人是弃婴，则以公安管理部门登记的申请人户籍记录日期为准。申请人的居民身份证与户口簿记载的出生日期不一致的，应当要求申请人去公安部门变更后，再出具公证书。出生日期应当精确到“日”。

出生地点精确到设区的市或县(市)，出生地点与现有地名不一致的，可以在括号内注明原地名。

(2)出生公证书中应载明生父母姓名。如果申请人的生父母一方或双方死亡的，可依据申请人提供的证明在公证书中注明“已故”；如果申请人系非婚生子女，生父不详，应在公证书中表述“生父不详”，申请人有特殊要求的也可不表述；如果申请人是弃婴，其生父母均不详的，可在公证书中对该情况予以注明。

婚前所生子女办理出生公证，如果其提交的户口簿或者出生证明已载明其生父姓名，通常无需提供亲子鉴定结论。婚前所生子女无法提交有关其生父的充分证据，需提交亲子鉴定结论，但申请人要求公证书注明“生父不详”的，可以不提交亲子鉴定结论。

(3)我国公民在境外出生的，应在我国驻当地使领馆或者当地公证机构办理出生公证。实践中，一些出国多年的华侨回国申请办理出生公证，因档案管理原因，导致他们无户籍档案可查，如果有其他证据足以证明其出生事实的，可以为其办理出生公证；如果证据不充分，在告知并征得申请人同意情况下，可以采取申请人发表声明书方式或证明人在有关出生内容的文件上签名方式办理文书上签名公证。

(4)申请人与继父(母)、养父(母)的关系不属于出生公证证明的内容，而属于亲属关系的范畴，一般不予表述，应当另纸证明。但特殊情况下，如涉外收养活动中被收养的弃婴的出生证明，需要注明养父母的姓名。

(5)出生公证书通常不注明父母的身份证件号码(包括涉台公证)。申请人或公证书使用地有特殊要求的，或者公证机构认为有必要，且申请人能够提供相关证据的,也可以在公证书中注明父母的身份证件号码。目前,意大利、法国、瑞士等某些欧洲国家要求在出生公证书中载明申请人父母的公民身份号码。奥地利出生公证则要求载明申请人住址。

(6)出生公证应按照规定或使用国的要求或当事人的申请加贴照片。如发往美国、泰国、法国、哥伦比亚使用的出生公证书。发往我国台湾地区使用的出生公证书,不必须加申请人的照片,但贴照片一定要加盖钢印。

三、办理生存公证需要注意的问题

(1)当事人应当亲自向公证机构提出公证申请,公证机构工作人员应当见到其本人,核实身份,不能仅凭证明材料出具公证书。生存日期是公证员亲眼见到当事人的日期,也是本公证证明当事人生存的截止日期。

(2)生存地点即申请人的实际居住地。公证员不要轻易将当事人证件上记载的住所地认定为申请人的现居住地,应仔细确认当事人的现居住地。

(3)可以加贴当事人的近期照片。

四、办理死亡公证需要注意的问题

(1)死亡事实须发生在我国境内。公证书中,死亡地点精确到设区的市或县(市)。我国公民在国外死亡的,应在我国驻当地使领馆或当地公证机构办理死亡公证。

对于死者在国外死亡的,或者申请人对死亡时间、死亡地点不能提供充分证据的,公证机构可以适用定式公证书第34式“文书上的签名(印鉴)公证书格式”为申请人或知情人出具有关死亡的声明书公证。

(2)死者系游客等短暂来华逗留者,可以由旅行社、领事馆工作人员申办死亡公证。

(3)死亡原因可分为正常死亡、非正常死亡和宣告死亡,也可以根据需要或申请人要求具体细化。例如,可以细化为“因病死亡”“因车祸死亡”,但不必表述为诸如“因心肌梗塞死亡”等具体的死因。

死亡原因不明或者申请人明确表示不愿意载明具体死亡原因的,公证书可以不载明死亡原因,仅表述为"死亡"。

(4)正常死亡的,死亡时间以医院出具的死亡证明为准;非正常死亡的,以公安机关出具的死亡证明为准;宣告死亡的,以人民法院生效判决中确定的死亡时间为准。

(5)发往我国台湾地区使用的死亡公证书须载明死者的出生日期和生前住所地。

第三节　身份、曾用名、住所地(居住地)公证

一、概述

身份公证是指公证机构证明当事人法定身份的真实性的活动。身份公证包括国籍公证、监护公证、户籍注销公证。

国籍公证是证明当事人具有不具有中国国籍的事实。国籍公证主要适用于在国外定居、与外国人结婚等情况。

监护公证是证明申请人对无民事行为能力人或限制民事行为能力人具有监护人身份。监护公证的内容主要包括监护人、被监护人及他们之间的关系、监护依据、监护类型等。监护公证主要适用于带未成年人出国旅游、为未成年人购买不动产等情况。

户籍注销公证是证明当事人因定居国外或港澳台而注销户籍的事实。户籍注销公证的内容主要包括申请人姓名、户籍注销原因、户籍注销时间和原户籍地。本公证主要用于到我国台湾地区定居。

曾用名公证是指公证机构证明当事人在现登记姓名之前,曾经使用过的经法定程序登记或有公共记录的姓名的真实性的活动。

住所地(居住地)公证是指公证机构证明自然人、法人或其他组织的住所地(居住地)具体地址的真实性的活动。

二、办理国籍公证需要注意的问题

(1)公民是否具有中国国籍的确认部门是我国当地市、县公安机关,当事人办理国籍公证时需提供我国公安机关出具的居民户口簿、身份证或加入、恢复中国国籍证书。

(2)我国不承认中国公民拥有双重国籍,即取得中国国籍的公民不能再拥有其他国家国籍,加入其他国家国籍的公民自动丧失中国国籍。

(3)判断申请人是否具有中国国籍的时间界限是其向公证机构提出申请的时间。

(4)申请人要求证明其为外国国籍、无国籍人、双重国籍、多重国籍,或证明其曾经具有或不具有中国国籍、外国国籍等其他国籍事项的不适用本格式,应当指导当事人办理国籍声明公证,适用声明公证书格式;也可按照国籍公证的格式给予办理"未入中国国籍"的证明。

三、办理监护公证需要注意的问题

(1)适用本格式的前提是申请人已经具有监护人的身份,确立监护关系或变更监护关系的不适用本格式。如订立委托监护合同、签订监护协议应采用合同(协议)类要素式公证书格式;监护权的委托应采用委托公证书格式。

(2)依据我国《婚姻法》第36条的规定,父母与子女的关系,不因父母离婚而消除。因此,父母离婚的,父母二人均对其未成年子女享有监护权(被依法撤销监护资格的除外)。

(3)父母单方申办监护人公证的,公证机构可以受理,但证词中应当表明申请人是关系人的"法定监护人之一"。

(4)对因健康原因(如精神病人、神志不清的病人)需要办理监护公证的,因为公证机构无权认定公民的行为能力,故通常需先由法院对被监护人作出无行为能力或限制行为能力的宣告判决后,公证机构才能受理监护人的公证申请。

(5)因未成年子女随夏令营出国等原因需要办理短期委托监护公证的,适用第34式"文书上的签名(印鉴)公证书格式"为申请人出具委托监护的同意书(声明书)公证。

四、办理户籍注销公证需要注意的问题

(1)发往我国台湾地区使用的证明未进行户籍登记公证,可以参照适用本格式。如我国台湾地区居民与大陆居民所生子女未在大陆进行过户籍登记,其随父母到台湾地区定居,可以参照适用本格式为其办理“未进行户籍登记”公证。

(2)根据《国籍法》的规定,中国公民加入外国国籍后将自动丧失中国国籍。当事人可凭户籍注销证明和入籍证明(如外国护照)向公证处申请办理户籍注销公证。

五、办理曾用名公证需要注意的问题

(1)通常不写明申请人使用曾用名的起止时间,但是,申请人能够提供充分的证据证明其使用曾用名起止时间的,公证书可以写明该起止时间。

(2)如果申请人无法提供充分证据,不能出具曾用名公证书的,可以采用出具本人或知情人的声明书公证书的方式办理公证[适用第34式“文书上的签名(印鉴)公证书格式”]。

(3)当事人向公证机构申请证明其译名、别名等其他名字的,参照曾用名公证书格式办理。

(4)在国外使用的曾用名,通常由境外的公证人出具曾用名公证书,境内的公证机构也可以出具本人或知情人的声明书公证书的方式办理公证[适用第34式“文书上的签名(印鉴)公证书格式”]。

六、办理住所地(居住地)公证需要注意的问题

(1)法人或其他组织的住所地是它的主要办事机构所在地。

(2)自然人的住所地一般依据户籍登记的住址表述;当事人要求以经常居住地为住所地的,应当提供其在居住地连续居住1年以上的证明材料[如暂住证、房屋所有权证、有效租赁合同、居住地居(村)委会证明等]。

第四节　学历、学位公证

一、概述

学历、学位公证是指公证机构证明当事人在某一阶段的学习经历或获得我国教育部门认可学位事实的真实性的活动。学历、学位公证大多用于国外留学。学历公证的内容主要包括申请人姓名、受教育机构名称、学习起止时间、学习内容、学历类别和学习完结形式等。学位公证的内容主要包括申请人姓名、授予学位的机构、获得学位的时间和学位的种类等。

学历公证是对当事人某一阶段学习经历的直接证明,公证机构应对此进行充分的调查核实。学位公证也应进行调查核实。

二、办理学历公证应当注意的问题

(1)申请人是在我国境内的学校学习并取得我国教育部门认可学历的自然人,包括我国公民、港澳台居民以及外国人。证词应忠于学历证书内容或其他学历证明的内容,不宜作解释性表述。

(2)公证机构不宜为当事人办理党校学习经历的公证,可建议当事人与其所在地方相应的学校协商,如该校和教育行政部门同意为其出具同等学历证明的,公证机构可以办理。

(3)公证机构可以为部队干部、战士在服役期间参加中、小学文化学习所取得的学历办理公证,但证词中不应出现部队番号、代号及当事人在部队所担任的职务。

(4)学历公证不适用自然人在港澳台及其他国家学习并取得当地教育部门或政府认可学历的事实公证,可通过办理学历证书的文本相符公证来予以证明。

(5)部队的学历、武警的学历、警校的学历以及"文化大革命"期间颁发的学历,可以适用第33式"证书(执照)公证书格式"出具公证书。

(6)党校的学历、非国民教育序列的学历(或毕业证、结业证)可以适用第35式"文本相符公证书格式"出具公证书,也可以适用第17式之一"自然人经历公证书格式"出具学习经历公证书,但不宜适用第15式"学历公证书格式"或者第33式"证书(执照)公证书格式"出具学历公证书,并应当告知申请人该公证书在使用上可能遇到障碍。

(7)办理发往域外使用的学历公证书(直接公证)通常需要加贴当事人的近期照片。

三、办理学位公证应当注意的问题

(1)申请人是在我国境内的学校学习并取得我国教育部门认可学位的自然人,包括我国公民、港澳台居民以及外国人。

(2)我国学位种类包括学士、硕士和博士。"博士后"并非学位,不能适用本公证书格式,应按经历办理公证。

(3)学历公证不适用自然人在港澳台及其他国家学习并取得当地教育部门或政府认可学位的事实公证,可通过办理学位证书的文本相符公证予以证明。

第五节　经历、职务(职称)、资格公证

一、概述

经历公证分为自然人经历公证和法人经历公证。自然人经历公证是指公证机构证明自然人在我国境内某段时期的活动事实的真实性的活动。法人经历公证是指公证机构证明法人在我国境内某段时期的活动事实的真实性的活动。自然人经历公证主要证明申请人工作的起止时间、工作单位和工作内容等,主要用于出国工作、进修等用途。

职务(职称)公证是指公证机构证明居住在我国境内的自然人某段时期在某处担任职务(或获得某种职称)的真实性的活动。

资格公证是指公证机构证明当事人具有某种法律意义上的资格的真实性的活动。资格公证是对当事人已取得某种资格的存续事实的证明。主要包括法人资格公证、非法人组织资格公证和职业资格公证。法人资格公证包括机关法人资格公证、事业单位法人资格公证、企业法人资格公证、社会团体法人资格公证等。法人资格公证的内容主要包括法人名称、登记日期、核准登记部门、法人资格证书的全称及编号、具有法人资格、法定代表人姓名、法人代码、法人住所地。也可根据申请人的要求增加证明法人证书上的其他内容，如注册资本、公司类型、经营范围等。

我国的职业资格种类繁多，有证券从业资格、教师从业资格、法律职业资格、注册会计师资格等。职业资格公证内容主要包括申请人的姓名、职业资格名称及取得时间、取得方式，也可以根据当事人要求增加证书编号。

二、办理自然人经历公证需要注意的问题

(1)公证机构出具经历公证书应当严格遵循“一事一证”的原则，涉及职务、职称、职业资格、个人收入等事项时，通常应另行出具相关的公证书。而且有些国家的使领馆也明确规定不认证多内容的公证书，如巴西、厄瓜多尔、墨西哥等。

(2)申请人要求对其专业技术职务一并证明的，应要求其提供专业技术职务证书，从事专业技术职务的时间应以证书上记载的获取时间为准。

(3)对于服兵役、待业、离休、退休、退职，以及服刑或曾被劳动教养、演唱经历、公派出国等经历，均可适用本格式。

(4)申请人办理在党校工作的经历公证时，可为其办理，但应提供该党校同意办理经历公证的证明。公证机构不应受理公民是否参加党派组织的申请。

(5)可根据有关证明，为当事人办理宗教经历公证。通常由宗教管理部门或宗教组织出具证明信。

(6)申请人可以任意选择对其不同阶段的经历申办公证，如果其申

办公证的不同阶段的经历中间有间隔的，应告知其经历公证在使用时可能遇到障碍。

(7)可根据相关国家的要求或者因证明材料不足，无法办理实体经历公证的，可办理经历声明书或者证明相关文件、文书的公证，并适用相应的格式。

(8)公证书可加贴申请人的近期照片。

三、办理法人经历公证需要注意的问题

(1)申请人可以是我国法人、其他组织，也可以是依照我国法律、法规规定在我国从事相关活动的境外法人或境外公司在我国登记成立的分支机构。

(2)因法人的经历大多涉及较为重大的工作事项或活动项目，因此必须有充分的证明材料。

(3)也可采用对相关单位出具的经历证明、相关文件予以公证的方式，并适用相应的格式。

四、办理职务(职称)公证需要注意的问题

(1)职务(职称)公证既可以对申请人在不同地点担任职务连续变迁的情况一并予以证明，也可以对申请人在同一地点担任不同职务的变迁情况予以证明，或仅对其在某一特定时期担任的某一特定职务单独予以证明。

(2)本公证是对当事人职务(职称)的直接证明，不同于对职务(职称)证书的公证，当事人要求对其职务(职称)证书予以公证的，应适用第33式公证书格式。

五、办理资格公证需要注意的问题

(1)根据我国法律规定，法人的成立方式有批准、登记、核准、审核等方式，公证书证词应根据法人的类型作相应表述。

(2)根据我国相关法律法规的规定，所有非法人组织均需办理登记或备案，非法人组织资格自登记或备案之日起成立，未经登记或备案的

非法人组织资格一般不予公证。

(3)申请人申请证明法定机构或职权机构依法颁发给其的法人资格证书(执照)或非法人组织资格证明(执照)的,应按第33式证书(执照)公证书格式出具公证书。

六、办理职业资格证书公证需要注意的问题

(1)公证机构仅对我国法定机构或职权机构依法颁发给自然人的职业资格作实体性公证,我国港、澳、台地区及其他国家、国际组织等颁发的职业资格,公证机构不宜出具实体性证明。

(2)申请人申请证明法定机构或职权机构依法颁发的职业资格证书(执照)的,应依第33式证书(执照)公证书格式出具公证书。

(3)公证书可加贴申请人的近期照片。

第六节　无(有)犯罪记录公证

一、概述

无(有)犯罪记录公证是指公证机构证明当事人在中国(港澳台地区除外)居住期间,是否被我国司法机关认定为犯罪,并是否受过刑罚处罚的事实的真实性的活动。分为无犯罪记录公证和有犯罪记录公证。申请人是否受过行政处罚或其他强制措施的,不在此公证范围内。办理无(有)犯罪记录公证一般由公安机关出具证明,公安机关证明表述的“在本辖区内无犯罪记录”的内容不影响使用定式公证书的格式。

二、办理无犯罪记录公证需要注意的问题

(1)申请人是在我国境内居住的自然人,包括我国公民,港澳台地区居民或者外国人。申请人是外国人时,其在中国居住的时间应在半年以上,且为不享有外交豁免权的人员。

申请人未达到刑事责任年龄的,公证机构可以为其出具“无犯罪记录公证书”,证词作相应调整。

(2)申请人申办在国外居住期间没有犯罪记录公证的,公证机构不宜受理,申请人应当向国外的公证机构申办公证,并经我国驻外使领馆认证。

(3)该公证的效力有时间限制,有效期一般为 6 个月,或根据使用国家的规定,有效期内未使用的,需要重新办理公证。

(4)申请人在出境之前一直在中国居住的,可以不写起始日。申办公证时,申请人尚在境内的,公证书载明的截止日期通常为公安机关出具证明信的日期。申办公证时,申请人在境外的,公证书载明的截止日期通常为离境之日。

(5)申请人申办刑满释放后无再犯罪公证的,公证词可以表述为:“兹证明×××于××××年××月××日被××人民法院判处犯有××罪,并处以××××、××××(主刑与附加刑)。×××自××××年××月××日上述刑罚执行完毕之日至××××年××月××日,在中华人民共和国居住期间无犯罪记录”。

(6)实践中也可以根据需要或使用国的要求办理公安部门或其他部门出具的无犯罪记录的证明公证,适用第 33 式。

三、办理有犯罪记录公证需要注意的问题

(1)只证明申请人在公证之日前,在中国境内(港澳台地区除外)居住期间,被我国司法机关认定为犯罪的事实。对在我国境外居住期间有犯罪记录的事实不予证明。

(2)实践中也可以根据需要或使用国的要求,通过办理公安部门的证明、法院的判决书或其他部门出具的有犯罪记录证明的方式予以公证,适用第 33 式格式。

第七节　婚姻状况公证

一、概述

婚姻状况公证是公证机构证明当事人婚姻状况这一法律事实的真实性的活动。

婚姻状况公证主要用于当事人申请到国外探亲、定居或与外国人缔结婚姻关系等用途。婚姻状况公证的类型，根据当事人存在的婚姻状况事实，可以分为已婚公证和未婚公证。已婚公证分为已婚（初婚）公证和已婚（再婚）公证；再婚公证又可分为丧偶再婚公证、离婚再婚公证；未婚公证分为未婚公证、未再婚公证；未再婚公证又分为离婚未再婚公证和丧偶未再婚公证。

2015年9月，随着《民政部关于进一步规范（无）婚姻登记记录证明相关工作的通知》的生效，民政部目前只针对涉台及9个国家（哈萨克斯坦、芬兰、奥地利、荷兰、德国、阿根廷、乌拉圭、墨西哥、波兰）出具书面的（无）婚姻登记记录证明，其余涉外或涉港澳事项不再出具书面证明，而采用公函核实、数据对接等方式将公民个人的（无）婚姻登记信息直接提供给公证机构。由此，公证机构目前除了涉台以及上述9个国家能够办理（无）婚姻登记记录证明的文本相符公证外，其余的则按照第21式出具实体公证或为当事人办理婚姻状况的声明书公证。

二、办理未婚公证需要注意的问题

（1）如果公证书使用地为我国港澳地区，证词中地点应表述“中国内地”，如使用地为我国台湾地区，证词中地点应表述“中国大陆”。发往泰国使用的未婚公证书，要在证词中注明申请人父母的姓名。

（2）申请人未达到法定婚龄的，也适用本公证书格式。

（3）除了采用本公证书格式外，未婚状况证明可以适用第33式“证书（执照）公证书格式”对婚姻登记机关出具的未婚证明信作出间接证明,还可以适用第34式"文书上的签名(印鉴)公证书格式"出具未婚声明书公证。申请人无法提供充分的证明材料的,可以采用未婚声明书公证形式进行证明。

(4)应当注意婚姻登记机关出具的未婚证明注明的有效期限。如已经超过证明记载的有效期限,当事人应当另行开具证明。

(5)可以加贴当事人的近期照片。

三、办理未再婚公证需要注意的问题

(1)申请人经婚姻登记机关登记离婚的,离婚时间以登记之日为准;经人民法院调解离婚的,离婚时间以调解书由双方当事人签收之日生效;申请人经人民法院判决离婚的,离婚时间应以终审判决生效时间为准,如果是一审法院的生效判决,那么离婚时间应以该法院出具的判决生效证明书所确定的判决书生效时间为准。

(2)如果申请人无法提供充分的证明材料,可为其办理证明涉及申请人未再婚事实的文书公证,起到间接证明的效果。

(3)为保护隐私,在证词中无需载明前配偶的名字。但是,申请人或公证书使用地有特殊要求的,或者公证机构认为必要时,也可以在公证词中注明前配偶的姓名。

(4)办理未婚公证需要注意的问题第(1)、(2)、(4)、(5)项内容均适用于未再婚公证。

四、办理已婚(初婚)公证需要注意的问题

(1)如果申请人是在1950年5月1日《婚姻法》施行前结婚的,证词应表述为"按照中国传统风俗习惯结婚"。

(2)对于涉台结婚公证书,为保证当事人基本信息的准确和完整,方便双方当事人进行诉讼及文书送达,须载明申请人与关系人的户籍地址和身份证件号码等信息。

(3)公证机构可以受理子女提出的办理已死亡的父母的婚姻状况公证。

(4)公证机构不应给已婚的申请人办理"夫妻关系未破裂公证"或

"未与他人结婚公证"。

(5)办理发往域外使用的结婚公证书均需在左下方贴夫妻半身免冠合影或二人各自的半身免冠照片。有些国家不采用二人各自的半身免冠照片的方式。用于继承的结婚公证书,配偶一方死亡的,申请人无法提供照片的,可以不贴照片。

五、办理已婚(再婚)公证需要注意的问题

(1)如果申请人无法提供充分的证明材料,不足以为其出具再婚公证的,应向申请人说明情况并征得其同意后,可为其办理证明涉及申请人再婚事实的文书公证,起到间接证明的作用。

(2)实践中也可通过办理结婚证、离婚证、离婚判决书或调解书及婚姻登记记录证明等证书或文书的公证来间接证明申请人的婚姻状况,应当适用定式公证书格式第33式。

当事人对一审判决做间接公证的,通常还需同时办理《判决生效证明书》的间接公证。

(3)为保护隐私,在证词中无需载明前配偶的名字。但是,申请人或公证书使用地有特殊要求的,或者公证机构认为必要时,也可以在公证词中注明前配偶的姓名。

(4)办理已婚(初婚)公证需要注意的问题内容均适用于已婚(再婚)公证。

第八节　亲属关系公证

一、概述

亲属关系公证是指公证机构证明当事人之间因婚姻、血缘或者收养而产生的亲属关系事实的真实性的活动。

亲属关系公证书分为普通亲属关系公证书和用于继承的亲属关系公证书。前者广泛用于公民出国留学、探亲、旅游、工作、定居、继承遗

产、领取抚恤金、赔偿金等情况。后者用于当事人处理涉外、港澳台地区继承事务。

二、办理亲属关系公证需要注意的问题

(1)公证机构能够核实清楚的亲属关系均可以办理公证,包括姨表、姑表兄弟姐妹,公证词也可以直接表述,例如,证明表兄表弟关系,可以直接表述为“张三是王五的表兄”。

(2)应准确、恰当表述申请人与关系人之间的亲属关系,使用我国法律规定和习惯上的统一称谓。干爹、干娘等具有封建色彩的称谓不予承认。辈分均应陈述清楚,原则上不得使用地方方言称谓。

(3)公证机构不宜受理借腹生育(代母生育)子女的亲子关系公证。

(4)所列关系人中有去世的,应在证词中注明“已死亡”。公证证词的部分通常不对申请人与关系人之间的亲属关系进行反向复述,特别情况下,也可以采用反向复述。

(5)没有充分证明材料,不足以出具本亲属关系公证的,也可办理相应的文件、文书或证书公证。

(6)用于旅居加拿大华侨唯一留在国内的超过21周岁的未婚子女赴加拿大定居的公证书按照本格式办理,证词做相应调整。中国公民赴其他国家定居申办独生子女公证或者唯一留在国内的超过21周岁的未婚子女公证,也可以使用本格式。

(7)办理继父(或继母)与继子女的亲属关系公证,无需征得无抚养权的生父(或生母)的同意。

(8)公证书可加贴申请人的近期照片。

三、办理用于继承的亲属关系公证需要注意的问题

(1)办理时既可以适用我国继承法,也可以适用外国继承法来划定亲属关系的范围。

(2)一份公证书只证明一名被继承人的亲属关系,有多名被继承人的,应当分别出具公证书,不宜合并。

(3)同一被继承人有不同继承顺序的继承人,可以合并出具公证

书。如依照我国台湾地区的有关规定,遗产继承人除配偶外,还有四个顺序的法定继承人,第一顺序为直系血亲卑亲属,第二顺序是父母,第三顺序是兄弟姐妹,第四顺序是祖父母。办理赴台继承的亲属关系公证证词应注明配偶及所有顺序的法定继承人。

(4)实践中,本亲属关系公证书的使用地已经扩张,亦可用于国内的继承事务。国土资源部《不动产登记暂行条例实施细则》有类似使用亲属关系公证的规定。

(5)没有充分证明材料,不足以出具本亲属关系公证的,也可办理相应的文件、文书或证书公证。

第九节 收养、抚养公证

一、概述

收养关系公证是指公证机构证明当事人之间的收养关系的真实性的活动。收养关系公证的内容主要包括收养关系当事人姓名(名称)、达成收养协议的事实、收养登记的事实和收养关系成立的日期等。

事实收养关系公证是指公证机构证明当事人之间形成的事实上的收养关系的真实性的活动。事实收养公证的内容主要包括收养关系当事人姓名(名称)、形成收养关系的事实和事实收养关系的确立。

抚养事实公证是指公证机构依据抚养人的陈述和捡拾人或捡拾知情人的证言及其他有关证明材料,依照法定程序证明抚养人抚养被抚养人事实的证明活动。公证的内容主要包括申请人及关系人姓名、形成抚养关系的事实和抚养关系的确认。

二、办理收养关系公证需要注意的问题

(1)该公证只适用发生在我国境内(港澳台地区除外),并依照我国《收养法》规定成立并生效的收养,包括1992年生效的原《收养法》和1999年4月1日生效的现《收养法》。

(2)收养关系公证申请人应亲自向公证机构提出申请，不得委托他人办理，但依据司法部《关于贯彻执行〈中华人民共和国收养法〉若干问题的意见》第3条第2款的规定，夫妻共同收养的，一方因故不能亲自到场，另一方应当提交经公证的配偶的委托书。

(3)收养关系公证是对当事人之间依法履行收养行为并形成收养关系的证明，申请人如需证明其与养父母或生父母的关系的，应告知其办理亲属关系公证或出生公证。

(4)公证书发往法国使用的，须有保证不解除收养关系的描述。

三、办理事实收养关系公证需要注意的问题

(1)事实收养公证适用于1992年4月1日以前形成的未经办理法定手续的事实收养关系。

(2)根据司法部《关于办理收养法实施前建立的事实收养关系公证的通知》(司发通[1993]125号)的规定，当事人能够证实在收养法实施前，双方确实共同生活多年，以父母子女相称，建立了事实上的父母子女关系，且被收养人与其生父母的权利义务关系确已消除的，可以为当事人办理事实收养公证。收养关系自当事人达成收养协议或因收养事实而共同生活时成立。

(3)公证机构应当通过收集有关部门证明、向知情人进行调查等多种方式进行调查核实，确认收养事实确实客观存在。

四、办理抚养事实公证需要注意的问题

(1)本公证主要适用于在原《收养法》实施期间(1992年4月1日以后至1999年4月1日前)形成的抚养事实的公证，以及根据民政部《关于解决国内公民私自收养子女有关问题的通知》(民发[2008]132号)的规定，夫妻双方在婚姻关系存续期间私自收养女性弃婴和儿童，后因离婚或者丧偶，女婴由男方抚养，年龄相差不到40周岁，抚养事实满1年的事实公证。

(2)除上述规定外，其他抚养事实可以参照本项公证适用，所证明的抚养事实必须发生在我国境内，抚养人可以是我国公民，也可以是在

我国大陆地区居住的港澳台居民、无国籍人或外国公民。

(3)公证机构应当通过收集有关部门证明、向知情人进行调查等多种方式进行调查核实,确认抚养事实确实客观存在。

第十节　财产权公证

一、概述

财产权是指受法律所保护的,以财产为标的,以经济利益为内容的权利。财产权包括物权、债权、知识产权、继承权、股权等。财产权公证是指公证机构证明当事人享有财产权这一事实的真实性的活动。财产权公证主要包括股权公证、知识产权公证、存款公证、不动产物权公证等。

股权公证的内容主要包括申请人姓名,时间节点,金融资产的名称、数量及凭证,公证书用途等。

知识产权公证的内容主要包括申请人姓名,知识产权种类、取得时间、权利期限,公证书用途等。

存款公证的内容主要包括申请人姓名,开户银行,存款币种、数额、期限,公证书用途等。

不动产物权公证的内容主要包括申请人姓名,不动产物权名称、具体地址、面积、权属证书,公证书用途等。

二、办理股权公证需要注意的问题

(1)所证明的股权应当是申请人合法持有的,隐名持股、委托持股通常不予证明。基金、理财产品、债券等其他金融资产可以参照本业务办理。

(2)因金融资产可变现强,公证书中应注意载明申请人持有金融资产的时间节点。公证书中应尽量注明公证书的用途或使用地,如可以,可加注"本公证书仅证明申请人资信状况,不能作为权利凭证或权利转移的凭证”。

(3)申请人请求证明其持有国外公司股权的,不适用本格式,可办理有关商业文件的文本相符公证。

(4)证明法定机构或职权机构依法颁布的股权证书原件属实、复印件与原件相符的,或者证明其他金融资产凭证或金融资产权益凭证副本、影印本等与原件相符的,适用第33式或第35式公证书格式。

三、办理知识产权公证需要注意的问题

(1)注意在证词中准确表示知识产权人的正确称谓。如发明专利应表述为发明人,实用新型专利应表述为设计人,外观设计专利应表述为设计人,商标权申请人应表述为商标的注册人等。如果知识产权为共有的,应当予以注明。

(2)公证书中应尽量注明公证书的用途或使用地,如可以加注“本公证仅证明申请人资信状况,不能作为商标权(或专利权、著作权)转让、设立担保的凭证”。

(3)我国著作权实行自愿登记制度,且不登记不影响权利的效力,因此对著作权的证明通常不采用本格式进行证明。

(4)申请人要求证明法定机构或者职权机构依法颁布的知识产权证书的文本相符的,适用第33式格式。

四、办理存款公证需要注意的问题

(1)存款可以是人民币,也可以是其他合法货币。只有在中国境内的银行存款适用本格式,在中国境外银行的存款不适用本业务,可对其存款凭证办理文本相符公证。

(2)在同一银行有多笔存款或在多家银行均有存款的,可以一并证明,但应逐一列明,可以增加存款合计的表述。为保护隐私,证词中不宜表述存款账号,但申请人明确要求的除外。

(3)公证书中应尽量注明公证书的用途或使用地,如可以加注“本公证书仅证明申请人资信状况,不能作为存款提取、质押的凭证”。

(4)如果当事人申请对其持有的银行存折、存单等公证,适用文本

相符公证事项办理。

五、办理不动产物权的公证需要注意的问题

(1)所证明的不动产物权是在中国境内登记的,申请人的国外不动产(包括港澳台地区)物权不适用本项业务,可办理其权利凭证的文本相符公证。

(2)同一类型的数份不动产,如有多处房产的,可以在一份公证书内一并说明,逐一表述。

(3)公证书中应尽量注明公证书的用途或使用地,如可以加注"公证书仅证明申请人资信状况,不作为房屋(或其他不动产)转让、设立担保的凭证"。

(4)如果当事人申请对其所持有的房屋所有权证、国有土地使用权证等进行公证的,可办理相关权证的文本相符公证。

第十一节　收入、纳税公证

一、概述

收入状况证明是指公证机构证明当事人收入状况的真实性的活动。收入状况公证的内容主要包括申请人姓名、特定时间、收入构成及收入金额等。

纳税状况证明是指公证机构证明当事人纳税状况的真实性的活动。纳税状况公证的内容主要包括申请人姓名、特定时间、纳税构成和纳税金额等。

二、办理收入状况公证需要注意的问题

(1)所证明的收入应当是申请人在中国境内的收入,申请人在中国境外的收入不适用本公证,应当办理相关收入凭证的文本相符公证。

(2)自然人的收入,除工资、薪金外,还包括股票、基金、房租等其他

收入。申请人有多种收入时,可以增加收入明细或主要构成的表述。收入金额可以表述为人民币,也可以根据需要表述为其他币种。

(3)证明特定期间的收入或者偶然性大额收入(如中奖)可以参照适用本格式。

三、办理纳税状况公证需要注意的问题

(1)应对申请人的收入状况、应纳税所得额、应纳税额进行实质审查,确认三者之间无矛盾,方可出证。公证词中表述的税务术语、纳税数额以税务部门出具的完税证明为准。

(2)申请人要求证明缴纳多种税的,可增加表述纳税明细和纳税合计。

(3)证明特定期间的纳税状况或者偶然性大额收入(如中奖)的纳税状况,可以参照适用本格式。

第十二节　其他有法律意义的事实公证

一、概述

依照司法部2011年版定式公证书格式,还有票据拒绝公证、选票公证、指纹公证、不可抗力(意外事件)公证、查无档案记载公证等有法律意义的事实公证类型。

票据拒绝公证是指公证机构根据票据持有人的申请,依法证明票据持有人在约定或法定期限内行使或者保全票据权利,而被票据承兑人或票据付款人拒绝事实的真实性的活动。票据拒绝公证书是持票人行使追索权的有效证明文件之一。

选票公证是指公证机构证明当事人参加选举投票行为的真实性的活动。目前选票公证主要是对在中国境内的外国公民参加其本国大选投票活动的真实性进行证明。例如,奥地利选举法规定,居住在奥地利以外的该国公民,都必须参加该国的大选。选民投票方式的其中一种就

是由选民居住国的公证机构对其投票行为进行证明。

指纹公证是指公证机构证明当事人在指纹卡以及其他文件上所按指纹的真实性的活动。指纹公证主要用于中国公民到台湾地区或国外定居、探亲、旅游、留学时,根据前往国家和地区的要求,由公证机构对其在指纹卡上按指印的真实性进行的证明。另外,在诉讼活动,需对当事人的指纹进行司法鉴定时,当事人因故不能亲自前往鉴定机构提取其指纹的,可提交指纹公证书用于鉴定。

不可抗力(意外事件)公证指公证机构证明发生了不可抗力(意外事件),以及由于不可抗力(意外事件)而造成当事人或相关人员人身或财产损失的真实性的活动。

查无档案记载公证是指公证机构证明因无档案记载或者其他线索而无法查清某一事项的真实性的活动。本公证事项主要解决因当事人赴美定居需要,公证机构对当事人申请办理的发往美国使用的出生、婚姻状况、未受刑事处罚等公证书,经核实,确无档案记载,也无其他证据时,无法出具公证书时,可据实出具查无档案记载公证书。美国法律规定,对于无法查清的事项,当事人可以申请公证机构为其出具无档案记载公证书,作为次要证据使用。

二、办理票据拒绝公证需要注意的问题

(1)"票据名称"应和票据原件上显示的名称保持一致,在证词中不宜简略,并加上书名号,如《中国银行银行汇票》。

(2)如实记录核实的结果。提示承兑或提示付款被拒绝的结果可能有两种:一种是被拒绝,即承兑人或付款人出具拒绝证明、退票理由或者其他有关证明;另一种结果是被拒绝也未出具任何书面证明。对此,应在证词中据实作相应的表述。

三、办理选票公证需要注意的问题

(1)选票公证应由当事人亲自申请办理,不得委托。

(2)选票公证证明投票当事人在本公证员面前,将选票装入信封内,并将该装有选票的信封装入另一信封,密封完整。

(3)应当准确记录投票时间,投票时间是当事人将选票装入信封,并进行密封的具体时间,精确到"时"。

四、办理指纹公证需要注意的问题

(1)当事人必须亲自申请办理,不得委托。当事人应在公证员面前,在指纹卡或其他文件上按捺指纹。

(2)根据国家和地区对留存指纹的要求和形式不同,当事人应依照使用国的要求留存指纹。当事人因手部残疾,应注明留存的是哪一个手指,并在公证证词中据实表述。指纹卡中未按指印的部分要划掉,或者注明"此处空白"。

(3)脚纹、掌纹公证参照指纹公证办理。

(4)公证书中可以加贴当事人的近期照片。

五、办理不可抗力(意外事件)公证需要注意的问题

(1)应注意不可抗力(意外事件)名称及灾害等级表述的准确性,依据应为政府相关部门对该事件及事件灾害等级的权威认定报告等,不能简单地将申请人的单方说明等作为依据。

(2)对当事人的人身和财产损失后果状况的表述,应视情况摘录评估对损害结果的评估结论,避免使用模糊、概括的主观性语言表述。

六、办理无档案记载公证需要注意的问题

(1)该公证仅用于发往认可其公证效力的国家使用,目前认可此公证书的只有美国。

(2)认真调查核实,确无档案记载方可出具查无档案记载公证书。

(3)必要时,还可以同时出具两个证明人的声明书公证,作为辅助证明使用。

第十三节　有法律意义的文书公证

一、概述

有法律意义的文书公证是指公证机构根据当事人的申请，依照法定程序对有特定法律意义的各种文书、证书以及文字材料的真实性、合法性予以证明的活动。根据司法部2011年定式公证书格式，有法律意义的文书公证有证书（执照）公证、文书上的签名（印鉴）公证、文本相符公证。

证书（执照）公证是指公证机构对当事人持有的由法定机构或职权机构颁发的证书、执照等的真实性进行证明的活动。证书（执照）公证包括：证明证照原件属实，复印件与原件相符；证明法定机构或职权部门出具的文书原件属实。

文书上的签名（印鉴）公证指公证机构根据当事人的申请，依照法定程序，对具有法律意义的文书上当事人签名，盖印鉴的真实性予以证明的活动。

文本相符公证是指公证机构根据当事人的申请，依照法定程序对有法律意义的文书的副本、影印本、复印本、节本、誊抄本、译本等与原本相符予以证明的活动。

我国《公证法》规定的有法律意义的文书公证类似于拉丁公证制度的“认证”事项，通说认为一般应采取形式审查标准。办理有法律意义的文书公证，需要满足《公证程序规则》第37条所规定的四个出证条件：

（1）该文书与当事人有利害关系。当事人为文书所载明的持有人（权利人、使用人等）或者当事人与文书具有一定的法律上的权利义务关系的，应认定该文书与当事人有利害关系。实务中，当事人并非一些证照记载的持有人，但当事人与该证照具有其他方面的法律上的权利义务关系的，应认定该当事人与该证照具有利害关系。

(2)文书真实无误。文书真实无误是指被证明的文书本身是客观存在的,文书上当事人的签字(捺印)是在公证员面前形成或已经公证员核实确认。

(3)文书的内容和形式合法,不违背社会公德。

(4)遵循有关办证规则对有法律意义的文书公证的规定。

实务中,有些法律行为既可以按照司法部定式公证书"民事法律行为类"进行办理公证,又可以按照"有法律意义的文书"进行办理签字属实公证;有关客观事实,既可以按照"有法律意义的事实"进行公证,也可以按照"有法律意义的文书"进行公证。对于上述公证的方式选择,不能一概而论采用何种方式更为妥当,实务中要斟酌当事人的意愿、能够收集和调查的证据材料、有关使用单位的态度等因素来确定。例如,委托书公证,既可以采用第1式公证书格式,也可以采用第34式公证书格式,但具体该采用何种方式,还是需要考虑证据材料对格式选择的支持作用,如果证据材料并不支持采用第1式进行"法律行为公证"的,可以采用第34式证明签字(捺印)方式。

第33式、第34式、第35式格式也存在可以相互适用的情形,实务中需要把握的处理原则是:第33式主要适用于具有较强公信力的公文书和其他专业文书,第34式主要适用于各种没有固定格式的各类证明信和法律行为文本,第35式主要适用于公信力较弱的各类其他文书。公证员在办理公证时,应当根据所需要证明文书的效力、文书使用国或使用者要求、当事人的意见等因素综合考量决定采取何种妥当方式进行证明。

二、办理证书(执照)公证需要注意的问题

(1)司法部规章明确规定不能办理公证的文件,公证处更应当严格遵守。例如,《军官转业证》《转业军人证书》不得办理公证,但对《退伍军人证明书》《士兵退出现役证》以及"文化大革命"期间的毕业证、结婚证均可以办理公证。

实务中,本格式主要适用于公信力较强的公文书、专业文书,证书(执照)的范围主要有:行政机关(或登记机构)依职权颁发的各类证照;

行政机关依职权出具的审批文件、任免文件、纳税证明、户籍证明、婚姻状况证明、死亡证明;裁判机构出具的判决书、裁定书、仲裁书、调解书等法律文书;学校、医院依职权出具的毕业证书、学位证书、医学出生证明、死亡证明等证照类文书;大学英语考试成绩报告单、高考成绩单等社会公开考试的成绩单、合格证书;各类法定认证机构、审计机构等专业机构出具的认证证书、审计报告、验资报告、验收证明、鉴定报告、国际旅行健康检查证书等专业文书;金融机构出具的存款证明、股权证明、资金证明等专业证明;权威机构颁发的获奖证书;公证机构对文书的形式和内容均能完成审查的其他私文书。

(2)对公信力较弱的文书,如收入证明、个人经历证明、推荐信、培训证明、其他私文书等非证照类文书,一般不出具证照类公证书,可办理文本相符公证,必要时也可以按该格式出具。

(3)公证机构重点审查证照的真实性。鉴于证书(执照)一般属于公文书,其内容的真实性和合法性由发证机构负责,公证机构重点审查证照的真实性即可,但应审查文书内容是否明显违反法律禁止性规定和社会公共利益或善良风俗。

(4)公证机构应当审查该证照是否仍然有效。对于因为超过有效期限、未办理年检或其他原因而失效的证照,公证机构原则上不得适用该格式,但可以按"文本相符公证"进行证明,公证词可以表述为:"兹证明前面的复印件与××××(申请人)出示给本公证员的《××××》(文件名称)的原件(已作废/失效)相符"。

(5)机动车驾驶证公证,通常仅复印驾驶证(正页)的正反面,不复印驾驶证的附页,但公证员应当审查驾驶证的附页,确认是否通过正常年检。

(6)根据司法部有关规定,可以办理居民身份证与复印件相符公证,但应当注明用途。公证书应当在证词中另起一行注明"本公证书仅限用于××,用于其他事由无效"。例如,"仅限用于申请签证""仅限用于申请移民""仅限用于开立银行账户""仅限用于诉讼""仅限用于参加考试""仅限用于购买不动产",等等。

办理居民户口簿复印件与原件相符公证,通常应证明户口簿的封面、封底和户口簿的全部内容(第1~2页)。

办理护照复印件与原件相符公证,应证明护照的封面、封底、第1~6页的内容以及护照中有签注内容的页面。

(7)公证机构应了解当事人办理此类公证的目的、用途和使用范围,根据实际需要,为防止当事人滥用公证书,可对公证书用途加以注明。

三、办理文书上的签名(印鉴)属实公证需要注意的问题

(1)公证机构应当审核确认当事人的真实身份,查明确系本人。当事人应当着公证员的面在文书签名、盖章,事先已签署,应当当着公证员的面确认文书上的签名(捺印)、盖章是其本人所为。

证明文书上单位的印鉴和法定代表人的印鉴(包括法定代表人的签名章)属实,可以不要求必须在公证员面前实施盖章的行为,但仅限于证明法定代表人(或负责人)的印鉴,通常不能以此方式证明文书上的未经备案的普通私章属实。

(2)该公证是对文书签署形式的真实性进行证明,不对文书内容的真实性、合法性进行实质审查,但应审查文书内容是否明显违反法律禁止性规定和社会公共利益或善良风俗。

(3)实务中,适用该格式的文书范围主要有:自然人经历证明、个人收入证明、派遣函、推荐信、成绩单、医疗证明、病历、结业证明、培训证明、股东会决议、董事会决议、会议记录、法人的经历证明、非权威机构颁发的获奖证书、没有名称(或题目)的文书、仅需公证印鉴属实或文本相符的各类法律行为文本。

(4)注意所证明的确认行为应当与实际相符。当事人的确认行为可以采取签名、印鉴、指印、钢印或这些形式的结合,在证词中应当进行如实描述,不应遗漏。

(5)申请人以公司法定代表人或公司董事长、董事、总经理等职务身份签署文件并申办公证,公证机构应当要求其提供其职务的证明。申请人以境外公司的职务签署文件的,其职务证明应当经过公证。

(6)适用本格式出具的公证书不得在证词中载明“译本内容与原本

相符”的证明结论。申请人或者文书使用地明确要求证明“译本与原本相符”的,公证处通常另行出具译本与原本相符的公证书。

(7)公证机构应了解当事人办理此类公证的目的、用途和使用范围,根据实际需要,为防止当事人滥用公证书,可对公证书责任范围进行告知性注释。例如,可以加注“本公证书仅对申请人的签名(印鉴)属实作出证明”“本公证书未对申请人是否具有处分权作出证明”。

四、办理文本相符公证需要注意的问题

(1)公证员应当比对原本与比照文本,确保文本内容完全一致。

(2)文本原本涉及人身和财产关系的,应审慎办理,核实文本的真实性。必要时,可根据情况注明公证书的用途,对用途加以限定。

(3)该公证是属于认证式证明,不对文本内容的真实性、合法性进行实质审查和证明,但文书内容明显违反法律禁止性规定和社会公共利益或善良风俗的,应当拒绝办理。

(4)当事人因为诉讼或索赔谈判而申办合同、借据等文件的复印件与原件相符的公证,通常不适用本格式,而应当适用要素式公证书格式中的“保全证据类公证书格式”出具公证书。

(5)美国、韩国、奥地利、俄罗斯、哈萨克斯坦、乌兹别克斯坦、土库曼斯坦等要求另行附“译文与原文相符公证书”的国家,适用本格式,另行出具“译文与原文相符公证书”,证词作相应调整。

(6)如果被证明文件尺寸过大,必须缩小尺寸复印的,证词建议表述为“复印件与原件内容相符”,不宜表示为“复印件与原件相符”。

(7)对于申请人要求证明政府网站上刊载的与本人相关的内容与其持有的文件内容相符,公证机构经登录网站核实后可以出具公证书,证词作相应调整。但该格式仅适用于证明政府网站公开公布的文件,对于政府网站以外的其他网站内容的证明适用要素式公证书。

第十六章　公 证 事 务

第一节　概　　述

《公证法》第 12 条规定了公证机构可以办理公证事务的类型。该规定确认公证机构办理某些特定公证事务的资格和正当性，但并不限制公证机构继续探讨、实践新的公证事务。公证事项和公证事务两种功能的结合使用，可以满足当事人多元化的公证需求，反映了公证的非讼特征和法律服务属性。公证机构在许多公证事务中行使的其实是非讼职权，具有确认相关民事权利与义务的权力。例如，提存事务在许多国家都被明确定义为非讼事件。

公证事务与公证事项的区别在于，公证机构办理公证事项时需要出具公证书，公证书能够产生《公证法》所规定的法律效力，而公证机构办理公证事务并不需要出具公证书，办理该公证事务后其所能产生的法律效力往往需要通过实体法来进行判定。例如，办理公证提存后，其产生的法律效力需要依据《合同法》的相关规定来进行判定。

公证机构办理公证事务时，应当遵守《公证法》《公证程序规则》、司法部或中国公证协会关于某项公证事务的具体办证规范和民商事实体法的相关规定。

从《公证法》和目前公证实践来看，公证机构办理的公证事务主要有提存、登记、代办法律事务、保管、代书、法律咨询、尽职调查、调解等。值得注意的是，随着公证法律服务的深度和广度进一步发展，公证机构开展的许多公证事务逐步脱离“与公证事项有关”的要求，这种做法并没有违背法律的禁止性规定，作为一种公证创新值得肯定，因为公证的职权、服务内容和领域总是根据实践的发展需要而逐渐发展起来的。

值得提出的是，虽然我国《公证法》区分了公证事项和公证事务，但两者是存在密切关系的，在办理公证事项时实际上要用到多种公证事务的"技能"。例如，在办理房屋买卖公证的时候，公证员为当事人起草交易合同（代书职能），提供法律、金融和税务意见（法律咨询职能），到不动产登记部门为当事人查询有关房产档案信息（尽职调查职能），调处当事人有争议的地方（调解职能），监管交易资金支付（担保提存），临时性保管房产证（保管职能），代办产权证（代办法律事务职能），这些工作环节都充满了公证事务"技能"。公证机构在办理公证事项时，需注意这一特点，充分整合各类公证事务的"技能"为其所用。当然，公证事务脱离公证事项也是可以单独存在的，这也是公证事务单列的原因。

第二节　公证提存事务

一、概述

公证提存是公证机构依照法定条件和程序，对债务人和担保人为债权人的利益而交付的债之标的物或担保物（含担保物的替代物）进行寄托、保管，并在条件成就时交付债权人的活动。

公证提存分为清偿提存和担保提存。以清偿为目的的提存公证具有债的消灭和债之标的物风险责任转移的法律效力。以担保为目的的提存公证具有保证债务履行替代其他担保形式的法律效力。公证实务中，清偿提存主要有租金提存、工程款提存等类型，担保提存主要有房屋转让房款提存、股权转让金提存等类型。清偿提存基本是发生纠纷之后采取的法律救济措施，而担保提存则是当事人事先采取的预防措施，公证机构可以充分运用担保提存的预防性功能来强化公证法律服务的效用性。

公证提存适用的法律主要有《民通意见》第104条、《合同法》第101～104条、《担保法》第49、69、70、77～79条和司法部颁布的《提存公证规则》。《提存公证规则》是公证机构办理公证提存的主要法律依据。

《公证法》第12条和司法部《提存公证规则》确定了公证机构作为我国法定提存机构的法律地位。

我国《合同法》第101条规定的清偿提存的主要情形有:债权人无正当理由拒绝受领;债权人下落不明;债权人死亡时未确定继承人或者丧失民事行为能力未确定监护人。《提存公证规则》第5条对清偿提存情形也作了规定,从其规定内容上来看,其可以被《合同法》第101条完全涵摄。公证机构在确定清偿类型时也宜将《合同法》第101条作为直接依据。司法机关或行政机关因执行公务而申办提存公证的,监护人、遗产管理人为保护被监护人、继承人利益,请求将所监护或管理的财产提存的,遗嘱人或赠与人为保护遗嘱受益人或未成年的受赠人利益,请求将遗嘱所处分的财产或赠与财产提存的,参照《提存公证细则》执行。《担保法》第49条第3款规定:抵押人转让抵押物所得的价款,应当向抵押权人提前清偿所担保的债权或者向与抵押权人约定的第三人提存。公证机构作为法定的提存机关,担任该处的"第三人"自无疑义。

当事人办理清偿提存,公证机构需要审查:提交的材料是否齐全,内容是否属实;请求提存之债的真实性、合法性;请求提存的原因和事实是否属实;提存标的物与债的标的物是否相符,是否适宜提存;提存标的物是否需要采取特殊的处理或保管措施。

当事人办理担保提存,应当明确提存物给付条件,便于公证机构日后进行顺利给付。

公证机构应当在指定银行设立提存账户。提存账户具有特定法律意义,其区别于公证机构的基本账户,提存账户资产属于债权人财产,不能因公证机构债务而被查封。提存账户作为银行账户,在达到提存的目的时,公证机构也可以与开户银行协商,加强提存账户的效率和增值性,使提存账户兼具法律监管功能和金融工具功能。同时,建议公证机构建立比较严谨的提存款物管理体系,健全相应的财务管理机制,确保提存款物的安全。

二、办理清偿提存需要注意的问题

(1)公证机构应当开设提存账户,不能用公证机构的基本账户来保管提存款。提存款属于公证机构为他人保管的资产,不属于公证机构的财产,不属于破产财产范畴。公证机构将提存款存入公证机构的基本账户,将使提存款与公证机构自有资金混同,存在被人民法院查封和强制执行的可能和风险。

(2)公证机构应当采取妥当方式审查债权人确系“无正当理由拒绝受领”。“无正当理由”的公证审查确认是清偿提存的基础,否则清偿提存难以依法产生债的消灭的法律效力。为确保公证提存产生效力,公证机构尽可能地采取已知的联系方式通知债权人,听取其意见。公证机构可以要求债务人提供有关债权人拒绝受领的证据,可以要求债务人向债权人寄送催告债权人受领的通知。

(3)公证机构应当审查合同约定的债务履行期限。如果履行期限届满后,债务人才提出公证提存的,因债务人已存在违约的可能,公证机构不宜再为其办理公证提存。虽然债务履行期限届满,但合同又约定了一定的宽限期(在宽限期内需要支付违约金,但债权人不享有单方解除合同权),债务人可以向公证机构提存债权本额和违约金。

(4)公证机构宜告知债务人依法不享有取回权。《合同法》第 104 条第 2 款规定:“债权人领取提存物的权利,自提存之日起五年内不行使而消灭,提存物扣除提存费用后归国家所有。”这表明债务人不享有提存物超越法定期限后的取回权,公证机构宜明确告知债务人这一法律后果。

三、办理担保提存需要注意的问题

(1)提存账户内提存款的冻结期限和执行问题。人民法院可以冻结提存账户内的提存款,冻结最长期限为 1 年,提存款也存在被人民法院强制执行的可能。在办理公证提存时,公证机构应告知提存人上述风险。

(2)约定的给付条件必须明确、具体,具有可操作性。当事人可以在合同中约定提存条款或者签署专门的提存协议。实务中，当事人之间容易对设定的给付条件产生理解上歧义，向公证机构提出满足或不满足的抗辩理由。为了避免双方日后提出抗辩事由，在约定给付条件时，务必将给付条件约定得明确、具体、可操作性。在担保提存中，公证机构的作用类似于银行的信用证担保角色，公证员代书担保协议时可以参考信用证担保的审查条款设计。

担保提存中，约定的给付条件是以客观条件的成就还是以提存人的指令为准，是公证机构需要妥当处理的问题。以债务人指令为准，容易弱化公证机构的监管权和裁量权，弱化担保提存的本来功能，公证机构宜注重通过给付条件的设计来加强公证的职能。

鉴于当事人之间容易就是否满足或不满足提存协议约定的给付条件提出异议，公证员可以建议当事人在提存协议中加入下列内容："一方对另一方是否已经符合或完全符合提存款物给付条件提出异议的，公证机构可以按照下列办法处理：①公证机构认为异议不成立的，应当通知提出异议方在×个工作日内提供人民法院立案通知书。公证机构收到该立案通知书后将暂停支付该笔资金，等待人民法院生效判决结果。公证机构未在规定期限内收到该立案通知书的，公证机构有权单方决定将该资金支付给受领人。②公证机构认为异议成立的，应当通知受领人在×个工作日内提供人民法院立案通知书。公证机构收到该立案通知书后将暂停支付该笔资金等待人民法院生效判决结果。公证机构在上述规定期限内未收到该立案通知书的，公证机构有权单方决定将该资金退还给提存人。"

(3)公证机构应告知提存当事人最长20年的保管期限，20年后无人领取提存款物的，将依法上缴国库。《提存公证规则》第21条规定："从提存之日起，超过二十年无人领取的提存标的物，视为无主财产；公证处应在扣除提存费用后将其余额上缴国库。"虽然《合同法》规定了5年的提存期限，但其所规定的是清偿提存的期限，担保提存的期限仍然适用《提存公证规则》的规定。

第三节　公证登记事务

一、概述

公证登记是指公证机构依据法律法规规定，根据当事人的申请对有关权利、财产等进行登记，依法产生法律法规规定的效力。目前，公证机构登记事务主要有“其他财产”抵押登记、公证遗嘱登记、民间借贷登记等。

《公证法》第12条规定，公证机构可以办理法律、行政法规规定由公证机构登记的事务。我国公证机构办理公证登记，主要的实体法依据是《担保法》第43条和司法部《公证机构办理抵押登记办法》。《担保法》第43条规定：当事人以其他财产抵押的，可以自愿办理抵押物登记，抵押合同自签订之日生效。当事人未办理抵押物登记的，不得对抗第三人。当事人办理抵押物登记的，登记部门为抵押人所在地的公证部门。“其他财产”公证抵押登记可以产生对抗效力。司法部《公证机构办理抵押登记办法》第3条对“其他财产”作了解释，指：①个人、事业单位、社会团体和其他非企业组织所有的机械设备、牲畜等生产资料。②位于农村的个人私有房产。③个人所有的家具、家用电器、金银珠宝及其制品等生活资料。④其他除《担保法》第37条和第42条规定之外的财产。公证机构办理最多的是个人拥有的工程机械抵押登记。

以城市房地产或者乡（镇）、村企业的厂房等建筑物为抵押物，县级以上地方人民政府规定由公证机构登记的，依照《担保法》第42条第（2）项的规定，由公证机构办理登记。我国某公证处即由政府指定办理房产抵押登记。

公证机构对符合受理条件的抵押登记，应向当事人出具《抵押登记证书》，载明：①抵押人、抵押权人的姓名、身份证号码或名称、单位代码、地址。②抵押担保的主债权的种类、数额。③抵押物的名称、数量、质量、状况、所在地、所有权或者使用权权属。④债务人履行债务的期限。⑤抵押担保的范围。⑥再次抵押情况。⑦抵押登记的日期。⑧其他事项。

在公证遗嘱登记方面,2014 年,中国公证协会建立全国公证遗嘱备案查询平台,该平台采取数字化的数据存储方式将全国公证机构办理的公证遗嘱信息进行录入备案。截至 2014 年年底,该公证遗嘱数据库已录入公证遗嘱数据 109.6 万条。该平台的建立是中国公证行业在遗嘱登记领域的重要举措,鉴于我国实行公证遗嘱效力优先制度,该平台对确认公民的最后一份遗嘱有着关键作用,继承人或相关利害关系人可以仅通过查询公证遗嘱的方式,找到被继承人最后所立遗嘱。

近年来,为了促进民间借贷市场的良性发展,预先防控好有关风险,我国有些公证机构开始尝试通过自主研发的信息平台对民间借贷进行登记,将出借人、借款人、担保人、借款金额、担保物以及违约情况、执行证书出具情况进行登记汇总,提供给交易双方进行查询。公证机构对民间借贷进行登记,依靠公信力服务民间借贷市场,可以提高民间借贷的真实性、有效性和可行性,保证资金的安全。

二、办理公证抵押登记需要注意的问题

(1)公证机构应当关注可由公证机构办理抵押登记的财产范围变化问题。随着我国《物权法》和系列配套登记规则的出台,原来没有登记机构的财产都逐步有了法定的登记机构。依据法律规定,这些财产只能由特定登记机构办理的,公证机构不宜再办理抵押登记。法律没有明确规定只能由特定登记机构办理的,公证机构可以依据司法部《公证机构办理抵押登记办法》所确定的“其他财产”范围继续办理抵押登记。

(2)公证机构应当根据我国《物权法》《担保法》等实体法律的规定,认真处理变更抵押、注销抵押、顺位抵押等法律问题。公证机构应设置抵押登记簿,并允许公众进行查询。公证机构抵押登记业务多的,可以借鉴不动产登记部门的实践经验设置抵押登记簿。公证机构应当按照我国《物权法》《担保法》的要求,认真做好抵押工作,满足当事人的多元化法律需求。

(3)公证机构宜告知抵押权人,抵押物不足以担保债权的风险,并

告知抵押物不被抵押权人实际控制的风险。担保债权超过抵押物价值(如发票上的采购金额)的,并没有违背法律禁止性规定,公证机构可以办理抵押登记,但宜告知抵押权人债权可能无法完全偿付的风险。抵押物不被抵押权人控制,存在抵押物灭失和无法变现的风险,公证机构宜告知抵押权人动产抵押和质押的区别和相关风险。

第四节　代办法律事务

一、概述

公证代办法律事务指依据法律规定或当事人授权,公证机构为当事人办理法律事务。

在拉丁公证制度国家,公证人为当事人代办法律事务有利于直接实现当事人的公证目的,有利于提高公证文书的可行性,对于公证机构而言,为当事人代办法律事务是一种法律规定的职责(义务)。梳理拉丁公证制度国家的规定,公证人可以代办的法律事务主要有:①代为向税务机关申报、缴纳税收。②代为向不动产登记部门进行登记申请。③代为向行政机关等部门办理相关登记、备案、审批等手续。④在强制执行程序中,代债权人向人民法院提起强执申请。⑤代为进行遗产保管、遗产管理或作为遗嘱执行人等民事法律事务。

虽然《公证法》《公证程序规则》没有明确规定公证机构可以为当事人代办法律事务,但是也应该看到我国有关公证的法律规范并不禁止公证机构为当事人代办法律事务。公证机构为当事人代理法律事务,是基于公证人是专业的法律工作者,目的在于确保公证文书的效用,其法律依据是民事领域的委托代理关系,公证人为当事人代办法律事务具有正当性和合法性。近年来,我国一些公证机构尝试构建公证综合法律服务体系,为当事人代办法律事务作为体系构建的重要内容,在不动产领域开展权证代办、代为缴纳税收等业务,取得了当事人较好的评价和社会效果。

归纳起来,目前我国公证机构主要为当事人代办了下列法律事务:

(1)代办房屋产权转移登记。包括房屋买卖合同公证、赠与合同公证、继承权公证后的房屋过户手续,同时代为办理核税、代缴税费等法律事务。公证机构开展的上述“一站式公证服务”“到公证机构就可以拿到房产证”业务,方便了群众。

(2)代办房地产抵押登记。包括办理银行按揭合同公证、二手房抵押合同公证、民间借贷抵押合同公证后的抵押登记,可以同时代为办理缴纳相关税费、领取他项权证等法律事务。公证机构开展代办抵押登记,避免了银行抵押登记疏漏,减少了其人员成本,增加了其对公证机构的信赖。

(3)代办遗产过户。公证机构办理完继承公证后,到不动产登记部门为当事人代办遗产过户,可以免去继承人来返之累。

(4)代当事人查询与公证相关的房屋档案信息、办理有关不动产登记需要事先解决的问题。例如,不动产登记中需要先解决“落宗”问题,我国公证机构即开展了为当事人办理“落宗”业务。

(5)作为遗嘱执行人(或信托遗嘱受托人)。根据《继承法》和《信托法》,公证机构可以作为遗嘱执行人或信托遗嘱受托人为当事人处理遗产事务。

二、办理代办法律事务需要注意的问题

(1)公证机构为当事人代办法律事务,应获得当事人授权。鉴于在我国公证机构为当事人代办法律事务并非是法定的当然职责,故公证机构在为当事人代办法律事务时,应获得当事人授权,双方的权利义务可以依据《合同法》关于委托人与受托人的规定来确定。获得授权的方式可以采取委托协议或者委托书的形式。同时,建议公证机构在有关公证文件中与当事人明确代办法律事务的权利义务和责任。

(2)建议公证机构将代办法律事务打造成标准化的服务(产品)。与一般中介代办相比,公证机构为当事人代办房产过户,具有较高的专业性和公信力优势。鉴于我国公证法律规范对代办法律事务的程序和办理要求没有规定,公证机构在探索代办法律事务时,应当逐步明确代

办法律事务的具体条件和要求，进一步将其打造成标准化的公证服务（产品）。

第五节 公证保管事务

一、概述

公证保管事务是指根据寄存人的申请，公证机构利用自身保管设备为当事人保管有关遗嘱、遗产或者其他与公证事项有关的财产、物品、文书（以下简称保管物）。

公证机构办理保管事务的依据是《公证法》第 12 条和《合同法》第 19 章关于保管合同的相关规定。在公证保管事务中，公证机构与寄存人是《合同法》上的保管关系，双方的权利义务和责任受我国《合同法》调整。保管物的范围是遗嘱、遗产或者其他与公证事项有关的财产、物品和文书。《深入实施国家知识产权战略行动计划（2014 – 2020）》提出：探索以公证的方式保管知识产权证据及相关证明材料，加强对证明知识产权在先使用、侵权等行为的保全证据工作。随着信息化的发展，对电子数据的保管也呈现出较大的公证需求。我国公证机构开始尝试对企业或社会公众的电子化数据进行及时的网络存储，在寄存人有需要的时候出具保全证据公证书，目前主要涉及知识产权保护、有奖销售、通话录音等领域。公证机构在电子化数据保管中的客观中立地位为电子化数据的证明提供了可信支持，有关电子化数据保管的发展值得公证行业深入探索。例如，我国南京某公证处就为当地的通讯公司保管电子化的客户办理业务数据资料，不仅降低了通讯公司的大额纸张成本并减少了保管此类文件的成本支出，获得了客户的良好评价。

鉴于公证保管事务适用《合同法》进行调整，公证机构在办理公证保管事务时应当与寄存人签订保管合同。保管合同的主要内容为：①保管物的名称。②保管方式、保管期限及保管费用。③保管物有瑕疵或者按照保管物的性质需要采取特殊保管措施的，寄存人的告知义务。④寄存人提前取回保管物时保管费计算方法。⑤保管物逾期后不领取的处理办法。⑥寄存人指定他人领取的,记载有权领取人的姓名及领取条件。⑦寄存人在保管期间去世的,保管物的处理办法。⑧是否需要寄存人购买相关保险的约定。⑨保管物的价值超过一定数额的(由公证机构决定),寄存人有申报的义务,否则承担不利后果。⑩关于保管物受损时的最高赔付金额。⑪寄存人和公证机构的其他主要权利和义务。⑫关于该保管关系适用《合同法》的约定。⑬双方认为需要约定的其他事宜。

公证机构应查验寄存人的身份。公证机构办理保管业务,建议询问寄存人并制作工作记录。工作记录一般记载下列内容:①寄存人对保管物享有所有权或管理权的声明。②寄存人对保管物不属于违禁物品的声明。③寄存人对有关保管法律文书已经阅知并且无异议的声明。④寄存人知晓保管文书不属于公证事项,公证机构不对所保管文书真实性、合法性进行证明。⑤寄存人知晓所保管物品可能被第三人提起诉讼或被司法扣押的风险。⑥保管物系有价证券等权利证书的,寄存人应当关注有关权利到期的情况,公证机构对此没有提醒义务。⑦寄存人未按约定支付保管费用的,公证机构可以对保管物品享有留置权。⑧公证机构认为应当告知的其他内容。

公证机构对寄存人提交的保管物进行验视后,可采取技术手段对保管物进行封装并张贴封签,公证机构和寄存人共同在封签上签字或盖章。公证机构应当出具保管证书给寄存人,建议保管证书后附保管物被封装后的现状照片。保管证书内容建议为“当事人×××(公民身份号码:×××)与本处签署《保管合同》后于××××年××月××日将合同项下的保管物移交于本处,保管物经双方封装并签字(盖章)确认后保管于本处。附保管物封装后现状照片×张”。

领取保管物时,公证机构应审核领取人的身份和领取资格,并请领取人在《领取回执》上签字,同时在《领取回执》上注明“领取人已经验视保管物的封装情况,对此没有任何异议”的内容。

二、遗嘱保管事务

2016年2月2日，中国公证协会通过了《办理遗嘱保管事务的指导意见》。

根据该意见，遗嘱保管事务，是指公证机构依据遗嘱人的申请对其提交的遗嘱进行密封、存放、相关信息备案，并根据有关人员申请提供遗嘱取回、开启、领取等一系列服务的公证事务。保管范围自书遗嘱与代书遗嘱。遗嘱保管的申请人应当是遗嘱人。

申请人应当到公证机构提交身份证明，并书面提出遗嘱保管申请，书面申请中应当载明：①申请人的身份信息及联系方式。②申请保管的遗嘱形式。③如申请人指定遗嘱领取人的，应该载明遗嘱领取人的身份信息和联系方式。④开启遗嘱、领取遗嘱的条件。⑤遗嘱原件由公证机构留存、遗嘱领取人仅领取遗嘱复印件的承诺。⑥全体法定继承人的信息备注。

遗嘱保管按照下列方式进行：①申请人在公证人员面前将申请保管的遗嘱密封于信封内交与公证员。②公证员在信封上亲笔注明"×××(遗嘱人)于××××年××月××日在×××公证处，将其密封的遗嘱交由本处保管"字样。③申请人和公证人员在信封的封缝处签名并注明时间。④公证人员应当对上述封存过程制作书面记录，并由申请人签名确认。

公证机构应当向申请人出具保管证书。保管证书应当载明申请人的身份信息、遗嘱的形式、遗嘱领取人的身份信息及联系方式、遗嘱开启与领取的条件等内容。保管证书一式两份，一份交与申请人，一份由公证机构留档。公证机构应当将保管的遗嘱相关信息在全国公证遗嘱备案平台上备案。已备案的保管遗嘱应当作为办理继承公证时遗嘱检认的依据。公证机构应当按照公证档案管理规定，将保管证书、遗嘱、保管申请书、书面记录及其他与保管有关的材料一并立卷并列为密卷保管。

申请人可以随时取回遗嘱。申请人取回遗嘱应当向公证机构提交书面申请并交回保管证书。如申请人不能交回保管证书的，应当书面说明。申请人请求打开存放遗嘱信封的，视为取回遗嘱。如需继续保管，应当重新办理保管手续。取回遗嘱按以下方式进行:①申请人与公证人员一起核验遗嘱密封状况。②申请人与公证人员共同拆启密封的信封,取出遗嘱。③公证人员应当将取回遗嘱的过程制作成书面记录,并由申请人签名确认。

申请人取回遗嘱后,公证机构对遗嘱的保管终止。公证机构应当及时在遗嘱保管登记簿和全国公证遗嘱备案查询平台进行备注。

申请人死亡后,遗嘱领取人可持申请人的死亡证明申请开启密封遗嘱和领取遗嘱复印件,遗嘱原件由公证机构继续保存。申请人未指定遗嘱领取人或者遗嘱领取人死亡、丧失民事行为能力的,申请人的全体法定继承人可以参照上述规定申请开启、领取遗嘱复印件。公证机构应当对遗嘱的保管、取回、开启和领取的主要环节进行录像并将录像随遗嘱保管卷宗存档。开启、领取遗嘱按以下方式进行:①遗嘱领取人与公证人员一起核验遗嘱密封状况。②遗嘱领取人与公证人员共同拆启密封信封,取出遗嘱,拆启信封时应当保持信封上封条和签名的完整性,已经拆启的信封,由公证机构存档。③公证人员对遗嘱进行复制,并加盖印章确认与原件相符。④公证人员应当将领取遗嘱复印件的过程制作成书面记录,并由遗嘱领取人签名确认。⑤公证人员应当及时在遗嘱保管登记簿和全国公证遗嘱备案查询平台进行备注。

三、办理公证保管事务需要注意的问题

(1)区分公证事项卷宗保管责任与公证保管事务。公证机构办理公证事项后,根据法律规定具有保管卷宗材料的职责,公证机构不宜将这些卷宗材料再进行单独的公证保管。例如,公证机构对自己办理的公证遗嘱具有保管义务,不宜再单独将公证遗嘱列为单独的公证保管对象。

(2)区分公证保管事务与公证提存。公证保管事务与公证提存是两种不相同的法律关系,适用不同的法律规范进行调整,在公证实践中不能混淆两者的关系,不得以保管法律服务替代公证提存,在保管法律服务中不得使用“提存”等字样。

第六节　公证参与司法辅助事务

全国人大代表高广生认为，“公证制度是国家法治的第一道防线，是预防性法律制度体系的核心，是立法与司法之间的法律落实机制，更是非讼领域、家事领域及信用体系的坚强支柱，公证对于推动司法体制现代化和国家治理能力现代化具有重要价值”，秉持该理念，高广生向最高人民法院提出六个建议希望推动公证司法衔接工作。[①] 最高人民法院在给高广生的答复中指出，“公证制度是我国社会主义法律制度的重要组成部分，是预防性司法证明制度，与司法审判活动具有内在联系，二者理念相同、功能衔接、职能互补。您的建议对健全公证体系，增强公证预防纠纷的功能，构建多元化纠纷解决体系具有重要作用”（最高人民法院对十二届全国人大四次会议第 9232 号建议的答复）。这是我国最高司法审判机关首次明确对公证参与多元化纠纷解决机制的资质认可，公证开始正式步入由最高人民法院所引导的多元化纠纷解决机制体系中来。

根据上述认识，最高人民法院在 2016 年 6 月 28 日颁布的《关于人民法院进一步深化多元化纠纷解决机制改革意见》明确规定，要“加强与公证机构的对接。支持公证机构对法律行为、事实和文书依法进行核实和证明，支持公证机构对当事人达成的债权债务合同以及具有给付内容的和解协议、调解协议办理债权文书公证，支持公证机构在送达、取证、保全、执行等环节提供公证法律服务，在家事、商事等领域开展公证活动或者调解服务。依法执行公证债权文书”。该规定事实上肯定了公证从预防纠纷功能到解决纠纷功能的转变，意味着最高人民法院间接

① 六个建议为《关于我国法院系统建立非讼程序与诉讼程序相互衔接的有效机制的建议》《关于实现公证制度与司法制度有效衔接的相关建议》《关于实现公证制度与司法制度有效衔接的建议》《关于加强司法公正提高司法效率的建议》《关于提高法官待遇，加强公证司法有效衔接的建议》《关于在公证与司法衔接领域加强公证与法院深度合作的建议》。参见《多元化纠纷解决机制之公证价值论坛实录》，载“公证文选”微信公号，2017 年 8 月 5 日。

承认了公证的司法助手功能(非讼功能)和承认了公证的法律服务性，首肯了公证的调查职能，同时确认了公证参与调解的正当性。参与该规定解释写作工作的黄鹤鸣法官认为，该规定对公证功能的定位有了“治未病”“治欲病”和“治已病”的三个层次，“支持公证机构对法律行为、事实和文书依法进行证明”就是“治未病”，“支持公证机构依法办理公证债权文书”“支持公证机构提供公证法律服务”“支持公证机构在家事、商事等领域参与纠纷解决”有着“治未病、欲病、已病”的复合功能。黄鹤鸣法官对公证功能三个阶段的见解，有助于我们重构公证参与多元化纠纷解决机制的结构。在实务层面，根据《关于人民法院进一步深化多元化纠纷解决机制改革的意见》的精神，最高人民法院于 2017 年 6 月 29 日发布《关于开展公证参与人民法院司法辅助事务试点工作的通知》。该通知指出，公证制度具有服务、沟通、证明、监督等功能，是社会纠纷多元化解决的基础性司法资源，可以成为人民法院司法辅助事务的重要承接力量，公证参与司法辅助事务，是公证服务推进以审判为中心的诉讼制度改革的有益探索，是公证助力人民法院司法体制改革的重要举措，有利于协助法官集中精力做好审判执行工作，缓解人民法院“案多人少”的矛盾，有利于进一步深化多元化纠纷解决机制改革，推动社会纠纷资源的合理配置和高效利用，有利于促进公证机构改革创新发展。该通知规定，自 2017 年 7 月起，选择在北京、内蒙古、黑龙江、上海、江苏、浙江、安徽、福建、广东、四川、云南、陕西 12 省(区、市)开展公证参与司法辅助事务试点，试点期限为 1 年。试点的地方高级人民法院、司法厅(局)要选择法院“案多人少”矛盾突出、公证机构服务能力强的地方，积极稳妥地开展公证机构参与人民法院司法辅助事务试点工作，支持公证机构在人民法院调解、取证、送达、保全、执行等环节提供公证法律服务，充分发挥公证制度的职能作用。通知要求，争取政府购买服务等方式引入公证机构参与司法辅助事务，为试点工作提供必要的经费、场地、设施等。

近年来，我国一些公证机构积极与当地人民法院进行对接，参与人民法院的司法辅助事务，取得一定成效。福建省厦门市鹭江公证处与当地思明区法院共同建设“诉讼与公证协同创新中心”平台，着力多元化解矛盾纠纷,协同开展司法辅助业务,形成了可资借鉴、推广的“厦门模式”,取得了明显成效,得到中央领导同志的充分肯定。福建省高级人民法院、福建省司法厅于 2017 年 5 月 16 日印发《关于开展“公证与诉讼”协同创新的意见(试行)》,指出“在正确梳理区分司法核心业务、司法辅助业务和司法行政业务的基础上,各级人民法院可以将程序性、事务性司法辅助业务,交由公证机构协助完成”。意见要求,各级人民法院原则上以购买社会服务的方式确定公证机构承接司法辅助业务所需经费开支,可以按照公证服务的项目类别和工作量进行成本核算。

一、参与调解

人民法院吸纳公证机构进入人民法院特邀调解组织名册,进入名册的公证机构可以接受人民法院的委托在家事、商事等领域开展调解,发挥诉前引导程序性作用,开展调解前置程序改革。经委派调解达成协议的,公证机构可以应当事人申请,对具有给付内容、债权债务关系明确的和解、调解协议办理公证并赋予强制执行效力;经委托调解达成调解协议的,公证机构应当将调解协议及相关材料移交人民法院,由人民法院按照法律规定出具民事调解书或作相应处理。未达成调解协议的,公证机构可以在征得各方当事人同意后,用书面形式记载调解过程中双方没有争议的事实,并由当事人签字确认。在诉讼程序中,除涉及国家利益、社会公共利益和他人合法利益的外,当事人无需对调解过程中已确认的无争议事实举证。

二、参与取证

公证机构可以接受人民法院委托,就当事人婚姻状况、亲属关系、财产状况、未成年子女抚养情况、书面文书等进行核实和调取取证。核查结束后,公证机构应当就核查内容、核查过程、核查结果向法院出具取证报告。

三、参与送达

公证机构可以接受人民法院委托,参与案件各个阶段的司法送达事务。鼓励公证机构采用信息化手段,推行集约化送达模式,避免分散作业和资源的重复投入。送达工作完成后,公证机构应当就送达过程、送达结果等情况形成送达全流程登记表,交由人民法院留存备查。

四、参与保全

公证机构可以协助人民法院核实被保全财产信息和被保全财产线索,核实被保全动产的权属和占有、使用等情况。财产保全需要提供担保的,公证机构可以协助人民法院审查申请保全人或第三人提交的财产保全担保书、保证书,对其中的担保内容及证据材料进行核实。

五、参与执行

人民法院支持公证机构在执行工作环节参与司法辅助事务。公证机构可以参与人民法院执行中的和解、调查、送达工作,协助人民法院搜集核实执行线索、查控执行标的,协助清点和管理查封、扣押财物。经执行机关申请,可以办理保全证据公证。

第七节　其他公证事务

其他公证事务主要有代书事务、咨询事务、调解事务、尽职调查事务。

一、公证代书事务

公证代书事务是指公证机构根据当事人的请求,为其撰写有关法律文书。依据《公证法》第12条的规定,公证机构可以"代写与公证事项有关的法律事务文书"。

"公证人书写的是法律"这一拉丁公证谚语表明了公证人代书职责的重要性。从拉丁公证制度发展的典型代表德国和法国来看,代书职责都是办理法律行为公证时公证人的重要职责。相反,我国《公证法》将公证代书列为独立的公证事务,使公证代书功能有所弱化。根据《公证程序规则》第34条第2款的规定,应当事人的请求,公证机构可以代为起草、修改申请公证的文书。作为法律工作者,公证员应当运用自己的法律知识和丰富的执业经验，为当事人起草一份高水准的法律文书，可以准备事先拟定的定型化契约，但应当避免简单地套用文书模板，这也是对公证员的基本执业要求。随着当事人对公证需求的多元化，公证机构除了“代写与公证事项有关的法律事务文书”外，也可以根据当事人请求，为其撰写其他法律事务文书，充分发挥公证人作为代书人的角色功能，加强公证员的代书能力培养。例如，我国有些公证机构为当事人复杂的交易撰写整套完整的法律文件，有些公证员为招标代理机构撰写清晰的招标文件。

二、公证咨询事务

公证咨询事务是指公证机构根据当事人的请求，为其提供法律意见和其他意见。必要时，公证机构可以向当事人出具《法律意见书》。

《公证法》第12条规定，公证机构可以提供公证法律咨询。司法部也于2008年颁布了公证法律意见书的参考格式。这都表明公证从事法律咨询事务的正当性。为当事人提供法律意见，履行咨询义务，是拉丁公证制度下公证人的基本义务，它贯穿于公证活动的始终。公证机构开展法律咨询事务的形式可以是多种多样的，如担任企业公证法律顾问、办证场所现场接待解答咨询、网络咨询、社区法律咨询等。除了法律咨询外，公证人还为当事人解答各种金融、税务、国家政策等问题，这些内容已经超越了法律的范畴，在更大程度上体现了公证机构和公证员的价值和担当。例如，我国有些公证员还为当事人设计金融交易的法律架构。

公证机构为当事人出具专门的法律意见书，对公证机构和公证员的素质提出了更高的要求，是法律咨询服务的较高形式。在公证实践中，我国有公证机构派工作人员在小贷公司、P2P融资平台，为客户的每笔贷款出具法律审查意见书，事实上起到了类似银行法务和风控部门的职责。随着涉外交往的深入，在涉外继承领域，外国和港澳台律师有查明中国大陆法律的需求，公证机构有能力为其出具关于中国大陆法律查明、适用意见的法律意见书。实务中，公证书的使用部门（如不动产登记部门、金融机构、车管所等）对公证业务或公证书的使用有疑问的，公证机构也可以采取法律意见书的形式进行回应，这种方式有助于解决一些疑难公证案件。

三、公证调解事务

公证调解是指公证机构组织当事人进行纠纷调处，或者公证机构派员参加法院或有关部门主持的调解。当事人之间达成调解协议的，公证机构可以对调解协议进行公证赋予其确定力和证据力。同时，调解协议可以依据当事人意愿赋予其强制执行效力。

《公证程序规则》第 56 条对公证调解作了规定："经公证的事项在履行过程中发生争议的，出具公证书的公证机构可以应当事人的请求进行调解。经调解后当事人达成新的协议并申请公证的，公证机构可以办理公证……"近年来，我国一些公证机构专门设立继承案件调解室，对于当事人有纷争的继承案件进行调解，尽量争取当事人和气地解决继承纠纷，避免起诉到人民法院。我国一些公证机构还主动与当地人民法院联系，发挥公证人的职业特长，主动介入多元化纠纷解决机制建设中来。

预防纠纷是公证的传统功能，公证既可以处理无争议的事情，有时候也可以介入有纷争的事情处理中，进行必要的引导和提出较为合理的纠纷处理方案。因此，公证不仅能够预防纠纷，而且能够解决纠纷，公证调解职能就是这一新公证理念的例证。

四、尽职调查事务

尽职调查事务是指公证机构根据当事人的委托，对有关事务的真实情况进行调查，向委托人出具尽职调查报告的活动。公证作为非讼程序，秉持职权探知主义，为当事人主动调查有关事务的真实情况，是拉丁公证人的职责。实际上，公证事项的真实性、有效性、合法性、可行性都是建立在信息真实的基础上的，强调公证人的尽职调查职责，其实是服务于公证活动本身的，有助于提高公证制度的价值。开展尽职调查业务，也是公证综合法律服务体系建设的重要一环。还有些公证机构主动为银行贷前进行尽职调查，核查贷款申请人的身份、工作、资信、婚姻状况、担保物情况等信息，出具尽职调查报告给银行供其进行是否放贷的决策参考。

图书在版编目(CIP)数据

公证理论与实务 / 熊选国主编. -- 北京 : 法律出版社, 2018(2025.8 重印)

ISBN 978-7-5197-2410-8

Ⅰ. ①公… Ⅱ. ①熊… Ⅲ. ①公证业务-中国-教材 Ⅳ. ①D926.6

中国版本图书馆 CIP 数据核字(2018)第 144235 号

公证理论与实务
GONGZHENG LILUN YU SHIWU

熊选国 主编

策划编辑 李捷琳
责任编辑 李捷琳
装帧设计 汪奇峰

出版发行 法律出版社
编辑统筹 法律出版社
责任校对 王晓萍
责任印制 胡晓雅
经　　销 新华书店

开本 710 毫米×1000 毫米 1/16
印张 28　**字数** 372 千
版本 2018 年 8 月第 1 版
印次 2025 年 8 月第 6 次印刷
印刷 北京中科印刷有限公司

地址:北京市丰台区莲花池西里 7 号(100073)
网址:www.lawpress.com.cn
投稿邮箱:info@lawpress.com.cn
举报盗版邮箱:jbwq@lawpress.com.cn
销售电话:010-83938349
客服电话:010-83938350
咨询电话:010-63939796

书号:ISBN 978-7-5197-2410-8　**定价**:59.00 元

凡购买本社图书,如有印装错误,我社负责退换。电话:010-83938349